U0690374

长江经济带协同发展论丛：过程·机理·管治

丛书主编：曾　刚

本书受国家自然科学基金面上项目"层级式产业集群内部技术权力突破与创新升级研究"（项目编号：41371147）资助

上海城市创新建设的理论与实践

林　兰/著

中国财经出版传媒集团

经济科学出版社
Economic Science Press

图书在版编目（CIP）数据

上海城市创新建设的理论与实践/林兰著 . —北京：
经济科学出版社，2016.9
（长江经济带协同发展论丛：过程·机理·管治）
ISBN 978 - 7 - 5141 - 7317 - 8

Ⅰ.①上⋯ Ⅱ.①林⋯ Ⅲ.①城市建设 - 研究 -
上海 Ⅳ.①F299.275.1

中国版本图书馆 CIP 数据核字（2016）第 238286 号

责任编辑：刘　莎
责任校对：郑淑艳
责任印制：邱　天

上海城市创新建设的理论与实践

林　兰/著

经济科学出版社出版、发行　新华书店经销
社址：北京市海淀区阜成路甲 28 号　邮编：100142
总编部电话：010 - 88191217　发行部电话：010 - 88191522
网址：www. esp. com. cn
电子邮件：esp@ esp. com. cn
天猫网店：经济科学出版社旗舰店
网址：http：//jjkxcbs. tmall. com
北京密兴印刷有限公司印装
710 × 1000　16 开　21.25 印张　360000 字
2016 年 6 月第 1 版　2016 年 6 月第 1 次印刷
ISBN 978 - 7 - 5141 - 7317 - 8　定价：76.00 元
（图书出现印装问题，本社负责调换。电话：010 - 88191510）
（版权所有　侵权必究　举报电话：010 - 88191586
电子邮箱：dbts@ esp. com. cn）

《长江经济带协同发展论丛：过程·机理·管治》

总 序

　　长江全长 6397 千米，是世界第三大长河，流域面积 180 万平方千米。长江经济带包括上海、江苏、浙江、安徽、江西、湖北、湖南、重庆、四川、贵州、云南九省二市，2015 年，其土地面积为 205 万平方千米，占全国国土总面积的 21.3%；人口为 5.9 亿，占全国的 43.7%；国内生产总值为 30.53 万亿元，占全国的 45.12%，是横跨我国东中西三大不同类型区的巨型经济带，也是世界上人口最多、产业规模最大、城市体系最为完整的流域，在中国发展中发挥着十分重要的作用。

　　协同发展（Coordinated Development）是指协调两个及两个以上的不同资源、个体，相互协作围绕某一具体目标，达到共同发展的过程。协同发展论与达尔文进化论不同，强调竞争不以优胜劣汰、置对方于死地为目的，而是通过发挥双方各自特长，通过制度、体制、科技、教育、文化的创新，实现双方的共同发展和社会共同繁荣。协同发展的理论根基为协同学，而协同学（Synergeics）由德国斯图加特大学教授、著名物理学家赫尔曼·哈肯（Harmann Haken）于 1971 年首次提出，并在 1976 年发表的《协同学导论》一书中进行了系统论述，它是一门跨越自然科学和社会科学的新兴交叉学科，是研究系统内部各子系统之间通过相互合作共享业务行为和特定资源，而产生新的空间结构、时间结构、功能结构的自组织过程和规律的科学。1990 年以来，随着冷战的结束、经济全球化的发展，协同学逐渐被引入地理学、经济学、管理学、社会学等学科领域，并得到了进一步发展和应用。

放眼全球，受经济全球化不断深化的影响，协同发展论已经成为当今世界许多国家和地区实现社会可持续发展的理论基础，欧盟已将协同发展作为推进欧洲一体化的指导思想与原则，并据此制定了一系列涉及世界城市群建设、创新网络、经济互动、社会共享等领域的纲领和政策措施，取得了显著成效。回眸域内，长江经济带建设是我国新时期与"一带一路"、京津冀协同发展并列的三大国家发展战略重点区域之一。2013年7月21日，习近平总书记在湖北考察时指出，"长江流域要加强合作，发挥内河航运作用，把全流域打造成黄金水道"；2014年3月5日，李克强在《2014年政府工作报告》中首次提出"要依托黄金水道，建设长江经济带"；2014年9月25日，国务院发布了《关于依托黄金水道推动长江经济带发展的指导意见》（国发〔2014〕39号），明确了长江经济带的地域范围、奋斗目标和发展战略；2016年3月18日发布的《中华人民共和国国民经济和社会发展第十三个五年规划纲要》指出，推进长江经济带发展，建设沿江绿色生态廊道，构建高质量综合立体交通走廊，优化沿江城镇和产业布局，坚持生态优先、绿色发展的战略定位，把修复长江生态环境放在首要位置，推动长江上中下游协同发展、东中西部互动合作，建设成为我国生态文明建设的先行示范带、创新驱动带、协调发展带。

展望未来，长江经济带在我国国民经济带发展中肩负着重要的历史使命，必须在践行创新、协调、绿色、开放、共享的发展理念，在协同发展、科技创新等方面率先垂范。有鉴于此，依托上海市哲社重点研究基地"华东师范大学长三角一体化研究中心"、上海市人民政府决策咨询研究基地曾刚工作室、教育部人文社科重点研究基地"华东师范大学中国现代城市研究中心"、华东师范大学城市发展研究院，在教育部中国特色世界一流大学和一流学科建设计划、上海高等学校高峰学科和高原学科建设计划等的支持下，在本人主持的长江经济带系列研究项目的基础上，编著、出版《长江经济带协同发展论丛：过程、机理、管治》，全面系统地探讨长江经济带不同空间层级、不同专题领域的协同发展、创新发展问题，以期为长江经济带科学规划、健康发展提供理论和应用参考。

在丛书的编写和出版过程中，上海市人民政府发展研究中心、华东师范大学长江经济支撑带协同创新中心、中国长江经济带研究会（筹）等单位、组织的领导和工作人员给予了大力支持，中国财经出版传媒集团王长廷副总编为本丛书顺利出版付出了大量心血，特此致谢！

需要特别说明的是，长江经济带协同发展是一个重大而复杂的理论与应用命题，迫切需要社会各界协同探索。受多方面条件所限，本套丛书谬误之处在所难免，恳请读者批评指正！

华东师范大学终身教授　曾刚

2016 年 5 月于华东师大丽娃河畔

前　言

改革开放以来，上海经济社会发展取得了令人瞩目的成就，连续 16 年 GDP 保持高位增长。但在 2008 年全球金融危机后，在外部环境深刻变化和自身增长因素转变的多重影响下，上海经济增长速度明显放缓，支撑经济增长的动力格局发生显著变化。在城市创新驱动转型进入攻坚阶段、新技术革命和新产业革命席卷全球以及肩负建设全球科创中心发展重任的背景下，上海城市创新建设的方向与重点正发生着重大转变。

一、上海进入创新驱动发展的关键时期

"创新驱动，转型发展"是上海市"十二五"时期的发展主线，并将在今后相当长的一段时期内作为上海经济、社会发展的总指针。当前，上海转型发展进入了关键时期，能否把握好科技发展方向、处理好城市经济建设的关键问题，将决定上海城市创新建设的好坏与成败。

1. 经济发展的要素与环境发生显著变化

从发展要素来看，在经济发展的不同阶段，各要素对经济增长的驱动力不同，改革开放以来上海经济增长主要依靠资本和技术的双轮驱动，经济发展不同阶段的要素贡献呈现出三点特征：一是随着经济发展阶段的演进，对投资的依赖逐步减弱，经济增长方式向创新驱动转变。二是劳动力贡献波动变化，随着上海经济转型升级的深化，劳动密集型产业外迁加快。三是全要素生产率贡献率提高，技术创新正扮演着越来越重要的角色（上海市统计局综合处课题组，

2015）。随着经济结构不断优化升级，上海经济发展从要素驱动、投资驱动转向创新驱动，依靠制度创新和科技创新带动经济增长，经济发展由重规模、速度向重质量、效率转变。

从发展环境来看，上海经济发展的国内外环境出现了新变化，全球和国内经济增长格局、速度和结构的转变都使得上海创新发展机遇与挑战并存。一方面，当前世界各国仍处于金融危机后的缓慢复苏阶段，国际经济发展格局仍在深刻调整，发达经济体在较长时间内仍将难以摆脱经济低迷状态，新一轮科技革命将推动全球经济大变革，国际经济竞争与合作将呈现新格局。另一方面，国内经济发展进入新常态，改革开放以来经济快速增长的要素支撑条件逐步改变，规模扩张方式不可为继，经济增长快速下降、增长动力发生明显变化，经济转型升级进入关键时期。

2. 重新定义制造业在城市创新型经济中的作用

随着上海产业结构向高级化演进，集约型、资金与技术密集型、外向型的经济结构逐步建立（曾刚、倪外，2015）。2015 年，上海服务业占比67%，制造业占全市生产总值比重已降到30%以下，并处于下降态势，城市经济发展结构变化显著。但实际上，上海仍没有完成工业现代化建设的任务，经济增速下降和制造业比重的下降有着明显关联。

实体经济是保持城市竞争力和经济健康发展的关键。自全球金融危机以来，很多大城市再次重视制造业发展，发达国家正实施"工业4.0"、"再工业化"战略，以避免产业空心化，并对上海制造业形成了高端回流、中低端分流的"双向挤压"。作为中国的工业重镇，上海肩负着保护民族制造业的重任，必须保持合理的制造业规模和比重。同时，上海提出建设具有全球影响力的科技创新中心，科创中心的产业载体归根结底还是制造业，要不断提高先进制造业在产业结构中的占比。2016 年 5 月，上海市发布《关于推进供给侧结构性改革促进工业稳增长调结构促转型的实施意见》，提出 27 条措施促进工业稳增长和调结构，并划定红线："十三五"期间制造业占比保持在 25% 左右的目标。要实现这一目标，关键是要推动制造业整体升级，不断向创新链、产业链、价值链高端迈进，而整体升级的关键则在于产业共融和技术共通。

二、新技术革命和新产业革命席卷全球

当前，新一轮技术革命正从全球到地方孕育兴起，新技术、新产业正在成为各国激烈竞争的制高点。越来越多的国家更加重视以科技促进产业转型升级，以创新推动城市经济社会发展。正确理解新一轮科技、产业革命的趋势与特点，对把握城市创新方向具有重要意义。

1. 全球新一轮科技革命引领创新模式变革

2008 年全球金融危机后，世界创新版图发生深刻调整，各国更加重视高技术产业发展，特别是重新审视制造业的作用；美日欧创新大三角区域纷纷推出制造业国家战略，以支持经济持续发展。美国政府自 2011 年提出"美国创新战略"后，又先后出台了《先进制造业国家战略计划》、《美国创新战略：推动可持续增长和高质量就业》、《出口倍增计划》等多项法案。欧盟于 2010 年提出"欧洲2020 战略"，定义了"再工业化"的主要内容，并于 2014 年正式启动"地平线 2020"科研计划，目的是推动经济增长和增加就业。日本于 2001 年、2004 年、2009 年、2013 年分别推出"e－Japan"、"u－Japan"、"i－Japan 战略 2015"和"日本再兴战略"，提出了五轮经济振兴对策，以增强日本工业的竞争力。德国政府制定了广为人知的"工业 4.0"战略，其核心是支持工业领域新一代革命性技术的研发与创新。

全球新一轮科技革命和产业变革为上海科技创新发展提供了难得的机遇。从技术发展趋势来看，制造业向数字化、网络化、智能化方向发展，进而引发技术体系、价值链发生重大变化，亟须深入开展基础性、前沿性和共性技术研究，特别是重构关键共性技术研发体系。同时，颠覆性技术层出不穷，不断创造新产品、新需求，推动新产业、新业态、新模式的兴起，催生产业重大变革，推动经

济格局和产业形态深刻调整，重新塑造全球产业和创新竞争格局，成为驱动创新发展和提升城市竞争力的关键所在。此外，在新一轮科技革命背景下，创新活动日益社会化、网络化，创新的范围、模式和组织形式都将发生很大变化，新型创新模式将显著改变创新生态，创新系统将加快向创新生态系统的演化。

2. 科技革命催生城市创新型经济转型

新一轮科技革命促使世界各国及时调整了经济发展策略，经济发展依托创新向集约化和绿色的方向发展。许多城市都纷纷加快发展创新型经济，通过发展战略性新兴产业、改造提升传统产业、加大高新技术的应用推广来促进经济健康发展。

2016年8月8日，《"十三五"国家科技创新规划》正式印发，首次将"科技创新"作为一个整体进行顶层规划。规划从整个创新链条出发，涵盖从研究开发一直到产业化的全过程，以深入实施创新驱动发展战略、支撑供给侧结构性改革为主线，确立发展创新型经济在建设创新型国家中的地位。在这一背景下，城市创新发展格局将重构。一方面，有利于创新价值实现的创新型经济架构亟待建立，必须充分调动一切技术因素和非技术因素，充分营造鼓励创新的经济发展氛围；另一方面，不利于创新经济价值实现的体制性和制度性障碍必须破除，以破解城市创新长期以来高调低效、持续性差、科技成果应用率低的困境。

三、上海加快建设具有全球影响力的科创中心

随着经济全球化深入发展，创新的网络化发展趋势明显，许多城市都在努力成为全球创新网络的重要节点，以便加快集聚各类创新要素、激发创新活力、持续产出创新成果。上海肩负建设具有全球影响力的科创中心的重任，既为城市创新带来新的发展机遇，同时也提出了新的发展要求。

1. 上海建设科创中心是国家赋予的重大使命

当前，世界各国仍处于应对金融危机的状态之中，全球经济已

由金融危机前的快速发展期过渡到深度调整转型期，全球竞争开始从经济竞争、产业竞争前移到科技进步和创新能力的竞争。在这样的背景下，国家要求上海在推进科技创新、实施创新驱动发展战略方面走在全国和世界的前列，加快向具有全球影响力的科技创新中心进军，这是国家综合分析国内外发展形势、立足本国发展全局，并根据上海实际情况作出的战略部署。

上海在建设具有全球影响力的科创中心一年来尽管形成了一系列的改革创新，但还存在一些久而未决的老问题，亟待通过迭代的方式来改善：在成本方面，日渐攀高的地价、商务成本和人力资本已经难以降下来，使得上海在部分创新环境的营造方面反而落后于周边城市，存在竞争压力；高度开放的人才集聚、培养、激励机制还没有形成，亟待全方面和全方位放开；科创管理方面存在脱节、滞后、不高效的问题，增加了创新的搜寻和运营成本；整体开放度还不够，对各种创新要素的集聚和输送能力、对区域和全国的带动能力还有待增强。因此，上海建设具有全球影响力的科技创新中心既是一项重大国家战略，也是上海当好经济发展排头兵和创新发展先行者的突破口，解决悬而未决的发展难题是建设科创中心的工作重点。

2. 上海建设科创中心对城市创新结构提出新要求

上海建设全球科技创新中心，关键在于最终实现科创中心的集聚辐射功能。建设具有全球影响力的科技创新中心，要求上海应对全球科技革命和产业革命大势，在经济、科技、空间结构上做出一系列重大调整。作为全球顶级城市代表的伦敦和纽约一直都在金融、商贸、专业化服务、文化娱乐等方面具备无可比拟的绝对创新优势。但近年来不约而同地对于作为全球创新中心如何加快创新、保持创新领先地位进行了新思考，并大幅更新了城市经济、科技、空间发展战略，进一步提高了规划领域科技创新的定位，以期继续引领全球创新发展。

与国际主要全球城市和创新中心相比，上海科技创新仍存在创新资源分散、创新内生动力不足、科技成果转化不畅等问题，必须关注科技创新、经济发展和空间响应在新的科创发展背景下的趋势转向，研究背后的机理，解决当前在科技、经济与空间领域存在的各种制约因素，在一些重大问题上认真思考，在一些重点领域上舍得放开，在一些重点环节上实现突破；通过科创中心建设发展城市科技和经济，服务国家创新驱动和地区引领的发展战略，实现上海城市创新在全球创新网络中由"跟跑者"向"并跑者、领跑者"的角色转变。

综上可以看出，上海城市创新发展的阶段与环境发生了一系列变化。首先，随着上海城市转型进入创新驱动发展的攻坚阶段，城市经济、社会发展越来越依靠技术创新的高产与高效组织，经济的结构与形态逐渐向创新型经济转变。其次，以"工业4.0"为代表的新一轮科技革命和产业变革开启了世界范围内创新发展的新趋势，产业技术共性、共通、共融的趋势越发明显，技术创新的重点与组织形式都发生了较大变化。同时，伴随《中国制造2025》的制定与实施，以及上海肩负的国家先进制造业发展重任，产业共性技术研发任务紧迫。再次，上海正努力建设成为具有全球资源配置能力、较强国际竞争力和影响力的科创中心，对创新资源要素集聚、创新发展方式和空间组织形式都提出了新的发展要求。内外部发展环境的变化将在很大程度上重塑上海城市创新格局，发展创新型经济、研发关键共性技术、城市创新空间功能重构等成为当前上海城市创新关注的重点。

基于此，本书构建了新时期上海城市创新建设的理论与实践分析框架，在区域创新系统理论、城市创新路径理论、城市创新空间理论、技术创新发展理论的基础上，辅以国际案例比较与经验借鉴，解析了城市创新的经济—科技—空间维度，重点阐述了城市创新型经济基础、关键共性技术研发准备、中心城区—科技园区空间响应的机制。本书是作者负责的上海市"十二五"软科学重大课题系列研究①和上海市哲学社会科学研究②的主要成果，其中，上海的实证研究在大量访谈、调研和召开专题研讨会的基础上形成，结合理论和国际案例比较研究，为上海城市创新和科创中心建设明确发展方向、找准发展重点、规划发展路径提供了参考借鉴。

---

　　① 《上海发展创新型经济的思路研究》（项目编号：15692100100）、《上海"十三五"科技发展规划主线研究》（项目编号：14692180201）、《上海中心城区科技创新能力提升路径研究》（项目编号：13692102300）《上海共性技术研发服务体系研究》（项目编号：12692102300），上海市科学技术委员会。
　　② 《上海第三代科技园区发展模式与路径研究》（项目编号：2014BJB014），上海市哲学社会科学规划办公室，2014年。

目　录

第一章

城市创新理论基础

与城市创新相关的理论主要由区域创新系统理论、城市创新路径理论、城市创新空间理论和技术创新发展理论四部分组成。区域创新系统理论搭建了城市创新的结构框架，创新系统中的要素组合对应不同经济发展阶段、技术发展水平、产业发展门类、空间发展特征的城市创新，城市创新的路径演化、空间演变和技术演进都在这一框架下展开。

第一节 区域创新系统理论

一、区域创新系统基本框架

1992 年，英国卡迪夫大学菲利普·库克（Philip Nicholas Cooke）教授在深入研究国家创新系统的基础上发表了《区域创新系统：新欧洲的竞争规则》一文，首次提出区域创新系统（Regional Innovation System，RIS）的概念。之后，菲利普·库克进而在其 1996 年主编的《区域创新系统：全球化背景下区域政府管理的作用》一书中对区域创新系统的概念进行深化，他指出区域创新系统主要是由企业、研究机构和高等教育机构等构成，这些机构分工明确其相互关联，区域创新系统是能够持续产生创新的一种区域组织系统（Cooke，2010）。奥蒂欧在 1998 年则指出区域创新系统主要由知识应用和开发（a）、知识生产和扩散（b）两个子系统构成，这两个系统根植于同一区域社会经济和文化环境之中其间通过正式和非正式联系发生作用（见图

1－1）（Autio，1998）。

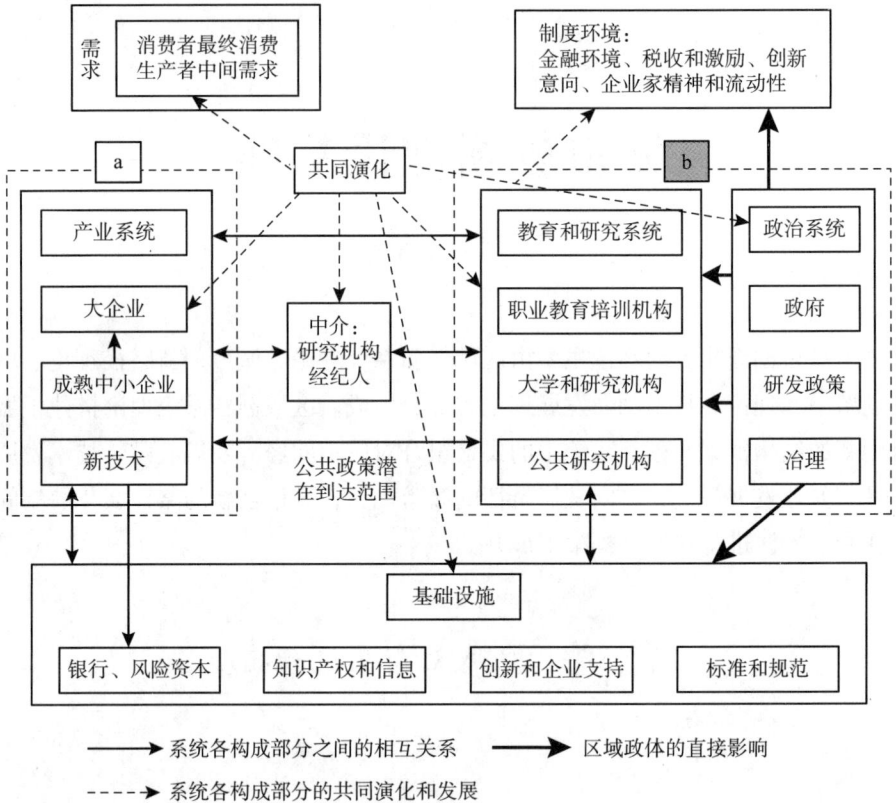

图 1－1　区域创新系统模型

资料来源：奥蒂欧（Autio，1998）。

在奥蒂欧的基础上，库克也提出了类似的区域创新系统结构，包含知识应用和开发子系统、知识产生和扩散子系统、区域社会经济和文化基础、外部因素等（Cooke，2002）。该模型从知识系统的角度出发对区域创新系统结构的研究，很好地揭示了创新系统的本质（见图 1－2）。

知识生产和扩散与知识应用和开发两个子系统分别对应技术的应用开发与基础开发，子系统之间并非完全割裂，之间有一个交界地带——共研、共用、共融地带，为共性技术研发扩散提供了理论上的可能。

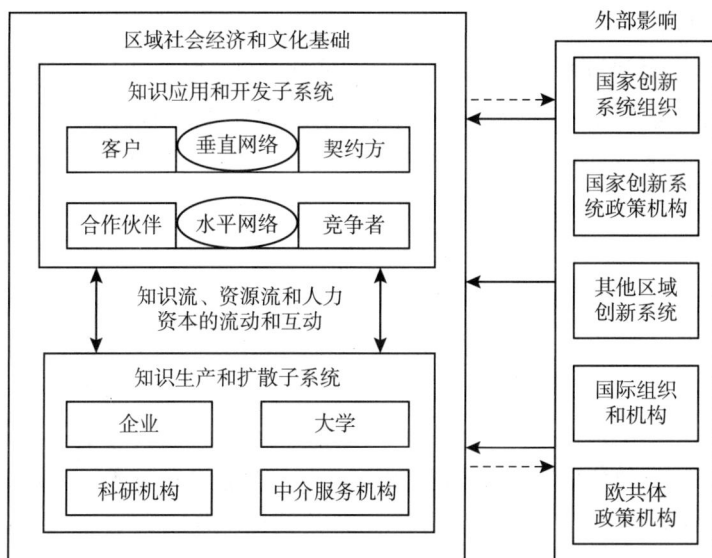

图 1 - 2　库克的区域创新系统框架

资料来源：库克（Cooke，2002）。

二、区域创新系统的结构

区域创新系统能有效提高区域内部企业的创新绩效水平，系统内的机构主要包括研究机构、大学、技术转移机构等（Cooke & Schienstoek，2000）。大学、科研机构、企业、中介服务机构和政府部门等创新主体构成了区域创新系统，这些创新主体之间通过知识流动形成一个相互促进的网络系统（顾新，2002）。其中，企业能够决定整个区域创新系统的创新能力，是区域创新系统的核心要素，大学、科研机构、政府部门和中介服务机构为非中心要素（见图 1 - 3）。

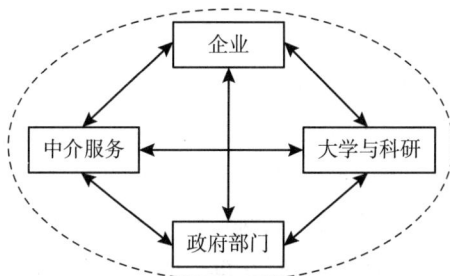

图 1 - 3　区域创新系统创新主体构成

资料来源：顾新（2002），有改动。

1. 企业

企业是技术创新的主体,为了联合开展技术创新,企业与其他创新主体合作形成企业创新网络,而众多企业创新网络的集合可构成区域创新网络,区域创新网络则是区域创新系统的重要形式和载体。在区域创新系统中,企业往往承担着技术创新和科技成果转化的作用。相较于知识创新、制度创新而言,技术创新是构建区域创新系统的核心和落脚点。

企业主导的技术创新过程具有高投入和高风险的特点,主要表现在技术、市场和商业行为的不确定性,如技术更新快、竞争激烈、市场预测不准、投资与费用强度以及政策法规变化等。因而,这也要求作为技术创新主体的企业须满足以下三个基本条件:第一,迫切要求创新,并将技术发明商业化进而赚取利润;第二,有较强的资本实力与融资实力,能够满足技术开发的高投入需要;第三,承担风险及应付技术开发失败的抗风险能力较强(边云岗、郭开仲,2014)。

2. 大学与科研机构

大学与科研机构是知识创新的主体,主要从事知识生产、创新人才培养和科学研究活动,也是企业创新活动非常重要的知识源。知识创新是技术创新和制度创新的基础,技术创新获得的经济效益可为知识创新提供物质保障,进而开展更加深入的知识创新。

大学与科研机构主导的知识创新过程具有高度的自由性的特点,但同时也具有较高的不确定性。由于知识创新成果短期内难以产生经济效益,因而,其在知识创新过程中往往需要政府部门提供一定的补贴。另外,知识创新对创新环境和创新人才的要求较高,导致了大学和科研机构是区域创新系统中创造新的知识和技术、培养创新人才、实现产学研合作创新的重要力量(马双、曾刚,2016;Johnston & Huggins,2016)。

3. 中介服务机构

中介服务机构是区域创新系统中创新活动服务的主体,一般指的是为创新主体开展技术创新活动提供相关服务的机构,包括行业协会、技术服务中介组织、商会、各种技术交易市场以及创业服务中心等非政府组织。

在区域创新系统中,中介服务机构具有市场灵活性和公共服务型两方面的特征,对区域创新系统的有效运行起着重要的支撑作用,在创新主体合作创新过程中具有桥梁和联系纽带的作用。一般而言,中介服务机构介于政府和企业及大学和科研机构等创新主体之间,在区域创新系统中扮演着辅助者的角色,尤其是在扶持中小企业方面发挥着重要的作用（马玉根，2007）。

4. 政府部门

政府部门是制度创新的主体，一般包括中央政府、地方政府以及各类行政机构。地方政府对区域创新系统的影响最为明显，主要通过制定技术创新的相关政策对创新过程进行宏观调控，为开展创新活动创造良好的环境，激励和规范创新主体行为，从而保证区域创新系统的有序运行、促进知识的生产、转移和转化（刘锦英，2009）。相较于技术创新和知识创新，制度创新则能提供良好的制度保障，良好的制度和政策环境是技术创新和知识创新效果提升的关键。

三、区域创新系统的创新机制

创新机制主要体现为创新动力和知识流动两个方面（高鹏，2007）。

1. 创新动力

区域创新是一个复杂的过程，是各种动力综合作用的结果，根据动力来源的不同，可将动力区分为内部动力和外部动力。内部动力一般包括信用契约、企业利润、创新学习，外部动力一般包括市场需求、区域竞争、政策导向（见图1-4）（Schmiedel & Brocke，2015）。在内部动力中，忠诚和信用是区域创新系统构建的基础，由于主体间创新资源和创新能力各有所长，加之技术创新存在着较大的不确定性，从而使得结网成为一种最佳的选择，为了保障创新系统能够有效地运行，往往需要通过契约协议方式作为保障；企业利润是结网的最终目标，建立一个公平有效的利益分配机制是保证区域创新系统顺利实施的前提，也是主体结网成功与否的关键因素；创新学习是确保创新水平提升的保障，有利于各主体吸取各方优势从而实现创新。在外部动力中，市场需求随着经济发展水平提高逐渐趋于多样化和个性化，企业满足顾客特殊需求的能力取代产品质量和价格等因素成为企业获取竞争优势的关键，市场需求是区域创新系统建设的原动力；在快速变化的市场环境中，企业间的竞争日趋激烈，企业通过结网加强合作来发挥整体创新优势，提高创新竞争力；政策导向主要包括国家政府和地方政府对各主体的创新政策引导，是区域创新系统建设的支撑（朱晓霞，2008）。

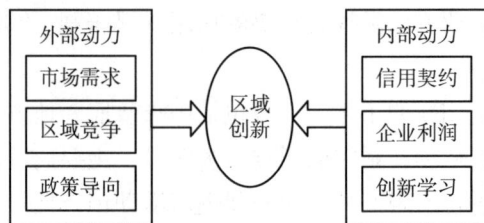

图1-4 区域创新系统创新动力

资料来源：朱晓霞（2008），有改动。

2. 知识流动

美国著名经济学家蒂斯于1977年最早提出了知识流动的概念，他认为企业通过技术在世界范围内的转移，可积累大量的跨国界应用的相关知识（Teece，1977）。OECD在1997年发表的《国家创新体系》报告中指出，知识流动包括企业之间、企业与大学和科研机构之间的知识和信息流动、知识和技术向企业的扩散、人才在公共和私人部门间的流动（OECD，1997）。由于考察对象不同，出现了一系列与知识流动相关或相近的概念，如知识溢出、技术扩散、知识扩散、知识可达性、联系等（曾刚、袁莉莉，1999；Pinch et al.，2003）。知识一般包括隐性、可编码化、科学、技术、文化、美学、表述和符号等类型，这些不同类型的知识维持了地方集群内企业的竞争优势，并有助于提升经济竞争力。其中隐性知识（或缄默知识）和可编码化知识在学界应用最为广泛，二者间在表达形式、交流方式、转移难易程度、地理空间范围等方面存在着显著的差异（见表1-1）（曹贤忠、曾刚等，2016）。

表1-1 编码化知识与隐性/缄默知识特征

特征	编码化知识	隐性/缄默知识
表达形式	表达方式多样	表达方式单一
交流方式	正式交流	非正式交流
转移难易	容易	较难
地理空间	全球	本地/区域
	全球和本地可互换知识	

资料来源：曹贤忠、曾刚、司月芳（2016）。

作为区域创新系统的载体和有效途径，创新主体合作形成的创新网络对知识流动的促进作用毋庸置疑，网络包括主体间的互动和关系，企业通过网络获取知识，但这些网络只是知识在创新主体间流动的途径，并不是对知识的直接交易。因此，网络扮演着一个管道的作用，可促进技能、专门化知识、技术和R&D等知识的流动（Andersson & Karlsson，2007）。一般而言，创新网络有联系网络与合作网络两种模式，合作网络主要关注重复、持久或持续的互动或联系，联系网络则由创新主体之间非正式的互动和联系组成，组织更新和改变其联系较为频繁，从而引起网络结构变化（见表1-2）（Trippl et al.，2009）。

表1-2　　　　　　　　不同类型组织网络与知识流动的关系比较

网络类型	联系网络	合作网络
结网目的	获取知识源	合作创新
结网方式	非正式	正式
结网类型	短暂、临时联系	持久、重复联系
网络结构	动态变化	较稳定
网络空间	全球为主，地方为辅	地方为主，全球为辅

资料来源：曹贤忠、曾刚、司月芳（2016）。

四、城市区域创新系统的关注点

区域创新系统理论认为区域是企业的"群"，这些区域由通过合作和竞争规则的企业网构成，而区域创新网络是区域创新系统的主要形式。在区域创新网络中，关键网络结点特性、信息流动以及网络秩序是区域创新的关键要素。区域创新系统理论在解释区域经济布局以及高技术产业、科技园、创新网络对于创新的影响方面具有突出贡献，其方法弥补了传统案例研究的弱点，并对不同区域的创新活动进行了系统比较（胡志坚、苏靖，1999）。

在现代经济结构中，区域经济的核心是城市经济。城市是推动区域经济发展的中心，也是智力资源、风险资本、信息服务、基础设施的综合体。在城市内部，技术集聚和信息化为新产业发展创造了区位空间，这使得大量的高技术企业和产业在城市诞生，城市成为信息技术和学习的载体，是创新资源的聚集地。因而，区域创新系统的建设应以构建城市创新系统为突破口，进一步完善创新基础设施、整合创新资源、营造良好的创新环境。作为区域创新系统的重要组成部分，城市创新的主体主要集聚于中心城区和科技园区，对整个城市的创新起到引领的作用（Evangelista，2015）。

此外，随着知识经济时代的到来，城市创新已不再局限于技术创新，而是以技术和知识双创驱动，以教育创新、服务创新、金融创新、环境创新为重点突破口（见图1-5）。城市创新系统的基础子系统、重点子系统和支撑子系统必须协调运行，才能真正促进区域创新的发展（廖德贤、张平，2005）。区域创新系统中各子系统之间的连接大部分是通过经济活动来完成的。因此，构建有效的城市创新系统关键在于发展创新型经济（Lundvall，2011）。

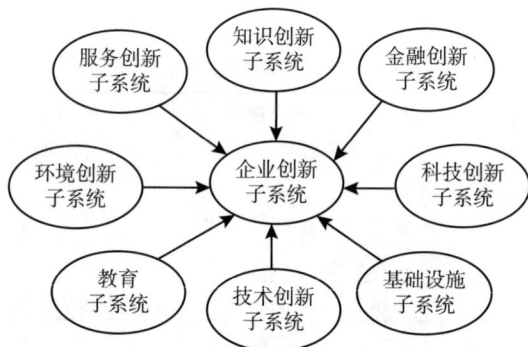

图1-5 城市创新系统模型

资料来源：廖德贤、张平（2005）。

第二节 城市创新路径理论

自20世纪初熊彼特提出创新理论并将创新引入经济体系以来，此后创新作为经济增长的动力与要素便受到学术界的广泛关注。20世纪80年代以来，全球化、信息化、知识化浪潮席卷全球，创新成为增强地区竞争力的决定性因素，对于创新的研究也长期聚焦于国家和地区（李飞，2007）。然而，城市作为参与国际竞争中观尺度的地域单元，是创新活动的主要孵化地，尤其是大城市在区域经济发展和创新活动中扮演着主要角色（石忆邵，2008），各国或地区纷纷建设创新型城市，推进经济由要素驱动向创新驱动转换，城市创新路径理论逐渐得到重视。城市创新主要聚焦于技术、产业、组织三个方面，技术创新是推动城市创新的重要动力，产业创新是城市创新的重要载体，组织创新是城市创新的重要支撑。

一、城市产业创新路径

长期以来，国内外对创新理论的研究主要聚焦于技术创新、机制创新或管理创新。产业创新作为国家创新体系的核心（Chris Freeman，2004），涉及经济发展战略、产业均衡发展、经济政策调整等多方面。在产业创新中，有一些关注重点，如产学研合作、战略性新兴产业发展等（王凌、徐敏，2013），深入分析产业创新理论对于城市产业创新转型与可持续发展具有重要的意义。

1. 产业创新的内涵

正如产业门类难以划分清楚一样，产业创新的内涵也较难准确界定。克里斯·弗里曼（Chris Freeman，2004）将产业创新内涵界定为：包含技术创新、产品创新、流程创新、管理创新（组织创新）和市场创新等内容的系统集成。迈克尔·波特（2012）也在其理论中提出产业创新的思想，并将产业创新优势作为城市创新的主要优势之一（孙康慧，2011）。也有学者从中观或微观的角度对产业创新的内涵进行界定，如波恩（Poon，2004）认为，产业创新是生产从劳动密集型和低附加值产业向技术密集型和高附加值产业转型的过程。尽管其研究视角各有不同，但将产业创新视为由低技术水平、低附加值状态、低生产力水平向高技术水平、高附加值和更高生产力水平转型的观点却是一致的，这也是产业创新路径研究的基本原则。

2. 产业创新路径

创新决定产业能否实现可持续发展，也决定了地区的综合竞争能力（刘冰等，2012）。产业经济学认为，产业创新是指产业由低级向高级转换的过程，它不仅包括产业经济总量的增长，还包括产业结构的高级化。对于产业创新路径的研究主要有两种思路：一是产业结构调整论；二是价值链升级论。前者是传统的路径研究思路，突出经济发展过程中三次产业结构变动规律和产业层级间升级的规律，如产业由劳动、资源密集型向技术密集型转变。判断依据可根据国内收入变动、需求扩张和技术进步的数据变化，也可根据开放经济条件下国际贸易和国际投资的变动（张来春，2009）。

随着经济全球化的深入，价值链国际分工不断发展，产业创新不再只是传统意义上的劳动密集型向资本密集型再到技术密集型的升级，而是更多地专注产业链各环节的选择，依据比较优势沿着"微笑曲线"向附加值高的产业链两端移动（见图1-6）。卡拉亚尼斯等（Carayannis et al.，2015）从产品生命周期理论出发，对技术推动产业创新、实现价值链向高端环节转型的动力机制进行了分析；格里芬等人通过东亚服装产业的研究，总结出了产业价值链创新的"OEA – OEM – ODM – OBM"过程；卡普林斯基等（Kaplinsky et al.，2002）将产业创新分为生产方式转型、生产产品转型、功能升级和价值链跃迁四种类型，并指出，产业创新从工艺流程升级开始，以价值链升级结束。

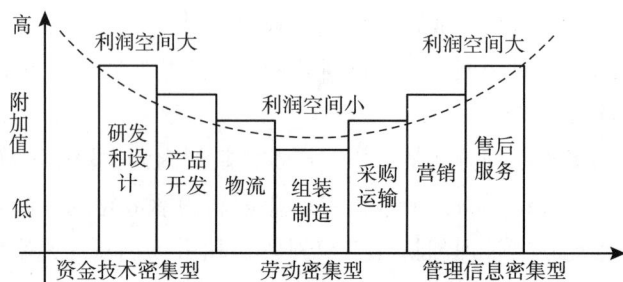

图 1 – 6   全球价值链微笑曲线

资料来源：作者自绘。

值得注意的是，不论何种产业升级都基于产业创新，都以技术升级为前提，城市产业技术链上的位置决定了其在产业价值链上的位置。往往尖端技术掌握在发达地区，其形成的产业附加值较高；成熟技术通过广泛的转移扩散降低附加值，形成了"雁行轨迹"（毛荐其，2007）（见图 1 – 7）。

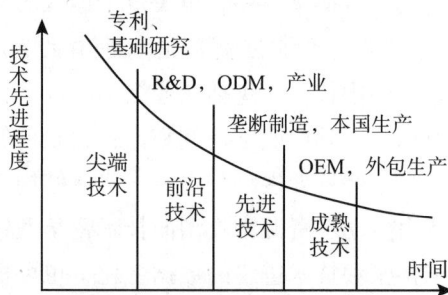

图 1 – 7   全球技术链纵向分布

资料来源：作者自绘。

3. 产业创新系统

不同产业的创新系统具有较大差异，布里斯奇和马勒巴（Breschi & Malerba，1997）和伯格克等（Bergek et al.，2005）明确提出了产业创新系统的理论分析框架（见图 1-8），定义产业创新系统是一组产品（新的或已有的）和一组行为者的集合，这些行为者以实现创造、生产和销售产品为目的高强度交流。马勒巴（2002）对产业生态系统的界定极其复杂，包括行为者、产品、知识和行为过程、技术、需求、联系、交互作用机制、制度等多种要素。其之后对产业创新系统分析框架进行了简化（Malerba，2009），重新定义的产业创新系统包括知识和技术领域、制度、行为者和网络。其中，行为者包括整个产业链的企业、大学和科研院所、社会团体、产业协会和非商业组织、风险投资者、标准制定机构等；网络包括为了协调完成特定任务组建的技术联盟、供应商集团等，还包括买卖关系、产业—大学联盟等各种产业或企业网络；制度由法律、规则、规范、文化等构成（戚汝庆，2012）。

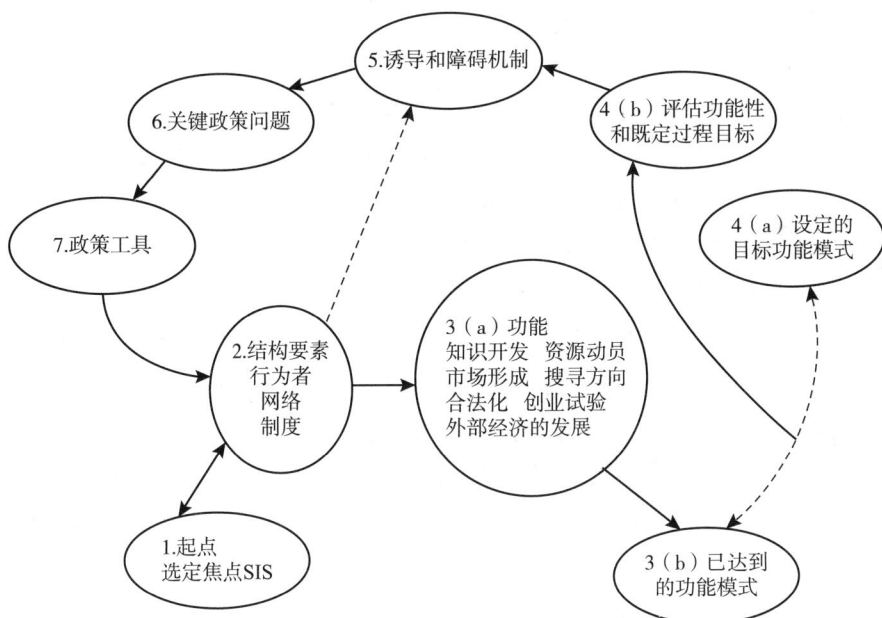

图 1-8　产业创新系统分析框架

资料来源：伯格克等（Bergeki et al.，2005），转引自戚汝庆（2012）。

二、城市技术创新路径

技术创新是现代经济发展的持久源泉，主要来源于以创新为目的的研发活动（傅晓霞、吴利学，2013）。由于社会经济发展水平的差异，不同地区对技术创新的理解和执行存在差别，进而导致不同国家或地区的技术创新路径存在明显的差异。发达地区作为先行地区承担着技术创新的职责，而落后地区则充分利用技术后发优势（advantage of backwardness）实现对发达地区的追赶和超越。车斯伯（Chesbrough，2003）提出了开放创新理论，指出随着开放程度的进一步加深，企业、环境之间的界限变得更加模糊，创新也将加快转移。OECD 重视和推广了该理论（Hasic，2010），进一步推动了技术创新理论的发展。林毅夫、张鹏飞（2005）从经济学意义上定义了创新，指出发达国家或地区主要依靠自主创新提高生产效率，并长期处于技术创新的前沿；欠发达地区在全球技术创新格局中处于弱势地位，往往通过引进发达地区成熟的技术来提高生产效率。可以看出，不论是发达地区还是欠发达地区，在推动技术变革、组织技术创新的过程中，其对技术创新的追求呈现出高度的趋同性。

1. 发达地区技术创新路径研究

发达国家的技术创新研究主要经历了新古典经济学和演化经济学两个阶段，在新古典经济学主导阶段，"经济人"和"完全信息"等基本假设主导了技术创新对经济增长的解释；在演化经济学阶段，"有限理性"和"不完全信息"逐渐占据主导地位（王方瑞，2008）。

根据演化经经济学对技术创新的基本假设，可以从产业和企业两个层面进行研究技术创新路径研究。熊彼特创造性地引入了"熊彼特 I"和"熊彼特 II"两种创新模式，为技术创新研究提供了演化经济学理论基础。此后的研究也主要分为两大范式：一是尼尔森和温特（Nelson & Winter）的惯例研究，该研究的核心观点可概括为"惯例变革即企业创新过程"；二是多希（Dosi，1997）的技术范式研究，提出了技术范式理论，并指出技术创新是在一定的行业结构背景下实现的。尽管两种学派对于技术创新类型与技术创新属性、技术创新研究层次等研究侧重点不同，但都从演化经济学的角度对技术创新研究的解释范围和深度进行了补充和深化。

技术创新条件、技术创新组织和技术创新关系是研究技术创新路径的三个重要方面。基于这三个方面，李和林（Lee & Lim，2001）通过韩国工业化进程的案例研究了后发者的创新追赶模式，并对后发者技术创新体制、优势来源、战略和政策等创新和市场追赶背景，以及研发行为、市场追赶等进行了研究，从而形成了创新追赶模型（见图 1 - 9）。对于技术创新条件，多希（1997）、佩里兹（Perez，2015）在尼尔森和温特（1982）、弗里曼（1994）、罗森格和莫维里（Rosengerg & Mowery，1978）等研究的基础上，从内生与外生的角度对技术创新的模式进行了分类，将技术创新决策（即如何组织技术创新）分为模仿型、渐进型和突破型三类；从研究内容上看，技术创新决策研究主要包括研发资源分配、研发组织方式和技术获取方式等（Teece，1986）。对于技术创新决策，也有学者从技术学习方式选择（Malerba，2003）、创新资源分配（Mansfield，2010）等角度进行研究。

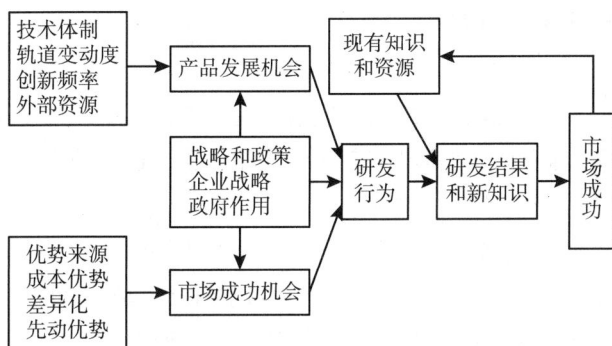

图 1 – 9　技术和市场追赶模型

资料来源：李和林（Lee K. & Lim. C.，2001），转引自王方瑞（2008）。

2. 欠发达地区技术创新路径研究

相较于发达地区，欠发达地区更关注如何实现技术追赶。克里斯坦森（Christensen，1995）、马修（Mathews，2006）等学者对后发者创新战略定位进行了系统研究，指出其实现技术追赶主要由两种途径：一是依赖外部技术联系，通过技术模仿与学习实现快速赶超；二是通过建立新的价值网络并构建起新的技术创新资产组合，从而进入新的技术创新轨迹。拉尔（Lall，1995）等学者认为，欠发达地区和发达地区在创新路径上存在显著差异，发达地区能够识别不连续的创新，并致力于一些原创、高端的创新；受市场规模、技能水平、对创新的重视程度等影响，欠发达地区只能组织规模较小的创新，以及通过消化吸收发达地区的创新成果，并对新技术成果进行适应性调整；总体上，欠发达地区更加侧重于那些适合本地区学习能力、规模较小、成本较低的专业技术。不仅在技术选择上如此，在创新政策的制定和实施上，欠发达地区也容易走弯路，并简单地将促进创新的政策手段定义为设施提供和经济刺激（Perez，2006）。

由于技术体制、外部资源条件、技术累积能力不同，创新追赶者也形成了不同的创新追赶的模式，李和林（2001）提出了三种创新追赶模式：一是跟随型创新追赶，即追赶地区跟随先行地区的技术发展轨迹，利用后发优势在短时期内实现工业化；二是跳跃型创新追赶，指追赶地区可能跳过先发地区创新轨迹的某个片段，实现跨越性的发展；三是创造型创新追赶，指追赶地区在追随先行地区之后开拓出自己的创新轨迹。

三、城市组织创新路径

组织创新同样源于熊彼特的创新理论，在早期技术论的语境下，创新基本等同于技术创新；随后，创新研究者开始关注创新过程中的组织问题，并主要聚焦在技术创新与组织环境的关系。

由于研究者的研究目的、研究视角及研究方法不同，学术界对组织创新研究的概念界定也较模糊（迟景明，2012）。综合来看，组织创新的内涵主要有三种类型：一是将组织创新定义为"组织的技术创新"，组织创新以组织产品、工艺及生产过程等方面的技术创新作为内容；二是将组织创新理解为"组织层面的创新"，该内涵是与宏观经济系统、产业或社会系统相对应的概念；三是组织中影响技术创新的组织要素和组织机制的创新，在该定义中组织创新与技术创新相并列。基于第三种观点，佩里（Perri，1994）将创新分为产品创新、过程创新和组织创新，基于这一观点，组织创新第一次从技术创新中脱离出来。综合来看，基于创新理论的组织创新是为了适应外部环境变化和实现自身发展的需要，对结构、制度、流程、人员关系进行调整的过程（郭韬，2003）。

组织创新的动力主要由外部环境和组织自身变动形成。对于内外动力的构成要素，学术界的观点各有不同，但大体包括组织创新动力内生、技术—市场二元动力、技术—市场—政府三原动力和交易费用节省等四种观点（彭罗斯，2007；迟景明，2012）。不论基于何种观点，外部动力都包括外部宏观环境和政策、市场、资源、竞争等自组织环境；内部动力来源于对经济效益和降低交易费用的追求（郭韬，2003）。

尽管以上对于组织创新概念、创新动力的分析多从企业层面的组织创新研究入手，但也为城市组织创新提供了重要思路，甚至二者有异曲同工之处。城市本身作为一个复杂的系统，其组织创新也包含技术创新、组织要素和组织机制的创新、城市中为节省交易费用而实行的规则结构选择等内容；同时，也受到外部宏观环境和内部动力的影响。在外生和内生动力影响下，城市创新的组织形态也在发生改变。早期城市的创新更多来源于企业技术创新，随着城市产业门类的增多，服务业不断发展，纵向一体化的创新模式解体，各种外包形式出现，创新活动不再只是企业的职责，而是社会各方主体的共同职责；高校科研院所、创新服务企业等逐渐参与到城市创新活动中来，使得产学研合作在城市创新发展中变得更加重要。随着知识经济、信息社会等的到来，除技术创新以外的知识创新、管理创新、商业模式创新等软要素的重要性逐渐增加，并逐渐成为创新活动的主流。与技术创新的创新主体、内容和载体不同，知识创新对城市管理创新和制度创新有着较高的要求（Zeng，2016）。随着创新主体、内容、载体和驱动力的改变，整个城市创新的组织形态开始发生巨大的变化，由以前的单一组织形态向多元化组织形态转变。

表 1 - 3 为科技创新的类型与特征比较。

表 1 - 3　　　　　　　　　科技创新的类型与特征比较

	知识创新	技术创新	管理创新
创新主体	科研机构、高校、商业人士、中介组织	企业、科研机构	政府、产业园区、企业联盟
创新内容	科技知识、商业信息、管理知识、经验等	技术研发、生产与应用	管理模式、制度创新等
产业载体	知识密集型服务业	高新技术制造业	各种产业
驱动力	跨领域专家参与	双螺旋驱动	现代科技引领

资料来源：作者整理。

第三节　城市创新空间理论

城市创新空间是"知识经济"或"创新产业"在空间上的集聚。作为创新要素、创新主体和创新活动高度集聚的区域，城市创新空间是以知识溢出、技术合作、创新研发和信息交流高度汇聚的城市空间系统。城市创新空间系统不仅要有健全的包含经济、社会、文化等属性的要素系统，同时也要拥有完善的协同作用机制。因此，一个完整的城市创新空间理论框架包括创新空间的空间形态、空间结构、空间组织方式、空间治理和空间联系等内容。

一、城市创新空间研究的理论演变

城市创新空间的理论研究经历了空间结构的单中心到多中心、创新的从无到有、创新孤岛到空间协同的理论演变脉络。随着全球化的不断深入和通信技术的飞速发展，创新驱动影响下的城市空间治理、城市健康发展已成为城市学者们关注的焦点，学界也从关注城市空间的经济空间和社会空间逐渐转向关注创新驱动影响下的城市空间响应。而在关系转向和协同发展的学术理念大背景下，各城市创新空间和创新单元的发展与联动也成为城市研究学者的一大热点。

1. 城市空间的结构模式

城市空间结构模式在不同时期的城市发展中能够反映出城市的功能和精神特点。公元前 5 世纪，古希腊追求唯物、平等的理性思辨，形成了以希波丹姆斯为代表的几何化、秩序美的空间结构模式；文艺复兴时期，在精英主义和高雅主义思想的背景下，人们开始对唯美和高雅艺术有所向往和追求，体现秩序和集中式形态成为理想城市的结构模式；20 世纪，现代主义运动大潮下功能理性的规划思想在城市空间规划和空间形态上体现得淋漓尽致（周天勇，2010）（见表 1 - 4）。

表 1 - 4　　　　　　　不同时期城市空间的结构模式比较

	希波丹姆城市空间	中世纪城市空间	文艺复兴城市空间	现代主义城市空间	城市创新空间
时代背景	古希腊、唯物、平等	中世纪、宗教统治	15 世纪，文艺复兴	20 世纪，现代主义运动	信息时代，知识经济
精神特质	理性思辨、公正平等	神权高于王权	人文主义	现代主义、机械理性	平等、自由、开放、高效
规划思想	几何化、程序化，强调秩序美	自然主义的非干预规划	"综合艺术总图"的理想	功能主义、形式理性主义	构建有机的空间生态体系，适应高新技术产业的发展需要
结构模式	棋盘式结构模式	以教堂为核心，整体、内在的有机秩序	唯美秩序、几何规则、集中式布局	严格的几何形构图，规整有序	以创新、生产为主导的依托自然的创新产业综合体
生活形态	城市活力的桎梏	基督教生活的有序化和自组织性	高雅主义、精英主义	机械规划、分区明确、缺乏活力	空间开放、活力高效、协同联结

资料来源：周天勇（2010）。

2. 创新与创新集聚

创新被提出最早可追溯到 20 世纪初，被定义为"把一种新的生产要素和生产条件的'新结合'引入生产体系"（熊彼特，2000）。随着近年来技术进步和信息媒介的快速传播和发展，知识创造和技术创新被进一步认识。有学者认为，创新是科技和经济协同发展、螺旋上升的产物（王宏伟，2007）。以往知识创新和技术研发需要与制造加工环节密切联系在一起，如今信息技术的高速发展使得同一产业内部的不同领域甚至同一条产业链内部的不同环节可以分离出来，而研究开发常因集中于研究设计、无须生产设备而独立地发展起来。

企业可以从区域内相邻企业、大学和研究机构所组成的本地知识库中获益，这种知识库来自其他创新主体（特别是大学和研究机构）的知识溢出和技术合作。大量企业和相关领域产业部门在特定区域内的大量集聚能够形成专业化的劳动力流动市场并形成相对知名的创新服务品牌（García，2014），同时知识溢出和非正式联系也更加顺畅。集聚能促进集群内企业创新能力的提升，企业也更加愿意与当地合作伙伴间拥有更多的合作，承受来自当地竞争者的压力越多，创新意识被激发的可能性就越大。全球竞争的加剧加快了创新步伐，这进一步提高了知识联系的重要性，组织间的合作关系越来越多，产业生产商、批发商、经销商和零售商之间的商业协议、大型软件生产商和较小企业（外包）间的合同关系及联合研发的伙伴关系也越来越多，为了削减经济壁垒、减少创新风险和成本，企业及其创新经济活动也更倾向于地理集聚。

因此，城市的创新空间将作为创意研发环节的载体，把创新研发人才、机构和活动集聚吸引到创新型城区（Olcay，2016）。王缉慈（2005）指出创新空间的发展影响与产业的发展时间有关，其区分了城市不同维度的集聚经济，包括城市化经济、地方的专业化经济和相关种类的地方经济，并假设创新产业发展的初期阶段，城市化经济和关联种类的地方经济要比地方的专业化经济重要。事实上，城市创新空间即为产业链各环节在空间布局上有选择的集聚，经济全球化背景下出现的科技园、科学城、中央智力区都是产业创新活动在城市空间中集聚的产物，且都明确对应于全球生产链的特定环节。以第三代科技园区为例，就是生产链中知识生产、技术研发、专业加工和管理的环节，对于载体的需求具有相当的同质性。

3. 城市创新空间的理论研究

格雷斯（1922）基于美国城市的案例，认为城市创新空间的产业结构转型经历了商业—工业—运输业—金融业四个发展阶段。此后费希尔在《安全与进步的冲突》中将人类生产活动和经济发展史分为三个阶段，其中最近的一个阶段始于 20 世纪初，这一阶段大量的劳动力和资本涌入教育和科学旅游、文化艺术、娱乐服务、休闲健康等第三产业中（Fisher, 1935）。波特认为劳动力、投资、财富和创新推动是推动区域经济发展的四种力量，而且具有逐步推进的关系（Porter, 1998）。在要素驱动阶段，区域以低成本劳动力和优越的自然资源禀赋发挥对比优势；提高生产率则是资本驱动阶段区域保持竞争力的重要手段，企业生产只要是 DEM 制造、模仿创新、二次创新、技术引进和购买、外商直接投资等；处于创新驱动阶段，企业的自主研发成为主旋律，同时也积极地与外部主体形成紧密的创新网络，知识和技术成为激励区域发展的主要因素。

詹姆斯在《创新性城市》中揭示了创新与城市之间的复杂性，认为城市创新环境的产生来自四个不同源泉：一是创新源泉与国际出口市场的关联；二是城市经济规模与创新进程；三是经济积聚和企业国际化规模；四是同类型公司的空间集结与定位（James, 2001）。世界银行关于"东亚创新型城市"的研究报告指出，实现城市创新驱动、可持续发展的基本条件是拥有一个强有力的城市中心区。城市中心区需要包容的社会环境，多元的文化交融和体验；拥有完善的交通基础设施和通信设施；密集布局的高科技产业和尖端服务业活动，以及高校和科研院所林立（世界银行，2005）。在此基础上，要提升城市管理水平，优化城市创新空间结构和布局，形成有利于知识溢出、创新交流、人才流动的城市环境和体制机制，建立多层次的自主创新支持系统和公共服务平台，提升城市创新引领功能和带动辐射作用（Stewartweeks, 2010）。

从以上理论和研究回顾我们可以发现，当代成熟的城市整体上是以第三产业为主导并围绕金融、保险、房地产等产业展开的，学者们普遍认可高端服务业是城市经济发展的发动机，认可其在塑造城市空间上发挥的重要作用。这表明经济活动的一个价值高端已被掌握并配合中心城区的空间功能塑造，但知识生产和技术研发这一价值链的另一高端未得到应有重视。近郊科技园区及远郊的科学城是支持智力活动和创新研发的高地，它们是中心城区之外的另一城市空间增长极。在认可第三产业在中心城区的主导地位时，也应看到高技术产业和先进制造业在科技园区和城市郊区中的重要地位。城市也在功能空间上形成了以金融产业、文化创意产业为核心的中心城区，以及以先进制造业、高科技产业为主的第三代高科技园区（曾鹏，2007）。

二、城市创新空间理论的基本内容

1. 创新驱动与城市空间响应

经济发展阶段理论认为人类的经济发展经历了要素、投资、财富和创新四个阶段，不同阶段拥有不同的核心产业，而城市空间的响应也存在不同的变化特征（邓智团、廖邦固，2013）。要素驱动阶段主要依靠要素禀赋的农业或加工制造业，城市空间形成商业活动密集的中央商业区；投资驱动阶段是资本密集发展和经济飞速发展阶段，资本密集型产业取代劳动和资源密集型产业，企业注重标准产品生产率的提升和资本的投入，同时关注领先企业的技术创新活动，其核心产业为金融服务业，城市空间载体主要是中央商务区；创新驱动阶段是经济现代化的主要标志，城市维持竞争力和可持续发展能力的手段不再是财富和资本积累，技术和知识密集型产业成为城市经济发展的主导产业，研发创意产业在空间上密集分布，中央智力区成为城市创新的主要空间依托（见表1-5）。

表1-5　　　　　　　　　　　经济发展的驱动机制与空间响应

驱动类型	产业类型	核心功能产业载体	城市空间地标
要素驱动	劳动力或资源密集型产业	制造业	中央商务区（商业）
投资驱动	资本密集型	制造业、金融服务业	中央商务区（商业、办公）
	技术密集型	研究开发、金融服务业	中央智力区、中央商务区
创新驱动	知识密集型	研究开发产业	中央智力区

资料来源：邓智团、廖邦固（2013）。

当前，全球范围内的城市发展实践在功能和空间上对于从资本驱动向创新驱动的这一转型大趋势都有不同程度的响应（屠启宇、苏宁，2009）。部分城市中心城区衍生出创意研发、文体娱乐等功能，产业结构和功能驱动实现多元化和专业化；一些科技园区和大学城在教学、科研和生产活动之外逐步培育出创业就业的立体式综合创新功能，社区化特点逐步显现。可以认为，在经济全球化和创新驱动日益兴盛的今天，创新功能回归的中心城区和社区化逐渐加深的第三代科技园区将会成为未来城市创新空间的两种重要表现形式和载体。

2. 城市创新空间的经济理性

马歇尔首次论述了城市工商业的土地价值问题，提出了城市地租理论（马歇尔，1964）。美国经济学家阿隆索在杜能农业区位理论的基础上，建立了厂商对城市土地的投标曲线（Alonso，1971）。他们认为，生产厂商的选址布局遵循级差地租递减的规律，租金最高地段布局商业中心，低等级商业中心的位置位于高等级商业中心之外。各等级商业中心吸引大量消费者并获取经济效益，继而带动周边地区经济的发展和地租的升高。对于某一商业中心内部，高附加值行业会占据该商业中心内部的核心位置，即租金最高的地段和位置。以上规律同样适用于农业、居住用地等土地价值模式（见图 1-10）。

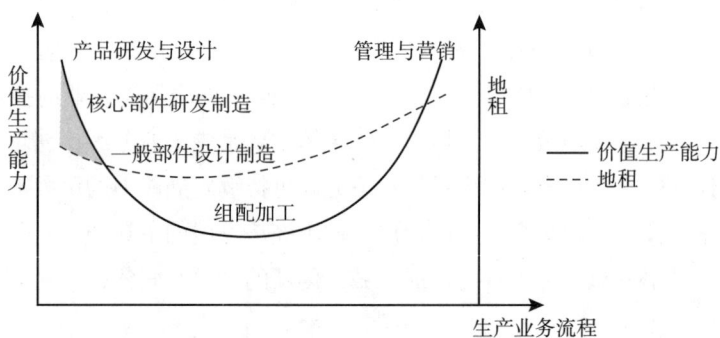

图 1-10　城市创新空间的经济理性

资料来源：邓智团、廖邦固（2013）。

　　通常情况下，生产的业务流程呈现倒"U"形曲线分布。曲线底部对应生产业务流程的中间环节，包括组配加工、一般部件设计制造。曲线两端是高附加值环节，包括产品的研发和设计、管理与营销以及核心部件生产等。根据级差地租理论，中心城区租金较高，其所对应的相关产业的附加值也相对较高，因此中心城区的主要业务是知识创造、技术研发、金融、管理等高端业务活动，而外围地区地租逐渐下降，产业的价值生产能力相应减弱。两种曲线相应叠加，知识创造、技术研发等高智力行业会存在于地租价值较高的地段，即中心城区或中央商务区。

3. 城市创新空间的类型划分

　　创新的主体是以研究开发等生产手段为主导的企业和部门，特征是更多地强调智力投入和知识资本，强调创新的核心推动作用（盖文启，2003）。城市创新空间有别于以制造加工为主导的生产型企业和高技术加工区等工业集聚空间以及以商业服务为集聚内容的商业空间。城市创新空间在具体的项目规划中有多种形式，通常可以分为中央智力区、科学园、高技术园、科学城等。

　　根据性质和功能，我们将"城市创新空间"归纳分为三大基本类型（见表1-6）：一是承担城市功能区的中心城区，以教育、研发和企业为核心要素的创新集聚空间，如波士顿的坎布里奇；二是以开展基础研究为主的科学城，如日本筑波科学城；三是以发展高技术及其产业为主的科技园，如美国硅谷和128公路地区、台湾新竹等（屠启宇、林兰，2010；滕堂伟、曾刚等，2009）；后两者的进阶形态就是以创新、研发和孵化为主要功能的城市创新型综合体。它具有地区根植性的全球化运作园区，有良好的社区环境和充满活力的商业氛围，并与大学科研院所等知识创造机构融为一体，即第三代科技园区。

表1-6　　　　　　　　　　　城市创新空间不同类型比较

依据	功能类型	中心城区	第三代科技园区	
			科技园区	科学城
基于城市功能区的比较	基本功能	城市功能区，知识创新功能	不是城市功能区，仅为科技创新活动的集聚区	不是城市功能区，仅为科学教育的集聚区
	经济运行	围绕生产链的前端（研究开发、知识创新）	围绕生产链的前端（研究开发）组织经济活动	围绕生产链的前端（基础研究和应用研究）组织经济活动
	社会运行	体现知识创新	商业性创新研发活动的运行空间，没有完整意义上的社会活动	教育服务和生活配套服务
	基础设施组织方式	软硬件以促进知识创新来组织	软硬件围绕促进知识创新来自治设计，缺乏外围城区基础设施的呼应	基础研究和教育为组织基础
	人员职业	教育、研究、开发及外围支持性职业	研究、开发、转化及外围支持性职业	教育、研究
基于创新功能的比较	创新源	内生智力源	外生智力源，突出智力和知识的商品化交换	内生智力源
	创新活动	基于生产链环节划分	主要基于产业划分	基于学科划分
	创新扩散	知识和创新由点及面地发散式扩散	知识和创新沿产业链扩散	以点扩散为主
	创新环境	强调创新软件要素和硬件的协同	侧重创新的硬件要素	侧重硬件要素
	创新氛围	创新社区化，强调创新的社会性、根植性	创新活动的园区化，存在"创新孤岛"的倾向	团队化

　　资料来源：根据屠启宇、邓智团（2011）；屠启宇、林兰（2013修改）。

一般而言，城市创新空间大体可以分为中心城区和第三代科技园区两种类型。中心城区既是城市创新的重要空间载体和表现形式，同时也是推动城市发展、沟通内外部联系的重要部分（陈玲、徐向农，2009）。第三代科技园区则是城市空间的又一新的增长极，是城市保持竞争力和可持续发展的空间要求。第三代科技园区是在前两代园区基础上更加重视知识、生态和社区生活的全新理念的科技园区，它在知识生产、技术创造和工商业发展方面促进城市发展，同时在生产、生活和生态方面对中心城区提供有力支撑，与中心城区形成良好的互动循环。

三、第三代科技园区和中心城区的发展联动

第三代科技园区的产生是在第一、二代科技园区发展的基础上创新变革而来的，它经历了从在大学、科研院所周边自发形成，旨在加快科研成果技术转移的第一代科技工业园，以及经过整体规划、突出创新孵化、强调科技与产业紧密结合的第二代科技园区。一种基于知识生态理念，以人才为引领、以创造力为核心、强调社区和城市融合、突出网络创新的第三代新科技园区的发展模式正在形成（汪怿，2012）。

中心城区的创新特性体现在宽泛的基础设施、智力劳动者、创新和民主，它是一种地理区域、区段或实践社区，而且还是拥有大量信息资源的政府和各类非营利性机构的集聚（Amidon，2002）。有些信息资源并不面向市场，但为中心城区提供了知识、技术、信息和人才等重要智力资源，对中心城区的创新产生了极大的促进作用。与第三代科技园区相比，由于加入了社区这一独特的创新主体，中心城区的创新要素更加完备与齐全，便捷度和适用度也相对更高。

随着中心城区创新功能的逐步回归和第三代科技园区的崛起，城市创新空间各单元间的联动发展将变得更加紧密。以往中心城区只注重商业开发、金融服务等产业内容，与周边的科技园区、科学城的发展联动仅限于产业链上下游的关系，即园区负责产品的研发和加工，而中心城区提供销售、研发、环节服务等内容。如今，越来越强调创新支撑作用、知识交换和信息交流的中心创新城区将在产业链同环节、创新链上与科技园区实现合作发展，不断加强不同产业领域、不同产业链环节和不同创新功能区之间的联系，创新体制机制，整合多方资源，突出网络创新和资源整合能力；同时，建设创新平台并打造创新创

业网络，改善物质环境，创新文化环境，推动第三代科技园区和中心城区的空间联动发展，真正实现城市创新空间从单中心到多中心、从孤岛创意到协同发展的转变。

第四节 技术创新发展理论

一、技术创新理论的产生

1. 技术创新理论的提出

美籍奥地利经济学家熊彼特（J. A. Schumpeter）最早从技术的视角来研究经济发展，并于1912年出版《经济发展理论》一书，首次系统提出创新（innovation）的概念，随后在1939年和1942年相继出版《经济周期》与《资本主义、社会主义和民主主义》等著作，丰富和发展了技术创新理论研究。"创新"被视为企业家实现生产要素与生产条件的新组合，并将之引入企业生产体系，其实质是建立一种新的生产函数。创新活动包含5个方面：生产新产品、引入新的生产方法、开辟新市场、获得新的供应商、采用新的组织方式（熊彼特，1990）。

熊彼特经济理论的核心思想是将创新作为经济发展的动力源泉之一，其中技术创新是熊彼特创新概念的主要范畴，虽然也涉及制度、组织、管理等层面的创新，但他强调的是把知识、技术等要素纳入经济发展模型，由此技术进步从外生变量逐步过渡到内生变量，进入经济学主流领域（彭纪生等，2002）。熊彼特创新理论突破了技术进步外生性的假设，认为传统物质资本积累以及知识和创新积累都是推动经济发展和生产效率提高的关键因素，应重视创新在经济发展中扮演的重要角色。

2. 技术创新理论的内容

（1）基本假设。

通过梳理熊彼特技术创新理论的基本思想和研究脉络，可概括出其创新理论的基本假设如下：①在整个创新计划和创新过程中都包含着不确定性和未知性，经济主体（个人、企业或其他组织）是"有局限性"的；②凭借经济学的完全信息，进而做出"最优"选择的假设是不切合实际的，因而企业家要具备独特超前的视野和领导能力，只有这样才能获取潜在的经济利润；③新知识、新技术、新方法的发明和扩散都会受到一定程度的阻碍，致使企业家要为创新的成功付出代价；④知识会以一种"惯例"的形式在企业范围内扩散，不同于新增长理论中对于知识"公共品"的假设（代明等，2012）。由于创新在经济发展中的作用受到企业家精神和创新本质的影响，决定了创新的作用具有"内生性"和"不连续性"，因而熊彼特技术创新理论始终贯穿着"非均衡"的研究范式，其理论假设既区别于主流经济学中的传统均衡理论，也不同于新增长理论的创新。

（2）技术创新与经济发展。

熊彼特技术创新理论的核心思想是内生的研发和创新是推动经济增长的决定性因素。关于经济增长主要是依靠内生的新产品、新技术、新方法来实现的，熊彼特主要有以下三个方面的论述：①企业先天具有追逐垄断利润的动机，而创新是获取垄断利润的重要途径，从而促使企业开展创新，由此产生新产品、新技术、新方法；②创新的过程是一个创造性破坏（creative destruction）的过程，假如企业创新获得成功，就能够将一些企业挤出市场，从而获得垄断利润。不能否认，垄断权力只是暂时的，领先创新成功的企业又会将其排挤出市场，以此循环；③经济学的核心问题是结构性变化而非均衡，经济结构内生的"创造性破坏"是推动资本主义发展的动力（Schumpeter，1942）。熊彼特创新理论认为，实现经济增长的作用机制是，企业为了获取垄断利润，不断增加 R&D 支出，由此带来企业知识存量的增加，知识积累和创新促进了技术创新，技术创新又进一步推动了新产品和新方法的实现，最终实现了经济增长，即垄断利润→R&D 支出→知识存量增加→技术创新→新产品（新方法）→经济增长。熊彼特认为经济增长主要通过水平创新模式和垂直创新模式来实现，其中，水平创新是通过专业化、垂直创新是通过创造性破坏来实现技术进步和经济增长的。

熊彼特创新理论具有如下突出特点：①强调技术是经济增长的源泉，将技术要素"内生化"，指出内生研发推动的知识生产和创新是经济增长的核心；②突破了传统经济理论中完全竞争市场的假定，假设企业具有一定的垄断权力，可以获取垄断利润；③指出知识不同于资本，知识具有非竞争性，即便经济系统中的资源（资本、劳动力等）是有限的，并且没有外生化的技术进步，仍可以通过知识的生产和积累来实现经济持续增长；④更加强调微观层面的创新和企业家精神是实现经济增长的基础（严成樑等，2009）。

二、技术创新发展路径演变

1. 技术创新链的演变

技术创新链的思想起源于熊彼特创新理论，熊彼特指出创新不仅仅是单纯的技术创新范畴，更重要的是把发明的新产品、新技术引入到企业的生产体系之中，形成一种新的生产能力。基于熊彼特创新理论的观点，科学技术与商业化生产之间还存在着一定的差距，完整的技术创新需要一个过程来衔接（刘洪民，2013）。从技术创新链层面来看，技术创新发展呈现由强调以高校、研究所为主体的知识创新和以企业为主体的技术创新向重视共性技术研究和技术转移的演变轨迹。

早期学者们对技术创新链的研究认为，技术创新链是从基础研究中积累科学知识，进而以科学知识创新指导技术创新，并最终实现创新的大规模市场化应用的过程，总体上看，技术创新链主要表现为技术链和产业链。基础研究是应用研究的源泉，基础研究的新进展推动应用研究的发展，从基础研究向应用研究延伸的过程即技术创新的"线性模型"；据此，建立起高校与科研机构有机结合的知识创新体系、以企业为主体的技术创新体系（陈劲等，2004）。然而，只强调基础研究和产业化会导致技术创新体系中间环节（共性技术）的缺失和薄弱，造成创新链条的断裂（彭双等，2012）。

伴随着技术交融性、同质化、互补性以及技术与经济结合度的日益增强，共性技术研发在促进技术创新过程中发挥着越来越重要的地位。共性技术是介于基础知识研究与市场化产品应用开发之间的技术，共性技术具有应用基础性、关联性、系统性、开放性等特点，在基础知识、技术知识转变为生产力过程中起着承上启下的作用。相对于企业专有技术，共性技术属于竞争前技术，其研究过程涉及领域宽、交叉学科多、覆盖面广、与产业结合紧密，是实现基础知识和技术知识的创新成果走向市场化应用的第一步。共性技术在整个技术创新链中起着搭建技术链和产业链之间桥梁纽带的作用，是企业乃至区域核心竞争力的源头和保障。由于共性技术具有关联效应、激励效应、示范效应，它能够在一个或多个行业广泛应用，从而实现共性技术及其研究成果的社会共享功能（操龙灿等，2005）（见表1-7）。

表1-7　　　　　　　　　　　　技术创新链环节

	基础研究	共性技术研究	企业专有技术研究
创新主体	高校、科研机构	政府主导的官产学研结合体	以企业主体的产学研结合体
创新投入	财政资金	财政资金及其引导的社会资金	企业资金投入
创新目的	国家利益	兼顾国家、区域和企业利益	企业利益
经济属性	公共产品	介于公共产品与私人产品之间	私人产品
创新特点	原始创新	技术创新、集成创新	技术创新
创新风险	风险相对较小	风险较大	风险大
实施途径	国家科技计划	国家计划与企业自主结合	企业自主

资料来源：操龙灿、杨善林（2005）。

2. 技术创新范式的演变

技术创新模式历经了技术推动模式、需求拉动模式、交互模式、综合模式、网络模式五代变革，其中，网络模式是未来创新的主导创新模式（Rothwell，1992）。技术创新研究视角从局限于单个企业内部的技术过程转向企业与外部环境的联系和互动，呈现出从早期简单线性创新范式向网络创新范式演变（见表1-8）。

表1-8　　　　　　　线性创新范式和网络创新范式的比较

	线性创新范式	网络创新范式
创新主体	大企业、研发机构	小企业、大企业、大学、研发机构、供应商、客户、公共机构
创新投入	研发	研发、市场信息、技术竞争、非正式实践知识
空间分布	创新活动发生在中心区域	创新活动在地理空间上扩散
典型工业部门	福特制制造业	柔性工业部门

资料来源：Asheim（1998）。

技术推动创新模式和需求拉动创新模式属于线性创新范式。20世纪50年代至60年代初，在技术创新理论中占据主导地位的创新模式是技术推动模式，创新主要靠技术推动，创新过程是单向流动的，各环节间具有相对独立性，纵向协作，为简单线性关系。20世纪60年代中期至70年代初，市场需求或生产要求对技术创新的牵引效应愈加显著，需求拉动的创新模式应运而生，为满足不断变化的市场需求，需进行创新过程及组织结构的调整。20世纪70年代至80年代初的交互创新模式强调，技术创新是在技术和市场交互作用下开展的，在产品生命周期及创新过程的不同阶段，技术推动和需求拉动有着不同的作用，科学、技术和市场的结合是技术创新成功的保证。20 世纪 80 年代后期，创新模式获得新的发展，摒弃了线性思维，将技术创新视为多路径、多回路、各环节综合一体的并行过程（张炜，2004；王海刚，2004）（见表 1 - 9）。

表 1 - 9　　　　　　　　　　　传统技术创新模式

	技术推动模式	需求拉动模式	交互模式	综合模式
时期	20 世纪 50 ~ 60 年代	20 世纪 60 ~ 70 年代	20 世纪 70 ~ 80 年代	20 世纪 80 ~ 90 年代
过程特征	始于科学研究，经设计、工程制造到产品销售	始于市场需求，经新产品开发和加工制造，最终销售产品	技术和市场双重因素驱动	联合供应商及公司内部各部门的横向合作
企业战略	研发新产品；新产品引进和扩散；更多的研发活动带来更多的新产品开发	强调市场营销；企业发展和多样化；经济规模成为考虑的主要因素，通过采购和兼并形成企业集团	企业合并；侧重控制生产成本；强调规模及经验效益；平衡研发和营销部门投入	全球战略；联合供应商及客户；整合协调不同部门在项目中的工作
投资重点	新产品及相关的扩张性技术变革	促使技术变革带来经济效益	会计学和金融（成本）问题	核心业务和核心技术
缺陷	对技术转化和市场作用重视不够；对技术水平较低的企业创新门槛过高	忽视长期研发项目；局限于技术的自然变革；具有失去技术突变能力的风险	只涉及社会和市场需求，未考虑其他重要环境因素	未注意信息系统的作用；基于大批量生产产品，不能用于复杂产品系统

资料来源：张炜（2004）。

20 世纪 90 年代以来，创新要素的跨区域乃至全球流动越发频繁，基于"流空间"的思想，学者们开始重视从网络的视角探讨经济活动的空间格局。特别是弹性专业化、后福特主义生产模式的深化，从网络范式的角度探讨技术创新问题受到学界和业界重视，技术创新跨越企业、区域等固有的边界，多主体多尺度相互交织的创新网络日益凸显（党兴华等，2002；陈新跃等，2002）。

3. 技术创新体系结构的演变

传统的技术创新着重于单体技术创新，伴随着技术形态的复杂化以及技术创新模式由线性范式向网络范式的演化，技术创新不再是单个主体行为，而是系统性的行为，技术创新体系结构呈现由单体技术向技术集群的演变态势。

技术间以及技术与环境间的关系研究最早可追溯到马歇尔的经济外部性理

论，其中"技术外溢"揭示了技术对其他相关技术的产生和进化的促进以及对周围环境的影响。多重技术间存在动态且高度相互依存的关系，应该把技术创新看作包含所有相关技术的动态系统，即技术创新系统或技术创新集群，这个系统或集群的特征以及组成要素是随时间变化的（Saviotti et al.，1984；Adomavicius et al.，2007）。由于群体技术网络结构的内在关联性以及技术问题的连锁效应和技术结构的内在要求，单体技术的创新需要与之相关的其他单体技术的配合才能得以实现，同时，单体技术的变化打破了原有群体技术的内在平衡，也势必会引起其他单体技术乃至整个群体技术的发展。技术创新的实际存在形式和发展方式就是技术创新集群，技术集群是指在区域创新过程中由于群体技术的内在关联性和技术势差的存在，会引起创新因子在流动过程中产生连锁效应、协同效应，同时这些创新因子同技术相关的各种社会经济要素反馈互动，形成以集群为特征的集合（刘慧等，2005）。技术集群的运行模式有顺轨式、衍生式、渗透式、复合脱轨式四种模式，各种模式的运行是以技术生命周期为主线，在空间范围内展开，是循环互动、共存共生的内在发展过程（王永杰等，2003）。

三、技术创新理论的演进

熊彼特于1912年率先提出创新理论，但由于受到同时期"凯恩斯革命"的理论影响，技术创新研究并未引起学界的重视。直至20世纪50年代，以微电子技术为核心的全球新一轮科技革命兴起，带来了众多西方资本主义国家近20年的高速增长"黄金期"，用传统经济学理论中资本、劳动力等要素已经无法解释这一经济增长现象。源于此，西方经济学家展开了对技术进步与经济增长关系的深入研究，形成了技术创新理论研究的新古典、新熊彼特、制度创新和国家创新系统等理论学派，创新的研究视角也由单纯的技术创新延伸至国家制度创新，熊彼特创新理论得以丰富和拓展（张磊等，2008；张凤海等，2008）。

1. 新古典学派

传统经济增长理论将技术创新视为外生变量，而新古典学派则将技术要素"内生化"，认为技术创新是经济增长的核心要素，应将其视为内生变量，并以索洛（S. C. Solow）等学者为代表，建立了技术进步索洛模型，用于测度技术进步对经济增长的贡献率（Solow，1951）。该学派的研究主要集中在如下两个方面：一是测度与评价技术进步对于经济增长的贡献率，二是技术内生化，技术创新纳入到经济增长模型。此外，新古典学派对于技术创新的研究是建立在"市场失灵"基础上，认为技术具有公共产品属性，存在技术创新收益的非独占性、外部性等市场失灵，故而技术创新需要适当的政府干预。

新古典理论学派的分析工具仍旧是采用传统的主流经济理论模型，未能反映对于制度和技术研究来说至关重要的动态特征，与现实世界存在脱节。此外，该学派将技术创新过程看作"黑箱"，这与新熊彼特学派侧重研究技术创新内部运作机制形成了鲜明的对照。

2. 新熊彼特学派

技术创新的新熊彼特学派以爱德温·曼斯菲尔德（Mansfield Edtvin）、莫尔顿·卡曼（Kclmien Morton）、南希·施瓦茨（Schwartz Nancy）等为代表，该学派强调技术进步和技术创新在经济发展中的核心作用，这一经济分析传统秉承了熊彼特创新理论的思想。同时，该学派重视对技术创新过程内部运作机制的揭示，认为推动技术创新的主体是集企业所有者和经营者于一身的企业家，侧重分析技术创新过程中所受到的企业组织行为、市场结构等因素的影响，并先后提出了技术创新扩散、企业家创新和技术创新周期等技术创新模型。纵观新熊彼特学派的研究，主要涉及新技术推广以及企业规模和市场结构与技术创新之间关系等核心命题。

新熊彼特学派着眼于创新的机制，突出动态非均衡的分析方法，丰富和发展了熊彼特创新理论。曼斯菲尔德等基于熊彼特创新理论中技术创新与模仿之间的关系以及二者变动速度的研究空白，建立了新技术推广模型；卡曼、施瓦茨等基于市场结构与创新的关系，提出了刺激创新的理想市场结构模型。总体上看，新熊彼特学派从有限理性、创新机制的视角，构建了技术创新理论框架，但更深层次的理论规律揭示尚显不足。

3. 制度创新学派

技术创新的制度创新学派以美国经济学家兰斯·戴维斯（Lance E. Davis）和道格拉斯·诺思（D. C. North）等为代表，该学派主要是对技术创新的外部环境进行制度分析，采用的是新古典经济学理论中所使用的一般静态均衡和比较静态均衡方法，该学派认为技术创新主要取决于制度创新，要实现区域的经济增长，关键是建立起能够持续激励创新的产权制度，从而使创新活动的社会收益率和个人收益率均等。同时，制度创新学派亦指出，技术创新对于改变制度安排收益和制度成本具有一定的影响。

以戴维斯和诺思为代表的新制度经济学家深入研究了制度设计对经济增长的影响，他们将熊彼特的"创新"理论与制度学派的"制度"理论结合起来，发展了熊彼特的制度创新思想。但由于制度创新理论中的制度主要指的是具体的政治经济制度，如公司制度、金融制度、工会制度等，没有包含作为背景的社会政治环境，故而还存在一定的缺陷。此外，该理论的提出是基于"经济人"的前提假设，所提出的促进制度创新的主要因素，如技术经济性、规模经济、预期收益刚性等也是外在于制度创新过程的，忽视了市场规模和技术进步本身也是制度的函数。

4. 国家创新系统学派

国家创新系统学派以英国学者克里斯托夫·弗里曼（C. Freemna）、美国学者理查德·纳尔逊（Richard R. Nelson）等为代表，该学派认为技术创新是由国家创新系统推动的，不能简单地归结为企业家和企业的孤立行为。国家创新系统是由多主体、关系网络和运行机制共同组成的综合体系，他们共同参与和影响创新资源的配置及其利用效率。基于国家制度的安排，企业、高校、研究机构、中介机构等创新主体间相互合作，推动基础知识和技术知识的创新、引进、扩散、再创新，从而促使国家的技术创新带来更好的经济绩效、社会绩效。国家创新系统理论指出由政府、企业、高校、研究机构、中介机构等共同组成的国家创新体系，是为了寻求一系列共同的社会经济目标，并指出技术创新是国家发展和改革的关键动力，侧重于分析技术创新与国家经济绩效间关系，强调国家因素对技术创新的影响。

1987年，弗里曼在《技术和经济运行：来自日本的经验》一书中，将创新主体的激励机制与外部环境条件结合起来，首次提出国家创新系统理论，并随着研究的进一步深入，相继发展出区域创新系统理论、产业集群创新理论等分支理论。1993年，纳尔逊在《国家创新系统：比较分析》一书中指出，由于科学技术的创新过程充满不确定性和未知性，因而，国家创新系统中的制度安排应当具有弹性，发展战略需具有适应性和灵活性的。总体上看，弗里曼和纳尔逊的研究为国家创新系统理论建立奠定了基础，但他们都未开展对不同国家创新体系的比较研究，而仅局限于一国创新体系中各组成部分效率的研究。不同国家间技术创新体系的组织和运行机制，国家间创新系统的差异能在何种程度上解释各国不同的经济绩效等问题还有待于后续研究进一步深入探讨。

第二章

城市创新的经济—科技—空间维度

自 20 世纪 80 年代开始，西方学者开始研究、思考和探索城市未来的发展形态，尝试将创新思维运用到经济、社会发展层面，强调创新在解决城市发展问题、推动城市经济社会发展、优化城市空间结构中发挥的重要作用，并将创新明确为城市经济发展、科技进步、空间优化的核心动力（Eiichi，2014；陈曼青、张涛，2016）。

在此背景下，城市创新的非技术因素得到更多关注，经济、社会作为创新的直接服务对象，在很大程度上体现了城市创新的结构与内容。由于技术发展最终将实现对有形物质的改造并产生经济价值，且需要保障技术研发的可持续性，因此创新型经济成为判断城市创新是否繁荣的一个重要标准。随着经济全球化的深入，创新型经济成为再城市化重要手段（郑春荣、夏晓文，2013；Carmelina，2016；Erminia，2016），城市在集聚和配置创新资源、不断形成自我平衡调整和发展功能的基础上推动建立创新驱动的集约型城市经济增长模式（李靖华等，2013）。集约型的城市经济增长体现在两个重要方面：一是技术的共研共用，即随着城市经济门类增多并向高级化方向演进，技术必须服务于多产业和多部门，进行簇群开发和共性开发，以节约创新成本；二是创新要素向能够最高效产生创新成果的区域集中，这些区域在城市中的典型代表就是中心城区与科技园区。因此，探讨创新的经济—科技—空间三重维度及其在新形势下的发展演变，对于理解城市创新特点、探索城市创新道路具有重要的意义。

第一节 城市创新的经济维度

一、创新型经济的内涵解析

美国经济学家约瑟夫·熊彼特最早从科技与经济相结合的角度探讨技术创新对经济发展的作用，于 1912 年率先提出"创新型经济"的概念。创新型经济将技术进步作为经济发展的内生变量，强调创新对经济发展的决定作用。之后，波特（2007）正式将创新纳入经济发展的驱动力，指出在要素驱动、投资驱动、财富驱动之外还有一个创新驱动的阶段。在创新驱动阶段，资源、劳动、资本等初级要素实现重组为创新型经济服务，极大地加快了经济发展速度和提高了区域经济发展的稳定性。因此，越来越多的国家和区域开始实践创新型经济的发展模式，并将其作为城市创新最重要的基础之一。

1. 创新型经济概念

最早提出建设"创新驱动型经济"的是英国政府，其在 1998 年将建设创新型经济作为国家发展优先考虑的战略目标。目前，学术界尚未形成关于创新型经济的统一概念。

学界普遍认为创新型经济是经济增长由主要靠物质投入（资本、劳动、土地）推动转向创新（知识、技术、制度）驱动，形成具有自主创新能力的现代产业体系（洪银兴，2009；Elena，2015）；也有学者将创新型经济定义为"以创新产业为标志的经济"（杨倩，2010），并强调科技与产业的互动结合。不同于以往的几种经济形态，创新型经济产生于信息革命和经济全球化的背景之下，以知识和人才为依托、以创新为主要推动力、以发展拥有自主知识产权的新技术和新产品为着力点、以创新产业为标志，其发展体现了资源节约和环境友好的要求（Xuemei Bai，2010；李建波，2011；Jack，2014），是一种持续、均衡和健康发展的经济形态（李冰洁，2013；Ekaterina，2014）。值得注意的是，创新型经济不能完全在市场经济的体系下展开，发展创新型经济除了尊重市场经济的规律外，尤其需要市场以外的制度安排（Marsden，2011；洪银兴，2011），因此，从根本上说，创新型经济已经不完全是经济学的概念，其更多的是一种经济发展形态，经济、科技、产业、文化、社会都是构成创新型经济的重要组成部分。

现有研究对创新型经济的概念在以下几个方面达成了共识：

（1）创新成为经济发展的核心驱动因素。

创新作为驱动经济增长的核心要素，在极大程度上改变了经济增长方式和发展模式，并影响整个城市的经济、社会、文化和制度体系。由于创新优化了经济资源配置，从而大大提高了社会资源的利用效率，产生资源、资本、普通人力等其他要素无以可比的经济社会发展的推动力。

（2）创新型产业是创新型经济的主要标志之一。

创新型产业成为创新型经济结构的主体，战略性创新产业（如生物技术、智能技术、信息技术、新能源、新材料技术、空间技术产业）逐渐成为国民经济主导产业，同时传统制造业和生产性服务业向高端化发展。

（3）科技创新、产业创新、制度创新是创新型经济的基石，三者缺一不可。

发展创新型经济，科技创新是先导、产业创新是标志，开放经济是支撑、制度创新是前提。第一，创新型经济重在实现新技术、新模式的商业价值，需要先在科技创新领域获得突破，才能通过产业创新、制度创新等途径将科技优势转化为经济优势。第二，产业竞争力是一个国家或地区竞争优势所在，产业创新不仅产生更高的经济效益，更为重要的是形成区域竞争优势，成为创新型经济处于领先地位的标志。第三，开放型经济是以要素流动为主导的经济，为经济发展的国际竞争力，创新型经济必须高度开放。第四，创新型经济的发展必须通过制度建设鼓励创新、保护创新。

除了学术界的讨论之外，国外一些城市在发展实践中也对什么是创新型经济进行了探索，还提出了创新型经济应包含以下含义：①拥有科学家、工程师和技术人员；②通过科学和技术的应用进行新产品和新工艺的设计、开发和推广；③需要对研发的高度重视；④采用最先进的设备、技术或工艺（Azat，2015；王兰等，2015）。

2. 相关概念辨析

当前有许多与创新型经济相类似或有密切关联的概念，这些概念从不同角度提出了经济发展方式转型的方向，对其进行辨析有助于理解创新型经济的内涵和特征。与创新型经济关联概念的对比见表 2 - 1。

表 2 - 1 　　　　　　　　　　　　　不同经济发展模式概念的对比

概念	主要标志	驱动要素	产业结构
工业型经济	工业化和城市化	土地、资本等物质要素投入	第二产业，特别是工业为主
创新型经济	依托创新促进传统产业升级和新兴产业快速发展	技术创新、制度创新等多种创新方式并重	先进制造业和高新技术产业为主，服务业快速发展
知识型经济	知识密集型产业为主导	知识等智力资源	知识密集型产业和服务业为主
服务型经济	现代服务业成为经济的主导力	高素质复合型人力资源	现代生产者服务业为主

资料来源：孙斌（2013）。

在工业经济时代，经济增长所依托的主要经济资源以物质形态为主（如各种自然资源），资本成为第一要素，所有生产活动都围绕资本展开（王胜光等，2015）。在工业经济的后期阶段，传统产业（包括农业、工业和服务业）仍为国民经济结构中最重要的组成部分，但企业技术不断积累，高新技术产业已经占有了一定的比重。尽管创新型产业在国民经济中所占的比重还很小，却为知识经济的发展打下了基础。

知识经济是以知识和信息的占有、支配、生产和使用为活动内容的经济，是在工业化高度发展的基础上产生的。知识经济以知识作为主要的经济资源投入，但并不是所有与知识生产、传播和利用的活动都属于知识经济的范畴，而是强调这些活动必须具有知识经济意义，以产生经济性盈利和服务社会为终极目标。同时，知识经济与传统经济表现出一种协同关系，需要以传统经济为载体才能很好地发挥作用。一般情况下，知识经济产业的产品和服务要比工业经济产业具有更高的附加值。

服务型经济产生于工业化高度发展的阶段，在信息技术和现代管理的基础上发展起来，现代服务业在经济结构中占有重要地位。服务型经济最重要的特征是先进制造业和服务业互动加强，随着制造业的专业服务外包化的发展，制造和服务的依赖程度日益加深；而生产过程中许多原来没有分离的辅助劳动在社会化分工下也逐渐独立化，形成服务的产业化。

创新型经济与工业经济、知识型经济、服务型经济既有联系，又有区别，几种经济发展模式不是截然分开的，而是在时间和空间上融合在一起，共同促进经济发展模式向信息化、服务化、高端化、智能化、知识化转变。工业经济是创新型经济、知识型经济、服务型经济的基础，正是工业经济不断向高级阶段演化，全社会的知识和技术积累到一定阶段，才产生了多种其他经济发展形态。而在创新型经济、知识型经济、服务型经济的促进作用下，工业经济又不断向高端化发展，催生了新的工业革命。与服务型经济和知识型经济不同的是，创新型经济具有更加丰富的内涵并在知识经济时代成为经济结构的主体，不仅强调知识与应用的结合，更重视知识的经济社会价值体现。

3. 创新型经济的评价体系

由于创新作为内生性因素影响经济发展，因此，构建合理的创新型经济评价体系能够更加客观地反映区域经济发展水平。评价体系还有助于地区间的横向比较分析，为地区发展提供较好的数据参照。

目前关于创新型经济评价的研究还较少（Danièle，2010），其中具有代表性的如吴晓波（2008）从创新资源、创新过程和创新产出三个方面构建了创新型经济评价体系。创新资源包括教育、技术、人力、资本、基础设施等资源；创新过程不仅包括技术和知识创新，还增加了技术的商业化、区域创新组织活力等；创新产出不仅考察技术对产业和经济发展的促进作用，还纳入了居民生活、发展成本等因素。此外，也有学者从创新基础设施、创新要素的投入规模与密集性、创新强度、创新性产业成长、创新的产出效率、创新的经济绩效六个方面构建创新型经济评价指标体系（孙斌，2013）（见表2-2）。

表2-2   常用的创新型经济评价体系

一级指标	二级指标	三级指标
创新型经济评价	创新的基础设施	技术性基础投资
		制度性基础投资
	创新要素的投入	人力资本投入
		资金投入
	创新强度	企业创新强度
		科研机构创新强度
	创新性产业成长	新兴制造业成长
		知识服务业成长
	创新的产出效率	产品创新的效率
		技术创新的效率
	创新的经济绩效	发展绩效
		发展活力

资料来源：孙斌（2013）。

由于创新型经济发展是将创新成果与产业发展相融合，获得高效经济产出的一个商业化过程，因此，现有的创新型经济评价较为注重对创新产出的评价，特别关注资本产出效率、劳动产出效率、知识技术产出效率的此消彼长的变化，以反映创新型经济发展的阶段性特征。

二、创新型经济的基本要素

1. 科技创新

科技创新是创新型经济的关键。创新型经济从根本上说是以科学技术为核心的经济发展模式，强调技术的价值实现和对经济发展的带动作用，尤其强调自主创新能力的提升。

（1）科学技术是创新型经济的主要驱动力。

科学与技术之间具有不可分割的联系，两者在很多方面都相互交叉，相互融合。总体上看，科学是技术发展的理论基础，为技术提供知识储备；技术则为知识提供应用的途径与方法。对科学的评价主要视其创造性和突破性，对技术的评价则视其可行性及能否产生经济效益。随着科技的发展，科学与技术越来越趋向于一体化，科学原理转化为技术原理的进程加快，为应用研究提供直接的理论支撑和方法原则；技术原理和应用经验也可以转化为科学知识。

创新型经济为转变经济发展方式提供抓手，既需要科学层面的知识创造，也需要技术层面的应用创新，两者缺一不可（董涛，2009；Albert，2013）。经济发展方式转变的关键在于创新要素的重新组合，必须实现知识、技术、制度、商业模式等无形要素对资本、劳动力、自然资源等有形要素的整合，以无形要素改造有形要素，以知识资本改造物质资本，形成创新型经济对传统经济发展形式的替代（Margarita，2015）。

波特（2007）的国家竞争理论指出，区域的竞争力在于其产业创新与升级的能力，在科技创新的促进作用下，经济结构将由以技术含量较低的劳动密集型和资本密集型产业为主转型升级为以知识密集型以及高技术含量的资本密集型产业为主，经济进入科技创新驱动的可持续发展阶段。此外，随着全社会环保意识的增强，依靠科技创新能够发展绿色低碳技术和清洁能源技术，对这些绿色技术进行推广应用，可以实现经济发展的可持续化转型。

（2）强调自主创新能力的提升。

对于很多落后国家和地区而言，科技创新往往从跟随式创新开始，通过引进、消化、吸收世界先进技术来缩短与发达国家和地区的科技差距。跟随式创新在区域发展初期阶段能够取得显著成效，但随着地区科技创新水平的提升，跟随式创新反而成为限制区域创新发展的"瓶颈"，原因在于跟随式创新并不能获得某一技术领域的最新科技，而且往往受制于发达国家和地区的技术壁垒，难以实现真正意义上的技术突破（洪银兴，2011；Alina，2014）。因此，创新型经济必须摆脱"跟随型经济"的发展惯性（黄敏学等，2015），发展拥有自主知识产权的新技术和新产品，专注自主创新能力的培育和提升。只有拥有具有自主知识产权的核心技术，才能真正跻身全球科技和产业创新的前沿，在更大范围内实现创新的经济社会价值。

以科技创新驱动经济发展方式转型的关键在于提升自主创新能力（李晓东，2012；Dagmar，2014）。自主创新是包括知识创新—孵化高新技术—采用高新技术的创新链条。在这个创新链中，高校和科研机构作为知识创新的主体提供原始知识创新；各种类型的孵化器是将知识创新成果孵化为高新技术的载体；企业作为技术创新的主体，进一步将高新技术转化为产品和现实生产力。本土企业自主创新能力的提升可以使企业成为行业技术标准制定的参与者，争得未来产业发展的制高点和主动权。

2. 产业创新

产业创新是创新型经济的标志。在创新型经济的架构中，除高科技产业外，传统产业（包括制造业和服务业）向高端化发展是创新型经济的主要产业标志。

（1）新兴创新型产业规模不断扩大。

创新型经济的另一个特征是产业创新，能够借助市场和政府的力量优化产业布局，推动形成创新型产业集群，建立分工合作的创新型产业链。产业竞争力是区域竞争优势所在，区域竞争力主要是以产业作为度量单位的，区域在发展创新型经济、寻求自身竞争优势时，最为重要的是发展处于领先地位的创新型产业。新兴创新型产业支持新的产业革命，促进经济增长模式的更迭，有助于形成具有自主创新能力的现代产业体系（洪银兴，2009）。

新产业革命的目标是发展知识密集型产业和绿色技术产业，生物技术、新能源、新材料、空间技术和环保技术都是开发和利用的重点。除此之外，包含这些技术突破的文化创意产业和现代服务业也是创新型产业发展的主要方向（Borisas，2014）。

（2）传统产业的转型升级持续稳定。

创新型经济发展并不排斥传统产业（李锦生、王浩，2010），传统产业中也有很多高技术的生产工艺流程。创新型经济不仅包括高新技术产业的迅速发展，而且包括传统产业的转型升级。传统产业的学习与创新和高技术的研究与开发同样是知识创造，从事传统产业的企业在资源管理、生产组织、营销销售、工艺升级等方面都需要创新以获得竞争力。在发展创新型经济的条件下，传统产业可通过以下两个途径实现产业创新升级：

一是传统产业与高新技术相结合，在生产流程的若干个环节进行创新，形成竞争优势。通过使用高新技术对传统产业改造升级，推动传统产业的技术进步、产品换代和市场拓展。采用低排放和低能耗技术，推出新产品和新服务，使其向高端产品、高效生产、减少污染等方向发展，从而提高生产效率和产品技术含量、增强市场竞争力。

二是以新兴高科技产业带动传统产业转型发展。创新型经济既要发展战略性新兴产业，也要发挥高科技产业对传统产业的带动作用。传统产业可借助技术积累进入相关的创新型经济产业链，实现企业价值链转型升级，完成从传统产业向创新型产业的转型。这种转型实际上是产业链整体升级，是发展创新型经济的低成本路径，尤其对发展中国家和地区具有重要意义。

（3）制造业创新与服务业创新相融合。

制造业与服务业是经济增长中的两个重要产业部门，在创新型经济发展过程中，二者的创新是相互影响，相互促进的（汪兴国等，2012）。城市经济转型是城市重新配置创新资源和形成创新发展规律的过程，因此，创新型经济主导下的先进制造业和现代服务业的融合过程也是现代城市经济转型升级的过程（裴长洪、李程骅，2010）。制造业的产出是产品，服务业的产出主要是服务，这就决定了两者产业形态之间存在明显的区别。但随着经济的发展，服务业与制造业开始强调产业链的紧密联系，制造业的升级依赖服务业的支撑，其发展也为服务业提供巨大的市场空间。生产性服务业是促进制造业产业升级、为制造业提供服务保障的新兴产业，从发达国家创新型经济发展的实践来看，生产性服务业的发展速度已经超过制造业。

制造业创新与服务业创新相融合还源于制造业呈现出的服务化趋势。国外诸如伦敦等全球城市的创新型经济调查也证明，为了提升产品服务质量，制造业逐步由制造化向服务化、数字化、现代化转变；而服务业则引入制造业中的模块化等生产模式来提高竞争力。制造业创新与服务业创新相融合的目标均是为了以最低的成本满足市场的最终价值需求，在这种背景下，企业经营活动将由单一制造或单一服务转向服务与制造相互融合的发展模式，产业价值链将发生重构，同时包含制造业价值链与服务业价值链的增值环节，形成一种融合型的产业价值链。

3. 制度创新

制度创新是创新型经济的保障。科学技术是创新型经济增长的必要和先决条件，要使科技创新促进经济增长的作用得到更加有效的发挥，必须辅以相应的制度创新（冯年华、顾晓燕，2010；刘志彪，2011）。

（1）创新型人才集聚制度。

创新型经济的基础是创新型人才，智力资源是区域科技创新和开发能力的基础，因此需要有集聚创新型人才的制度安排，使科研机构具备更强的研究能力，培养和吸引更多创新型人才（任保平、郭晗，2013；Farshin，2015）。一方面，创新型经济通过各种制度安排和政策设计，形成有利于创新型人才集聚的平台或载体，营造适宜人才成长的内外部发展环境，为创新型人才提供创业、研发的基地和良好的生态环境。另一方面，集聚创新型人才的制度安排注重形成合理的人才结构，实现高层次创新型人才、高技能人才、后备人才等梯度配置合理（洪银兴，2011）。此外，随着创新型人才集聚的市场化程度逐步提升，应发挥人才中介和社会行业协会的应有作用，着重为创新型人才营造社会成长环境。

（2）多样的投融资制度。

科技创新的高度不确定性产生了对投融资制度创新的强烈诉求，而降低不确定性也就成为投融资制度创新的重要使命（洪银兴，2010；Simon，2015）。通过促进创新和金融结合，建立适合于创新型经济发展的投融资体系，能够充分激发科技创新活力，推动创新企业特别是中小微企业的发展（徐宝艳，2007）。投融资制度创新的基本制度取向包括基于客户优选的风险规避制度、基于公共资源配置的风险补偿制度和基于社会分担的风险分散制度等。特别是通过建立和引进风险投资，使得新技术研发及转化能够及时获得资金支持。风险投资通过承担高风险来取得高收益，能够克服科技创新在初期存在的不确定因素，有效地促进技术创新和高新技术产业的发展。

（3）严格的知识产权保护制度。

创新型经济的制度创新突出表现在处理竞争和垄断的关系上。创新的可持续在于收回创新成本并产生创新收益，且需要产生长期的收益以弥补技术研发、开拓市场的巨大投入。因此，要避免放大极具外在压力的竞争机制，通过知识产权保护，从根本上解决连续创新的动力；避免一切违法知识保护原则的

"搭便车"行为，使创新成本得到充分补偿。如此，才能保持知识产权的垄断性，巩固企业、城市、区域的创新地位，保持创新的持续性（李建波，2011）。

4. 创新网络

创新网络是创新型经济的支撑。创新型经济的发展是政府、研发机构、企业、中介组织等共同参与的一项系统性工程，在创新型经济建设中，科技转化为生产力的速度成为竞争力的重要指标，需要提高大学、科研机构与产业部门的合作水平以形成创新网络（庞瑞芝，2012；Valentina，2015），通过产学研结合建立知识创造和知识转化的上下游关系，促进技术进步的成果转化（何建洪等，2015）。在创新网络中，为实现各创新主体独自所无法获得的收益，政府部门、企业、高校、科研机构、科技中介机构需在不同的层次上提供创新服务，并以市场为导向、以产业化为核心、以关键技术辐射带动来构建网络，形成对周边地区的创新辐射。

在创新型经济的网络中，各参与者都是主体，政府虽非创新主体但居于主导地位，发挥着决策指挥、协调管理、评估监督、信息交流服务等作用。创新网络通过吸引高校及科研机构的参与、共享平台研发成果、增强参与主体的技能和核心创造力来提高科技成果转化率（Taubenböck，2015）。高校和科研机构是创新主体的核心，是推动基础研究的主体，为企业提供技术服务（Sudi，2014）；企业则是高新技术孵化的投资主体，转化并沉淀科研院所和高校的科研成果，将其商业价值充分体现（何建洪、贺昌政，2013；Daniela，2014）。研发机构与企业之间的创新合作是最重要的网络关系，其高效合作依赖于政府与中介组织的积极作用，同时也受到相关投融资体系的影响；各个主体环环相扣、紧密联系，共同形成支撑创新型经济发展的框架体系。

第二节　城市创新的科技维度

一、当代科技发展特征

1. 科学—技术—开发一体化

近年来，出于抢占高新科技制高点目标的需要，美、日、德等发达国家科技发展出现了一系列重要变化，最主要体现为"科学—技术—开发"一体化。

即普遍开始重视或重新重视科学研究（以基础研究为主）阶段，致力于对科学客观真理和发展理论的研究（Peter，2015）；进一步重视技术创新（以应用研究为主）阶段，运用基础知识和理论解决实际问题，新思维、新方法和新手段在其中得到广泛应用；重视开发转化（以开发性研究为主）阶段，加快新的产品、工艺、方案、模型开发，快速将科技成果转化为生产力。

2. 基础研究和应用研究发展并重

基础和应用作为科学研究的两大支柱，不可偏废一方。相比较起来，日本较注重应用，美国长期则偏重于基础研究，欧洲二者力量均衡。事实证明，出于占领全球科技高地的愿景，发达国家中以往轻基础和轻应用的国家和区域，都在近十年的科技发展规划主线中做了及时调整。

例如，美国作为世界上最伟大的创新国家，由于在科技发展计划中长期忽视科学技术的市场应用，常常为善于引进技术的日本作了嫁衣。为了改变这一尴尬局面，美国政府在继续重视基础研究的前提下，加大了对技术创新环节的支持。欧盟在以往科技发展计划的基础上，将进一步提高基础研究的地位提上了发展规划日程，在《欧盟科技发展第七框架》中增加了基础研究项目立项的数量，更注重用于科学研究的相关基础设施建设工作。日本则全面反思过去的引进、消化、吸收、改进的技术发展之路，进一步丰富和发展了"科学技术立国"战略，加大基础研究的投入，以期由一个技术追赶型国家转变为科技领先型国家，实现发展模式的彻底转型。

3. 技术的单项突破和集成突破有机结合

长期以来，发达国家技术的单项突破始终走在世界前列，即使是挪威、瑞典、新加坡等中小国家在尖端技术领域也可以不断取得重大突破。但是随着全球创新网络的兴起，这些国家在单项技术取得重大突破的同时，不断提高单项技术集成应用的能力来推动科技的发展，以确保国家和城市在高技术领域的地位。集成突破往往是通过一系列重大工程的实施来实现的，根本目的是促进技术的集成，并促进技术创新与产业化的同步进行，以巩固、确立在全球的领先地位。

4. 强调科技的网络联系与区域合作

纵观发达国家这几年来的科技发展主线，无一不将自身纳入到世界科技网络之中，并为成为具有区域影响力和全球影响力的科技创新中心而努力。在成为网络中的重要结点之后，十分重视与外界的相互沟通。主要表现在：对长期性的综合性项目的支持大大增加，对来自不同区域、不同行业的科技项目进行支持，以期在世界范围内日益扩大科技影响力。例如，欧盟在其科技发展第六框架中就确立了，要建立"优秀网络"和"集成型项目"，充分调动创新网络内的各方优势资源来解决关键科技问题。

综上可以看出，无论是科学—技术—开发一体化、基础研究和应用研究发展并重、技术单项与集成突破结合以及创新合作的网络化，都使得技术的共通、共融越发重要，对产业内和产业间共性技术的需求大大增加。作为介于研—发、基础—应用、单项—集成中间地带的共性技术研发活动，在很大程度上体现了新产业和技术革命时代城市创新的技术发展方向。

二、共性技术研发特征与发展要求

1. 共性技术的内涵

（1）共性技术（Generic Technology）。

关于共性技术，国际上并没有一个统一的定义。现有关于共性技术的认识大多从多角度出发：常见的是分别从共性技术研究所处的研发阶段、影响范围（外部性）和涵盖范围三个方面进行界定。

共性技术的概念在安德斯·格兰伯格（Anders Granberg）1981年出版的《"共性技术"的发展：从认知角度》一书中最早被明确提出，最早关注其研究的是美国国家标准与技术研究院（NIST）的研究学者坦森，共性技术的概念第一次被明确定义是在1988年"美国先进技术发展计划"[①]上。作为"一种有可能应用到大范围的产品或工艺中的概念、部件、工艺或科学现象的深入调查"（赵骅等，2015），共性技术的范围相当广泛，而与"专有技术"形成突出对比。

美国国家标准与技术研究院（NIST）和日本产业技术研究院（AIST）等发达的共性技术研发机构对共性技术进行了较为权威的定义：共性技术是一种标准化技术，共性技术研究包括标准化技术的基础和应用研究。从这一点来看，共性技术是一种阶段性技术，产生于特定的经济发展背景与产业化发展阶段。英国则从三个方面界定了共性技术（黄鲁成、张静，2014）：一是共性技

① 美国先进技术发展计划（简称ATP）是美国政府促进高科技成果产业化的典范项目。该计划自1990年开始实施，主要是由政府向企业或企业与科研机构联合体提供启动资金，进行高新技术的应用研究与产业化开发。

术的密切相关性；二是对其他技术的影响程度；三是其对经济社会部门的带动性。我国关于共性技术的定义也是多种多样，已达成共识的认识是：共性技术应该被多领域广泛采用，并对一个或多个产业的技术水平、产业质量和运行效率产生深刻影响；能够产生巨大的经济效益和社会效益。

在国内外讨论中，共性技术还经常与关键技术、竞争前技术、应用研究等概念相混淆。实际上，共性技术与这些概念有着本质不同。共性特征是其最根本的特征，其次才是研发阶段的划分和研发主体的区别。

（2）产业共性技术。

由于现代产业的国际竞争已经从市场化阶段的技术竞争走向竞争前技术的竞争，因此，产业共性技术的重要性日益凸显（胡燕、王恬，2014）。产业共性技术与共性技术在定义上并无太大差别，最大的区别就在于产业共性技术是典型的竞争前技术，具有战略准备意义，因而普遍受到各国政府的高度重视（Julian，2016）。诸如美国的先进技术计划（ATP）和技术创新计划（TIP）、欧盟的科技框架计划（Framework Programme，FP）以及中国的诸项科技攻关、支撑、研究计划等都十分重视对产业共性技术的支持。产业共性技术主要包括战略共性技术（如信息、生物、新材料等领域的技术）、关键共性技术（决定行业技术发展和升级的技术）和基础共性技术（主要是测量、测试和标准技术）。其中，战略共性技术与产业未来发展关系密切，关键共性技术和基础共性技术与产业当前发展关系密切。

2. 共性技术研发的组织特点

（1）共性技术的选择与测度。

发展共性技术的意义在于，其往往代表了国家的科技竞争战略，是国家经济、政治领域利益之争的集中体现。因此，许多国家在发展共性技术的时候都十分注重对技术的筛选以及共性技术体系的建立（Jainagesh，2009；刘波等，2014）。通常，共性技术的选择要考虑国家、地方、行业的战略需求，强调产业共性技术选择的普遍性和可操作性（童雨，2015），并在选择过程中遵循系统性原则、需求与供给相结合原则、动态优化原则、共性技术与通用技术相结合原则、前瞻性原则、效益性原则（骆正清、戴瑞，2013）。

目前，国内外学者对共性技术的选择方法进行了多方面的探讨。一般是从技术的供给源、关联特性、需求特性、动态发展过程及其反向识别能力等多方面来识别共性技术（Moser & Nicholas，2004；刘波等，2014）。帕特里克·罗德（Patrick Ronde）较早地在德尔菲调查中引入"专家对技术的熟悉程度"，以对比法国和德国的技术预见结果并选择产业共性技术（许端阳、徐峰，2010）。在遴选共性技术时，应以科学性、系统性、可测性、层次性、无相关性、定量分析结合定性分析为主要原则（魏永莲、唐五湘，2009；贺正楚等，2012）。产业链、价值链和技术链是研究共性技术的三个重要视角，一般从技术的基础性、技术的创新源、技术的准公共产品特性和属性、技术的关联性和外部性等进行识别（刘洪民，2013a；曾国屏、林菲，2014；欧光军等，2013）。判断共性技术合理性与否有两个重要标准：先进性和效率性（熊勇清等，2014），如果共性技术不具备先进性或有失公平，则会对其开发和扩散构成障碍；此外，共性技术可能产生的效应也是其选择的重要标准之一（Keenan，2003）。

在科技计划实施中，产业共性技术的选择可以采取"自上而下"和"自下而上"相结合的方法（丁明磊、刘秉镰，2012）。"自上而下"是通过进行战略专家综合咨询人为选定面向区域发展战略需求的产业共性技术；"自下而上"则更突出地方政府和产学研战略联盟制定技术路线图的作用（Phaal，2004；谢呈阳等，2014）；综合分析相关专利和文献也可选择产业共性技术（许端阳、徐峰，2010）。

共性技术遴选原则一直都是共性技术研发服务的重要研究课题。共性技术遴选不能仅从企业技术发展的层面考虑，还要兼顾区域和国家产业、经济发展的需要（姜红、陆晓芳，2010）。必须坚持以下几个原则：

一是系统性原则：除考虑技术系统的结构外，注重协调技术与产业、政策、环境的关系。二是实用性原则：从区域科技发展战略和经济、社会发展的实际需要出发，并结合区域技术创新的基础能力和产业发展水平。三是动态原则：注意共性技术研发资料库的数据积累，以监测共性技术研发的阶段性和动态性。四是与通用技术相结合的原则：主要是为了避免重复性研发投入。五是前瞻性原则：共性技术的开发要极具战略性，并进行长期、持续性开发。

尽管国内外学者对共性技术的选择和测度的方法不同，但总体来看，共性技术的选择与测度方法越来越综合，更加重视经济、社会效益的统一；不仅关注技术本身的作用，更多地开始考虑政府、学者、市场等因素的作用。共性技术也并非一成不变，而是需要根据国民经济发展阶段和产业发展重点进行适时调整：如果一味强调高精尖而脱离技术研发的经济和产业基础，将失去服务现实的意义，也不可持续；如果只专注于眼前而缺乏前瞻性，将会丢失科技前沿的阵地。

（2）共性技术的双重失灵。

1）相关理论研究。

导致共性技术研发失灵的原因主要有技术创新主体缺失、研发供给能力不足、技术扩散机制不完善等（李纪珍、邓衢文，2011；Cesar，2016），表现方式有"市场失灵"和"组织失灵"两种。外部性理论和风险收益理论可从共性技术生产、消费、收益的多重视角解析共性技术供给的"市场失灵"原因。王庆（2008）、李纪珍等（2010）、肖阿妮（2011）对"双失灵"的原因进行了探究，指出，"市场失灵"根源于共性技术所具有的开放性、外部性和准公共物品性质，"组织失灵"则源于产业共性技术研发的高投入、高风险和收益的不确定性，必须依赖社会能力与资源的组织供给来实现。近年来，基于研发服务的共性技术扩散得到了学者们的普遍重视，开始寻找解决"市场失灵"和"组织失灵"的途径（李纪珍、邓衢文，2011），而双重失灵的解决在很大程度上依赖于企业、政府、高等院校、科研机构在研发服务体系中发挥的作用（周国林、周素芬，2012）。共性技术研发服务体系的作用在于，解决现阶段共性技术研发主体处于分割状态、企业多样化需求得不到反映、共性技术供给短缺等现象（郭兵，2009）。

2）共性技术研发"双重失灵"的原因。

共性技术研发的"双重失灵"源于其开发中存在的多重风险。一是由于共性技术准公共产品性质带来的技术风险：共性技术知识产权具有不完全性和非排他性，企业往往规避单独开发，而选择通过"技术外溢"来获取研发成果（孙福全等，2006），这样做的结果是容易导致整个产业技术停滞不前。同时，由于共性技术自身的复杂程度和研发难度增加了研发的技术风险，研发过程可能半途而废。二是远远大于技术风险的市场风险：例如，开发出的共性技术不能很好契合市场需求，或者单位成本没有降低到可以达到市场渗透率水平（钟无涯，2014）。三是因技术边界的扩张造成的组织风险：在多学科融合的知识经济背景下，共性技术研发的资金、技术、人才管理要求大大提高；加之共性技术共同开发的内在要求，多个企业联合研发的组织协调机制仍在探索之中（陈秋英，2009）。四是由不稳定的区域发展环境带来的政策风险：对于市场经济体制尚不成熟或处于转型时期的国家、城市和区域，某些短期性政策和政府调控措施可能会前后缺乏一致甚至出现失误，从而迫使共性技术研发中断（曹雅姝、于丽英，2008）。一般来说，技术风险和市场风险导致共性技术开发的市场失灵；组织风险和政策风险导致共性技术开发的组织失灵

（见表 2 - 3）。

表 2 - 3　　　　　　　　共性技术研发风险及其导致的"双重失灵"

共性技术风险	风险构成	失灵方式
技术风险	技术的成熟、先进、复杂程度；是否存在技术障碍；科技人员素质	市场失灵
市场风险	消费者需求；竞争对手的数量与实力；潜在市场容量；产品寿命预期；新产品价格	
组织风险	研发机构的组织形式、管理协调能力；利益如何分配；技术研发是否可行、进度是否可控	组织失灵
政策风险	宏观经济形势；政府支持与约束；产业政策配套；知识产权保护	

资料来源：作者整理。

从共性技术在技术链的位置来看，产业共性技术处于政府、研发机构、企业之间的"过渡地带"，共性技术虽然有"共性"二字，却并不具备经济学意义上公共物品的性质（赵昌文、许召元，2013），也不具备商业上的独占性（栾春娟等，2011），极易造成"三不管"的局面。

共性技术研发市场失灵和组织失灵的现象引发我们关注三个问题：第一，如何从理论上正确认识和理解不同类型共性技术的本质和特点；第二，政府在避免共性技术研发"双重失灵"中应发挥什么作用；第三，如何提高企业共性技术研发投入和加大政府财政科技对共性技术发展的支出，又如何获得边际效益实现双赢。

（3）共性技术研发组织方式。

按照研发组织的持久性由弱到强，政府和市场发挥的作用也有较大差异（肖阿妮，2011）。借鉴发达国家的发展经验，其共性技术研发组织形式主要有两大类：一类是政府主导型（以日韩为代表），长期实施技术追赶战略，依靠政府力量实现从引进模仿向自主创新转变（曹雅姝、于丽英，2008）；另一类是市场主导型（以美国为代表），依靠高度发达的市场机制组织共性技术研发（黄海洋、李建强，2011）。日本政府设立工业技术院（AIST）、关键技术中心（JKTC）等常设机构加快共性技术的研发；美国共性技术研发以企业为主体，研发服务组织通过设立产学研技术联合体方式加快共性技术的创新和推广，如半导体制造技术联合体（SEMATECH）的设立（王敏等，2013）。

殷群、贾玲艳（2012）对美日欧全球创新大三角区域国家的产业共性技术研发组织进行了研究，发现即使是市场主导型的国家，仍然依靠政府的力量组织关键共性技术研发，通过设立专门的国家研究所（院）来支持基础性共性技术，并承担大部分甚至全部经费。有学者在此基础上将共性技术研发服务分为专项计划、非政府专门组织和国家研究所三类组织方式（任海英、王文娟，2011；韩元建、陈强，2015）。

中国共性技术研发及其相关服务相对落后，主要采取科技计划配给、建设国家工程技术研究中心和实验室等方式提供共性技术（郭兵等，2009）；研发合作从组织形式上看主要有合同合作、项目合作、基地合作、基金合作、联合体合作等六种联盟方式（李纪珍，2004）；从内容上看主要包括技术转让、委托研发、建设共性技术联盟与平台、相关技术人才联合培养与交流等（周国林等，2012；刘洪民，2013a）。例如，以测量测试共性技术研发来说，往往通过企业联盟提供基础性共性技术检验，通过建立联盟实验室、组建实体性研发公司、建立虚拟研发组织等方式促进共性技术的开发（何卫平、马亮，2008）。

目前，中国共性技术开发模式多借鉴了日韩经验，发展以政府主导的共性技术研发服务，这是一种类似于官—产—学—研合作组织的形式（王敏等，2013）。但总体而言，共性技术创新仍然缺乏有效的机制支持和组织保障，实施滞后于规划；同时，在安排共性技术研发项目时也缺乏与区域科技发展战略的整体衔接（刘洪民，2013b）。

共性技术研发的组织形式多样，包括研发竞争（R&D Competition）、研发卡特尔（R&D Cartels）、研发合资（RJV，Research Joint Venture）、研发合作卡特尔（RJV Cartels）、交叉许可协议（CLA，Cross - Licensing Agreement）等（见表2-4）。

表2-4 基于市场的共性技术研发组织模式比较

组织形式	R&D 阶段
研发竞争	企业独自研发； 企业具有研发自主权与成果独享权
研发卡特尔	研发合作的一种形式，追求联合利润最大化； 不共享研发成果
研发合资、外包和交叉许可	研发合作的一种形式，追求联合利润最大化； 共享研发成果

资料来源：作者整理。

其中，RJV 共性技术研发合作能够带来最大的社会福利，但需要政府的激励措施来引导（苏素、肖阿妮，2012）。这些激励措施包括提供贷款和投资担保、减免税收等，还包括完善开发制度和创造公平竞争环境，促进自愿合作、减少交流冲突等，从而起到约束、激励、协调的作用。

由此可以看出，政府主导与市场主导的共性技术研发服务模式各具特色，对共性技术研发支持的强度和持久性也不同。因此，对于不同类型的共性技术应选择相应的研发服务方式：在产业发展初期更多利用政府力量主导共性技术的研究、开发和扩散，最大限度发挥社会效益；在产业发展成熟期应以企业为主体、以市场为导向，建立合理的利益分配与平衡机制。

（4）国内外共性技术研发服务体系的建设。

从国际经验来看，共性技术研发服务体系主要包括两种类型：一是以日本 METI 及其下属的 AIST 为代表的政府行政部门集中管理模式；二是以美国 NIST 和加拿大 NRC 为代表的国家研究机构集中管理和资助模式（叶萌，2007；于斌斌、陆立军，2012）。

政府出面建立共性技术公共服务平台是国内外共性技术研发服务体系建设的重要内容（李扬、张晓晶，2015）。从美国标准和技术研究院（NIST）、德国弗劳恩霍夫应用研究促进协会（Fraunhofer – Gesellschaft）、日本先进工业技术研究院（AIST）、韩国生产技术研究院（KIST）等共性技术研发服务机构的研究看，政府投资参与公共平台建设是确保共性技术发展的关键（郭建平，2003）；而重视实施项目的监控、评估和强调与国内外学术单位、企业的合作是政府引导平台发挥作用的重要内容（叶萌，2007）。美国 NIST 就采取了加强政府在共性技术研发平台建设中的主导作用、强化政府部分科技组织功能向共性技术研发平台延伸、建立对科研机构的评估考核、推动中小企业创新等推动共性技术研发的措施（黄海洋、李建强，2011）。日本共性技术平台的管理主要由 AIST 来进行，政府部门预期的目标以经济产业省大臣的名义下发给 AIST 并实行计划落实（周国平等，2012）。AIST 支持共性技术研发服务则主要采取两种方式：一是建立国家共性技术实验室，并给予适度资金投入和税收减免；二是充分发挥制度创新优势，通过制度创新减少共性技术研发的风险共担、增加收益分享，以回避共性技术研发的不确定和由此导致的"双重失灵"风险（李秀峰，2006）。

从中国共性技术研发服务存在的现状来看，存在共性技术创新的区域战略性意图不强、市场导向不明确、对企业参与的引导不足、研发的产出和扩散效率不高、成果转化难等问题（国家发改委宏观经济研究院课题组，2010；邓成围，2010；金碚等，2011）。以共性技术供应来看，通常是财政全额或大部分拨款成立事业单位性质的国家或地方研究机构，承担基础性共性技术和重大关键性技术的研发，并促进共性技术扩散（于斌斌、陆立军，2012）。但由于没有建立起良好的共同开发和成果共享机制，国内共性技术供给仍然普遍不足，因而学者们提出了加快制定共性技术扩散导向政策（李建玲、李纪珍，2009；方荣贵，王敏，2010）、加大风险投资参与共性技术研发的支持和引导（郭兵，2009）等对策建议，并强调了经济扶持和公共服务的作用（于丽英，2009）。

　　世界上不同国家和地区共性技术研发服务体系存在着较为迥异的特点：美国共性技术研发经费的来源最具多元性，科技管理部门的管理方式也十分多样化，并突出市场导向性。除了完善技术转移和技术成果扩散的机制和环境外，还专门建立基础共性技术的公立研究机构，并辅以促进共性技术研发扩散的专项计划加以支持。欧盟十分注重共性技术合作研发，并制订欧共体框架计划与尤里卡计划等共性技术发展规划保障实施。日本则通过制订专项计划、成立公共科研基地来促进共性技术扩散（见表2－5）。

表2－5　　　　　　　　　　各国共性技术研发组织体系比较

项目	美国	欧盟	日本	韩国	中国
科技目标	维持科学、数学及工程技术等领域的世界领先地位；促进经济长期增长；充分利用信息技术；致力于国家安全与全球稳定	支持欧洲工业的科学与技术基础；加强欧洲高科技产品领域的竞争力；发挥竞争优势，缩短与美国距	推动研发方向；构筑研发系统；建立理想研发基础；激励科学技术方面学习，形成目标共识	发展基础知识产业以提升竞争力；改善科学技术迈向先进国家水平	科教兴国与可持续发展；提高产业竞争力，推进产业结构升级
科技政策形成部门	国家科学技术委员会（NSTC）；白宫科学政策办公室（OSTP）	欧共体科研中心	科学技术厅；通产省	科技部；工商能源部；其他部门	国家计委；科技部
推动共性技术发展与扩散措施	尖端技术计划（ATP）；共同研究开发协议（CRADA）	欧共体框架计划；尤里卡计划；欧共体科研计划	基础技术研究开发促进中心事业	产业共性技术开发计划；国家研究开发计划	攻关计划；星火计划；火炬计划；成果推广计划；新产品计划

续表

项目	美国	欧盟	日本	韩国	中国
直接政策	政府投资基础科技研究；政府推动产业合作；政府推动共性技术转移	欧共体投资高技术领域研究；欧共体推动成员国合作	政府主导一般性共性技术开发合作；政府投资基端尖端科技开发和人才培养	政府投资基础科学研究；政府主导技术引进及扩散	中科院；全国范围设立国家重点实验室；设立国家自然科学基金
共性技术发展特点	共性技术的发展超越技术研发在一个时期的需要	共性技术研究一度滞后于经济展，现基本与经济发展协调	共性技术研究平行于企业需求，与经济发展基本协调	共性技术研发落后于企业需求，阻碍技术进步	共性技术部分供给不足，个别领域过剩，供给与扩散不统一
共性技术发展类型	超前发展	先滞后，后平行	平行发展	滞后发展	多数滞后，个别超前

资料来源：根据殷翔钰（2010）修改整理。

（5）共性技术的扩散。

共性技术扩散是共性技术研发成果实现利用的重要环节，实际上，共性技术的研发过程终止于研发成果的实现和应用。共性技术成果的广泛应用必须依托适宜的产业内、产业间扩散渠道（葛秋萍、李梅，2013），尽管共性技术介于基础与应用之间，但由于其更具备知识性技术的特点，因此通常在与知识关联的网络中扩散与共享，而知识网络具有较强的外部性与技术溢出优势。

具体来说，共性技术扩散具有以下特征：

一是快速传播特性。由于具有知识传播特点，不同于专有技术的专利产品扩散方式，共性技术在研发成功后要尽可能地扩散到一切相关领域，以带动区域产业和经济整体水平的提高，并不局限于创新者在保护期内的垄断利润获得，共用和共享是终极目标（殷翔钰，2010）。在很多情况下，专有技术与共性技术是相互嵌套的，离开共性技术的专有技术无法形成完整意义上研发与扩散（胡海波，2010）。二是网络特性。由于共性技术具有较强的关联性和外部性，其有着不同于一般专有技术扩散的网络特性（刘洪民，2013b）。从形式上看，共性技术呈辐射型扩散网络，对地理邻近有一定的要求；与专有技术扩散相比，其网络密度和节点数量大大增加，影响的深度和广度也较大，其所带来的经济和社会扩散效益远远超过一般的专有技术。三是具有较强的可干预性。由于共性技术研发与扩散通常涉及整个产业链条或众多产业环节，可以影响和干预的机会也比专有技术要多。在现实中，政府部门通常通过优惠政策来刺激共性技术研发的关键环节，给予额外的人力、财力、物力投入，加速共性技术扩散。四是与研发形式密切相关。按照技术研发方式①，共性技术的研发属于合作研发，因此可以较快实现新技术在联合体内部的扩散与共享，无形之中加速了技术外溢。

共性技术产品的表现形式多种多样，既有实物型技术，也有经验型技术。对于实物型技术，应与专有技术结合，通过市场渠道传播；对于经验型技术，可采用知识型创新的传播渠道扩散（葛秋萍、李梅，2013）。

3. 共性技术的研发特征与发展要求

（1）研发特征。

1）落在"巴斯德象限"的技术群体。

共性技术研发服务是一种基础—应用双向交互、互相激发的技术研发方式，其研发边界介于基础研究和应用研究之间，落在"巴斯德象限"中（柳卸林、何郁冰，2011）（见图 2-1）。例如，日本诸多企业对基础科学投资的增加都致力于巴斯德象限的研究，而非波尔象限，正因如此，才同时提高了企业竞争力与科学实力（陈劲等，2004）。

用平面直角坐标系的两坐标轴分别表示研究的动机（好奇心驱动型还是应用驱动型）和知识的性质（是否具有基础性和原理性），在最常见的研究类型或象限——玻尔象限（代表好奇心驱动型纯基础研究）和爱迪生象限（代表为了实践目的应用研究）之外会出现一种新的类型——巴斯德象限（代表由解决应用问题产生的基础研究），此外，还有既非求知亦非求利的系统研究区域——彼得松象限（孔朝晖，2008）。从共性技术研发机构的功能来看，其始终是介于基础与应用研究机构之间的那一块领域，这从美国共性技术研发服务机构 NIST、韩国共性技术研发服务机构 KIST、德国共性技术研发服务机构弗劳恩霍夫应用促进学会等的机构架构可见一斑（见图 2-2、图 2-3）。

---

① 技术研发可分为两种，一种是竞争性研发，另一种是合作研发。其中合作研发又分为整个行业进行合作研发和行业内部分企业进行合作研发。行业内部分企业进行合作研发的形式是成立研发联合体。

线性单向模式 ➡ ➡ ➡ 平面交互模式

基本关系

科学认知 → | ← 实用目的

对立，排斥

科学认知 ╪ 实用目的

半独立自主，互相影响

认知 ←————————————→ 功利

基础研究 | 应用研究

静态图景

认知

玻尔象限
认知驱动的
基础研究

马斯德象限
基础和应用
相互激发的研究

彼得松象限
非求知非功利目标
驱动的系统研究

爱迪生象限
功利驱动的
应用研究和开发

功利

知识成果
⬆
基础研究
⬆
应用研究
⬆
试验开发
⬆
生产运营
⬆
市场供需

基础研究推动型
或技术推动型

布什范式

知识成果
⬆
基础研究
⬆
应用研究
⬆
试验开发
⬆
生产运营
⬆
市场供需

应用研究推动型
或技术推动型

企业的基础
研究无用论

动态图景

知识进步　　技术发展

纯基础研究

基础和应用
相互激发的研究

纯应用研究和开发

基础应用交互型

斯托克斯范式

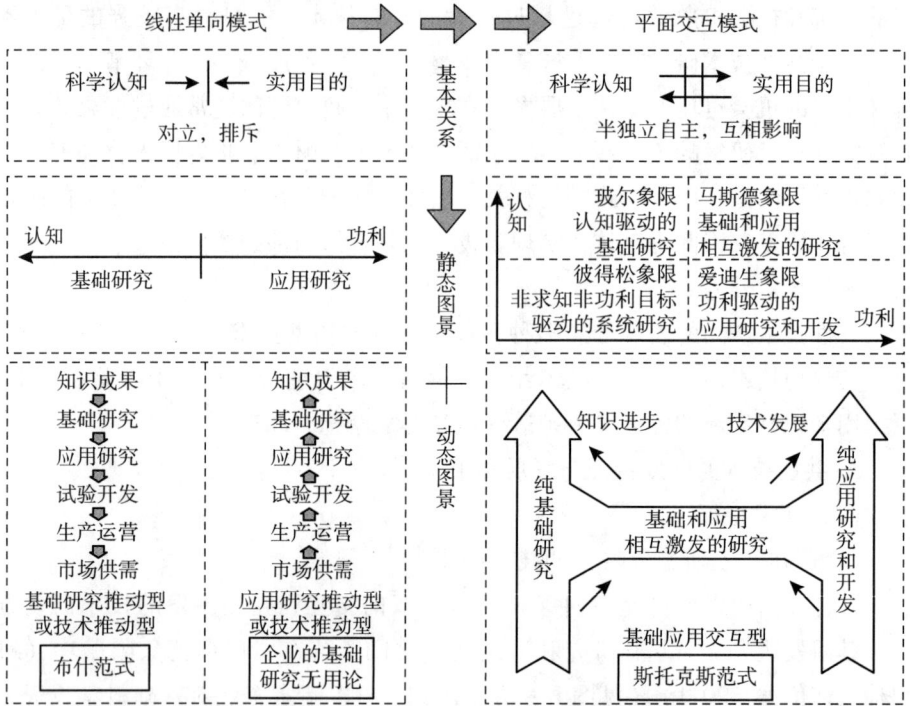

图 2－1　科技创新互动的布什范式和斯托克斯范式

资料来源：彭煕舟、曾国屏（2011）。

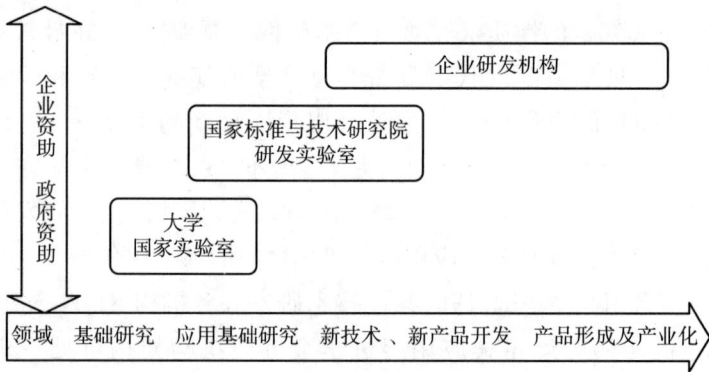

企业资助　政府资助

企业研发机构

国家标准与技术研究院
研发实验室

大学
国家实验室

领域　基础研究　应用基础研究　新技术、新产品开发　产品形成及产业化

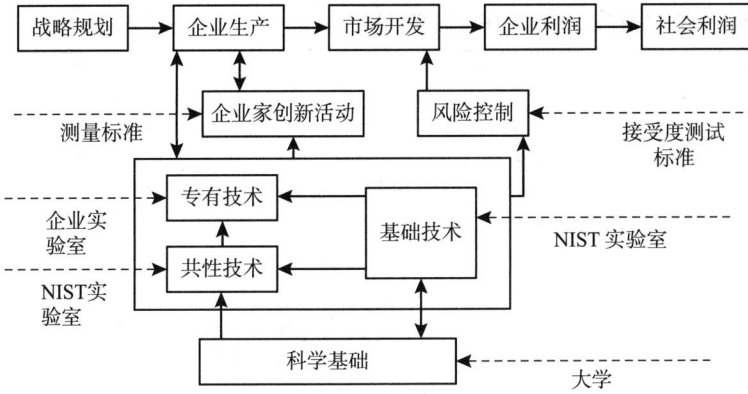

图 2 - 2 美国 NIST 的共性技术服务领域特征

资料来源：黄海洋、李建强（2011）。

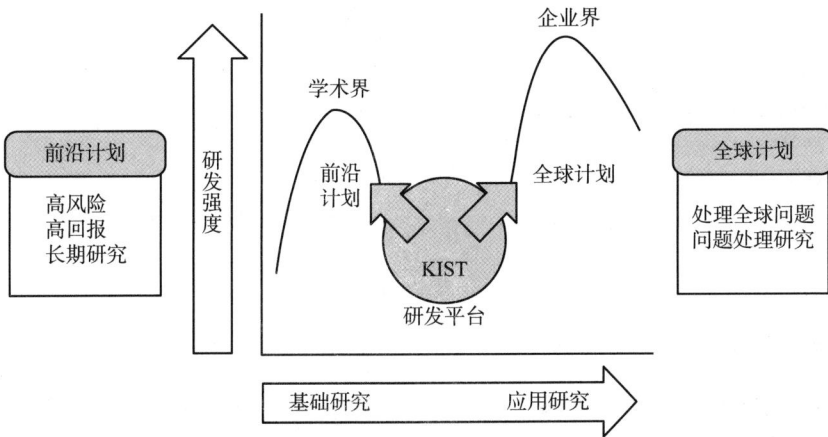

图 2 - 3 韩国 KIST 的共性技术服务领域特征

资料来源：http：//www. kaist. edu/edu. html.

2）前瞻性、面向应用（产业）、合作为本。

为了带动产业技术发展，世界上著名的共性技术研发服务机构（以材料科学为例）普遍都贯彻了三个基本战略（见表 2 - 6），即前瞻性、面向应用与联盟合作。

表2-6　　全球知名共性技术研发服务机构的服务内容（材料科学相关）

服务机构	主要任务	服务内容
澳大利亚联邦科学与工业研究组织（CSIRO）	通过旗舰项目研究将澳大利亚国家创新系统中杰出人才汇聚到一起；从事大规模、长期、多学科交叉的研究	构建并保持与合作伙伴、客户、员工和其他利益相关者的良好关系；不断提高CSIRO客户和合作伙伴反馈；保持并提高员工满意度指数
弗劳恩霍夫应用促进学会（Fraunhofer - Gesellschaft）	为来自工业、服务业和公共管理领域的客户提供公共及私人企业特定用途的应用性研究；以有效的研发服务帮助德国和欧洲的产业通过创新保持竞争力	侧重于应用技术研究，在近几年改变其发展战略，以需求驱动技术发展；发展面向未来的研究项目（如低损耗发电，配电和用电项目、生产材料的回收利用项目、可负担的医疗卫生保健项目），确保研究技术的市场
其中：		
弗劳恩霍夫应用促进学会技术联盟（Fraunhofer Energy Alliance）	研究课题相近的研究所合作结成技术联盟，共同参与研发市场的竞争；帮助客户获得弗劳恩霍夫应用促进学会更广泛、更全面的服务和研究成果，为客户提供一个共同的联系点；通过组建技术联盟，体现弗劳恩霍夫模式市场运作的主旨	建立11个研究所，通过整合不同领域的核心先进技术组建技术联盟；建立科研联合组，通过联合组内相关研究所、学科、题目密切合作；发展适应新产业和技术革命时代的工艺技术；就复杂议题提供专家咨询意见，并协调制定适当的解决方案
弗劳恩霍夫材料和组件科研联合组（FGM：Components - MATERIALS）	提供直至工业化生产技术在内的完整创新价值链	在技术联盟内部提供从最初的材料开发直至提供样品在内的完整创新价值链；开发用于材料合成及相关技术和评估所需的技术诀窍
芬兰国家技术研究中心（VTT）	致力于提供研究服务，以提高企业、社会和其他客户的最重要创新阶段上的国际竞争力	开展技术的研究、开发、转让和测试；增强客户的商业竞争力，促进新企业的建立，提高研发效率；通过技术注册和创立企业来传播技术诀窍；加强技术中心的高层次研究，创造国际创新网络的新节点；促进工业和公共服务的发展、社会的良好运行、环境的安全，改善知识基础和政治决策的制定

续表

服务机构	主要任务	服务内容
挪威科技工业研究院（SINTEF）	通过对知识、研究和创新的运用创造价值	作为工业界和公共部门的研发合作伙伴，开发可应用的知识和技术，开发新的公司； 为可持续发展提供解决方案，建设和运营研究型实验室，为社会决策提供前提
荷兰应用科学研究组织（TNO）	通过研究和专业特长，提高荷兰企业的市场竞争力； 使研究成果和所提供的服务与市场和整个社会的需求相吻合	作为一个合同研究组织，在作为知识源泉的基础研究和可商业化知识的实际应用的创新过程中建立起桥梁作用
台湾工业技术研究院（ITRI）	以"世界级的研发机构、产业界的开路先锋"为愿景； 透过科技创新及整合应用，为产业创造领先产品及品牌价值	通过发达的产业网络关系链接区域和产业研发； 配合整体区域产业发展政策，强化科技与地方产业的连接，建立分院构成网络； 前瞻性与创新性科技研发
日本产业技术综合研究所（AIST）	实现可持续发展社会； 强化产业竞争力，为产业技术政策立案； 培养能担负强化技术经营力任务的人才，培养技术精英人才	基础研究与产业应用转化密切结合，在大学与企业界之间担任桥梁角色； 特别注重共性技术的开发及其成果转化； 虽然科研预算全部来自国家拨款，但实行企业化运作方式
日本国立材料科学研究所（NIMS）	促进材料科学和技术水平	基础研究和通用/基础设施的技术研究
韩国科学技术研究院（KIST）	大规模、长期、跨学科研发，聚焦于前沿和全球性研究（解决国家和全球性议题，促进人类福祉）； 带领韩国科学技术复兴和发展	通过融合技术、与大学和工业界分享有价值的研究成果来加强国家在科学技术方面的力量； 扮演公共研究机构角色，并与学术界和工业界相区分
韩国材料研究所（KIMS）	促进材料科学和技术水平	全面促进研发、测试和评估，并提供有关材料技术的技术支持，以促进技术创新和工业发展

服务机构	主要任务	服务内容
韩国机械和材料研究院（KIMM）	促进机械和材料科学技术水平	通过发展新技术、扩散研究成果并进行可靠性评估和测试来促进韩国发展并成为新技术产业化的基地
马克斯—普朗克学会智能系统研究所（MPI – IS）	涵盖所有基础科学研究领域；主要从事以下三个领域的研究：生物学和医学、物理化学技术、人文科学	建立非营利性法人机构； 与所在地大学紧密合作，为大学外之独立机构； 拥有良好的设备和充裕的资金
法国国家科研中心化学研究所（CNRS, INC）	自然科学、人文科学和社会科学等各个领域的基础研究和应用研究	科研成果推广和人才培养； 跟踪国内外科技形势及发展动向； 参与政府科技决策和科研计划制订，为法国境内企业提供大型科研设备
法国国家科研中心工程与系统研究所（INSIS）	从各个领域的基础研究和应用研究； 针对知识生产和人类需求制定科学方法	强调跨学科研究领域的增加； 促进所内各研究部门的协调合作以及与外界其他学术研究机构开展各类合作
新加坡材料工程研究所（IMRE）	创造材料知识，发展人才资本，并通过创新研究改进技术	大型研究计划参与（如 A∗STAR 计划、IMAS 解决方案）
新加坡制造技术研究所（SIMTech）	开发高附加值的制造技术和人力资本	通过生产、应用和商业化先进制造科学和技术创造智力资本； 通过提供开展面向工业的应用驱动研究的机会来培养研究型科学家和工程师； 通过与工业界开展合作项目、分享专业技术研究和基础设施来增进新加坡产业资本
SP 瑞典国家技术研究所（SP Technical Research Institute of Sweden）	创造、使用和提供世界一流的专业知识用于创新； 为企业和社会的可持续发展创造附加值	构建"产、学、研"相结合的基地； 定位在科研—市场的成果转化"桥梁"作用； 在转化应用过程中找到新市场、新需求、新的生长点、支撑点

续表

服务机构	主要任务	服务内容
瑞士联邦材料测试与开发研究所（EMPA）	从事最尖端的材料和技术研究工作； 制定跨学科的综合解决方案； 帮助解决业内所面临的重大挑战	与业内多家伙伴展开合作，把研究结果转化成可向市场推广的创新性方案； 瑞士联邦理工学院及研究所联合体机构（ETH Domain）中的一家研究机构，在每个研究活动领域都致力于追求卓越
伊比利亚国际纳米技术实验室（INL）	在纳米领域创造价值，确保在所有活动领域开展世界级的卓越研究	与工业界发展合作关系，促进知识转移实现经济价值和就业机会； 培训研发人员，为发展产业的熟练劳动力作贡献； 调查，预防和减轻纳米技术风险
美国布鲁克海文国家实验室（BNL）	通过科学界和地方社区的合作、支持和适当参与，产生卓越的科学和先进的技术	构思、设计、建造和运行复杂、领先和面向用户的装置； 开展科学前沿长期高风险项目的基础和应用研究； 开发解决国家需要并将它们转让给其他机构和商业部门的先进技术； 传播技术知识，培养新一代的科学家和工程师，保持国家劳动力的技术能力，鼓励公众的科学意识
美国橡树岭国家实验室（ORNL）	开展基础和应用的研究与开发； 提供科学知识和技术上解决复杂问题的创新方法	针对实验室内部在关键领域提出的研发需求，设立主任基金（Director's R&D Fund）； 支持在提高实验室的核心科学与技术学科上有潜力的创新想法，设立种子基金（Seed Money Fund），作为主任基金的一种补充

资料来源：根据各技术研发服务机构官网资料翻译整理。

一是加速研发前瞻性技术，发展高科技产业和战略性新兴产业是主要实现途径之一；二是增强共性技术的产业化服务，主动发现技术需求、主动为企业提供技术协助、主动帮企业开拓技术市场；三是推动联合开发。针对共性技术研发"双重失灵"的特点，积极开展机构和区域合作，对跨行业共性技术联合进行前瞻性部署，积极拓展合作研发领域。

3）与科研、产业基地在空间分布上高度吻合。

我们选取德国弗劳恩霍夫应用促进学会共性技术研发服务机构为研究对象，发现其分布与德国的科研机构布局有着高度的契合度（见图2-4）。另外，共性技术研发服务机构的分布还与德国各州优势产业的布局高度相关，产业基础好、布局密集的州，共性技术研发服务机构也云集，并且其类型与各州的优势产业也高度吻合（见图2-5）。

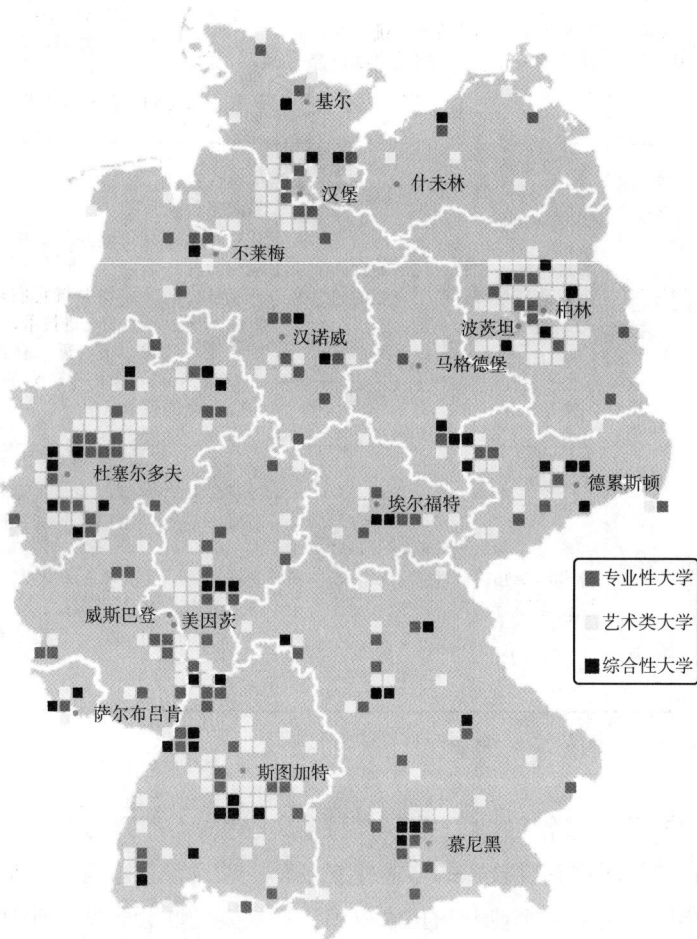

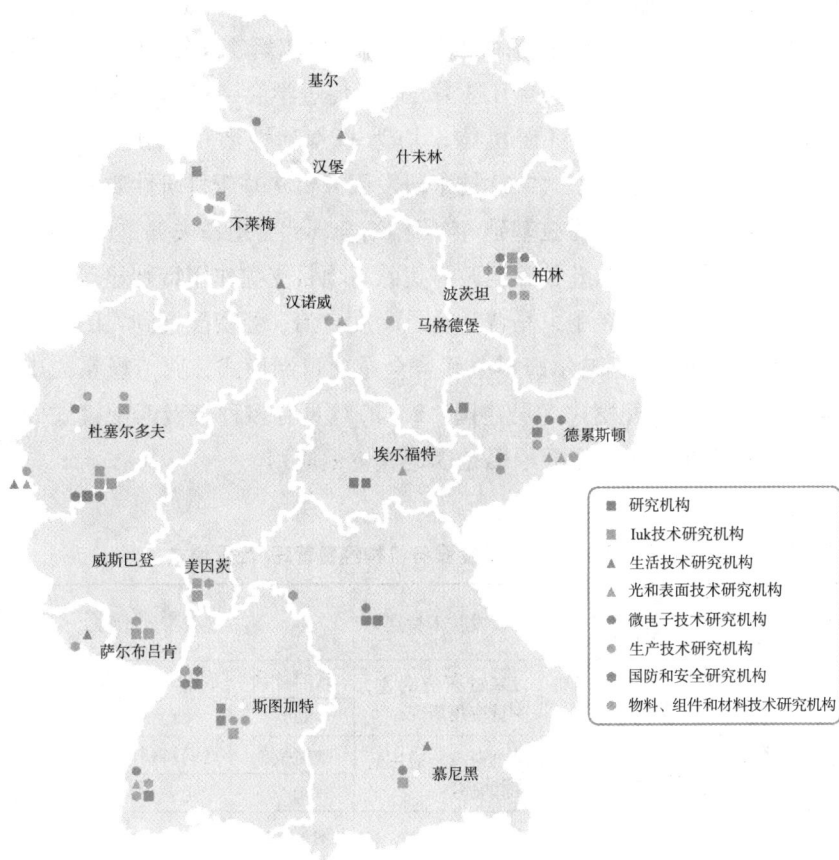

图2-4 德国弗劳恩霍夫共性技术研发服务机构与科研/产业布局关系

资料来源：根据弗劳恩霍夫应用促进学会官方网站数据绘制。

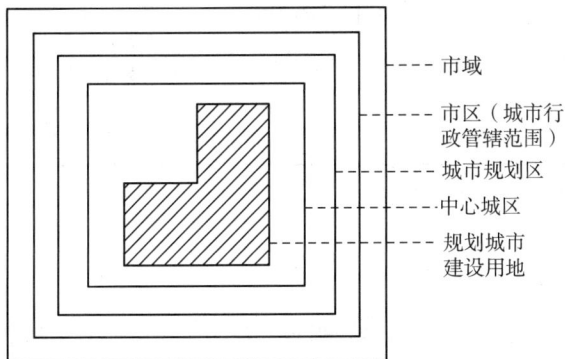

图2-5 一般设区城市各地域范围

资料来源：邓春凤（2010）。

4）以非营利性服务为主。

以德国著名的三大共性技术研发服务机构赫尔姆霍尔兹研究中心联合会（HFG）、马普学会（MPG）、弗劳恩霍夫应用促进学会（FHG）为例，三者是德国政府重点支持的三大科研机构，均为非营利性质（梁洪力、王海燕，2013）。如表 2－7 显示，三大共性技术研发服务机构基于科研性质的差异（马普偏重基础研究、赫尔姆霍兹基础/应用相结合、弗劳恩霍夫偏重应用），其经费配置比例尽管有很大的差别，但政府拨款对项目支撑作用特别显著，非营利性的特征十分明显。三者中，马普学会是高度自治、经费配置到人的模式（林豆豆、田大山，2006），赫尔姆霍兹联合会是项目制模式，弗劳恩霍夫应用促进学会是外争经费匹配模式（吴建国，2011）。具有多种经费匹配模式的是弗劳恩霍夫应用促进学会，主要原因是因为其更偏应用。

表 2－7　　　　德国不同共性技术研发服务机构经费管理/配置模式

机构名称	经费管理/配置模式	研发技术特点	经费配置比例		
马普学会（MPG）	高度自治、经费配置到人	以基础研究为主，少量应用研究	政府拨款	政府科研经费	个人渠道
			82%	13%	5%
赫尔姆霍兹联合会（HFG）	项目制模式	基础研究与应用研究相结合	政府拨款	政府科研经费	个人渠道
			70%	—	30%
弗劳恩霍夫应用促进学会（FHG）	外争经费匹配模式	以应用技术研究为主	政府预算拨款	横向项目经费	纵向项目经费
			34%	33%	33%
			分领域经费使用原则：70%用于民用应用技术开发；国防和军工项目由德国联邦政府完全负担；服务收费占科技推广与咨询服务机构的25%；对于跨所合作研发项目给予专项补贴。		

资料来源：根据吴建国（2009）修改。

（2）发展要求。

一是重视非营利性经营。非营利性应用技术公共研究机构往往大量产生于国家和区域的经济起飞初期，通过整合政府、产业、高校、科研部门的多方力量，合力研发经营。

二是将非经营性机构与企业化经营相结合，通过企业投资对营利机构的"输血机制"，使共性技术研发与市场紧密结合，保障研发始终以"未来"为导向。此外，世界上一些成功的共性技术研发服务机构也将盈余留在内部转为新的研发投资，以保障共性技术研发的可持续性。

三是始终将共性技术的扩散放重要位置。从世界一些发展中国家和地区共性技术研发服务体系的发展经验来看，在建设初期，共性技术服务的内容侧重于引进高科技人才，运用政府资助的研发经费发展产业技术项目；在建设中期，衔接好基础研究与应用研究，聚焦于共性技术开发，并转移成果至产业界；在建设后期阶段则配合区域产业发展需求主攻核心共性技术研发，共性技术研发服务机构将以前瞻性与创新性技术的研发为主，开辟新的产业发展领域。

四是开放运作和联盟研发。在发展之初，首先是建立共性技术研发服务机构与企业的亲密关系，随着共性技术研发服务日趋成熟化，其发展目标奖更倾向于"领跑"，通过课题合作研发、人员自由流动、建立开放实验室、提供面向产业的全方位服务等来实现。

五是注重与大学和产业区在空间上的集中配置。由于共性技术介于基础研究技术与应用研究技术之间，因此，各个国家和地区政府在推动高科技产业发展的过程中，充分考虑到大学和产业区在技术和人才上的优势，并有意在其周围形成集聚效应。这种做法是为了降低成本和增进交流，使共性技术研发和扩散的通道畅通无阻（Carmelina，2016）。相比这种较为合理的空间形态，上海在共性技术研发服务机构的空间布局上，还没有形成合理的空间合作，共性技术研发与服务机构要么过分集中于产业区，要么同时游离于大学与园区之外，影响了共性技术研发服务的范围和质量。

六是政府始终起主导作用。对于任何国家和区域来说，增强产业和技术的国际竞争力是共性技术研发及服务的主要内容与重要课题。从本质来看，共性技术研发是解决这一重要课题的有效政策工具，有助于改善区域产业结构和提升技术水平。共性技术研发服务从某种程度上来说是政府职能的延伸。因此，共性技术研发服务机构既由政府扶持，又为政府服务，其主体也会发生阶段性的改变，从政府主导向高度市场化转变。此外，解决共性技术的"市场失灵"与"组织失灵"也需要政府扶持。

第三节　城市创新的空间维度

一、城市创新的空间转型

随着经济全球化进程的深入和新一轮科技创新浪潮兴起，科技创新已成为经济发展的内生动力和决定性因素。城市作为创新活动产生、应用和扩散的重要空间单元，纷纷调整创新发展战略，探索合适的创新发展路径，以实现由"财富驱动"向"创新驱动"转型。同时，全球发达地区经济发展由工业化向后工业化阶段演进并伴随城市化进程的加快，城市在更大的地域范围内蔓延。由于城市内部功能分异及其不同的创新禀赋特征，城市内部创新活动也存在明显的空间差异，中心城区和非中心城区、园区经济与非园区经济的创新重点各有侧重。

从国外经验看，纽约、伦敦、东京等城市都实施了科技创新的空间战略调整，突出表现为创新的中心城区回归以及扶持第三代科技园区发展。中心城区往往是城市创新的重要区域，发展以现代商贸为引领的创意设计、金融服务、软件信息等科技服务业，不仅集聚大量的创新人才和研发总部，其创新产出和应用也远远高于市郊区域（Hall，2000）；同时，设立于 20 世纪 50 ~ 70 年代的科技园区经历了半个多世纪的发展，在创新要素集聚、成果产出、组织架构、功能实现上发生了颠覆性的改变，普遍进入到第三代科技园区的发展时代。

反观国内，对科技创新的界定长期偏重于技术创新而忽略知识和管理创新，以技术创新为主要功能的企业、科研院所、中介服务机构大多分布在城市的非中心地带，且长期以来重视各类科技园区硬要素而非软要素的集聚。这导致在现行的科技创新认知水平与评价标准下，中心城区创新型企业、创新投入以及技术类创新产出均处于弱势地位，沦为城市创新的"洼地"；科技园区的投入产出效比偏低，难以发挥对城市创新的引领作用。

随着上海城市创新型经济结构和形态确立，以及服务城市经济、社会的共性技术研发体系形成，城市创新空间必须做出响应调整，以适应经济、技术活动的变化趋势，有必要对中心城区和科技园区在城市创新活动中的定位、创新优势与类型、创新功能与机制进行探讨。

二、中心城区创新功能回归

中心城区是城市的政治、经济、文化中心，其城市性质以多职能综合性为主，作为城市的交通运输中心、信息与科技中心和人才密集之地，中心城区在创新城市建设中发挥着重要作用（Richard，2012）。

1. 科技创新的内涵与类型

探讨中心城区科技创新的特征与路径，首先需要厘清科技创新的内涵。科技创新的概念在国内使用频率极高，但学界、产业界、政界对科技创新的理解存在较大差异。按照熊彼特的定义，创新是一个经济学概念，即将生产要素和生产条件的新组合引入生产体系，建立一种新的生产函数。并将创新活动归结为五种形式：产品、工艺、服务、商业模式和组织结构（张来武，2011）。由此可见，"创新"一词从诞生伊始就是一个多维度的概念。发展至今，创新已成为经济学、管理学、社会学、文化学等许多学科领域的研究对象。20世纪60年代后，随着新技术革命的开展，创新的内涵得到了丰富和发展。但由于科技创新是在科学与技术日益融合的背景下提出的，因此，其概念在早期与技术创新的边界十分模糊（邵洁笙，2006）。

随着知识经济的兴起，科技创新的内涵进一步被丰富（洪银兴，2011）。创新由制造研发→服务创新→管理创新拓展，反映出科技创新正由生产范式向服务范式嬗变，由以生产为中心的创新模式向以人为本的创新模式转变。因此，在钱学森的开放复杂巨系统理论中，科技创新被定义为科学研究、技术进步与应用创新协同演进的一种复杂涌现。在这一背景下，科技创新的内涵被丰富为包括知识创新、技术创新以及管理创新在内的三类主体（宋刚，2009）。其中，知识创新的核心是科学研究，其创新主体为大学、理论型科研机构、知识生产型企业，主导产业表现为以知识创造、传播和应用为主的知识产业，包括创意文化产业、知识密集型制造服务业、咨询和信息服务业产业、研发产业等。技术创新是技术进步与应用创新双螺旋作用的产物，其核心是科学技术的发明、创造和价值实现，创新主体是企业和应用型科研机构。管理创新则以信息通信技术引领，强化管理与制度的重塑（贺俊，2014），其核心内容既包括宏观上的制度创新，也包括微观管理层面的创新，通过制度引导、规范、组织管理方式变革，激发创新生产要素的潜力和效率，其创新主体主要是政府和企业联盟（见表 2 - 8）。

表 2 - 8　　　　　　　　　科技创新的类型与特征比较

	知识创新	技术创新	管理创新
创新主体	理论型科研机构、高校、知识生产型企业	企业、应用型科研机构	政府、企业联盟
创新内容	科学知识、技术知识、管理知识、信息与经验等	技术研发、生产与应用	管理模式、制度创新等
产业载体	知识产业	制造业为主	多产业门类
驱动力	对科学和真理的追求	技术进步与应用创新双螺旋驱动	受效率驱使，被科技引领

2. 中心城区概念辨析及其功能解析

（1）概念辨析。

中心城区是城市的重要组成部分，既在空间上代表了一定的城市地域范围，也在功能上代表了一个城市经济、文化和政治发展水平。

1）从城市空间的角度看中心城区。

中心城区是城市发展的核心地区，通常依据城市空间增长边界来划定其范围（官卫华等，2013）。一般地，城市中心城区与城市空间增长边界高度重叠，其范围常常实际等同于市区远期发展用地范围，即规划城市用地范围。中心城区与城市其他空间界域范围的区别如图 2 - 5 所示。

中心城区的空间范围与城市发展水平有较大关联，也受到城市规模的影响。可根据城市规模不同，从小、中、大三个城市规模等级来阐释中心城区的内涵（段德罡，2008）。小城市中心城区：受发展条件制约，发展缓慢、功能单一。中等城市中心城区：在新型城镇化的背景下发展速度加快，人口密度快速增加，已经出现人口和产业向郊区迁移，因而也和大城市一样具有"郊区化"的现象，其中心城区包括发展规模较大的中心城及其腹地。大城市中心城区：由于城市经济发展水平高、城市功能复杂，在城市中心的内部还可形成不同等级的"中心"，其范围也是中心城及其腹地，但这里的中心城还包括不同等级的核心发展区域。

2）从城市功能的角度看中心城区。

中心城区是城市空间的核心所在，是城市资金流、信息流、物资流、人才流的汇集中心，发挥着经济、文化、政治中心的作用，并形成竞争优势（周晔，2011；Ridwan，2016）。因此，从城市的功能来看，中心城区功能的本质是集聚、整合和扩散，通过占据整个城市创新链和产业链的高端环节来实现对城市及其周边区域经济发展的带动作用。

大中型城市的中心城区经济要素高度集聚，整体实力强大，经济、科技发展水平都较高。特别是对于大城市而言，中心城区一般都是城市的行政中心、经济中心和文化中心，通常具有以下特点（张永庆，2005；徐雪松，2013）：

①要素集聚度高，实力相对较强。大中型城市中心城区的经济密度一般可以达到所在城市经济密度的两倍以上。②生产基础设施和信息基础设施完善，规划建设水平高，社会公共事业发达，生产、生活秩序良好。③居住型和商务型市场消费能力强，中心城区消费多由在地居民和工作人员产生。④创新实力雄厚，高端人才集聚。主要得益于中心城区高密度的文化教育和科技设施，以及良好的人才培养环境。⑤受规模经济效应影响。由于中心城区生产要素高度集聚，资源要素容易协调整合（张永庆等，2005），加之市场容量大、结构多元，中心城区经济发展的规模经济效应十分明显。

由以上分析可以看出：①中心城区在空间上包括规划城市建设用地和城市近郊区；②中心城区既是城市的地理中心，也是城市政治、经济、文化的多功能中心；③基于城市的聚集和辐射功能，中心城区成为城市乃至整个区域的聚集汇和扩散源（张岩鸿，2008；周春山、叶昌东，2013；Marc，2016）。但是，由于中心城区是一个完全开放的系统，生产社会高度分工、专业化协作发达，因此，过度的要素集聚也将产生过多的竞争，从而产生经济和产业的离心扩散（刘盛和，2004）。

（2）功能解析。

1）突破城市传统创新发展模式的制约。

布局在城市郊区由企业、大学或研究机构、中介服务组织以及区域金融机构等构成的各种类型开发区一度被认为是城市科技创新的主体，在较大程度上促进了科研和生产的结合，推动科技与经济、社会协调发展（曹勇等，2013）。在基于三重螺旋模型的创新联动实践中，大学和科技企业始终是研究的主要对象，也往往被当作区域创新驱动的主导力量。然而随着创新环境要素地位的日益突出，生产企业已逐渐从网络中淡出（屠启宇、林兰，2011），受城市产业转型、土地集约化利用以及城市发展演进阶段等客观条件的影响，传统的城市开发区科技创新模式不断受到挑战，表现在科技园区自主创新能力不高，园区管理体制、投融资体制、人才管理体制和社会化服务体系等方面都存在制约因素（陈翁翔、崔瑛，2010；Rider，2013）。

作为城市核心区域的中心除具有强大的综合经济实力以及众多的科技机构和人才支撑外，与非中心城区差别最大的莫过于其优良的社会管理基础以及市民基础，对都市型产业发展十分有利（张永庆等，2005），也为突破城市传统创新发展模式的制约提供了条件（Maria，2015），中心城区因而成为城市创新建设的重要推动力。而且从城市创新的演进来看，随着知识成为驱动城市创新发展的主要动力，中心城区拥有的智力资源成为城市创新发展最宝贵的要素。

2）进一步丰富城市创新形式。

创新的形式多种多样，包括产品创新、技术创新、服务创新、生产流程或商业流程创新、组织模式创新、商业模式创新等。不同地方的创新主流存在于不同的创新形式中，因地而异。受发展阶段和经济基础的影响，中国城市的创新构成较为单调，以各种类型高科技园区为主体的创新区域主要侧重于技术进步、产品创新，知识创新、管理创新和服务创新长期被忽视。

随着社会经济的进步，城市科技创新发展的内外部条件都发生了很大变化。在城市科技创新体系中，社会（尤其是成熟型社区）的作用越来越彰显，逐渐成为知识创新传递不可或缺的重要环节（屠启宇、林兰，2011；Sari，2015）。中心城区应该成为这样一种城市核心功能区域：充分发挥核心区经济社会运行的创新优势，集聚、组合各种支持、配套、衍生要素，塑造要素配备更为完备、创新更加深化扩大、辐射范围更广、创新驱动经济发展更为有效的城市创新形态。

中心城区的创新不仅关注产品的创新，更关注尚未开发的服务、创业模式、组织结构和管理模式的创新，有助于丰富所在城市的创新形式（黄亮，2015）。而一个具有创新功能的城市，则必然其生产功能（提供设备）、教育功能（提供人才、知识）、金融功能（风险融资、贷款）、流通功能（技术产品的交易）、文化功能（激发创意、创业精神）与创新功能有着良好的互动（胡晓辉、杜德斌，2011）。因此，在中心城区的带动下，城市创新形式的多样化对于城市功能的进一步完善具有巨大的促进作用。

3）带动城市创新整体发展。

创新及扩散系统一般由四大要素构成，即创新源、联系通道、空间梯度和扩散空间（郑颀，2013）。一般来说，产业技术创新主要是沿着产业链扩散，扩散影响的范围和力度都局限在一定的范围内。而中心城区作为城市的核心区域，在发达的交通信息网络的支持下，与城市其他区域及腹地存在着密切的对应关系，因此中心城区创新扩散的创新源、联系通道、空间梯度和扩散空间具有明显优势，便于城市创新由点及面发散式扩散，更加体现了中心城区作为城市科技创新的"聚集汇"和"辐射源"的作用。中心城区因而对带动城市科技创新整体水平提升具有重要作用，在城市科技创新体系建设中的地位和作用日渐重要。

3. 中心城区创新的内涵、模式与特点

（1）中心城区创新的内涵。

城市在不同发展时期具有相异的经济职能。进入后工业化时期后，中心城区服务业密度加大，基本职能向管理与协调转变；进入知识经济时代后，中心城区更是成为城市创意、创新的中心（见表 2 - 9）。

表 2 - 9　　　　　　　　　　中心城区创新职能的演化

指标	工业化时期	后工业化时期	创新经济时代
基本职能	生产、制造职能	管理、协调职能	创新职能
产业类型	工业经济为主（第二产业）	服务业为主（第三产业）	创新经济（第四、第五产业）
生产产品	物质资产	服务产品为主	虚拟产品及创意产品
组织职能	物质资源运用	人力资源运用中心	智力资源运用中心

资料来源：根据吕拉昌（2009）修改。

从本质上来说，城市创新是涵盖技术创新、组织创新、制度创新、管理创新等全社会创新的一种城市治理模式（韩瑾，2007；Lutao Ning，2016），客观上要求中心城区创新资源高效配置并实现生态化和可持续发展（甄峰等，2015）。人才、资金、信息和知识是中心城区创新活动的资源基础，政策、法律法规、文化等软环境与信息设施、科研设施等硬环境是中心城区创新活动的保障（马海涛等，2013；Luís，2014）。通过资源调动、组合、利用以及环境营造支撑，中心城区的创新不再局限于科技创新，还涵盖组织、制度、管理和服务创新，中心城区因而成为城市创新最具活力的组成部分。

（2）中心城区创新的发展模式。

依据中心城区经济基础、历史文化、管理体制和治理理念不同，对应不同的创新发展模式。

依据中心城区创新规模，可成就全球创新中心城市、区域创新中心城市与非典型创新城市（尤建新等，2011）。通常情况下，全球创新中心城市（如伦敦、纽约、东京等)的中心城区是全球知识和学习的中心,在金融、商业、服务、娱乐等方面都极具创新优势,并拥有开放和多样化的创新环境,通常发展与创新相关的服务业,如金融、媒体与软件设计、创意产业等,也有一些城市发展生命科学、医药产业等适合在中心城区发展的高科技产业。全球创新城市往往通过整合知识资源和人才资源、培育创新文化、推动知识和信息的自由流动等促进创新活动的开展。从主导产业看,知识密集型服务业是中心城区创新的主要业态,并具有浓厚的城市文化特色和本土品牌效应(颜廷标、郭瑞东,2013)。从文化背景看,中心城区创新十分重视与外界的合作交流,创新的文化多样性显著(刘昱含,2010)。依据政府与市场力量的差异与组合方式的差别,可将中心城区创新分为政府主导型、市场主导型和混合型三种。

(3)中心城区科技创新特点。

中心城区作为城市的聚集汇和扩散源,是组织高效率生产、高效率流通、高效率消费和高效率管理的重要纽带,城市中心城区的创新体系具有区别于城市其他功能区域的特点(张庭伟,2014),同时对城市的创新发展具有重要的带动作用(见表2-10)。

表2-10　　　　　　　　中心城区与非中心城区创新功能比较

	中心城区	非中心城区
创新形式	侧重知识创新、服务创新、商业模式创新、管理创新	侧重产品创新和技术进步
创新环境	侧重创新的软件要素	侧重创新的硬件要素
产业化载体	侧重知识密集型服务业和创意产业	侧重高技术制造业
创新投入	侧重人员培训、市场营销和获取外部知识方面投入	侧重 R&D 投入
创新氛围	强调创新的社会性和根植性	创新活动的园区化
创新扩散	知识和创新由点及面地发散式扩散	知识和创新沿产业链扩散
创新主体	侧重于政府、社区、科研机构、高校、商业人士	侧重企业、科研机构、高校、中介、金融机构
创新目标	侧重市场需求问题的求解能力,提高地区生产率,现有市场细分	侧重新技术、新产品、新知识的生产,开发新市场

资料来源:作者整理。

具体而言,中心城区与城市其他功能区域相比,其创新体系在目标、主体、内容、环境、产业载体、投入方式等方面有较大差别。在创新目标上,中心城区科技创新的根本任务是提高城市整体生产效率和满足市场需求，因此，必须重视通过商业模式创新和开发新业态来淘汰低效企业与产业（孙永波，2011），提高城市整体综合竞争力；此外，还特别重视对城市创新无形资产的利用（宋来胜，2013）。在创新内容上，科技创新的重点不在技术应用，而在于强化科学研究、教育培训、科学传播和知识管理（罗守贵等，2014）；强调将商业集成创新引入中心城区的社会生产体系，高效组织商贸活动，并发展以信息化为手段的现代管理方法。在创新主体上，除了政府、企业、金融机构、科技中介、高校和科研机构等传统创新主体外，中心城区更注重培养社区居民和商业人士的社会活动性及其相互之间的创新互动（张拓宇，2015），促进科技创新成果有效地向社会延伸和辐射，从而带动城市整体创新。在产业载体上，表现出较强的知识性产业特征，信息产业、知识密集型服务业和创意产业成为基础性产业和科技创新的产业化载体。在空间载体上，以社区、商贸功能区等知识型创新空间为主（王兴平等，2015），而非依赖于产业园区、开发区等生产基地。在创新投入上，中心城区创新多源于信息的增值和经验的积累，并不依赖于高强度技术研发，R&D 投入不再是最重要的创新投入形式，而在人员培训、市场营销和获取外部知识方面投入更多。在创新扩散方式上，与非中心城区（特别是科技园区）创新沿产业链扩散所不同的是，中心城区知识和创新由点及面发散式扩散（张黎娜、夏海勇，2013），不仅惠及中心区域，还是整个城市创新体系重要的隐性创新源头，扮演着转移、交换、合成以及调整知识的重要角色。

4. 中心城区的创新模式

中心城区作为城市的核心区域，其创新发展支撑要素和发展模式与创新城市发展模式既有相同之处，也有所区别（吕拉昌等，2016），体现在更加侧重于服务创新、商业模式和组织结构的创新。

（1）中心城区创新的支撑条件。

中心城区创新活动的支撑条件包括经济发展环境支撑、政府政策支持体系、科技服务支撑、城市创新文化支撑等，共同构成了中心城区创新发展的基本环境，这些环境条件又可以分为两类（吕拉昌、李勇，2010）：一类是硬条件，主要指开展创新必备的条件资源；另一类是软条件，由城市的创新文化和创新政策构成，二者共同支撑中心城区创新活动的开展。

1）经济发展环境。

经济发展环境是影响城市科技创新能力的直接因素，通常经济环境越好，科技创新能力越强（郑琼洁，2011）。经济发展环境不仅要看经济增长速度，还要看经济结构是否合理、效率如何。

2）政府政策支持体系。

中心城区的创新需要有相关制度保其障创新体系有效运转（石忆邵，2009），政策支持体系包括激励、竞争、评价和监督等创新机制，以及政策、法律法规等创新政策（唐建荣，2008）。尤其是在市场体系发育不全、市场机制还不能完全起到有效资源配置作用的背景下，中心城区创新体系的建设和发展、公共物品的生产和供应都需要政府参与资源配置，以提高资源利用效率。

3）科技服务支撑体系。

城市中心城区创新是根据城市转型发展需要，创造新技术、应用新模式、开发新产品、提供新服务的过程，相关支撑性服务包括科技服务、商务服务和现代物流服务等（邓龙安，2012）。其中，科技服务包括研发、技术和知识产权交易、科技成果转化等；商务服务包括信息服务、人才服务、投融资和管理咨询服务等；现代物流服务包括产品的仓储和运输。

4）城市创新文化氛围。

发掘文化资源、营造文化氛围是塑造城市创新品牌的重要途径（郑琼洁，2011），因此，良好的文化氛围是全面支撑和保障城市创新体系有效运转的重要支撑条件之一（尤建新，2011）。应特别关注对研发机构和核心企业自主创新能力的培育和扶持，营造社区和社会的创新环境，发挥城市文化的引领作用。

（2）中心城区的创新模式。

作为城市的行政中心、经济中心和文化中心，中心城区的规模、功能、地位与所在城市密切相关，其创新发展模式在所属城市创新发展模式的范畴之内又表现出一定的差异性。根据不同的划分标准，中心城区创新发展模式表现出不同的类型和路径（见表2－11）。

表2－11　　　　　　　　　　中心城区创新发展模式

划分依据	发展模式	主要内容
依据城市创新实力不同	自主创新型	依靠自身的创新力量来探索城市发组织创新、制度创新、产品创新、商业模式创新
	模仿创新型	通过学习模仿发达地区的创新行为和创新思路，将其吸收转化为城市内在的发展动力

划分依据	发展模式	主要内容
依据主导产业不同	知识密集型服务业创新	通过知识获取、新知识生产、新知识转移带动中心城区创新系统发展
	创意产业创新	创意产业发展要素配置优化，由产品导向到消费导向的发展思维模式转变
依据政府与市场的组合不同	政府主导型	政府干预创新资源配置
	市场主导型	按市场机制配置创新资源、自发结网
	混合型	受政府和市场共同作用，自上而下与自下而上创新方式相结合

1）依据城市创新实力的不同，可以将中心城区创新模式分为自主创新型发展模式和模仿创新型发展模式。

①自主创新型发展模式。采用自主创新型发展模式的中心城区通常具有较强的金融、商业、服务、娱乐业发展的竞争力，其所依托的城市往往是区域乃至全球知识中心。这些中心城区经济发展水平较高，已经积累了相当的经济、技术、治理、制度基础，具有较强的科技研发能力和较为成熟的创新环境，同时也面临经济发展方式转型、产业结构调整的现实需求与挑战。此类中心城区通常依靠自身的创新力量来探索城市发展模式转型，突破社会经济发展限制，完成组织创新、制度创新、产品创新、商业模式创新等创新过程，在关键技术、模式和制度上的突破由中心城区自身创新主体来实现。同时，此类中心城区对外进行技术、理念、模式的发展辐射，引领城市乃至区域的发展方向（见图2-6）。

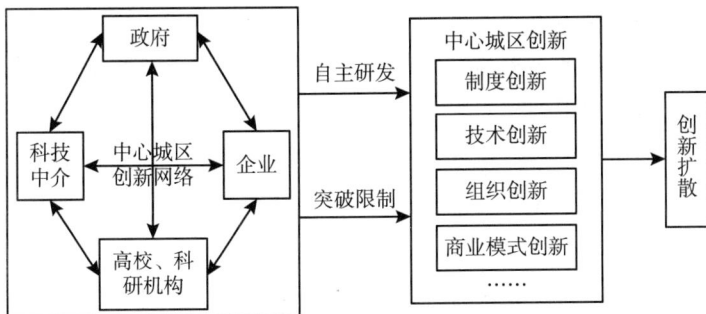

图2-6 自主创新型中心城区创新发展模式

资料来源：作者自绘。

②模仿创新型发展模式。采用模仿创新型发展模式的一般是经济欠发达地区中小城市的中心城区,与大城市,其经济发展水平、科技研发能力不高,在商业、服务、教育、金融等领域不具有优势和竞争力。受其创新环境及自身能力的制约,这类中心城区常常陷入难以承担创新风险与投入的困境,模仿创新是其创新发展模式的一种理性选择。通过模仿先进城市中心城区创新的行为和思路、吸取他人的经验教训,来建立自己中心城区创新的核心理念、技术、路径和模式(见图2-7)。

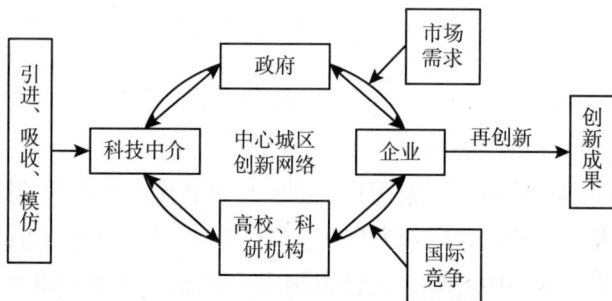

图 2-7 模仿创新型中心城区创新发展模式

资料来源:作者自绘。

2)依据主导产业的不同,可以将中心城区创新模式分为知识密集型服务业创新发展模式和创意产业创新发展模式。

城市在发展过程中不断进行产业转型和结构调整,导致劳动力密集型产业和制造环节的高新技术产业迁往郊区,现代服务业和知识密集型产业在中心城区集聚。因此,从主导产业发展角度,中心城区创新模式可分为知识密集型服务业创新发展模式和创意产业创新发展模式。

①知识密集型服务业创新发展模式。中心城区知识密集型服务业创新发展模式是指通过发展知识密集型服务业(KIBS),将城市知识创新系统各个要素结合起来,发展知识经济,带动中心城区创新系统及整体经济的发展。知识密集型服务业是创新型的服务业,其显著特点是高 R&D、高创新效率、高知识度、高技术和高互动性(罗守贵等,2014)。在中心城区创新系统中,咨询、设计、研究和发展、软件和教育等以知识密集为特点的知识密集型服务业是创新系统的重要节点和中介环节,知识密集型服务业通过知识获取、新知识生产及新知识转移三个环节,能够加速并强化创新系统内各个组织间的联系,尤其

是企业与其他机构间的联系，在企业、产业集群、区域乃至国家创新系统中发挥着重要作用。

②创意产业创新发展模式。中心城区创意产业创新发展模式是指在一些条件较好的城市，通过发展以智力资本、文化资本、社会资本为运营方式的创意产业，进而带动中心城区创新发展。在产业价值链体系中，创意产业是处于上游的高端产业，不仅能够为社会创造可观的经济收益，同时也具有改变现有经济增长模式的强大功能。创意产业强调无形资源和主体资源的开发和利用（厉无畏、王慧敏，2006），高级人力资本、知识产权资本、技术资本和文化资本等软性资本成为其核心驱动要素，这些要素的集聚能够进一步优化中心城区创新环境。此外，创意参与会促进中心城区由产品导向到消费导向的发展思维模式转变，有利于中心城区创新发展模式突破传统的思维形成了新的范式，提升社会品质，促进经济的持续增长（见表2－12）。

表2－12　　　　　　传统创新模式与创意产业创新模式比较

模式	传统创新模式	创意产业创新模式
创新目标	经济增长	经济、社会和人的发展
创新要素	土地、资金等硬性资本	创新、知识等软性资本
资源开发	一次性利用	循环利用
产业发展	产品导向的产业链	消费导向的价值链
空间形态	单一功能的空间区域	多功能的空间综合体
创新主体	政府、企业	政府、企业、团体和个人

资料来源：作者整理。

3）依据政府与市场的组合不同，可以将中心城区创新模式分为政府主导型创新发展模式、市场主导型创新发展模式和混合型创新发展模式。

①政府主导型中心城区创新发展模式。政府主导型中心城区创新发展模式是指政府制定明确的中心城区创新发展战略规划，制定激励中心城区创新发展的政策措施，主要依靠自上而下的力量对创新主体进行扶持，推动创新资源要素向中心城区集中，引导全社会参与中心城区创新建设。政府主导型中心城区创新可以是政府对创新资源配置直接干预，也可以是政府通过制定创新方向和领域、分配研发任务和提供创新方向指导的方式来引导创新（见图2－8）。经济发展水平较低、市场机制发育不完善的发展中国家城市中心城区一般采用此模式。

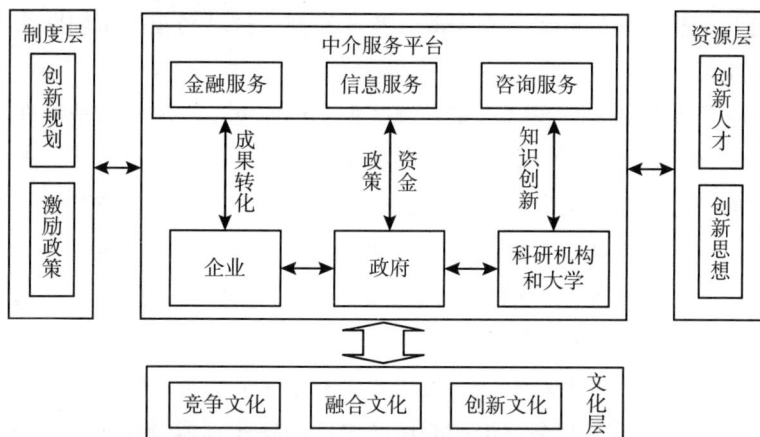

图 2-8　政府主导型中心城区创新发展模式

资料来源：作者自绘。

②市场主导型中心城区创新发展模式。市场主导型中心城区创新发展模式是指中心城区充分发挥市场对自主创新资源配置的基础性作用，利用市场调配创新资源，通过市场机制引导创新主体开展自主创新活动。市场主导型的中心城区创新发展模式在市场机制配置资源的前提下，围绕建设城市创新环境，间接引导创新要素向中心城区集中，科研机构、企业、中介组织等创新主体在利益驱动和竞争压力的双重作用下，自发组合，结成各种区域创新网络，根据市场需求国际市场间的激烈竞争不断进行技术创新、经营模式创新、管理创新等创新活动（见图 2-9）。但市场主导中心城区创新会存在恶性竞争、盲目性创

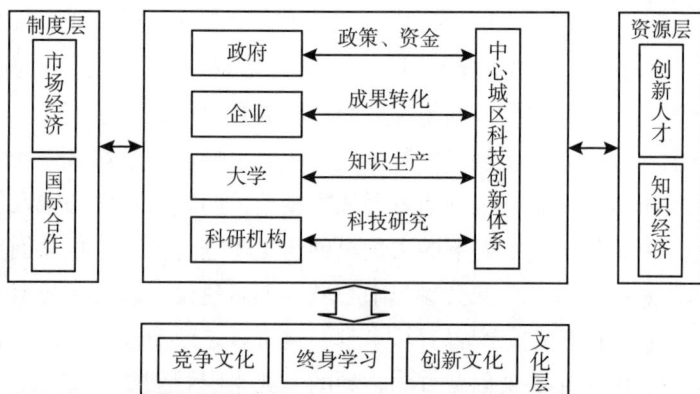

图 2-9　市场主导型中心城区创新发展模式

资料来源：作者自绘。

新等弊端。经济发展到一定阶段、市场机制发育较为成熟的发达工业化国家城市中心城区一般采用此模式。

③混合型中心城区创新发展模式。政府引导加市场驱动的混合型中心城区创新发展模式是指在现代经济条件下，城市中心城区创新的发展受到政府和市场两种力量的共同作用，这是一种自上而下和自下而上有机结合的发展模式。一般而言，混合型创新模式中市场机制和自主创新能力不足，中心城区的创新需要吸收其他城市和地区先进的科学技术，表现出"引进—消化—吸收—改良"的特点。

混合型中心城区创新发展模式既需要政府制定和颁布创新发展战略和政策措施，也需要在市场资源配置的前提下不断寻求技术、商业模式、组织模式、管理理念上的突破，自发地在城市中心城区形成产业创新集群和有利于科技创新的环境，促进劳动生产率提高，并以此为动力，促进城市经济的快速发展（见图2－10）。

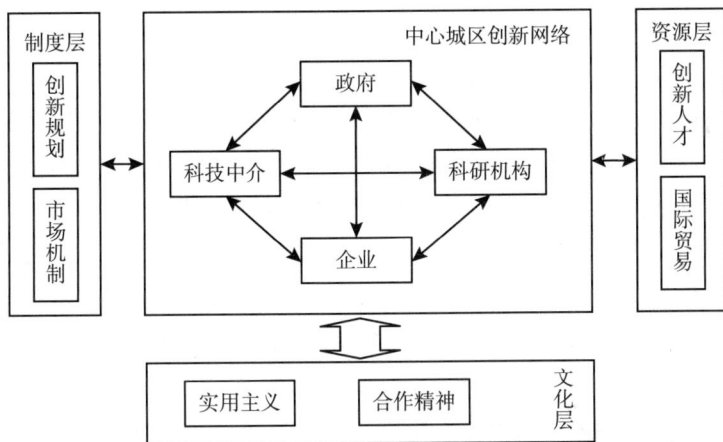

图2－10　混合型中心城区创新发展模式

资料来源：作者自绘。

（3）中心城区创新发展的机制分析。

政策、市场、法制、教育、文化是影响城市科技创新方式的重要因素（吴金希，2006；倪鹏飞等，2011），由于中心城区在城市中创新特征和功能的改变，其科技创新机制有着与非中心城区的本质区别（见图2－11）。

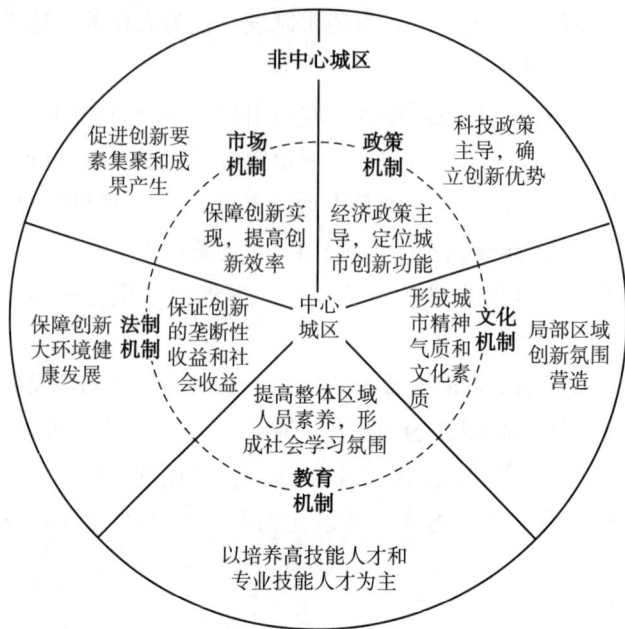

图 2-11　中心城区与非中心城区创新机制比较

政策机制——在经济、科技、土地等诸多政策中，对中心城区科技创新影响最大的并非科技政策本身，而是经济政策（范柏乃，2012）。经济政策从国民经济整体部署的高度对中心城区科技创新进行宏观调控，主要包括财政政策、税收政策、金融政策、产业政策、就业政策、外贸政策、分配政策等。这些政策无一例外地利用了中心城区的特色和优势，为中心城区获得独特的创新功能定位、争取国家支持、拓展城市科技创新竞争优势发挥了至关重要的作用。

市场机制——市场机制对中心城区科技创新的意义主要体现在维护市场秩序、保护公平竞争以及促进创新资源自由流动上（贺正楚等，2013）。一方面，创新的实现依赖于市场检验，在成熟规范的市场经济条件下，创新回报通过消费者或用户对创新成果的市场接受来实现，而这个市场则多位于城市中心地带。另一方面，通过加强市场竞争大大提高创新效率，加快商业创新主体优胜劣汰，以消除中心城区整体（非企业个体）科技创新的不确定性。

教育机制——中心城区的教育水平决定着就业人员的文化素质和专业技能，这恰恰是创新能否取得大成就的关键（陈晓青，2012）。教育对中心城区科技创新的最大贡献在于提高整体区域从业人员的文化素质和专业技能（重视社会培训而非企业培训），形成整个社会互相学习和交流的创新氛围。也正因为中心城区是教育资源最密集的区域，因此其创新类型以知识型而非技术型为主，创新的流动以隐性知识的双向流动而非显性知识的单向流动为主；这在客观上更加促进了创新的传播、扩散、转移和创新氛围的形成。

法制机制——法律法规是中心城区创新系统正常顺利高效运行的有力保障（崔会东等，2013）。中心城区公平的市场竞争和生产要素自由流动等市场经济的基本特征对成熟规范的法律体系要求更为严苛。在科技创新资源密集的中心城区，创新具有更大的外部经济性，也更容易被模仿。法制机制的意义在于使创新主体依法强占垄断性创新收益，并在创新主体的个体利益和社会的整体利益之间达成平衡。与非中心城区不同的是，法律必须在激励企业创新的同时，保障社会也享受到创新收益，以带动整个城市科技、经济、社会的全方位进步。

文化机制——基于文化的竞争优势是最根本、最难以替代和模仿、最持久和最核心的竞争优势（马海涛等，2013）。与千篇一律的非中心城区开发区创新模式不同，中心城区往往具有其他城市所没有的、难以替代和模仿的、最持久也最核心的创新竞争优势——文化优势（王兴平等，2015）。就其实质性内容来说，有两种表达形式：一是精神气质，对于创新而言主要表现为创业精神；二是文化素质或文化技艺，包括城市市民的审美能力、鉴赏能力和实践操作能力等。精神气质是人力资本重要的组成部分，不仅决定整个城市劳动者的基本创新态度、价值观念与工作质量，也决定了城市优秀企业家的数量和质量。文化素质或文化技艺则有利于促进城市社会资本积累，降低创新成本，增强城市创新系统整体实力。

三、第三代科技园区的崛起

1. 第三代科技园区产生的背景与趋势

（1）相关概念。

1）科技园区。

随着高新技术爆炸式的发展，以新材料、新能源、信息技术等为主的高科技成果日渐被产业化和市场化，巨大的利益驱动与激烈的竞争使得高技术产业迅速集聚。20世纪50年代，在斯坦福研究园的基础上，世界第一家科技工业园"硅谷"建成并取得巨大的成就，引起了全球的关注和学习。以此为起点，世界很多国家纷纷建设起类似的园区。现今，科技园区运动已成为世界现象。

尽管国内外学者对科技园区的称谓各有不同，如 Science Park、Research Park、Hi-tech Park、Research & Technology Park、科技园、科技城、技术城、高新科技园区等（滕堂伟、曾刚，2009；Mona，2012），但其研究的主体都有以下共同特征：与知名大学或科学研究机构有重要的正式和非正式联系；有一批注重官、产、学、研一体化的高技术企业，生产高附加值和高科技含量的产品；有高效的中介组织和咨询服务机构；不论管理机构是政府或行业协会，其管理高效，能为园区各主体搭建良好的发展平台。在本书中，基于应用的广泛性和国际的惯用称呼，我们将符合上述特征的这一类型发展区域统称为科技园区。

2002 年国际科学园区协会对科技园区进行了统一定义：科技园区是专人管理的专业组织，通过促进创新、企业竞争力、大学和研究机构的发展来使当地的财富得以增长。科技园区的功能主要包括以下几个方面：通过孵化与扩散过程为创新型企业的设立、成立和发展提供便利；激励、管理各类显性和隐性知识与技术在大学、研发机构、企业及市场之间流动和交流；提供良好的基础设施、服务设施及其他增值服务（胡刚，2012）。

自 20 世纪中叶开始，科技园区发展态势良好，为所在区域带来了巨大的经济、科技和社会收益，促进了区域竞争优势的培育，使得区域形成自我生长、良性循环的动力，成为政策制定者、经济学者和企业经营者关注的焦点。

众多学者分析了科技园区的发展历程，认为科技园区大的发展趋势已经从第一代、第二代发展到了新的阶段。第一代科技园区是在大学、科研院所附近自发形成，通过加快研究人员的科研成果技术转移实现技术推动经济的目的；第二代科技园区经过专业规划，突出园区在创新孵化过程中的作用，强调技术与经济的紧密结合。近年来，科技园区逐渐向第三代演进，并成为各国、地区园区建设的新模式和进行知识竞争、创新能力比拼的新焦点。

2）第三代科技园区。

①以知识型社区为主要形态。所谓第三代科技园区，是以知识生态系统为理念，以激发人才的创造力为核心，强调社区和城市一体化，以全球化和本地化结合为特征，突出网络创新的新科技园区发展模式（程郁，2012；王剑华、马军伟，2013；Yulia，2016）。其中，社区是指"集学习、工作、娱乐于一体的知识型社区"。有研究学者指出，第三代科技园区不再是简单地以各种科技成果转化为主要任务的产业孵化基地，不再是单纯的由科技与经济两大主题相

互作用形成的工业园区，而是一个促进人的知识创造，并由知识所驱动的综合科技经济体（何继江等，2015），是集科技、经济、社会、文化、资源、环境等和谐发展的知识创新社区。

②以互动创新为主要特点。阿伦（Allen，2006）教授等人在2006年国际科学园区协会（IASP）的研讨会上指出，相较前两代，第三代科技园区要实现几方面重要的转变：一是有更多的行动主体；二是在帮助中小企业的发展方面作用更直接；三是与大学、科研机构的联系更加密切。第三代科技园区的核心是以集群为导向的互动创新，园区本身嵌入在城市环境中，与周边环境融合良好，同时园区内的参与主体的范围更广，因此也增加了管理和评估的难度（Annerstedt，2006；OECD，2011）。三代科技园区关注的焦点也在发生转变，第一代科技园区关注的是居住和与大学的邻近性，以便于合作和交换；第二代科技园区更倾向于关注孵化能力，包括如何向新企业提供建议、原始资本、办公室等；第三代科技园区则包含更大的潜能，重视技术交换、企业创立以及加速与企业教育的一体化，关注企业竞争力的发展以及园区与周围环境的融合与互动。因此，第三代科技园区是科技园区发展的新阶段，在第一代、第二代科技园区的基础上创新、升级形成，是理论和实践共同作用和演化的结果（汪怿，2011）。

（2）第三代科技园区兴起背景。

1）理论背景。

第一代科技园区的理论基础主要是以萨缪尔森为代表的新古典学派和熊彼特为代表的创新理论，而第二代科技园区的理论基础是不断演进的创新系统，以弗里曼、库克等学者为代表。国内外学者对第三代科技园区进行了探索（汪怿，2011；刘筱、王铮，2013；M. Mazhar，2016），主要涉及以下几个方面：

①社会资本——社会关系网络对第三代科技园区至关重要。法国社会学家布尔迪厄在1980年首次提出"社会资本"的概念，指出"社会资本是实际或者潜在资源的集合体，这些资源与某种持久的网络占有密不可分，这一网络是众所周知的体制化的关系网络"（布尔迪厄，1996）。社会资本有助于形成广泛的社交网络，能够使创新主体在获取信息和资源方面形成优势，便于其更好地融入创新网络，积累更多经验教训，从而获得更多提高创新能力的机会。因此，社会关系网络、信任、规范都有助于提高创新效率，能促进第三代科技园区内各利益主体的知识传播、信息共享，特别是企业间隐性知识的流动。同时，社会资本也使得对第三代科技园区的关注从最初的局限于区位、土地、资

本、劳动等物质实体，发展到文化、社会、信任等。

②知识生态——第三代科技园区的实质是知识生态网络。在知识经济时代，知识创造财富已成为共识，知识作为一种资源在整个社会发展中处于一种复杂的运动状态，知识生态系统应运而生。知识生态系统中富集信息、灵感和洞察力，"是由人、制度、组织、技术以及知识创造、解释、分布、吸收和利用等知识流程组成的复杂多面系统"（Thomso，2007）。乔治（George，2010）诠释了知识生态系统的三个维度——交流网络、知识网络和技术网络，并指出，知识生态系统是一个复杂的巨系统，生态系统的成员为了创造、整合、共享和使用知识而培养关系、开发工具并付诸实践（谢守美，2010；卫洁、牛冲槐，2013）。知识生态系统能够为科技园区创新提供知识交流的机会并提高组织绩效，这一复杂的网络化巨系统在促进第三代科技园区企业知识获取和政府管理中扮演了重要角色。

③知识城市——第三代科技园区是知识城市的重要组成部分。全球化和知识经济的到来使创新活动突破了国家的地理边界和政治限制，20世纪90年代国外学者们研究此现象并结合到城市发展过程中，创造出"知识城市"的概念，将其作为城市转型、升级和在衰退过程中复兴的一种城市发展理论。特别是面对西方迅速的工业化和城市化带来大量的城市及人口问题，知识城市理论作为新的发展思路，充分利用当前城市现有的社会、经济、文化、自然等各类资源，实施将知识作为基础的发展战略，加速城市空间、产业结构的转型和社会、经济发展方式的转变（张小娟，2015），以实现城市的可持续发展，提升城市在世界发展中的核心竞争力。在知识城市发展理念的影响下，西方发达国家积极制定了"城市复兴"计划（章玉全，2011），在较短时期内将处于衰退阶段和状态的城市扭转为有地方特色的现代知识化新城。如斯德哥尔摩、都柏林、蒙特利尔等城市以高科技、服务经济为发展的龙头；英国伦敦、曼彻斯特、新加坡则强调以文化创意产业为核心来构建知识城市；波士顿则以大学为先导，强调和放大了大学城在城市发展中的作用（王志章等，2012）；德国慕尼黑工业区的钢铁发展致使城市出现经济、环境问题并逐渐走向衰败，决策者以旧城改造为契机，大力发展工业创意研发和应用教育，并充分利用工业文化和老工业区内生产设施，成功复苏了城市经济。总之，全球已经形成了多种将落后城市转型为知识城市的发展案例和思路，为发展中国家解决城市问题、走上知识城市发展之路提供了新的模式和路径。第三代科技园区向知识（科技）都市演进的关系如图2-12所示。

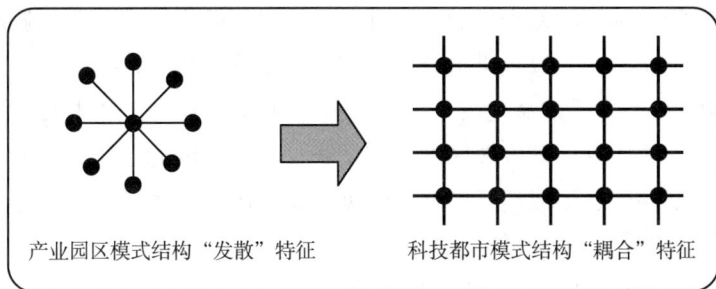

产业园区模式结构"发散"特征　　　科技都市模式结构"耦合"特征

图 2－12　第三代科技园区向知识（科技）都市关系演进

综上，知识城市通过创新创造、技术研发、转型改造等方式形成具有高附加值的产品和服务，推动一个城市内知识在各发展领域的流动，进而形成城市良性循环的内在动力，推动城市创新不断发展。知识城市的理想目标是建立一个科技水平先进、社会发展和谐、经济发展迅速、管理科学、生态环境宜居的有国际竞争力的城市，突出经济发展与人文社会的和谐统一。2004 年欧盟发表了《知识城市宣言》，知识城市的发展理念成为一种全社会的广泛共识，在该宣言中提出了 10 项具体标准，主要关注了城市知识资源及其相关的物质设施的利用程度。科技园区作为城市的重要组成部分，受知识城市理论的影响，正朝着以知识为核心资源、以知识创新为主要任务的新阶段演进。

④创意环境——创意环境是第三代科技园区的重要创新氛围。佛罗里达学派研究指出，一个地区对于与其本身有差异的社会文化持反对或者开放的态度决定了其能否良性发展（李文硕，2013），开放程度的高低与该地区经济展的水平有密切关系。开放程度高的地区能够激发不同层次、不同技能多类人群的创意能力，以此获取更多的物质和精神资源，例如资本、人力资源、信息、技术、知识、关系、网络等。以这种创新性观点为基础，佛罗里达（Florida，2000，2006）给出了解释知识经济时代城市竞争力的"3T"理论，即以科技（technology）、人才（talent）和包容性（tolerance）为核心的创意城市理论，并十分非常强调包容性。

适宜的创新环境、文化多样性对高新技术园区产生积极影响：环境适宜度、文化多样性影响非市场性因素对人才的吸引，人才的集聚度决定了科技园区的创新密度，进而影响创新的效果和进程。文化多样性同样重要，以美国"硅谷"科技园区和"128 公路"的发展为案例，硅谷之所以能在发展过程中超越 128 公路取得更好的成就，成为世界过国家和地区科技园区发展的模式，并不在于其物质基础的差别，而在于硅谷能接受冒险也接受失败、强调对专业的忠诚而非企业忠诚，以及讲求合作和重视非正式交流等宽松的硅谷文化（萨克森宁，1999）。宽松的文化吸引了大量人才向硅谷流动，这些人才不断进行创新、创业，从而推动硅谷地区的经济增长与发展。因此，创意环境对于促进科技园区产城融合、形成包容和宽松的创新氛、吸聚人才具有积极意义。

2）实践背景。

世界各国和地区的科技园区都在通过技术创新、管理创新、组织创新、制度创新来发展区域经济，推动社会进步，培养有地方特色的文化氛围，以此提升区域竞争优势。在这一探索发展过程中，许多科技园区都经历创始阶段、迅速发展阶段，目前进入成熟阶段。

园区更迭具有多重原因。首先，线性创新模型很难应对多元化的创新主体，这些创新主体经过前两代的发展，其目标和要求逐渐增加和复杂，各主体间相互作用的频率也逐渐增加。其次，随着时代的变化，区域发展最先进和最前沿的主导产业也从传统的工矿业、信息技术产业发展到了知识型产业。最后，与产业变化相对应的政策重点也有了很大转变，工业时代主要关注点在于科技对经济的促进方面；信息时代关注点则转向了科技与经济如何结合，并加入了对环境的考虑；知识经济时代，政府希望能提供良好的交流平台，以人为核心，鼓励人的创新，将园区与城市的发展紧密结合。除此之外，不同时期经济发展的空间尺度也在变化。20世纪60~80年代，由于交通和通信工具的限制，经济发展最主要的空间尺度是本地区及本国；80年代后期到新世纪之前，随着信息技术革命的影响，全球跨国投资和贸易自由化获得了空前发展，经济全球化进程大大加快，并对世界各国经济产生深刻影响（苗长虹等，2011），经济发展的主要空间尺度开始进入全球。进入21世纪后，人们意识到尽管全球化在经济发展中意义重大，但并不代表着本地区经济发展没有意义，只有将本地化和全球化良好结合，在本地根植的基础上进行全球化才能适应时代的新要求。

综上，面对上述产业、空间尺度、创新主体等的变化，特别是前两代科学园区面临的发展新要求，各地区和国家的科技园区都在不断探索新的发展模式。社会资本、知识生态理论强调了网络、关系对于创新、创意的作用，推动了第三代科技园区网络的构建。知识城市以及创意环境理论的意义在于突出创新、创意环境的包容性，完备的基础设施仅仅是基础，还需要强调人文内涵，注意环境中的活力、激情、宽容等软因素，以此构造第三代科技园区软环境的发展。

（3）发展趋势。

综合来看，随着科技园区的主导产业由传统产业向高新技术产业不断转型，也必然使园区的发展内容和特征存在以下几个明显的趋势，这也是未来科技园区（特别是第三代科技园区）规划和发展中需要注意的内容；一是从注重优惠政策向发展产业集群转变；二是由加工型高新区向研发型高新区转型；三是从强调引进大型公司向科技型中小企业集群转变；四是由单纯的土地运营向综合的产业开发和氛围培育转变；五是由功能单一的产业区向现代化综合功能区转型。

2. 类型、功能与园区管理

第三代科技园区由多种行为主体组成，最主要的利益相关者包括本地企业、与创新相关的专业服务供应商、研究和教育培训机构、国家与地方的公共政策机构等，这些多元主体共同合作构成了第三代科技园区这一个区域知识生态系统。

（1）类型。

第三代科技园区大致分为以下四种类型：联盟驱动模式、大学驱动模式、企业驱动模式和集群驱动模式。其中，前三种是欧美国家科技园区的典型代表，集群式则在发展中国家十分常见（薛二勇等，2010）。

1）联盟驱动型科技园区。

此类科技园区主要由两个或者多个参与者共同合作来推动园区的发展和增长，基于知识转移和创新来实现经济增长的共同目的，园区内的基础设施建设和基本建筑物由公共部门资金支持，并配以高效的组织管理层辅助科技园区制定和实施战略性发展目标。

2）大学驱动型科技园区。

此类科技园区本身融入大学校园里，依靠大学自己的土地来创收和发展，入驻园区的企业有相当大比例（一般大于40%）是新创立的企业或者分拆的子公司。大量的大学学者在园区入驻企业中承担着董事长、顾问或者合伙人的角色和工作，企业家精神、鼓励创业是大学课程中的核心特质，大学为自己的衍生企业或者兼并企业提供创业孵化功能。

3）企业驱动型科技园区。

在此类科技园区内，整个产业发展过程中处于终端生产的企业占据了园区的大部分物业资源；必须重视供应链和注重吸引终端生产企业的供应商；相关大学的研究焦点被终端企业的产品和服务深刻影响，相关大学课程设置和教学内容也与该园区内入驻企业的要求相关。

4）集群驱动型科技园区。

此类科技园区中的企业在地理上互相邻近，合作伙伴关系的构建是为了为集群内的企业提供服务；园区内与知识创造者产生的联系是由企业的需求所引发的，而非学术推动或者政府政策影响；同时，园区内设施为集群所共有，集群往往通过市场交易的手段来支持经济的发展，这也是科学城的概念。

（2）功能。

第三代科技园区尽管有多样的发展模式，但其功能都具有以下共通性（李小芬等，2010；林利剑、滕堂伟，2014）：

1）是一个全球的行动者，同时具有很强的本地根植性。

园区具有定义、推广所在城市和区域形象与城市品牌的重要作用。市场地理边界模糊，但越来越多地参与到国际贸易中。园区甚至可以有相当多的一部分企业将主要基地设在海外。

2）是社区的一部分。

关注园区所在地人与环境的发展，鼓励生产、生活环境共融，在关注技术创新和技能发展的同时重视对园区及其所在城市工作和生活环境的改造。园区具有显著的社区特征，从产业布局、设施分布和建筑风格上都不易看出产、城割裂的痕迹。

3）提供健康的商业活动和良好的投资机会。

有些第三代科技园区还具有顶尖的管理团队，处理园区内各种事务。特别是管理团队中的主要负责人的特质很重要，对领导才能和技能的要求都很高。良好的管理团队能帮助园区生成健康的财政盈余，同时能够吸纳越来越多的私人投资，为园区内入驻企业解决投资资金的帮助。

4）是大学活动的一个重要组成部分。

第三代科技园区即使在地理上与大学相距较远，仍然是大学活动的重要组成部分。不仅影响着大学课程设置、研究生培育模式和研讨会议主题，园区内很多成长型企业的思想也从学术研究中衍生出来。

（3）园区管理。

在科学史上有很多偶然发现成为重大突破创新，对于第三代科技园区而言，意外发现管理是顺应时代发展，将园区激发出的创造力最大程度转化为生产力的最佳管理方法（Allen，2006；李小芬，2010）。意外发现是一种偶然的、没有计划的邂逅，并能导致比预期更好的结果，但必须依赖完善的创新管理过程。所谓意外发现管理，是指"通过在复杂而又多样化的环境中提供便利和信任管理，吸引大量有好奇心的人才来找到突发的、不可预见的、默会的竞争力"，具体包括应用隐性知识、提供便利条件和信任管理。

应用隐性知识将在很大程度上增加创新。隐性知识是波兰尼从哲学中提炼出的概念，后被经济地理学家用在企业组织和区域创新体系中（郑作龙等，2013）。发现隐性知识建立在信任的基础上，通常通过面对面的交流来获取。企业在隐性知识交换的过程中有可能激发灵感，从而促进创新。因此，隐性知识是意外发现管理的最根本的要素之一。

提供便利条件主要是针对信息交换而言。人员之间的交流、互动能产生学习、模仿、修订等行为，这有利于启发突破性的创新，形成各类人才的创造思维和创新惯性。支撑性的关系网络产生两种信息交流方式：自发的交互和由便利条件促成的交互。自发的交互建立在社会关系网络基础上，由便利条件促成的交互常常通过人才俱乐部、校友会、老乡会、专业人才团体等实现。信息交流增加了成员之间知识共享的可能性和频率，是提高创新效率的重要方式。因此，通过提供便利条件增强创新的效率是意外发现管理的基本方式。

信任管理源于计算机科学的发展，主要是应对由于网络信息爆炸和资源共享带来的未知风险。这一概念逐渐延伸到社会领域，人们意识到信任也同样是社会关系网络顺利运转的最核心因素。只有建立合作主体之间的信任关系，才能增加网络各相关利益之间的交流互动（任迎伟、林海芬，2011），并通过这种沟通促进隐性知识的交换和传播，从而推动整个科技园区创新网络的发展。此外，信任管理的核心在于建立信任的管理方式，以此引导成员之间建立信任关系。因此，充分的信任是意外发现的基础。

综上，意外发现管理的作用是通过增加不同的便利条件，应用信任管理和隐性知识，减少低价值的创新和增加突破性的创新，并在最大程度上将园区创新转化为生产力。

3. 多维度解析

第三代科技园区具有多维度解析背景（Allen，2006；Luger，2008）：

（1）国家和区域背景维度——在国家和区域创新政策框架下的创新空间。

第三代科技园区架构包括国家和区域的创新政策。在不同的国家和区域大背景下，一方面，成功的科技园区将其自身定位成为国家和区域知识经济发展的领头者。以欧洲为例，科技园区在 21 世纪成为一个更有创新性的欧洲的重要组成，不仅帮助欧洲提升了创新竞争力，还建立了高效的国际创新网络。此外，能够增强以城市品牌和形象为核心的知识经济的影响力，从而为所在区域吸引国际商业投资。科技园区也区域公共部门也互相依赖的，园区通过增强根植性融入当地的国民经济、城市、土地利用、环境保护、交通等各类发展规划中，在当地的经济、社会、文化、科技等各方面发挥重要作用。

（2）策略维度——持续商业模式的培育是策略重点。

成功的第三代科技园区需要有良好的策略和日常优秀的管理，这包括高质量的管理层和董事会、清晰而又长期的策略、持续的商业模式，以为园区提供全球市场竞争所需要的开阔的视野。第三代科技园区是区域发展的通道而非最终目的，之前政策更关注园区的区位、所有权和空间，而第三代科技园区的政策关注点是其本身的发展过程。

（3）管理维度——意外发现管理能力的培育。

高效的管理对于实现第三代科技园区的持续运转和进一步发展意义重大。一方面，确保整个园区的运行、构造整体的氛围和文化、提供服务和确定结网的机会；另一方面，管理成熟的科技园区有助于优化意外的新发现，实现意外发现管理。这种意外发现有很多种形式，例如，企业点对点地解决对方难题、建立远距离的商业联系、帮助研发者发现技术的应用价值等。

（4）金融维度——私人投入的比重高于传统科技园区。

尽管公共部门的支持对于科技园区的运作非常重要，但在发达国家和地区，第三代科技园私人投资的比例很高。私人投资可以影响园区产业的选择、培育、升级，也可影响产品的设计、研发、生产、售后服务等一系列环节；政府公共投资则以支持园区基础设施建设、构建服务平台为主。

（5）环境维度——多元文化机构与组织的有机体。

第三代科技园区环境建设非常重要，最初，科技园区的区位环境被认为是不重要的，关注的焦点转向了"头脑"。在新的发展阶段，创新环境建设日渐重要，第三代科技园区的环境主要包括物理环境和文化环境两方面。物理环境方面，尽管各科技园区各不相同，但是共同点是要有开敞的空间、设计良好的绿化、便利的生活居住条件，有助于园区品牌、形象和身份的形成；同时，对于互动空间也有一定要求。文化环境方面，要有多元的文化机构和组织、具有引领作用的国际学校和研究机构，要有常规的、松散的、自由的交流会议，以及鼓励创新的比赛等。

（6）与大学、科研机构的关系维度——大学知识创新、人才培养功能的延伸。

第三代科技园区是研究与市场的桥梁。园区与学校的互动目的是为了实现知识的共享，通过正式的和非正式的交流，以各种手段和途径，促进隐性知识和显性知识在园区与大学之间交流，共同创新发展。同时，科技园区人才的选取和培训也至关重要，大学和科研机构在供给上述人才方面有极大的可能性。例如，纽约康奈尔科技园区和研究生院就计划每年培养 2000 名科技类的研究生，帮助各大公司解决实际问题。这种以企业运行实际问题为导向的研究与此前由学术界确定研究重点的传统做法有明显区别，有助于科研成果迅速转化。

（7）网络维度——形成全球尺度的创新结网。

对第三代科技园区的企业而言，与各级创新网络连接必不可少，许多科技园区的年度报告及账目记录都会评估其创新网络的价值。网络可以在园区内部开展，也可扩展到相关大学和城市的商务社区。此外，园区常常与从其内部迁出的企业保持密切联系。成功的第三代园区已建立了有效的国家和国际网络和联盟，特别是全球尺度结网对于第三代科技园区非常重要。

（8）企业增长维度——对商业技能和商业氛围更加重视。

在第三代科技园区中，投资者十分重视投资对象的商业技能以及园区的商业氛围，从而能顺利地促使研发成果的价值识别和市场交易。园区的管理者要理解入驻企业目的，努力与其建立一种信任的氛围，在孵化的各个阶段提供有针对性的支持。此外，信任的氛围能增加创新主体之间的互动，这也是集体学习的关键（Maskell，2004）。例如，芬兰的世界绿洲网络即是通过积极引导人们建立个体间的信任关系，进而形成了园区整体的多元信任网络（李小芬等，2010）。

从上述特征来看，第三代科技园区不再是单纯的经济功能，而更倾向于一个多维度的综合体范畴。

第三章

上海城市创新的经济基础

进入 21 世纪后，以电子信息和网络技术为代表的新经济对增长的支持力减弱，发达国家纷纷寻找新的技术发展机会，以支持下一个增长周期的长期增长。随着世界经济增长放缓、局部金融动荡、大数据时代到来、以"工业4.0"为代表的新产业革命兴起等一系列新的发展环境挑战出现，全球创新环境和创新趋势发生了重大变化，新时期创新型经济的发展模式与路径出现了与先前不同的特点，包括美、日、欧"科技大三角"在内的发达国家也对什么是创新型经济、怎样实现可持续的创新重新进行了设问与作答。上海作为典型的发展中国家城市，老问题遇到新情况，有必要对创新型经济的科学内涵、发展思路、发展原则和建设方向进行科学规划和思考。

从我国的发展现状来看，根据钱纳里的"六阶段理论"，目前中国尚处于工业化的初、中期阶段；对于上海、北京等区域首位度较高的国内大城市来说，仍然处于工业化后期阶段，而尚未真正进入后工业化社会。其显著标志有五：其一，最直接的证据是这些城市及其周边以装备制造和精品化工为代表的高端重化工业刚刚开始布局；其二，城市国民经济的投入产出效比还远远低于创新型经济的标准（突出表现为对外技术依存度高、科技进步对经济增长贡献率低等方面）；其三，最能反映创新型经济发展水平的第三产业结构显示，科技创新服务业的比重还很低（智能密集型和知识密集型产业在第三产业中的比重较小，且没有从传统服务业中分离出来并占主导地位）；其四，支持创新型经济的一支稳定的产业工人队伍（特别是稳定的蓝领和灰领）尚未形成；其五，一系列软硬环境建设和组织机制建设尚未调整到为创新型经济服务的最佳状态。因此，对于上海而言，发展创新型经济实则任重道远。通过加快推进上海创新型经济建设来破解长期以来的"低附加值困境"并解决城市创新缺乏后劲，对上海创新城市建设有着重要的意义。

第一节　上海创新型经济的战略机遇

一、上海创新型经济面临的新机遇

新一轮技术革命从全球到地方正方兴未艾，世界上许多国家越来越重视以科技创新促进产业升级，以创新发展推动经济社会的不断进步，国际环境更有利于上海创新型经济的发展。随着中国经济发展进入新常态，经济发展已经开始由要素驱动型和投资驱动型发展方式转向创新驱动型发展方式，加之上海正肩负建设具有全球影响力的科技创新中心的重任，这些都为上海创新型经济发展提供了良好的机遇。

1. "工业4.0"为上海创新型经济发展提供了机会窗口

国际金融危机后，世界经济发生深刻调整，越来越多的国家更加重视高技术产业发展，其中具有代表性的如美国制定了"振兴制造业"战略，2011年提出了"美国创新战略"，欧盟2014年正式启动"地平线2020"科研计划，日本在2001年和2004年分别提出"e - Japan"战略和"u - Japan"战略之后，于2009年进一步推出"i - Japan 战略 2015"。德国则是提出了有名的"工业4.0"战略。全球新一轮科技革命和产业变革为上海抢占科技创新和高技术产业发展的战略制高点，形成高端要素的比较优势提供了难得的机会窗口。

首先，"工业4.0"背景下的创新网络由链式合作产转向网络合作。"工业4.0"不是简单地将数字化应用于工业生产，即使在"工业4.0"的发起国，德国的政府、企业、机构也在探讨应该如何对接数字化与制造业。2015年2月，一项由德国弗劳恩霍夫工业工程研究所的研究表明，到目前为止，只有1/4的机器和设备制造商基于互联网的服务得到了推进和发展，而在这1/4的企业中，只有1/5比例的企业找到了一个可能的、比较合适的新商业模式。根据德国工业部对"工业4.0"时代技术创新面临之挑战的判断，4.0版本的技术创新需要克服互操作性（确保机器和IT系统之间一致的数据交换）和数据复杂性（信息将以基于角色和分布式的方式被传输）障碍、以用户为中心（定制性信息/避免数据被淹没）、确保数据安全（加密标准化的安全机制），从而变制造业的链式生产为网络式生产。由于融入了更多的智力元素而非纯粹的技术元素，依赖整个创新系统的合力作用而非重点依靠旗舰企业带动，使得创新结网从未有过如此迫切的发展需求和如此合适的发展机遇。根据西门子公司的预测，未来创新/生产方式完全是基于水平合作的网络式，而非链式（见图 3-1）。

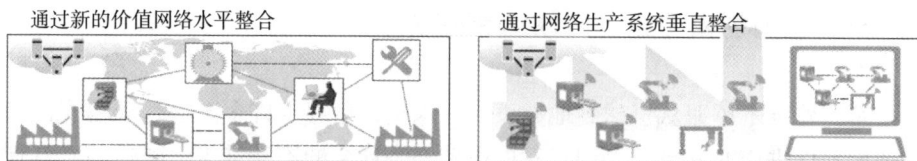

图 3-1 "工业 4.0"时代的网络式创新/生产模式

其次，新兴产业和传统产业均是"工业 4.0"时代创新网络的主要受益者。根据德国互联网数据中心（BITKOM）和弗劳恩霍夫应用研究促进协会（Fraunhofer-Gesellschaft）的预测分析，德国能分享"工业 4.0"创新盛宴的 6 大部门为：化工、汽车、机械设备、电气设备、农林业、信息通信。6 大行业 2013~2025 年可实现平均 23% 的增加值增长。其中，增长最快不是信息技术本身，而是化工和装备，其总增幅为 30%；此外，农业也是受益者（见表 3-1）。因此，可以这样说，在"工业 4.0"时代，创新实现的是对整个生产体系的带动，没有什么产业是旧的、应该被淘汰的；单体技术的时代将被终结，技术簇群的概念将重新被重视。一切都在于组织，一切都在于结网，一切都在于融合。

表 3-1 德国"工业 4.0"模式技术创新主要受益部门及其增长趋势

行业部门	产值（亿欧元）		通过"工业 4.0"提高的比重（%）
	2013 年	2025 年	
化工	400.8	521.0	30
航空航天	740.0	888.0	20
机械装备	767.9	998.3	30
电气化设备	402.7	523.5	30
农业	185.5	213.3	15
信息与通信	936.5	1077.0	15

资料来源：BITKOM/Fraunhofer IAO 2014：36.

最后，"工业4.0"背景下创新系统将加快向创新生态系统的演化。"工业4.0"背景下，创新的范围、模式和组织形式都将发生很大变化。①在创新范围方面，创新的边界超出了企业传统的既有边界，创新由更多的企业在一个创新生态系统中相互合作完成，必须走向"开放合作"。创新生态系统与创新系统相比，并没有成员构成上的明显区别，而更强调创新系统的自组织性、多样性、平衡以及创新主体的共生共荣，这为创新网络的构建和发展提供了温床。就自然界的生态系统而言，没有哪个物种是不可或缺的，也没有哪个物种是可以随便灭绝的，但是生态系统的结构和质量无疑决定着每一个物种生存的规模、进化的方向和消亡的时间。由于任何一个创新系统都是在特定的时空条件下形成，不能在不同国家或地区之间进行简单的复制，因此，创新生态系统并没有固定的最优模式，也不可移植。②从创新模式来看，纯粹基础—应用—开发—工程—商业化的传统创新发展模式将越来越少，创新将表现出更强的不确定性，难以按照线性发展路径进行"规划"和"计划"。③从创新的组织形式来看，"平台"成为网络式创新的重要战略选择和组织形式，是创新生态系统的具体应用，它将创新活动、市场变化、社会响应放在同一个平面上解决问题，平等结网、不再有先后主次之分、共同演进。创新生态系统的本质是由多种不同主体相互交织形成的开放的、多维的、共同演进的复杂网络结构，其本质是创新网络。其中有多种种群关系，既有垂直关系（如供应商、消费者、市场中介机构等之间的关系），又有水平关系（如竞争对手、其他产业的企业、政府部门、高校、科研机构、利益相关者等之间的关系），表现为多平台构成。现阶段，对中国的创新系统而言，对应学术界创新生态系统的核心层、扩展层和完整层概念，分别应为技术平台、产业平台以及政策/制度和社会组织等综合性平台。其中，"工业4.0"概念更加强调了技术和产业以外的综合性平台。对于美、日、德等创新生态环境优良的国家来说，4.0时代的创新任务是利用社会组织平台无边融合与无缝对接；对于中国这样的发展中国家来说，就目前的创新环境情况而言，离无边融合与无缝对接的基础要求还相差甚远，主要原因是因为存在明显的不利于创新的体制性和制度性障碍，单体作用放大、种群概念弱化，直接表现为创新低效、持续性差。

2.《中国制造2025》明确了上海未来高端制造业的发展方向

制造业和工业的强大对任何一个国家和地区而言都是发展之本，智能制造也是创新型经济的重要组成部分。当前，全球发达国家纷纷将制造业转型升级视为新一轮技术革命和产业变革的重要任务。在这样的背景下，2015年中国制定了《中国制造 2025》，部署全面推进实施制造强国战略。根据《中国制造 2025》提出的发展思路，中国将以促进制造业创新发展为主题，加快新一代信息技术与制造业的深度融合，确立推进智能制造为中国制造业发展的主要方向，强化工业基础能力，实现中国制造业由大变强的转型升级。

围绕着经济社会发展和国家安全的重大需求，中国确定了十大产业作为突破点，将在未来一段时间进行重点扶植，使其达到国际先进水平。十大重点产业分别是：新一代信息技术产业、高档数控机床和机器人、航空航天装备、海洋工程装备及高技术船舶、先进轨道交通装备、节能与新能源汽车、电力装备、农业装备、新材料、生物医药及高性能医疗器械。制造业是上海"四个中心"建设的重要基石，也是上海创新型经济发展的重要支撑，《中国制造 2025》有关制造业发展思路和目标，为上海未来高端制造业和创新型经济的发展提供了方向。

未来高端制造业的发展，核心在于推进制造业"两化"融合，促进制造业智能化。而实现上述目标，需要前瞻布局核心智能制造技术，进一步整合研发资源，构建产学研合作体系，突破一批核心技术、关键技术，培育加工技术及系统管理技术，以提升制造业价值链水平（《中国制造》编写组，2015）。在智能化发展思路的指导下，上海可以围绕制造业产业链部署完善创新链，突破一批关键核心技术，形成自主创新品牌，调整升级传统制造业，巩固提升战略性新兴产业，拓展制造业发展的新空间，在《中国制造 2025》的引领下，实现由上海制造向上海智造的转变。

3. 上海全球科创中心建设成为促进创新型经济发展的重要引擎

21 世纪以来，随着经济全球化进程不断加快和产业价值链的分工越来越细化，创新要素和创新资源愈发显著地突破组织界限和地域，在世界范围内自由流动，逐渐形成全球创新网络。在全球创新网络中，一些发展条件优越的城市更多地集聚全球创新要素和创新资源，逐渐发展成为全球创新网络中的节点城市。这些节点城市一边集聚外部创新资源，一边对外输出其创新影响，当其集聚和辐射力影响到全球时，便发展成为具有全球有影响力的科技创新中心。当前，上海正大力开展以科技创新为核心内容的全面创新发展，加快建设具有全球影响力的科技创新中心，为上海创新型经济的发展提供重要引擎。

首先，有助于推进上海全面创新发展。上海建设全球科技创新中心，一要具有全球影响力，二要聚焦科技创新、突出创新驱动发展，三要充分体现中心城市的集聚辐射功能（上海市人民政府发展研究中心课题组，2015）。因此，上海建设全球科创中心，可以把握世界科技革命和产业变革的重大机遇，瞄准全球创新影响力标杆，争取在一些领域实现由"跟跑者"向"并跑者"和"领跑者"的转变。通过打造一批创新的功能性平台，包括研发平台以及技术转移、知识产权服务、科技金融等非研发类的功能性平台。构建完善创新治理体系，进而形成良好的创新生态系统，推动以科技创新为核心的全面创新，建立起以知识创造、流通和应用为基础的创新型经济。

其次，有助于构建创新型产业体系。上海建设全球科技创新中心，主要以培育战略新兴产业和升级传统优势产业为发展方向，以培育本土创新龙头企业为突破，围绕产业链部署完善创新链，以创新型产业体系为依托推动科技创新发展，以科技创新推动创新型产业体系的持续强大。上海在发布的《关于加快建设具有全球影响力的科技创新中心的意见》中提出，"重点推进民用航空发动机与燃气轮机、大飞机、北斗导航、高端处理器芯片、集成电路制造及配套装备材料、先进传感器及物联网、智能电网、智能汽车和新能源汽车、新型显示、智能制造与机器人、深远海洋工程装备、原创新药与高端医疗装备、精准医疗、大数据及云计算等一批重大产业创新战略项目建设"。可见，形成具有全球竞争力的产业体系，特别是创新型产业体系是上海建设全球科技创新中心的重要目标，上海将紧紧围绕产业链细化分解布局创新，以科技创新培育现代新兴产业和推动传统产业转型升级。

二、上海创新型经济发展任务

根据对德国众多企业和机构的深度调研，包括北京、上海在内的国内绝大部分一线创新城市都尚未做好迎接"工业4.0"的准备。目前，具备迎接"工业4.0"挑战的国家基本上只有美、日、德三个，中国当前还处在工业2.0的时代，还没有完全进入以信息技术和电气化为代表的工业3.0时代，因此，由2.0跨越到4.0，实则任重道远。但是，在德国人绘制的中国创新地图中，上海无疑是发展"工业4.0"最适合的城市，在企业资源、制造执行力、产品生命周期管理、供应链管理能力上都拔得头筹，并且与北京和广东拉开了明显的差距（见图3-2）。然而，从拥有适应"工业4.0"模式核心技术（主要是基于e+的技术）的企业来看，国内领先企业与国外先进水平差距巨大，且上海没有企业上榜。这是因为对于"工业4.0"时代的创新来说，工具（e+）以外的东西更重要。因而上海发展创新型经济还面临一系列任务。

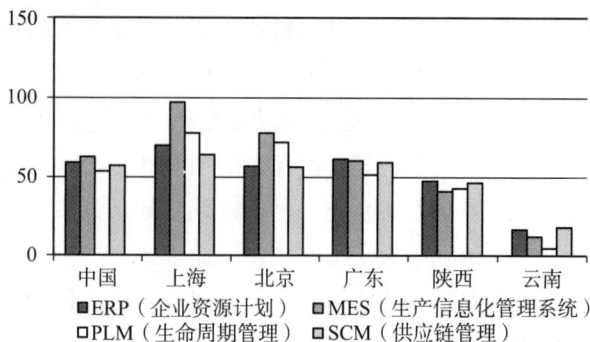

图 3 – 2　德国对中国"工业 4.0"发展条件的评价

1. 创新性高端人才引进任务

创新创业领军人才、创新型科技人才等高端人才对上海创新型经济发展起到决定性作用。上海在高端研究人才引入方面缺少北京国家级科技资源集聚优势，在创新创业人才引进方面缺少深圳、苏州等城市的灵活性，当前上海发展创新型经济还面临着企业家、科学家、科技创业人才和风险投资人才等创新人才资源缺乏的问题，其中最大的"短板"是企业家。因此，上海创新型经济发展的一大任务是引进高端、专门人才，坚持"聚焦领域，两端发展"的原则，重点聚焦互联网、生命健康、新能源及智能汽车、航空航天、智能制造等创新领域人才，既要进入高端基础研究人才，也要引入专门化的高端创新创业人才。

2. 本土企业自主创新能力提升任务

近年来，上海市 PCT 申请外资依存度超过 70%，在国际主要城市中排在第二位。并且长期以来上海在高新技术产业领域以外商投资企业和港澳台投资企业为主，战略性产业被外资控制，本土企业失去了在这些领域的自主创新和自主发展能力。因此，上海创新型经济的发展必须大力提升本土企业的自主创新能力，引导本土创新主体在产业链的各个环节提高自主创新能力，提升原始创新在创新中的比重，增加自主知识产权拥有量。

3. 信息化和工业化融合推进任务

当前以信息技术和信息化为支撑的新一轮产业变革初显端倪，信息化是创新的催化剂，既促进了知识共享，也促进了创新型人才的培养，对于自主创新具有支撑作用。因此，上海创新型经济的发展任务之一是加快推进信息化和工业化融合，既包括推进信息技术与传统产业融合，促进产业转型升级；也包括推进信息技术与新兴产业融合，构建现代产业体系。通过推动信息技术在工业各领域的集成应用，着力提高上海制造业数字化、网络化和智能化水平。

4. 战略性新兴产业的发展任务

创新型经济发展的突破口是培育发展战略性新兴产业，当前上海战略性新兴产业产值占比不到25%，还难以发挥对创新型经济的支撑和带动作用。上海应以发展创新型经济为战略要求，以建立战略性新兴产业体系为目标，将整体推进与实现重点方向的跨越发展结合起来，重点发展新能源、高端装备、生物医药、信息技术、新材料、新能源汽车、节能环保产业等领域。同时也应注重电子信息产品制造业、汽车制造业、石油化工及精细化工制造业、精品钢材制造业、成套设备制造业、生物医药制造业等重点工业行业的转型升级。

5. 高效创新网络的建设任务

在创新网络中，能够真正产生创新的人或人的集体才是创新的主体。单个的人可以是研究工作者、科学家、企业家或产业工人；集体的人可以是研发机构、大学、企业，这两类主体牢牢占据了创新生态系统中的核心层。从这个思路来看，第三方机构并不是创新网络的主体，位于创新生态系统的扩展层；政府也不是创新网络的主体，位于创新生态系统的完整层。根据创新主体的定义，从普遍意义上说，上海和东京、慕尼黑的创新主体应该没有本质的区别，区别在于质、量、结构和作用方式等领域的差别，这就对创新生态系统的建设提出了要求。创新生态系统的优势主要体现在创新产出和价值实现上，长期以来，组织的低效加剧了科技创新的各种短期行为。这其中既包含产品开发短期行为，也包括教育的短期行为，对于上海科技的持续性创新，进而顺利进阶各等级的科技创新中心十分不利。因此，加强创新生态系统核心层、扩展层和完整层的协同建设，走"高效创新"的道路是上海科技创新发展和创新型经济建设的重要任务。

第二节　上海创新型经济发展分析

一、上海发展创新型经济的资源条件

1. 拥有良好的产业基础

产业创新是创新型经济的重要标志之一，创新型经济不等同于只发展高科

技产业，新兴创新型产业、传统产业和生产服务业向高端化演进是创新型经济的主要产业发展标志。上海的产业体系几经调整，新中国成立后制造业始终是上海的支柱产业，直到1999年，上海第三产业占比首次超过第二产业；2012年，第三产业占比超过60%。目前，上海基本形成以电子信息、汽车制造等产业为主导的工业体系，六大产业工业总产值占全市的63%。上海市服务业涉及13个行业，金融、批发、零售、房地产业和租赁以及商务服务业的增加值占全市服务业的65%。航天技术、飞机制造、汽车制造、船舶制造、港口机械、钢铁制造、石油化工、生物医药、电子元器件、金融贸易等产业均在全国处于领先地位。上海发展创新型经济最大的优势就是拥有非常好的产业基础，利用现有的产业优势促进经济结构调整和质量提高。

2. 实力雄厚的科技资源

发展创新型经济既需要科学层面的知识创造，也需要技术层面的应用创新。上海科技资源丰富，2014年全市有超过20万人从事科技活动。其中中国科学院、中国工程院院士165位，占全国两院院士总数的11%，拥有各类高校68所，高新技术企业5400多家，拥有集成电路研发中心、微小卫星中心等数十个国家级研发机构，建成了上海光源、国家蛋白质中心等重大科技基础设施。现有的各类型科技资源为上海市创新发展打下良好的基础，有助于提升自主创新能力。

3. 有利于创新发展的区位优势

以上海为龙头的长三角地区是我国经济发展水平较高的地区之一，区域内制造能力强、产业链和创新链环节分布均衡。长三角的科技人才、科技投入、风险投资和创业企业等创新要素集聚程度居全国创新密集区的首位（吕薇，2015）。2013年，长三角地区从事科技活动人员总数占全国的23%；R&D支出占全国的25.4%，授权专利数占全国的41.1%，均显著高于珠三角和京津冀地区。长三角风险资本规模是珠三角地区的2倍多，是京津冀地区的近7倍。长三角地区的制造业基础也较好，2013年长三角地区规模以上制造业企业资产占全国的24.92%；主营业务收入占全国的25.45%，产业链和创新链环节较为健全，根据国际发展经验，以上海为龙头的长三角地区最有条件发展创新型经济。

上海地处我国经济发展最有活力的长三角地区，也是对外开放的最前沿，城市创新开放度较高。上海的外资研发中心达到了300多家，占到全国总数的1/4，其中有120多家是世界500强公司的研发机构，占到全国总数的1/3。同时大量上海企业在世界各地设立了形式多样的研发机构。上海拥有较好的创新生态环境，现在已有孵化器 149 家，新型创业服务机构近 100 家（彭薇，2015）。良好的对外开放度有助于上海发展开放型创新型经济，成为全球创新型经济的重要节点。

4. 国家战略带来的重要政策机遇

近年来，上海成为张江国家自主创新示范区、上海自贸区、上海全球科技创新中心、长江经济支撑带等国家战略的集聚地，为上海创新型经济发展带来了前所未有的政策机遇。张江国家自主创新示范区对于进一步完善科技创新的体制机制，加快发展战略性新兴产业，推进创新驱动发展等方面发挥重要的引领和带动作用。上海自由贸易试验区的建设实践能够为上海创新型经济发展提供全面的综合服务和更加开放的制度环境。全球科技创新中心的建设有助于上海形成具有全球竞争力的创新环境和全球高端创新资源的集聚地，提高城市自主创新能力，突破关键技术和核心技术，产生一批具有国际影响力的科技成果，发展一批世界前沿技术产业化的创业企业和新兴产业。长江经济带建设则有助于建立以上海为中心的产业体系、科技创新体系以及坚持市场手段调节和加强国际合作的创新型经济体系。

二、上海创新型经济发展现状

1. 已全面进入创新型经济发展阶段

根据国际发展经验，人均 GDP 达 1.7 万美元一般被认为标志着区域发展进入创新驱动阶段。R&D 经费占 GDP 比重达到 2.5%，标志着区域创新能力基本达到或接近世界上发达国家和地区水平。2014 年上海市人均 GDP 为 9.73 万元，约合 1.5 万美元；R&D 经费占 GDP 比重则达到了 3.66%。仅从数据上看，按人均 GDP 指标，上海市已基本步入创新驱动发展轨道；按 R&D 经费占比指标，上海市创新能力基本达到世界先进水平，这说明上海已经全面进入创新型经济的发展阶段。

当前，上海创新型经济主要由创新型科技、创新型产业、创新型制度和创新网络 4 个重要部分构成。对比全球城市的发展经验，结合上海自身情况，总体而言，上海已经具备创新型经济的基本架构。从结构上看，上海创新型经济发展的并不均衡：在科技创新方面，基础研究和自主创新实力还较为薄弱；在产业创新方面，传统制造业行业创新升级潜力较大但并未得到相应重视，高新技术产业在优化经济结构、提升城市竞争力中还没发挥应有的地位和作用；在制度创新方面，借助上海自贸区和建设全球科创中心的契机，制度创新虽不断取得新突破，但如何进一步推进创新型经济的发展还值得继续探索；在创新网络方面，尽管已经形成以企业为主体的创新队伍，但企业之间、企业与产研之间的网络联结尚不紧密，活跃度不强。具体分析如下：

2. 科技创新能力不断提升，自主创新能力较薄弱

创新型经济是以科学技术为核心的经济发展模式，强调自主创新能力的提升。随着上海科技创新能力不断提升，科技创新成果呈现出快速的增长势头与发展潜力，但科技创新偏重试验发展，基础研究较为薄弱，自主创新能力还有待加强，研发活动的外资依赖度相对较高，科技创新的国际化水平较低。

（1）科技人力资源总量上升，但密度偏低。

要推动创新型经济的发展规模和质量效益同步提升，需要大量集聚创新创业人才。2010~2014年，上海无论科技活动人员数量，还是R&D人员数量，都在稳步增加。在这5年中，上海常住人口增加了200多万人，而每万名常住人口中科技人员的数量从145人/万人增加到186人/万人，科技人员密度并没有随着常住人口的增加而被稀释。另外，每名R&D人员参与研发的时间比例稳定在3/4年，反映了研发人员的工作强度较高，也说明非全职研发人员所占比重较低，这有益于促进创新型经济的发展。

对比上海与北京科技人力资源（见图3-3），2004~2014年上海和北京每万人科技人员数量均呈上升趋势，这与城市创新能力提升的变化趋势相一致。

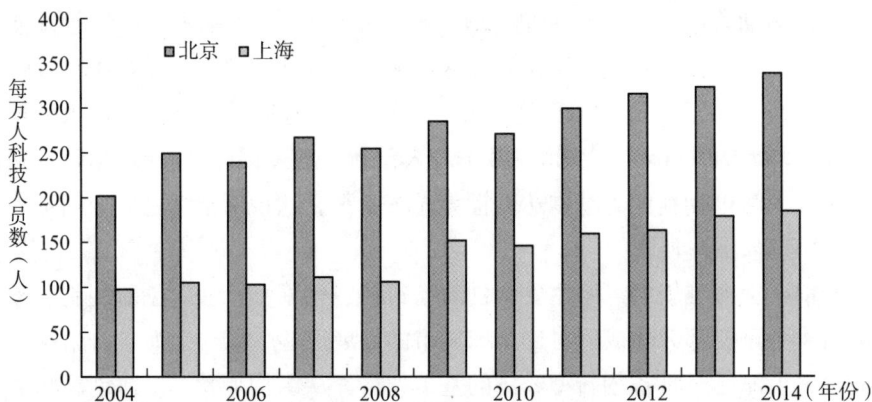

图3-3 上海与北京科技人员集聚状况

资料来源：《北京统计年鉴（2005~2015）》、《上海统计年鉴（2005~2015）》。

两个城市的区别在于，北京每万人科技人员数量显著高于上海，一直是上海的2倍左右。北京作为国家首都，拥有数量众多的科研院所、高等院校等创新资源，科技人员密度相对较大。

对6个主要城市规模以上工业企业研发人员数量及密度进行比较，2013年深圳的研发人员共有17.25万人，每万人中有160个研发人员，基本分布于企业，在高校和研究机构中的很少。而上海的研发人员有11.68万人，每万人中有48个研发人员上海企业研发人员密度要高于北京，但低于深圳、杭州、南京等城市（见图3-4）。

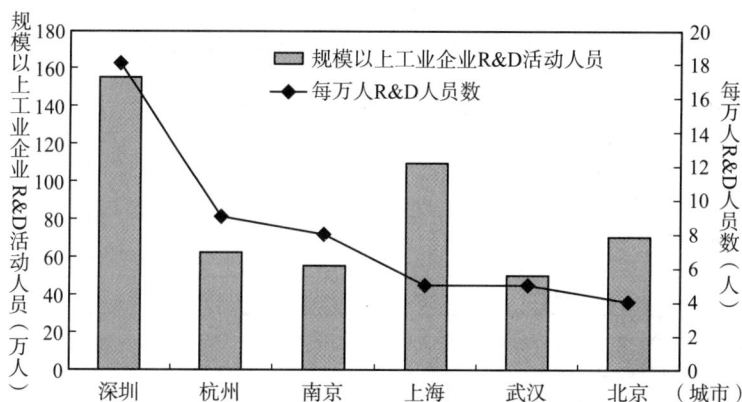

图3-4 2013年六城市规模以上工业企业中的R&D人员数量

资料来源：各城市2014年统计年鉴。

2015年国家共计引进了661名"青年千人计划"人才，从人才引进数量的城市分布来看，北京和上海引进人才数分别为149人和111人，远高于其他城市（见图3-5）。北京在科研资源集聚上的传统优势已成共识，而上海在高端人才引进方面与北京的差距并不显著。

（2）重试验发展，轻基础研究。

研发包括基础研究、应用研究、试验发展三类活动。目前，我国基础研究经费占研发经费的比重低于5%，与OECD国家差距较大（见表3-2）。从上海市近年来研发活动的构成来看，上海在基础研究方面的投入偏低，其投入占全社会研发投入的比重维持在7%左右。从发达国家的一般水平看，基础研究投入占全社会研发投入的比重在15%~20%，一些重点发展的科技型城市（如慕尼黑、东京）这一比重更是超过了30%。

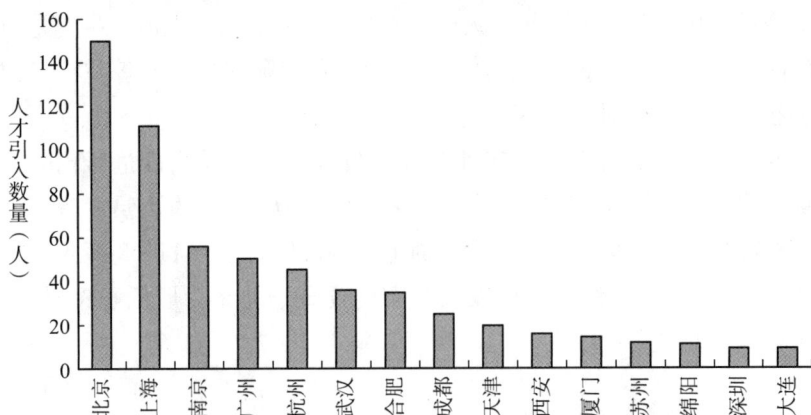

图 3-5 2015 年"青年千人计划"人才引入数量的城市排名

表 3-2 主要国家以及上海 R&D 经费支出按活动类型分类比较 单位: %

	中国	美国	法国	意大利	日本	韩国	上海
基础研究	4.6	17.4	25.4	27	11.9	16.1	7.0
应用研究	12.7	22.3	39	45.6	22.7	19.6	12.7
试验发展	82.8	60.3	35.6	27.4	65.4	64.3	80.3

资料来源：OECD《主要科学技术指标 2011/1》；2011 年《中国科技统计年鉴》；上海数据根据官方网站数据计算和估算。

目前，上海的研发活动仍然偏重试验发展。2014 年，上海市 861.95 亿元研发经费支出中，有 692.32 亿元流向试验发展，其中 80.3% 的研发经费用于开发新产品、新材料和新装置，形成新工艺和新服务。基础研究和应用研究主要是产生新的科学技术知识，上海市这两部分经费支出仅占全部研发经费的 19.7%（见图 3-6）。北京市试验发展经费投入占总量的 67%，低于上海的 80.3%，这说明北京将相对较多的经费投入到了基础和应用研究，原因在于北京拥有数量众多的科研机构，相比制造业发达的上海，北京在企业和产品层面的试验发展投入较少，在实验室进行的研究项目方面投入较多。从基础、应用、试验研究的比例来看，目前上海基本上还处在对大多数产品技术和工艺技术的探索开发阶段，这与上海当前制造"回归"以及生产重型、高端和高精化密切相关。

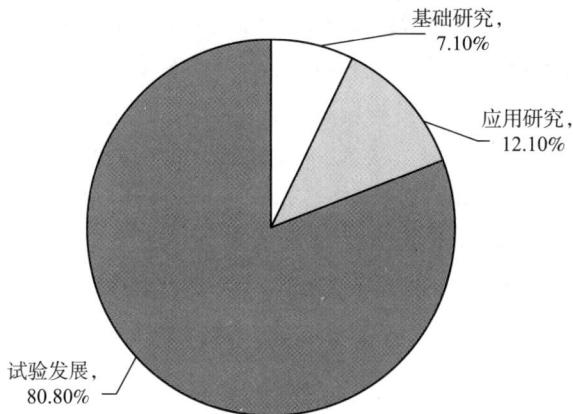

基础研究, 7.10%

应用研究, 12.10%

试验发展, 80.80%

图 3 - 6 2014 年上海 R&D 经费构成

资料来源:《上海统计年鉴(2015)》。

(3)创新对外依存度偏高,国际化水平较低。

专利是研发活动的主要产出形式之一。PCT 申请是一种跨越国家边界的专利保护申请,一个城市所拥有的 PCT 申请与授权数量能够充分体现其科技创新活动与产出的国际化程度(黄亮,2014)。对比上海与其他城市 PCT 申请情况,上海市 PCT 申请具有以下特征:

①已占据国际城市领先地位。从 32 座城市 2006~2010 年间的 PCT 申请量来看,东京、大阪、首尔、硅谷、深圳、巴黎和慕尼黑 7 座城市 5 年间的 PCT 申请量在 2 万件以上,处于国际城市中的领先水平。上海 5 年间的 PCT 申请量为 5668 件,在 32 座城市中排在第 20 位,略低于北京市,逐渐成长为全球研发格局中不可忽视的重要力量。

②申请密度偏低。从世界上 32 座城市在 2006~2010 年每万人所拥有的 PCT 申请量来看,研发产出效率相对较高的 18 座城市全部来自于发达经济体。巴塞尔、剑桥、斯图加特、硅谷、筑波、大阪和慕尼黑 7 座城市 5 年间的 PCT 申请密度超过 160 件/万,表现出非常高的研发产出效率。上海市 5 年间的 PCT 申请密度仅为 3 件/万人,一方面是受到城市超大人口规模的制约而导致城市的 PCT 申请密度偏低,另一方面也说明上海仍然需要进一步提高城市研发产出效率,进而形成并完善城市创新服务功能。

③增长强劲,略逊于深圳和北京。从 32 座城市自 2001~2010 年 PCT 申请量年平均增长率来看,深圳、班加罗尔、北京、台北、首尔、上海、新加坡与

新德里 8 座城市 PCT 申请量增长较快，特别是深圳 PCT 申请的年平均增长率高达 68.9%。上海 PCT 申请量年平均增长率为 17.7%，在 32 座城市中排名第 6，呈现出较为强劲的增长势头与发展潜力，但增长速度要低于深圳和北京。

④外生型，但控制权强。从 32 座国际城市 PCT 申请外资依存度来看，PCT 申请外资依存度较高的城市主要分布在发展中和新兴发达经济体城市以及发达经济体小城市。上海市 PCT 申请外资依存度达到 76.9%，排在第二位，说明上海市在技术研发与创新的过程中，以跨国公司研发机构为主体的外资研发力量发挥着重要作用，在技术成果与知识产权的掌控方面也把握着主动权，使得城市的科技创新活动呈现出相当强的外生型特征。

表 3−3　　　　　　　　　32 座国际城市 PCT 申请情况

城市	PCT 申请量（件）	PCT 申请密度（件/万人）	PCT 申请年均增长率（%）	PCT 申请外资依存度（%）
东京	101784	81	11.5	0
硅谷	27557	201	−1.9	1.1
上海	5668	3	17.7	76.9
北京	7373	5	25.1	43.5
班加罗尔	2411	4	34.5	85.9
新加坡	4761	11	13.2	24.7
波士顿	9187	131	2.7	1.3
大阪	42661	163	9.6	0
巴黎	21523	22	8.6	10.4
慕尼黑	20851	162	0.1	0.6
圣迭戈	8556	68	4.4	9.1
横滨	9315	26	7.1	0
剑桥	3290	265	0.43	24.3
首尔	28408	27	18.5	0
川崎	8982	68	7.01	1.2
伦敦	10377	13	−0.2	11.8
台北	1566	6	20	26.7
奥斯汀	3088	45	1.23	7.2
纽约	6292	8	−4.2	7.6
罗利	2092	50	−3.4	45.2
斯图加特	13209	218	2.6	1.7

续表

城市	PCT 申请量（件）	PCT 申请密度（件/万人）	PCT 申请年均增长率（%）	PCT 申请外资依存度（%）
深圳	27425	33	68.9	0.1
巴塞尔	6303	369	7.1	15.8
新德里	1141	1	12.9	4.64
莫斯科	2917	2.8	1.6	39.2
西雅图	2205	38	-4.1	0
柏林	6204	18	3.8	4
休斯敦	9785	46	11.6	7.6
筑波	3426	165	5.5	0
旧金山	5254	71	0.2	2.1
特拉维夫	2784	73	4.9	27.8
斯德哥尔摩	9091	120	2	1.58

资料来源：黄亮（2014）。

3. 传统产业升级潜力突出，新兴创新型产业尚待培育

新兴创新型产业的产生和传统产业向高端化发展是创新型经济的主要产业发展标志。上海产业创新活动较为集中，重点发展工业行业科技投入占比较大，传统产业升级潜力巨大；相比之下，高新技术产业在工业中的地位有所下降，工业新产品产值占比增加缓慢，其中高技术产业新产品产值占比增加。

（1）产业创新活动集中，先进重工业发展潜力大。

2014 年，上海市规模以上工业企业科技活动经费支出为 703.23 亿元。其中信息化学品制造、医药制造、航空航天器制造、电子及通信设备制造、电子计算机及办公设备制造、医疗设备及仪器仪表制造 6 个高新技术产业科技活动经费支出为 193.57 亿元，占规模以上工业企业投入额的 27.52%。而上海市的电子信息产品制造业、汽车制造业、石油化工及精细化工制造业、精品钢材制造业、成套设备制造业和生物医药制造业 6 个重点发展工业行业科技活动经费支出为 565.01 亿元，占规模以上工业企业投入额的 80.34%[①]。此外，上海对以船舶、飞机、装备制造等为代表的重工业科技投入也处于领先水平，具有很强的转型升级潜力。

---

① 由于高新技术产业和重点工业产业统计部分重合，故以上两个数字相加大于 100%。

表3-4　　　　　　2014年上海市规模以上工业行业科技经费支出情况

	按行业分	科技活动经费支出（亿元）	占比（%）
高技术产业	信息化学品制造	1.05	0.15
	医药制造业	23.7	3.37
	航空航天器制造	31.63	4.50
	电子及通信设备制造业	105.55	15.01
	电子计算机及办公设备制造业	9.69	1.38
	医疗设备及仪器仪表制造业	21.95	3.12
六个重点发展工业行业	电子信息产品制造业	136.93	19.47
	汽车制造业	159.5	22.68
	石油化工及精细化工制造业	36.58	5.20
	精品钢材制造业	39.89	5.67
	成套设备制造业	156.15	22.20
	生物医药制造业	35.96	5.11

资料来源：《上海统计年鉴（2015）》。

作为全国最大重工业基地的上海，其传统工业（尤其是重工业）科技活动经费支出占比要明显高于北京、深圳等城市。2014年北京规模以上工业企业研发投入为233.5亿元，其中前六大行业研发投入占规模以上工业企业全部经费的72.5%，低于上海市的平均水平。

表3-5　　　　　　2014年北京市规模以上工业行业科技经费支出情况

行业	经费支出（亿元）	占比（%）
计算机、通信和其他电子设备制造业	54.35	23.3
汽车制造业	34.48	14.8
运输设备制造业	27.49	11.8
电气机械和器材制造业	18.28	7.8
专用设备制造业	17.81	7.6
医药制造业	17.07	7.3
通用设备制造业	14.95	6.4
仪器仪表制造业	8.83	3.8
采矿业	7.34	3.1
非金属矿物制品业	6.18	2.6
金属制品业	4.71	2.0
化学原料和化学制品	3.94	1.7

资料来源：《北京统计年鉴（2005）》。

（2）高端人才吸引力有待增强，与周边城市相比缺乏竞争力。

高端创业人才的数量能较好地反映城市对高层次人才的吸引力。以 2015 年的"千人计划"创业人才为例，其受用方多为企业（尤其是高新技术企业），受高校和科研院所分布的影响较小。数据显示，苏州、杭州、南京在 2015 年"千人计划"创业人才的引进方面表现十分突出，上述城市的高新技术产业和生活成本吸引了众多的高层次创新创业人才。尤其是苏州，在 2015 年"千人计划"创业人才引进数量位居全国第一，上海总体与苏州、杭州、南京有差距（见图 3－7）。综合参考前几批国家"青年千人计划"和"千人计划"创业人才名单，可以发现，上海因为高等教育较为发达，在"青年千人计划"上有优势，而江浙城市则在"千人计划"创业人才引进上的表现较好。

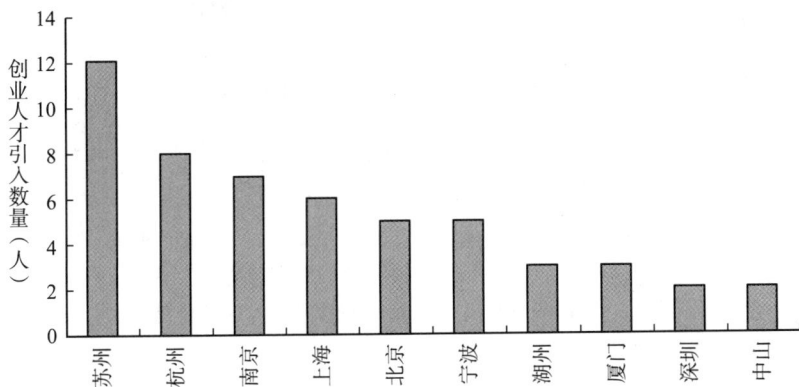

图 3－7　第十一批"千人计划"创业人才的城市分布

（3）高新技术产业优势尚待凸显。

①重点发展外生型高技术经济。高新技术产业的研发投入高，研发人员比重大，具有发展速度快、对其他产业带动作用强的特点。城市高新技术产业发展的水平，不仅代表其科技创新能力，还是该城市创新型经济竞争力的重要指标。在上海高新技术产业中，外资地位重要，其体系完整、规模庞大，提供了绝大多数高新技术产业产值。尽管受国内经济发展形势的影响，工业增长放缓，但随着上海聚焦发展先进制造业，外资高新技术企业的数量仍在增加。从行业来看，飞机船舶、生物医药、装备制造产业可能成为上海的潜在优势产业。尽管如此，与国内其他城市相比，上海的高新技术产业有特色，但优势并不明显。

首先，高新技术产业比重未增，总量弱于邻市。从高新技术产业产值来看，高新技术产业地位在上海市经济发展中的地位在下降。根据2015年《上海统计年鉴》可以发现，从2010年起，上海的工业总产值几乎没有增加。2009～2014年上海市高新技术产业的产值占全部工业产值的20%左右，且该比例还在日益减少。目前上海工业缺乏地方性（非国家船舶、飞机等）的大项目，特别是附加值高、技术含量突出的创新项目，明确的、新的增长点还显不足（见图3-8）。

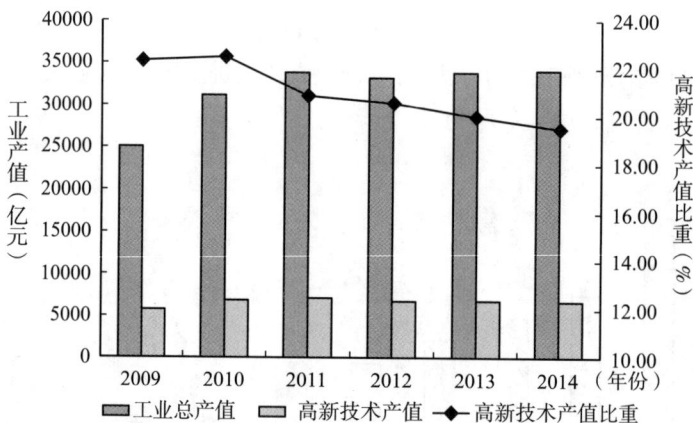

图3-8　2009～2014年上海高新技术产业产值比重

资料来源：《上海统计年鉴（2010～2015）》。

与其他城市相比，上海高新技术产业总产值虽较为可观，但由于苏州等城市第二产业产值较高，而上海第三产业占比已超过60%，工业规模相比而言已经不大，使得上海高新技术产业产值要低于苏州。从工业总产值中高新技术产业的比重可以看到，2014年上海仅为19.5%，不仅低于北京和深圳，更仅为约苏州的一半；不仅在高新技术产业的规模上开始低于苏州，其占比也与苏州存在加大差距。尽管如此，与北京、深圳相比，上海还是呈现出独特的高新技术产业在总量和结构上的发展优势（见图3-9）。

其次，高新技术产品出口增长缓慢。高新技术产品具有科技含量高、收益性高、风险性高和竞争性高的特点，高新技术产品的出口情况能够反映区域高新技术产业的核心竞争力和影响力。目前全世界的高新技术产品出口仍以发达国家为主。由于国际金融危机后，全球多个国家和地区经济发展略显颓势，需求疲软，因此上海高新技术产品出口额没有明显增加，一直维持在900亿美元左右，高新技术产品出口占全部出口产品的份额也维持在42%～44%（见图3－10）。

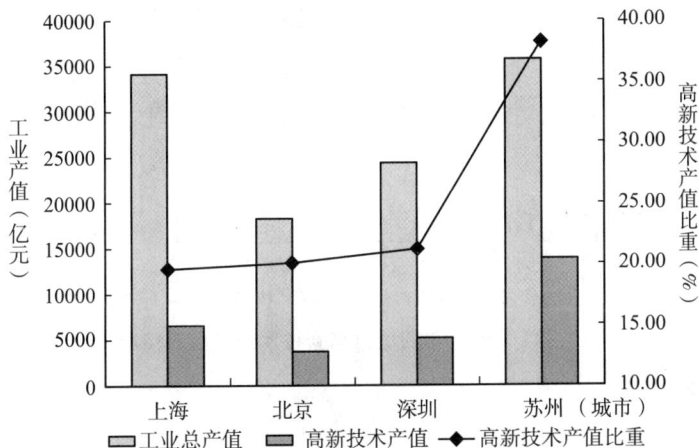

图3－9 2014年四城市高新技术产业产值比重

资料来源：各城市2015年统计年鉴。

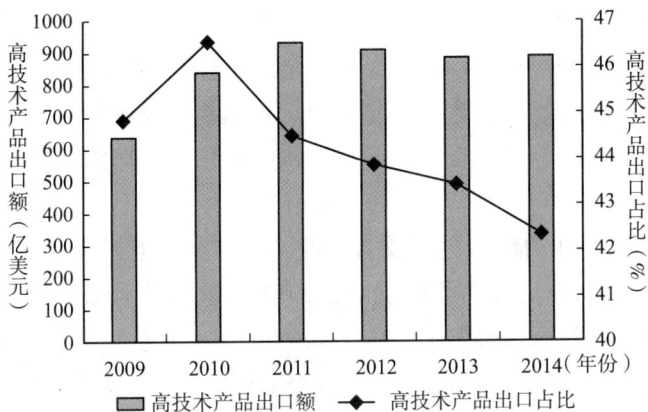

图3－10 2009～2014年上海市高新技术产品出口情况

资料来源：《上海统计年鉴（2015）》。

对比各城市高新技术产品出口占比可以看出，上海市高新技术产品出口与高新技术产值有相似的表现，2014年高新技术产品出口占比为42.35%，高于北京的30.1%，而深圳和苏州仍表现突出，两城市由于外向经济十分发达，高新技术产品出口占都超过了50%。总体上看，上海高新技术产业的核心竞争力优于北京，而低于深圳、苏州等城市（见图3-11）。

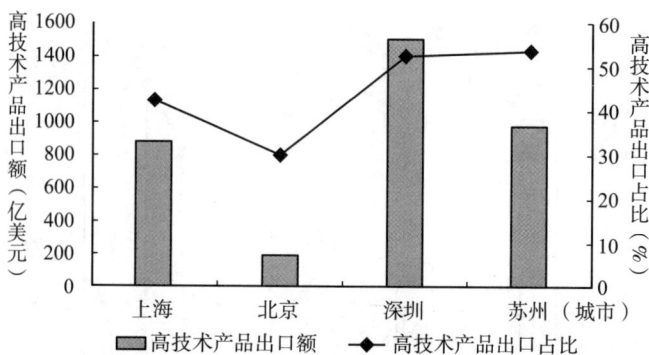

图3-11 2014年四城市高新技术产品出口情况

资料来源：各城市2015年统计年鉴。

最后，从高新技术产业内部构成来看，按登记注册类型分类的企业产值情况显示，2014年上海高新技术产业中外资企业占到87.1%的产值份额，国有企业、集体企业、股份合作制企业的高新技术产值所占份额很低，股份制高新技术企业虽然有近800亿元产值，但与近6000亿元外资企业相比仍微不足道。可见，上海市高新技术产业以外企为主，尤其是国际500强公司。这些企业利用其技术和管理优势，通过外商直接投资，迅速在上海建设工厂、研发基地、研发总部等。一方面，这体现了上海对外商直接投资的吸引力，另一方面，也说明上海自身工业的自主创新需要进一步升级。

在高新技术产业内部，电子及通信设备制造业、电子计算机及办公设备制造业在所有产业中具有明显的优势。2014年这两个产业产值占全部高新技术产业的82%以上，高附加值的IT制造业构成了上海高新技术产业的支柱。不过，近年来上海正逐渐进行产业结构调整，信息技术制造业的份额逐年降低。医药制造业产值从2009年的351.74亿元增加到2014年的622.72亿元，航空航天器制造业的产值则从22.1亿元增加到了121.55亿元，两者的年平均增速，大大超过了高新技术产业内的其他细分行业（见表3-6、图3-12）。

表 3 - 6		2009 ~ 2014 年上海高新技术产值行业分布				单位：亿元	
年份	2009	2010	2011	2012	2013	2014
信息化学品制造	10.45	39.66	39.09	27.16	23.20	25.28
医药制造业	351.74	413.16	448.95	513.22	597.80	622.72
航空航天器制造	22.10	35.94	59.94	91.09	100.12	121.55
电子及通信设备制造业	1691.42	2176.04	2321.69	2231.80	2230.75	2370.22
电子计算机及办公设备制造业	3194.02	3922.95	3806.01	3575.65	3410.56	3089.36
医疗设备及仪器仪表制造业	290.93	370.25	384.78	386.07	417.62	419.20

资料来源：《上海统计年鉴（2010 ~ 2015）》。

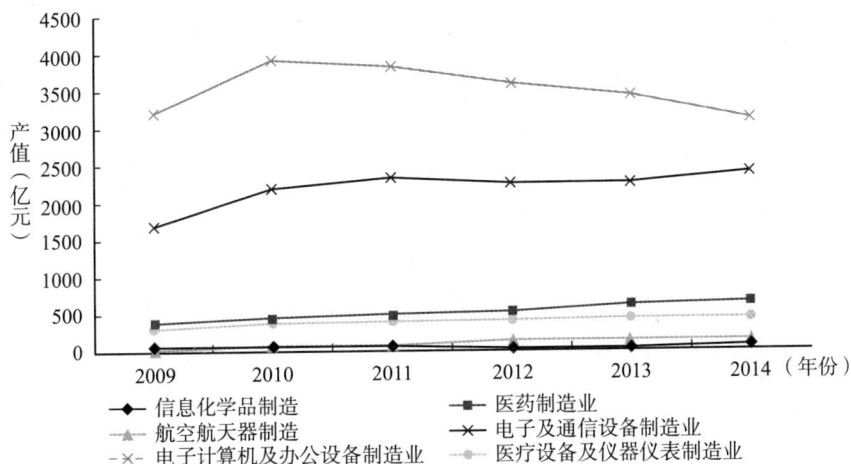

图 3 - 12　2009 ~ 2014 年上海市高技术行业产值变化情况

资料来源：《上海统计年鉴（2010 ~ 2015）》。

②不同城市高新技术产业内部结构差别较大。通过对数据较全的北京、苏州与上海进行对比（见表 3 - 7）可以看出，苏州的高新技术产业总产值最高，其电子通信产业最为突出；北京的总值虽然不高，但在医药、电子通信设备和医疗设备上也体现了自身特点；上海则在航空航天和计算机设备等重工产业上优势较大（吕钲陶，2015）。

表 3 – 7　　　　　　　2014 年上海、北京、苏州高新技术产值行业分布

	上海	北京	苏州
医药制造业	622.72	669	404.9
航空航天器制造	121.55	178.4	55.5
电子及通信设备制造业	2370.22	2122.2	5437.2
电子计算机及办公设备制造业	3089.36	369.3	2193.6
医疗设备及仪器仪表制造业	419.2	372.1	228.8

资料来源:《上海统计年鉴（2015）》、《北京统计年鉴（2015）》、《苏州统计年鉴（2015）》。

（4）新产品产值上升缓慢，高技术产业新产品产值占比增加。

创新型经济以发展拥有自主知识产权新技术和新产品为着力点，新产品产值的增加得益于大量科技成果的快速转化并推向市场，企业发挥了自主创新的主体作用。2008 年上海市新产品产值占工业总值的比重为 18.2%，到 2014年该比重增加至 21.74%。反映了在创新驱动的引领下，上海市工业企业加强科技创新，不断推出高附加值的新产品，使得新产品对工业经济增长贡献逐步增加。对照其他城市来看，上海市新产品产值占比低于北京，但两者之间的差距在逐步缩小，反映了上海与北京在科技成果转化方面的差距在缩小（见图 3 – 13）。2014 年苏州新产品产值占规上工业总值的比重为 16.7%，低于上海，说明上海其科技成果转化水平要显著强于苏州等科技发展结构较为单一的城市。

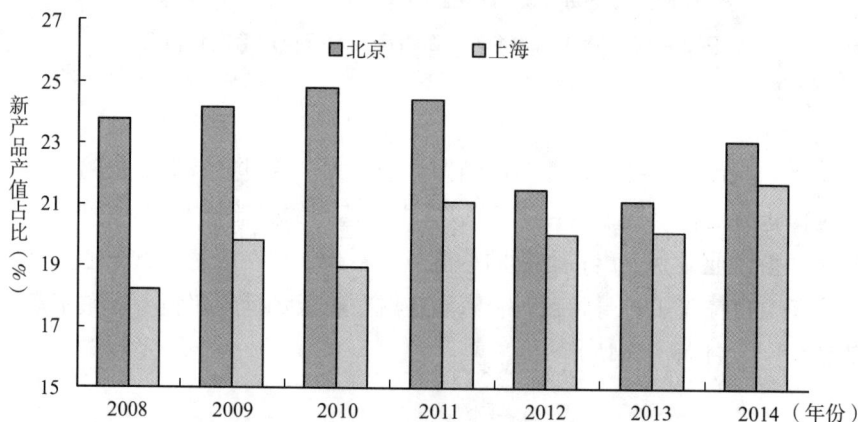

图 3 – 13　北京与上海新产品产值占比

资料来源:《北京统计年鉴（2009～2015）》、《上海统计年鉴（2009～2015）》。

从上海工业新产品的行业分布来看，2009 年上海市工业新产品占比较高的行业集中在医药制造业、电子及通信设备制造业、医疗设备及仪器仪表制造业、汽车制造业和成套设备制造业 5 个行业，这 5 个行业新产品占比均超过了20%；特别是汽车制造业和电子及通信设备制造业，新产品占比在 50% 左右。到了 2014 年，工业新产品占比较高的行业集中在信息化学品制造、医药制造业、电子及通信设备制造业、汽车制造业、成套设备制造业，发生显著变化的是：信息化学品制造业新产品占比由 2009 年的 4.74% 增加至 2014 年的32.24%，增加幅度最大；电子及通信设备制造业新产品占比由 2009 年的44.48% 下降至 2014 年的 27.36%，下降幅度最大。

从高技术产业和六大重点发展工业行业新产品占比的平均值来看，2014 年高技术产业新产品占比的平均值为 18.74%，要低于六大重点发展工业行业的24.43%。从动态变化视角来看，高技术产业新产品占比的平均值由 2009 年的17.50% 增加至 2014 年的 18.74%，而六个重点发展工业行业新产品占比的平均值则由 2009 年的 26.92% 下降至 2014 年的 24.43%。说明虽然当前六大重点发展工业行业科技成果转化要优于高技术产业，但高技术产业科技成果转化处于逐步增加趋势，六大重点发展工业行业科技成果转化则趋于减弱（见表 3-8）。

表 3-8　　　　　　　上海市主要行业新产品产值占比　　　　　　单位：%

	行业	2009 年	2014 年
高技术产业	信息化学品制造	4.74	32.24
	医药制造业	23.39	26.40
	航空航天器制造	5.53	9.74
	电子及通信设备制造业	44.48	27.36
	电子计算机及办公设备制造业	5.10	1.33
	医疗设备及仪器仪表制造业	21.75	15.35
	平均值	17.50	18.74
六个重点发展工业行业	电子信息产品制造业	17.89	14.61
	汽车制造业	58.39	49.29
	石油化工及精细化工制造业	10.22	7.69
	精品钢材制造业	19.86	16.22
	成套设备制造业	33.28	37.13
	生物医药制造业	21.88	21.64
	平均值	26.92	24.43

资料来源：根据《上海统计年鉴（2015、2010）》计算。

4. 制度创新改革实现新的突破

要使科技创新促进经济增长的作用得到更加有效的发挥，需要相应的制度创新。伴随着自贸区建设、全球科技创新中心建设、"四个中心"功能提升，上海进行了一系列制度创新突破，为发展创新型经济提供了很好的基础。

（1）实现上海自贸区制度创新的一系列突破。

以上海自贸区制度创新为引领率先构建开放型经济新体制是国家赋予上海的使命，更是上海推动创新型经济发展的重要探索。上海自贸区制度创新体现在四点：一是建立了以负面清单为核心的投资管理制度，形成更加开放的透明的投资管理体制。二是实行了以贸易便利化为重点的贸易监管制度，监管水平和能力不断提升。三是探索以资本项目可兑换和金融开放为目标的金融创新制度，服务实体经济。四是探索以政府职能转变为核心的事中事后监管制度、创新政府的管理方式（姚玉洁，2014）。

对于地方政府来说，转变政府职能，实行管理制度创新也是一种发展和机遇，有助于构建开放式的创新型经济发展格局。上海自贸区制度创新改变了"以政策优惠吸引投资"的固有模式，以"制度创新塑造开放新格局"，表现为产生了更多的投资渠道、更多商品和服务的选择、更多的金融服务。

知识产权保护机制的良性运行是上海创新型经济深入发展的重要支撑。在知识产权保护制度创新方面，上海自贸区也进行了重点突破，2015 年 4 月 9 日，上海市成立自贸区知识产权法庭，专司受理涉及自贸区知识产权官司。上海市积极探索完善知识产权审判体制，为促进上海创新型经济发展提供有力的司法保障，对于服务创新驱动发展战略具有重要意义。

（2）破解建设全球科创中心的制度性障碍。

创新涵盖了创新动力、创新合作、创新扩散、创新人才等重要环节，上海努力建设全球科技创新中心，需要探索解决创新各个重要环节存在的制度创新问题。通过制度创新充分发挥市场机制的功能与作用，并形成良好的创新经济生态系统。

2015 年上海市公布《关于加快建设具有全球影响力的科技创新中心的意见》，发布了包括体制机制、人才机制、创新环境和重大布局等四个方面的改革内容，其核心内容就是破解影响科技创新及其成果产业化的制度性障碍。上海在推进创新体制机制改革方面的主要突破体现在：放宽新兴行业市场准入管制、符合条件的创新创业人才及核心团队可以直接入户引进、拓展科研人员双向流动机制；加快在上海证券交易所设立"战略新兴板"等。此外，上海市还制定了一批配套政策文件，如《关于进一步促进科技成果转移转化的操作细则》、《关于金融支持上海科技创新中心建设的操作细则》、《关于促进知识产权保护和应用的操作细则》、《关于推动国有企业科技创新的操作细则》、《关于加强财政科技投入统筹的操作细则》、《关于进一步加大科技创新扶持力度的操作细则》、《关于建设具有全球影响力的科技创新中心的人才服务管理政策》等，以促进科技成果转移转化、鼓励各类主体创新、加大知识产权运用和保护力度、激励创新创业人才等一批配套政策文件。

以此为标志，上海开始了建立市场导向的创新型体制机制、推进管理创新的进程，有助于促进创新成果更快转化为现实生产力，突破产学研用结合的体制机制障碍，为破除创新型经济发展中有关的制度性障碍提供了保障。

5. 创新网络联结不够紧密

创新型经济发展是政府、研发机构、企业、中介组织等共同参与的一项系统性工程。企业是上海创新网络的主力，有助于实现创新成果的产业化，但上海创新网络的联结度不够紧密，创新主体间的合作尚不够活跃。

（1）企业作为创新主体的地位增强。

企业已成为上海创新网络的创新主力，2010～2014 年上海市有 R&D 活动单位构成情况来看（见表 3-9），企业占比由 2010 年的 81.54% 增加至2014 年的 87.32%，科研机构和高等院校所占比重均下降，反映了企业在上海市 R&D 活动中地位和作用不断加大，而且上海 65% 的研究经费来自企业。而北京企业研究经费仅占 36%，科研机构研究经费所占比例却高达51%。

表 3-9　　　　　　2010～2014 年上海市有 R&D 活动单位构成情况　　　　单位：%

指标	2010 年	2013 年	2014 年
科研机构	6.34	4.84	4.54
高等院校	3.82	2.97	2.75
企业	81.54	86.22	87.32
其他	8.31	5.97	5.39

资料来源：《上海统计年鉴（2015）》。

2014 年上海市开展创新活动的企业占比达到 51.6%，从企业开展的创新活动来看（见表 3-10），开展产品创新、工艺创新、组织创新、营销创新的企业占比较为均衡，其中开展组织创新的企业所占比重（34.8%）相对较大。从开展创新活动企业的行业分布来看，金融业有创新活动企业占比达到85.3%，营销创新是其主要特点。制造业创新活动企业占比为51.7%，与平均水平基本持平，进行产品创新的制造业企业相对较高。

表 3－10　　　　　2013～2014 年上海市企业开展创新活动情况　　　　　单位：%

指标	有创新活动企业占比	产品创新	工艺创新	组织创新	营销创新	同时开展四种创新
总计	51.6	31.1	29.1	34.8	28.4	13.3
制造业	51.7	34.2	30.6	33.6	28.9	14.3
电力、热力、燃气及水生产和供应业	52.1	4.1	31.5	20.5	13.7	——
建筑业	53.1	18.7	32.2	43.7	19.2	9.3
批发和零售业	51.7	18.4	8.1	39.9	40.2	11.5
交通运输、仓储和邮政业	33.3	6.8	12.4	25.6	13.4	2.8
信息传输、软件和信息技术服务业	66.0	43.0	35.2	47.1	36.3	19.1
金融业	85.3	59.6	45.9	58.7	61.5	30.7
租赁和商务服务业	41.3	12.9	16.0	31.8	26.9	7.0
科学研究和技术服务业	61.1	30.9	33.5	45.1	28.9	12.7
水利、环境和公共设施管理业	39.1	5.8	8.7	29.7	10.1	——

资料来源：《上海统计年鉴（2015）》。

工业企业的结构和规模直接关系到科学技术在实体经济中应用的可能性，也关系到城市创新型经济的价值体现。上海位于长三角核心经济区，一直以来制造业发展水平较高，工业企业数量优势明显，通过加强产学研紧密结合，有助于科学技术与实体经济的结合，加快科研成果的产业化应用，增强企业自主创新能力和核心竞争力。2004～2014 年，上海每万人企业数量均显著高于北京（见图 3－14）。

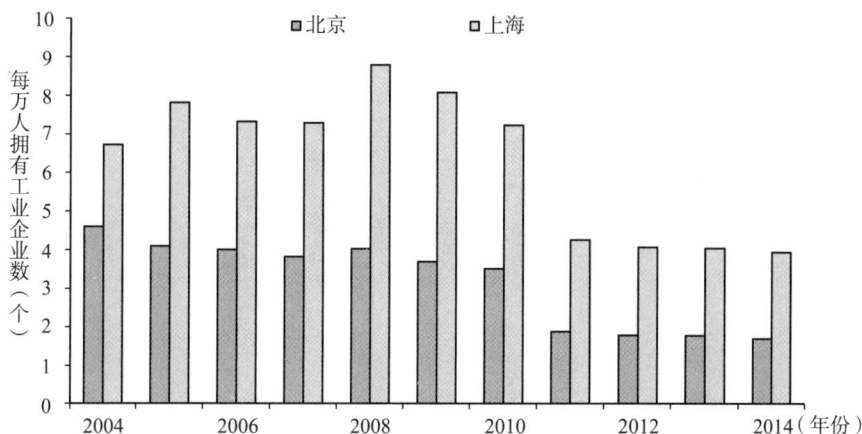

图 3 – 14 上海与北京每万人拥有工业企业数

资料来源：《北京统计年鉴（2005～2015）》、《上海统计年鉴（2005～2015）》。

北京与上海 2011 年每万人工业企业数量均大幅下降，除了规模以上工业企业的统计起点标准由主营业务 500 万元提高至 2000 万元的影响之外，随着城市人口不断增加和产业结构转型升级，一些落后产能工业企业被淘汰，这进一步提升了工业企业技术应用能力。

（2）技术合同交易活跃，但市场交易有待加强。

技术合同交易额反映一个城市科技成果是否得到高效转化，间接反映了城市创新网络的联结和合作状况。2014 年，上海市经认定登记的技术合同成交金额达 667.99 亿元，同比增长 7.6%，连续 15 年排名全国第二。以电子信息、先进制造、生物医药和医疗器械、新能源和高效节能等为代表的战略性新兴产业技术交易活跃，技术合同成交额占全市成交总额的 80% 以上。其中，航空航天技术交易增长突出，同比增长近 7 倍。随着上海市技术市场的发展，技术交易正从立足本地和辐射全国逐步走向国际。在全年成交的技术合同中，进出口技术合同（含港澳台）1381 项，成交额占全年成交总额的四成。

相比之下，北京技术市场成交额占地区 GDP 的比重显著高于上海（见图 3 - 15），2014 年北京技术合同的成交额达到 3136.0 亿元，成交额总量占全国的 36.6%，说明北京的科技成果在市场交易中非常活跃。与上海技术合同辐射国际所不同的是，北京主要作为全国创新技术成果的产出地，50% 以上的北京技术辐射到全国所有省份的 335 个城市，地级以上城市实现全覆盖，是国内多数省市最大的技术卖方。

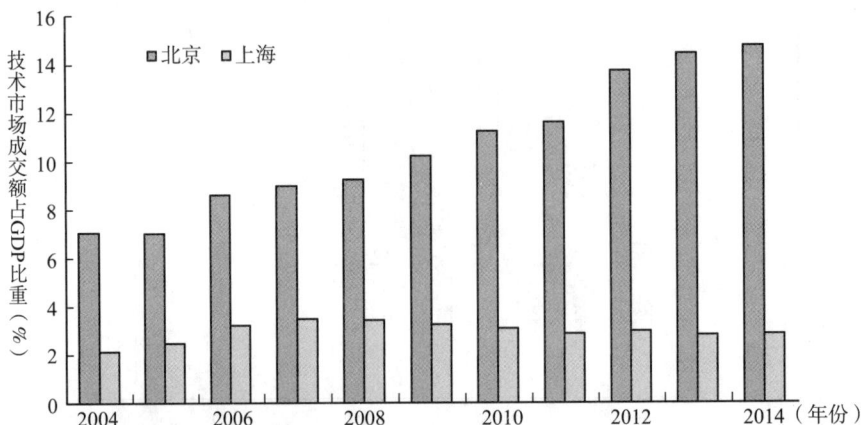

图 3 – 15　2004 ~ 2014 年上海与北京技术市场成交额占 GDP 比重

资料来源：《上海统计年鉴（2005 ~ 2015）》、《北京统计年鉴（2005 ~ 2015）》。

三、上海创新型经济发展的"瓶颈"

与国际城市相比上海创新型经济发展水平还存在一定差距，与国内北京、深圳等城市相比则优劣势并存。总的看来，上海创新型经济发展还面临以下"瓶颈"：

1. 创新协调机制障碍仍然存在

（1）政府部门间协调机制有待理顺。

目前上海各委办局之间是一种离散的创新管理模式，围绕整个创新型经济发展链条还存在条块分割现象，政府管理过多，审核程序烦琐，多头管理现象突出，制约了创新型创业的发展需要。例如，上海市检验检测行业资质审批事项共 16 项，涉及质监、农业、安监等 9 个部门，审核内容重复，增加了经营成本。政府创新经费投入部门分割，缺乏跨部门的协同合作。2014 年市级政府财政科技投入分散在科技、经信、发改等多个管理部门，科技类专项资金交叉重叠，缺乏统筹联动，造成了科技资源配置的分散和浪费（徐敏，2015）。

（2）科技成果产业化有待加强。

上海在创新投入上居全国首位，但在产业化水平及促进经济社会发展方面却没有同步体现。这说明上海在创新资源整合方面缺乏有效机制，创新成果转化不畅。现有高新技术产业化扶持政策过于侧重制造环节，对科技成果转化相关的服务业尚未出台相关的扶持政策。政府科研资助部门对科研成果的考核未充分考虑是否具有商业价值，仅为结题而申请专利或发表论文的现象比较普遍。大部分高校和科研机构尚未从制度和机制上将科技成果转化作为科研实力的考核指标之一。未来需要突出市场配置资源的决定性作用，突破科技成果转化的体制机制障碍。

（3）创新主体市场化培育机制有待完善。

一般来说，创新资金来源应当多元化，上海目前还缺乏市场化的风险投资机制，政府主导的创新主体培育机制对市场存在一定的挤出和抑制效应。与传统产业相比，由于新兴产业存在高风险和收益的不确定等特征，以风险投资为桥梁是解决新兴产业融资难问题的有效手段。从国际经验来看，在新兴的现代高科技产业经济发展上，美国风险投资量占 GDP 的比重超过 0.2%，而日本的风险投资量占 GDP 比重为 0.02% 左右（张陆洋，2015），可见美国的创业以及风险投资金融支持体系较日本发达，使得美国新兴产业的发展远远超过日本的发展。因此，上海市除了解决商品层面的市场机制问题，也需要解决多层次的资本市场体制机制问题。

2. 科技创新资源仍待优化配置

（1）创新人才未实现最优配置。

人才是创新型经济发展的根基，全球城市创新人才资源的集聚，成为其科技创新发展和创新型经济的核心依托。日本东京正是集中了全国30%的高校和40%的大学生，以及拥有全国33%的研究机构，使得东京获得了50%的日本 PCT 专利产出和10%的世界 PCT 专利产出。纽约则集中了美国10%的博士、10%的美国国家科学院院士以及近40万名科学家和工程师，纽约每年高校毕业生人数占美国的10%左右。伦敦拥有全英国1/3的高校和科研机构，每年大学毕业学生约占全英国的40%（杜德斌，2015）。

与全球城市相比，上海在创新人才发展方面还存在一定差距，缺乏高层次科技人才，尤其是世界级的科技领军人物相对匮乏，专业技术人才所占比重也有待提高。目前上海在高端人才引进方面落后与北京，在企业创业人才引进方面落后于苏州、杭州、南京等城市。从高校人才分布来看，全国共有112所"211"学校，北京有24所居首位，江苏11所和上海9所分别排在第二、第三位。2011～2015年北京市跻身全国百强的高校有23所，江苏省有14所，上海市有9所。整体来看，上海高校人才并不占优势。

从企业创新人才资源来看，创新型经济是市场导向的，依靠技术进步，发挥企业家精神。全世界80%以上的创新成果其实是中小企业完成的，大、中、小企业可以互补互动，一方面中小企业可以围绕大企业，同时大企业也需包容中小企业，形成一个持续新陈代谢、资源流动的"企业生态圈"。2014年，上海规模以上工业企业科技活动人员共22.29万人，其中大型企业占43.9%，中型企业占305.6%，小型企业占25.5%。对上海而言，还存在特大国企几家独大，缺乏"卫星企业"的人才分布现象，随着上海进入科技创新的活跃期，中小型企业应发展成为一大创新力量。

（2）研发资金投入有待加强并实现多元化。

2014年北京R&D经费占GDP比重为6.03%，深圳R&D经费占GDP比重为4.02%，而上海该比重为3.66%。与北京和深圳相比，上海创新经费投入力度尚显不足。从2010～2014年上海市科研资金来源情况看：政府资金占比由2010年的29.6%增加至2014年的33.9%，企业资金则由2010年的66.1%下降至2014年的59.5%，政府资金在上海科研经费中的比重有小幅提升。反映了当前政府对科技经费投入仍然举足轻重，不可或缺（见表3－11）。

表3－11 2010～2014年上海市科研资金的来源：政府与企业

指标	2010年	2011年	2012年	2013年	2014年
R&D经费内部支出（亿元）	481.7	597.71	679.46	776.78	861.95
政府资金（亿元）	142.7831	175.93	225.76	245.55	292.36
企业资金（亿元）	318.2831	392.05	413.61	481.13	513.15
政府资金（%）	29.6	29.4	33.2	31.6	33.9
企业资金（%）	66.1	65.6	60.9	61.9	59.5

资料来源：《上海统计年鉴（2011～2015）》。

虽然上海近年来科技支出总量一直呈增加趋势，但科技经费支出占财政支出的比重由2009年的7.2%下降到2014年的5.3%，其政府科技经费支出总量的增长速度没有跟上经济发展及财政收入增长的速度。当前政府资金在上海科技资金总投入中占比不断上升，而科技经费支出占财政支出的比重处于下降趋势，势必会影响到创新经费投入水平（见图3－16）。

3. 产业创新的支撑带动作用有待增强

高新技术产业是推动创新型经济发展的重要载体。高新技术产业化肩负着发展高新技术、形成新兴产业、利用先进技术改造升级传统产业等多重使命。但从上海市近10年高新技术产业的创新发展来看，高新技术产业对创新型经济的支撑带动作用仍然尚待加强。

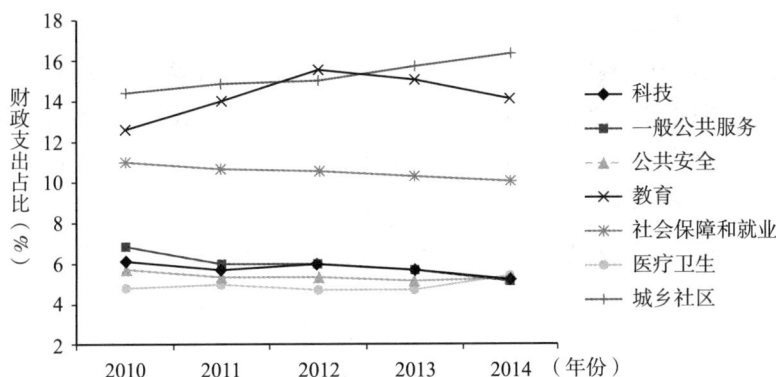

图3-16　2009～2013年上海地方财政支出变化

资料来源:《上海统计年鉴(2010～2014)》。

（1）高新技术产业研发投入比重偏低。

2006～2014年,上海高技术产业技术开发经费占比一直在波动变化,无明显上升;而其开发经费占上海市的比重则由2006年的30.46%降至2014年的27.53%。近年来,上海在研发经费投入数量和强度上都有较大进步,在这一增一减的过程中,更加反映了高新技术产业技术研发经费投入的力度不足,要想增强高新技术企业自主创新能力,促进创新型经济快速发展,就需要解决R&D投入不足的状况（见表3-12）。

表3-12　　2006～2014年上海市规上工业行业科技经费支出占比情况　　单位:%

	行业	2006年	2008年	2010年	2012年	2014年
高技术产业	信息化学品制造	0.04	0.11	0.32	0.16	0.15
	医药制造业	4.83	2.18	3.05	3.67	3.37
	航空航天器制造	1.08	1.96	0.94	3.95	4.50
	电子及通信设备制造业	18.70	16.65	18.17	13.44	15.01
	电子计算机及办公设备制造业	3.64	3.26	2.58	1.63	1.38
	医疗设备及仪器仪表制造业	2.17	2.23	2.34	2.67	3.12
	合计	30.46	26.39	27.40	25.52	27.53
六个重点发展工业行业	电子信息产品制造业	23.58	21.94	23.55	18.73	19.47
	汽车制造业	22.51	18.72	17.07	20.33	22.68
	石油化工及精细化工制造业	4.55	4.45	6.39	5.56	5.20
	精品钢材制造业	6.13	10.38	9.62	9.12	5.67
	成套设备制造业	21.61	22.70	22.07	22.98	22.20
	生物医药制造业	5.18	2.84	3.72	4.99	5.11
	合计	83.56	81.03	82.42	81.71	80.33

资料来源:《上海统计年鉴(2007～2015)》。

（2）高新技术产值占比不高。

近年来，上海高新技术产值占比一直在 20% 左右徘徊，并略有下降，高新技术产业助推上海经济发展转型的动力不足。根据 2015 年《上海统计年鉴》数据计算显示，2014 年上海 7 个战略性新兴产业工业总产值占上海比重为 24.7%，还有很大的发展空间。目前上海工业缺乏具有高附加值、高技术含量的创新项目，高新技术产业推动上海创新型经济发展的动力不足（见表 3-13）。

表 3-13　　　　　　　　　　2014 年上海市战略性新兴产业占比情况

行业	工业总产值（亿元）	占比（%）
新能源	446.15	1.30
高端装备	2472.12	7.30
生物医药	873.51	2.60
新一代信息技术	2193.72	6.40
新材料	1951.19	5.70
新能源汽车	64.69	0.20
节能环保	409.9	1.20
合计	8411.28	24.70

资料来源：《上海统计年鉴（2015）》。

4. 创新网络交流合作程度有待提高

构建联结紧密、合作深入的创新网络是发展创新型经济不可缺少的条件之一，但上海在创新网络建设方面相对滞后，创新网络交流合作程度不高。一是创新网络开放合作程度不高。上海的创新网络合作还未能在更开放的环境中推进，大多数创新活动局限在本地区开展，在积极整合长三角、全国乃至全球的创新资源，在实现跨地区及国际化的创新合作方面还存在一定差距。二是创新主体互动程度不够，技术成果转化率低问题。一些科研机构、高校只承担科技计划项目而不负责成果的运用和商业转化，政府、单位与个人之间在技术创新与转化中所产生的权利与义务关系还没有完全理顺，科研机构、高校、政府、企业等之间的互动程度不够，由于成果转化中介组织发育不完善，创新主体之间还难以建立起比较稳定的合作创新机制。

5. 信息基础设施保障需进一步完善

互联网提供从媒体服务、物联服务、金融服务到产业服务的基传输设施，是创新平台、资源库、思维的代表，也是新业态的摇篮，有助于提升实体经济创新力和生产力，形成更广泛的以互联网为基础设施和创新要素的经济社会发展形态（曹淑敏，2015）。随着移动互联网、云计算、大数据、物联网出现以后，互联网与经济社会各领域、各行业进行跨界融合和深度应用，已经成为全球新一轮科技革命和产业革命的核心内容。近十年来，上海互联网普及率呈现平稳增长，由2004年的37%增加至2014年的76.8%（见图3-17）。

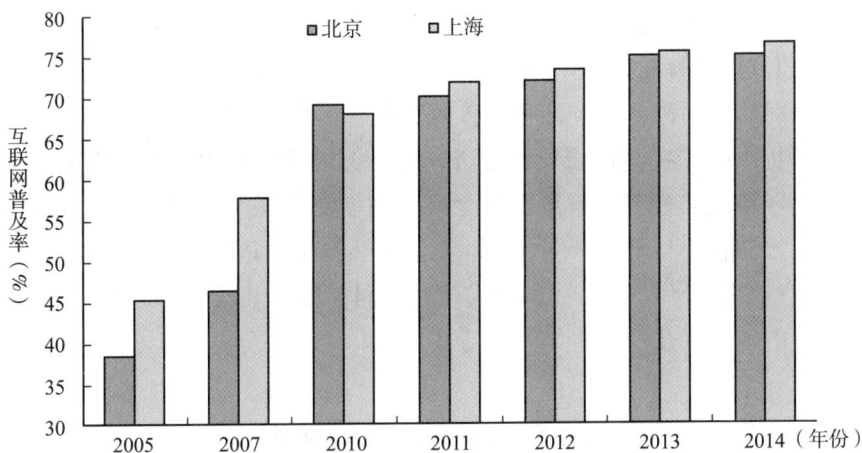

图3-17　上海与北京互联网普及率

资料来源：《北京统计年鉴（2006~2015）》、《上海统计年鉴（2006~2015）》。

　　从不同城市和地区比较来看，上海互联网普及率略高于北京，但两者之间的差距在缩小。2005年北京为38.6%，上海为45.2%；到2014年，北京增加至75.3%，上海为76.8%。与深圳市相比，上海互联网普及率还有一定的差距，2013年深圳互联网普及率已达到84.2%，且在规模化、集成化、系统化、流通渠道、服务、后备人才培养、合作组织等方面均领先于全国水平，尤其在移动互联网和互联网金融方面居于龙头地位。从2011年开始深圳市连续三年成为中国最互联网城市，也是中国第一个电子商务示范城市。与国际其他地区相比，2015年6月，欧洲和北美地区互联网普及率已超过80%，东亚地区平均水平为51%，上海互联网普及率为76.8%，接近欧美发达国家和地区的平均水平。

第三节　上海创新型经济的发展路径

一、科技创新路径：以协同创新提升自主创新能力

上海要发展创新型经济，必须提高自身科技竞争力与自主创新能力。协同创新是提升自主创新能力的一种新模式，党的十八大指出，"尤其要注重不同创新主体间的协同创新来丰富和完善区域创新体系的功能建设。"《中国制造2025》所提出的"提高创新设计能力，加强关键核心技术研发，推进科技成果产业化"等战略任务与重点也包含有协同创新之义。协同创新通过技术交易，可以推动企业与研发单位以技术商业化和技术本地化两种模式开展合作。因此，政产学研合作下的技术转移转化是协同创新的主要要义，强调技术的转移、物权的转变以及资源的共享（见表3–14）。

表3–14　　　　　　　　　上海自主创新能力提升路径解析

目标	表述	自主创新对创新型经济的支撑作用显著提升
	说明	强化资源的合理高效配置，协同推进自主创新，引导形成自主创新驱动经济发展的良好局面
功能	平台	共性技术服务平台、互联网资源共享平台
	领域	从追赶走向领先，建立以自主创新能力为支撑的新型产业体系
	深度	科技创新完全步入依靠自主创新的轨道
内涵	体系	多层次的科技创新协同体系，产学研协同创新、区域协同创新、网络协同创新
	机制	构建利益共享机制，促进科技创新成果转化
	模式	产学研创新模式、众包、众筹、众扶、众创等新型协同创新模式

1. 外生—混合—内生的科技创新发展路径

按照由外生型到混合型，再到内生型的科技创新发展路径，逐步提升自主创新水平。第一阶段仍为外生型创新阶段，引进全球高端创新型人才、跨国公司研发总部等全球创新资源，提升创新成果的国际化水平，继续增强科技创新实力。第二阶段为混合型创新阶段，注重对引进创新资源的消化吸收，并进行再创新，自主创新能力开始加速提升。第三阶段为内生型发展阶段。本土企业

和科研机构自主创新实力达到较高水平，培育出一批具有全球影响力的创新型企业和科研机构，科技成果具有较高的本土化水平。

在协同创新主体方面，第一阶段形成以政府引导的协同创新模式，政府基于技术创新需求，对于高风险、高投入、高收益的关键共性技术及基础研究，设计并推出专门的项目规划，以科技项目方式引导企业及高校、科研院所等创新主体进行协同合作创新。第二、第三阶段形成以企业牵头的协同创新模式，企业根据市场需求和自身产业发展需要，与高校、科研院所及政府进行协同合作，解决遇到的科技成果转化和技术创新"瓶颈"。

2. 以利益共享机制促进科技创新成果转化

实现产学研结合，关键在于跨单位整合科技资源，建立利益共享、风险共担的体制机制。上海高校科研院所具有较好的科研条件、创新人才和科技成果，可以为企业提供各类技术服务，促进产学研合作的发展。应紧紧围绕重点工业产业转型升级的需求，吸引企业参与投入、参与创新活动，实现创新成果的转化和产业化。通过引进科技中介组织和行业协会，逐步形成以市场为导向、产学研为依托，网络化、多功能、专业化的科技中介服务体系，为企业提供产权交易、投融资、专利、律师、科技项目招投标等服务。

3. 以产业共性技术研究降低企业自主创新难度

与美日欧创新大三角区域的城市相比，上海产业共性技术布局较为欠缺，难以形成自身的关键核心技术。企业由于自身规模较小，出于利益考虑不可能将大量资金和人力投入到产业共性技术开发。因此，可以通过公共服务平台建设推动产业共性技术研究，为企业自主创新提供强有力的支撑。分行业成立产业共性技术研发中心、技术交易中心，为中小企业开展技术贸易、研究开发等各类科技服务提供平台，充分发挥公共服务功能，降低企业自主创新难度。

4. 扶持新型协同创新模式

除产学研创新模式外，发展众包、众筹、众扶、众创等新型协同创新模式，根据大众创业、万众创新的新时期发展需求，依托互联网构建资源平台，促使产学研协同创新模式和众包、众筹、众扶、众创等新型协同创新模式快速发展，促进生产与需求对接、传统产业与新兴产业融合，形成创新驱动发展新格局。各项新型协同创新模式的任务和发展方向是众智促创新资源集聚、众包促生产方式变革、众扶促创业、众筹促融资。

二、制度创新路径：全链条系统化的制度设计

虽然美国的"再工业化"战略和德国的"工业4.0"计划都强调通过科技创新升级传统产业或发展战略性新兴产业，但制度创新对于"再工业化"战略和"工业4.0"战略的提出和实施均起到了重要作用，并为科技创新提供了必要的支持和保障。创新型经济发展的制度创新需要涵盖创新资源集聚、创新活动开展、创新成果转化等各个环节，实现全链条管理。全链条制度设计突出需求导向政策，抓住创新型经济发展全链条中存在的体制机制障碍，特别是突出创新成果产业化等方面的需求问题，进行政策设计。如德国"工业4.0"计划提出"领先的市场战略"，注重设计一套全面的知识和技术转化方案，将科技创新迅速投入生产实践过程中，帮助小企业融入全球经济价值链（见表3-15）。

表3-15　　　　　　　　　上海创新型经济制度创新路径解析

目标	表述	构建全链条式制度创新体系
	说明	制度创新贯穿从创新资源集聚到创新成果转化的整个过程，清除创新型经济发展全过程的制度障碍
功能	领域	开放、灵活的人才发展环境；公平、诚信的创新活动开展环境；合理、有效的创新成果转化环境
	深度	制度创新高地，发挥模范带头作用
内涵	体系	创新资源集聚及发展制度、创新环境保障制度、创新成果转化激励制度
	机制	"增量"资源的集聚机制，"存量"资源的盘活机制

1. 构建开放式人才集聚及发展制度

人才是发展创新型经济的第一要素。上海市当前创新人才制度集中在如何吸引国际高层次人才，偏重于"增量"人才的集聚。然而，人才集聚只是人才发挥作用的第一步，自由创造的空间、自主发展的权利和自我价值实现的环境不可或缺，对于盘活"存量"人才非常重要。

一是实施更加积极全面的人才开放政策，降低国际顶尖人才的引进门槛，简化海外人才投资兴业、出入境等手续，营造良好的创业环境，吸引全球顶尖人才来上海创业。二是改革和完善科研项目经费管理制度，在经费使用方面给予科研人员更大的自主支配权，将更多的研发资源聚集到"人"上而不是"物"上，为科研人员创造宽松的工作环境。三是改革和完善人才发展机制，

加大创新型人才培养力度，打破传统的科技人才职称评审制度，建立以能力、贡献和应用为导向的评价机制，进一步提高科研人员成果转化收益分享比例。

2. 建立健全知识产权制度

知识产权是创新和市场之间的桥梁和纽带。有效的知识产权制度是保障创新者利益的基础，可有效地激励创新、促进竞争、维护公平，保证充足的创新供应市场，形成可持续而广泛的经济增长。因此，建立健全知识产权制度有助于增强创新型经济的内生动力。

一是加强知识产权的保护，推进知识产权保护信息系统的建设和应用，设立知识产权保护信息共享平台，提升知识产权保护的信息化水平。发挥上海市知识产权法院在知识产权保护中的重要作用，为知识产权保护提供法治保障，重点打击侵犯知识产权的行为，为创新驱动发展提供重要支撑。二是建设和完善知识产权信用体系，制定知识产权保护信用评价办法，建立失信惩戒机制，将知识产权侵权行为信息纳入个人诚信记录，形成全社会的正向激励机制。

3. 制定成果转化奖励分配政策

对于高等学校、科研院所、企事业单位等创新主体，完善创新成果使用、处置和收益等各环节的管理制度，提高对科研人员科研成果转化的激励力度，构建服务支撑体系。

一是在上海市高校和科研机构的考核评价中增加对科技成果转移转化的考察，制定成果转化奖励的具体分配办法。在利益分配方面，制定合理的科研机构、发明人、技术应用单位之间的利益分配比例。可根据创新成果转化收入规模对创新主体奖励比例采取累进递减分配办法。

二是为调动科研人员转化科技成果的积极性，改革高校、科研机构职称评定和岗位考核制度，增加应用型科研项目和科研成果转化的指标权重或奖励项，根据科研成果转化收入规模评估科研绩效。

三是激发科技界进行产学研合作的积极性。打破创新主体间的无形界限，允许符合条件的科研人员经所在单位批准，保留基本待遇到企业开展创新工作或创办企业；在分配比例上保障各相关者利益，兼顾科研人员及单位利益，形成能够调动各方合作开展科研成果转化的长效机制。

三、产业创新路径：战略新兴产业创新与传统产业创新并重

在创新型经济中，战略新兴产业与传统产业不是简单的取代关系，在新技

术革命的推动下，二者可以互为补充、相辅相成、并行发展。上海要建成与全球城市相符合的创新型产业体系，其核心就是要建立具有国际竞争力和全球影响力的产业体系，即具备牢固的全球价值链控制力、持续的产业自主创新能力和均衡的产业空间发展能力，这也是上海实现由现行产业体系向未来创新型产业体系转变的目标导向。传统产业可以通过注入新兴技术激发新的活力，提高成长性；而战略性新兴产业的快速增长也需要传统产业诸如环境、资本、人才等生产要素的支撑。因此，需要坚持传统产业升级与新兴产业培植并重的产业创新导向，实现"传统产业新型化，新兴产业规模化"（见表3-16）。

表3-16　　　　　　　　上海产业创新水平提升路径解析

目标	表述	战略性新兴产业与传统产业良性互动发展的产业格局
	说明	通过资源转移和市场共享，战略性新兴产业与传统产业实现良性互动和共同发展
功能	领域	传统产业通过注入新兴技术激发新的活力，推动转型升级；战略性新兴产业的发展需要传统产业诸如环境、资本、人才等生产要素的支撑
	深度	产地创新高地，建立具有国际竞争力产业创新体系
内涵	过程	传统产业占据优势到战略性新兴产业与传统产业共同发展，再到战略性新兴产业居主导地位
	结构	战略性新兴产业与传统产业互为补充、相辅相成、并行发展
	模式	战略性新兴产业具备产业持续自主创新能力；传统产业向技术密集、知识密集的生产服务经济与功能性产业相配合的方向转型升级

1. 分阶段实现战略性新兴产业与传统产业的互动升级

新兴产业与传统产业的互动发展过程共历经三个阶段：在第一阶段，由于传统产业仍占据优势地位，战略性新兴产业随着新一轮科技革命逐步发展起来，但产业规模尚小。此时传统产业与战略性新兴产业之间的相互影响较小，传统产业的转型升级在经济发展中发挥主要作用。在第二阶段，由于战略性新兴产业的产品代表了社会消费趋势，战略性新兴产业的快速发展成为产业创新的主要任务和方向。在第三阶段，战略性新兴产业居于主导地位，成为城市的主导产业，在关键技术、制度创新、市场份额等方面都拥有绝对优势。传统产业实现了向技术和知识密集型产业的转型升级，这种升级是在传统产业的基础上培育新兴产业，或者通过两者的融合、协调发展来实现。

2. 加强战略性新兴产业的创新能力建设

基于新一轮科技革命的新型产业体系是上海在未来国际竞争中保持竞争优

势的基础和保障。一是创立产业技术联盟，推动形成以战略性新兴产业核心企业为主体的区域创新网络，促进企业间开展技术交流和合作，努力使上海的战略性新兴产业涌现出一批具有全球创新影响力的企业。二是加大战略性新兴产业产品的推广和应用，一方面能够有效满足社会需求、改善居民生活水平，为当前稳定增长提供新的动力；另一方面也能够提高战略性新兴产业发的市场需求和市场份额，有利于产业长期可持续发展。

3. 加快推进传统产业转型升级

传统产业是创新型经济发展的重要基础，也是转型升级的可靠支撑和现实增长点。通过新能源替代、新工艺的应用、新生产组织方式、新产品的开发以及下一代信息技术的应用，完全跳出传统产业发展模式，向技术密集、知识密集的生产服务经济与功能性产业相配合的方向进行转型升级，并实现以互联网为基础的大规模智能化定制生产方式成为生产主导。

四、创新网络路径：以完善创新生态系统作为建设方向

创新生态系统与创新系统相比，更加强调创新系统的自组织性、多样性、平衡以及创新主体的共生共荣，注重构建利益共享机制，为创新网络的建设提供了更好的条件（见表 3 – 17）。

表 3 –17　　　　　　　　上海创新生态系统完善路径解析

目标	表述	完善创新网络生态系统
	说明	完善由多种不同主体相互交织形成的开放的、多维的、共同演进的创新网络。其中有多种种群关系，表现为多平台构成
功能	平台	强调创新系统的自组织性、多样性、平衡以及创新主体的共生共荣，为创新网络的构建和发展提供基础
	领域	增强企业—大学—人的核心竞争力，利用第三方科技中介机构促进产学研协同，打破创新网络运行的机制障碍
	深度	加强创新生态系统核心层、扩展层和完整层的协同建设，走"高效创新"道路
内涵	结构	由多种不同主体相互交织形成的开放的、多维的、共同演进的复杂网络结构，强调创新系统的自组织性、多样性、平衡以及创新主体的共生共荣
	形式	"平台"成为网络式创新的重要战略选择和组织形式，是创新生态系统的具体应用
	模式	基础—应用—开发—工程—商业化的线性创新将越来越少，创新将具有更强的不确定性，创新生态系统并没有固定的最优模式，也不可复制

1. 加强创新生态系统核心层的创新主体（企业—大学—人）建设

一是增强企业核心竞争力，包括建立以鼓励创新为导向的激励机制，鼓励企业内部实行多种分配形式，并明确将科技成果转化的数量与质量作为评价依据；从立法层面加强对企业创新的支持，目前一些试点改革区域的国有企业高管、研发人员股权激励机制是由政府部门出台，应确保立法保护；允许科研人员用无形化的科研成果创办公司，实行研企分治，真正实现"大众创业、万众创新"。

二是增强产业核心竞争力，包括产业讲究技术应用，应专注技术本身的升级，在产品中提升技术含量、技术能级，以增强市场竞争力；重视技术能力的升级，即构建产业技术创新的体制架构，培育激发产业创新活力的机制，培养服务于应用技术领域的多层次产业人才；将研发成果的产业化应用纳入研发绩效考核，鼓励创新成果第一时间拿出去创业。

三是增强人才竞争力，包括建设节点性人才蓄水池，将引进人才变为政府职能而非企业行为，让国内人才和海外人才"来得了、待得住、用得好、流得动"。上海必须建立面向全球的开放策略，积极嵌入全球人才网络，提高人才国际化水平。

四是增强科学思想竞争力，包括确保大学在原创性知识领域做出应有贡献，确保大学在关键技术开发、重点领域科技应用、特色工艺指导、重要原创性思想方面始终发挥重要作用；进一步加强对原始创新能力的培养，为新思想、新技术设置低门槛的"走秀"平台，允许各种创新登台亮相，为原创思想获得商业化开发应用提供更多的机会。

2. 加强创新生态系统扩展层的市场（包括各种三方机构）建设

重点是利用第三方科技中介机构促进产学研协同，借鉴德国应用技术型大学、马普协会、弗劳恩霍夫应用促进学会和史太白基金会，以及韩国京畿道技术转移中心的发展经验。

一是围绕重点领域，推动建立一批应用型研究所，重点推动共性技术的研发和技术转移，使其成为重大原创技术及其衍生企业的策源地。

二是除应用型研究所外，大力发展第三方科技中介机构，目的是为了促进产学研协同创新。其作用在于，不断发掘高校创造新的知识，收集企业的愿景规划，结合市场判断做第三方评估，促成企业与高校结对，帮助企业从高校的"奇思妙想"中筛选目标、配置资源、组织创新，最终将其转化为产品。

三是由于产业链和创新链有不同的规律，前者追求快速复制，以获得更大的市场价值；后者追求原创性，只争第一不做第二，对复制缺乏兴趣。因此，产学研合作的目的是融合产业链和创新链，以产业为牵引，使创新链有效地部署到产业链中，产生协同效应。可设立类似于"创新伙伴计划"的多层次创新合作计划，推动市场化而非传统科研项目，加快创新成果转化为现实生产力，实现市场价值。

3. 加强创新生态系统完整层（体制机制）的建设

一是应对"工业 4.0"的要求，制定促进新技术产品应用的消费政策，引导科技创新的生产过程和产品实现，引导市场加大对上海城市基本问题领域（主要是民生领域）创新成果的示范应用，重点解决科技在大气污染、健康养老、智能交通、城市安全等方面问题。

二是在增强创新主体积极性方面，打通人才流动、使用的体制机制障碍。放大评价和奖励体系中人的因素，建立以科研能力和创新成果收益等为导向的科技人才评价标准，保证将科研成果转让产生的效益大部分返还创新者；打破"论文至上"，改变当前应用类创新成果产业化获得的收益难抵一篇论文、一个职称的倒挂现象；对于国家事业单位的科研成果，明确个人所有权，利用市场平台公平估值，在成果所有权方面给予个人部分分红和处置权利。

三是在区域创新网络合作方面，建设面向长三角和全国的新技术新产品（服务）采购平台，充分借鉴国内外先进经验，探索"首购首用"的风险补偿机制，营造生产企业、政府、用户共同发力的市场应用环境。

五、信息化保障路径（推进互联网大数据与产业深度融合）

近年来，信息技术革命浪潮在全球方兴未艾，互联网的普及成为改变社会生活和商业行为最重要的技术及应用。上海的"产业互联网"发展要相对落后于"消费互联网"，产业互联网是指通过互联网提供的技术和数据分析，改造和创新企业的生产经营模式，改变和完善企业的运营管理方式与服务模式（见表 3 - 18）。

表 3 - 18　　　　　　　　　上海互联网与产业融合路径解析

目标	表述	实现互联网大数据与产业深度融合
	说明	实现互联网、大数据在研发设计、生产制造、经营管理、销售服务等全流程和全产业链的综合集成应用

续表

功能	领域	互联网与新兴产业及传统产业相融合，形成新的生产方式、产业形态和商业模式
	深度	互联网大数据与产业深度融合，引领智慧产业发展
内涵	结构	在理论研究和数据收集基础上，数据处理和数据应用环节得到加强
	形式	聚焦工业互联网、生产服务联网和能源互联网，加速经济转型升级
	设施	较高水平的城市网络带宽、速率和覆盖率

1. 完善互联网基础设施建设

产业互联网对基础设施和技术的要求较高，目前上海城市互联网基础设施已接近发达国家水平，但还不足以完全支撑创新型经济的发展需求，网络带宽、成本、覆盖率等问题限制了经济创新的能力。上海在完善互联网基础设施建设的目标是到2020年全面建成宽带城市，光纤宽带网络基本覆盖全市域；全面建成无线城市，在实现全市域4G网络覆盖的基础上，使第四代移动通信（4G）用户普及率达到90%以上，公共场所无线局域网（WLAN）布局进一步优化。

2. 推进互联网大数据资源由采集向应用转变

当前对互联网大数据的研究还主要集中在理论研究和数据收集层面上，数据处理和数据应用环节还较为薄弱，中国当前的数据产生量占全球数据总量的13%，预计到2020年，中国数据总量将占全球总量的24%，变成全世界最大的数据资源国。数据资源集中在大城市，特别是上海等特大城市，政府掌握80%的数据信息资源。因此需要推进政府数据开放，激发基于大数据的大众创业、万众创新，促进大数据应用和产业发展。具体包括探索建立政府公共数据资源开发利用的规范和平台，编制数据开发"负面清单"；采用外包等方式获取公共数据产品和服务，促进信息服务产业发展；深化设计数据资源管理能力，完善扩容政府数据服务网，建设移动数据服务门户，实现政府数据渠道由门户网站向兼顾移动终端转变，数据服务内容从静态数据向兼顾动态数据转变。

3. 制定"互联网＋"行动计划，推动移动互联网、云计算、大数据、物联网等与现代制造业结合

上海需要聚焦三大重点方向：工业互联网、生产服务联网和能源互联网。以智慧城市为基础，将互联网与上海的制造业、医疗产业、金融贸易产业深度融合，形成高端智能制造、精准医疗健康、互联金融贸易。在"互联网＋"研发设计、虚拟生产、协同制造、供应链、智能终端、能源、金融、电子商务、商贸、文化娱乐、现代农业、新业态和新模式、众创空间等方面促进互联网与传统产业深度融合，加速经济转型升级。

六、空间保障：重视创新空间载体建设，聚焦重点发展区域

创新型经济最后还是要落实到一定的产业载体，目前上海发展创新型经济的空间载体主要有两大类：一类以张江国家自主创新示范区为代表，主要发展以技术创新为主的科技创新；另一类以中心城区核心区域为代表，主要发展以知识创新、管理创新和服务创新为主的科技创新。

就张江示范区而言，一是坚持各个分园的创新型产业特色。通过长达四年的园区扩园，张江示范区已形成了"一区22园"的"大张江"格局。园区并区的过程，也是产业结构优化、产业分工明晰、产业能级提升的过程。鼓励极具特色的核心园与各个分园的发展，小而轻—大而重、制造型—服务型、中心城区型—近远郊型、综合型—特色型各类园区发展模式并举，形成张江核心园—中心城区知识创新园—近郊科技创新园的创新空间格局，增加园区之间联系的广度与深度，依据现有产业布局基础进行创新型产业空间聚焦，提高产业创新效率。二是缩小张江示范区各园区的发展水平差距，实现创新优势互补。促使园区发展阵型由"四梯队"向"三梯队"进而向"两梯队"转变，通过创新资源优化配置，促进各分园在产业规模、产业效率、创新水平、发展潜力等各方面都有较大提升；鼓励园区"一业特强"或"多业特强"；鼓励园区之间的关系由竞争为主向优势互补转变。

就中心城区核心区而言，鼓励发展以知识创新、管理创新和服务创新为主的科技创新，重视新技术在解决中心城区市场需求中的应用、重视都市文化在中心城区科技创新中的作用、建立适合中心城区的科技创新认定条件与激励机制、加速度科技人才向中心城区集聚。

第四节　上海创新型经济的建设重点

一、加强创新型经济制度保障

政府的高度重视和全力支持是创新型经济发展的重要保障，需要从长远出

发，从战略管理的高度统筹创新型经济发展的全局，全面协调推进创新型经济发展的体制创新。

一是优化审视创新型经济管理体制，构建高度统一的协调机制，协调全市创新型经济发展工作。打破多头管理格局，建立分工明确、权责统一、部门联动的协同机制，推动创新管理有单一部门管理向一个部门主管、多个部门协作的模式转变，加速全市资源集成整合和合理配置。

二是建立和完善创新型经济发展的长效激励政策，避免政策短平快。健全政府资金对创新型企业的扶持模式，将政府收入的重点放在支持自主研发和成果转化上，税收扶持重点放在培育发展创新型企业和高技术产业上。制定上海市创新型经济发展长期目标，根据发展目标编制创新型产业指导目录，引导各类资本和要素投入。

二、形成创新型经济的产业与人才支撑

1. 强化高新技术产业（含新兴产业与传统产业）的支撑带动作用

高新技术产业对上海创新型经济的发展有着强劲的拉动作用，其发展将会带动上海经济持续高效的增长。长期以来，上海高新技术产业一直处于外商投资拉动的阶段，自主创新能力薄弱仍然是高新技术产业持续发展的制约因素。未来上海高新技术产业发展需要着眼于创新链与产业链的有机融合，提升产业的自主创新能力。

一是培育企业创新主体。支持企业提高资源整合能力、资本利用能力、技术产品开发能力、产品市场占有率和盈利能力，鼓励支持出台企业并购、合作政策措施，促进企业做大做强。重视高新技术大企业的产业带动作用，在政府采购、重大专项、电子信息产业发展基金、科技经费、对外合作项目、投融资政策、基地建设、产业化示范工程、重大产业化项目等方面重点向大公司倾斜。

二是积极培育战略性新兴产业。支持传统产业升级改造，自主创新产品，抢占全球新兴产业制高点。上海战略性新兴产业的发展不能依赖国外公司的引进，要在自主创新的基础上发展战略性新兴产业。自主创新产品可以通过政府采购和价格补贴推广应用。

三是构建开放式高新技术产业发展格局。引导优化企业结构，提高技术、资本和市场的控制力，把握产业主导权，与国家产业发展导向和布局主动衔

接，争取资源配置。加强战略性新兴产业中企业的国际交流与合作，促使企业增加对全球产业发展趋势和相关技术的了解。支持企业参与国际技术合作，设立专项资金进行补贴，推动企业在产品营销和技术合作方面"走出去"。

2. 完善人才政策，促进人才流动

一是制定细分人才政策。创新驱动经济实质是人才驱动，上海市创新型经济的发展需要建立更加灵活的人才管理制度。上海在建设全球科创中心的过程中，对引进海外高层次人才、发挥户籍政策在人才引进集聚中的激励和导向作用、创新人才培养和评价机制、创新创业人才激励力度等方面发布了指导意见，对引进高层次创新型人才具有重要作用，但还需要根据创新人才的类型制定细分支持政策，有统有分，统分结合。对有些人才标准要细化（如金领—白领—蓝领—灰领、科学家—工程师—企业家等），对有些人才标准要模糊化（如不以是否"优秀毕业生"或"海归人员"划红线等）。

二是形成高级劳动力国际流动模式。关于国际性创新城市外籍人口比例，国际社会存在 5%、8%、15% 和 20% 等不同说法。仅以最低 5% 计，2500 万常住人口的城市需要有 125 万常住外籍人士，上海离这个标准还有很大差距，2014 年居留上海半年以上的常住境外人员约 17.5 万人。应通过继续完善海外人才引进体制机制，逐步缩小与全球城市的差距，并重点引进创业类人才、风险投资类人才、企业科技和技能类人才、创新创业中介服务人才四类国际高层次人才。

三、营造创新型经济发展的有利环境

1. 重点解决融资渠道和金融风险问题

一是打通融资通道。发展风险投资，促进科技创新与资本市场紧密结合。可考虑成立专门的创新投资与退出管理委员会，专门管理新兴产业创新领域的风险投资。打破多部门管辖的分割体制，推动上海风险投资机制的建立与完善。为各类型风险投资机构、中介机构、企业提供业务服务，促进本土企业与世界各国风险投资机构合作。建立和完善促进风险投资行业健康发展的配套政策体系与监管体系，对新兴产业发展相关的风险投资进行规范性管理，推进风险投资健康发展。鼓励大企业和集团参与风险投资，拓宽资金来源；促进小型机构的整合或者联盟，联合资本、共同投资，推动上海风险投资的专业化和组合化。

二是避免企业金融风险。创新型经济的发展需要大量持续的资金投入，不论是进行新产品研发、试验、投产的高新技术企业，还是需要对传统技术进行升级改造的非高新技术企业，中小规模的企业均难以获得传统商业银行的融资支持。要避免以任何促进经济发展理由造成的企业金融风险，防止金融投机行为和金融短期化趋势，避免在金融市场化、自由化的过程中使至高无上的金融资本脱离为实体经济创新服务的重心。努力压低实体经济的融资成本，向市场输送具有长期流动性的资本，避免实体经济企业创新资金链的断裂。

2. 促进知识产权交易，优化生产要素组合

科技创新是创新型经济发展的主要动力，知识产权是保障技术创新的基本制度，是提高技术型企业核心竞争力的关键。知识产权贸易发展状况能够反映一个城市的技术竞争力和知识产权保护水平，而且可以体现自主创新能力的高低。当前上海正努力建设全球科技创新中心，不仅要推进知识产权保护工作，更重要的是知识产权贸易。

一是提升知识产权交易的国际化水平。促进知识产权运用转化，探索建立专业化、市场化、国际化的知识产权交易机构是《上海关于加快建设具有全球影响力的科技创新中心的意见》提出的重要任务。需要加强与国际知名知识产权运营机构的交流与合作，建设国际化的知识产权交易中心，为知识产权确权评估、挂牌上市、转让报价、交易鉴证、结算清算、托管登记、项目融资、项目推介、政策咨询等提供服务。

二是创新知识产权服务业态。依托上海金融改革政策，研究知识产权证券化可行性方案，促进创新型企业与金融机构开展合作，推动知识产权质押融资、增资扩股、技术入股等融资服务的市场化发展，试点知识产权保险服务，为高新企业及文化创意产业开辟融资新途径。

3. 鼓励开放性创新，加强区域合作

国际金融危机后，创新的开放性和国际创新合作成为各国创新型经济发展的新特点。上海发展创新型经济，应充分利用世界科技创新资源，加强国内外创新型经济发展的交流与合作，以开放促创新，融入全球创新型经济网络，接纳创新型经济要素的转移。

一是促进与全球科技创新组织、创新型企业和创新中心城市的合作。目前全球创新资源的流动与配置已经从过去的"溢入"为主转变为"互溢共生"。上海首先要以战略性新兴产业为依托，积极对接全球创新资源，嵌入全球创新型经济链条，主动融入全球创新型经济网络，建设国际创新型经济发展高地。

二是加强与国内其他地区的创新合作。地区、企业之间的合作所产生的本土技术溢出效应能有效提升创新绩效，上海应加强与长三角城市及其他一线城市的创新合作，特别是借助国务院在长江经济带发展指导意见中明确指出鼓励发展产业技术创新战略联盟的有利时机，优化整合区域科技资源，促进创新型经济的共同发展。

4. 以智慧促服务发展

互联网信息技术的不断创新，不断地催生新的业态和模式，促进创新型产业体系演进和变革。

一是利用云计算、移动互联网、大数据、物联网的发展机遇，进一步促进信息化和工业化的高层次的深度融合发展，拓展互联网在高新技术产业、科技创新等相关领域的应用范围，提升创新型经济发展的信息化保障水平。

二是以智慧城市建设为契机，缩小城乡数字鸿沟，带动产业链各个环节及相关产业的信息化发展，推进用户移动互联网的体验，推进高端、自给、集聚的数据中心建设，加快下一代互联网络的建设和应用研发，实现上海信息化整体水平迈入世界先进行列。

四、加强市场与法制环境建设

1. 市场环境建设

一是优化科技成果转化的市场机制。建立符合科技成果转化规律的市场定价机制，允许科研院所和研发企业通过协议定价、技术市场挂牌交易、拍卖等方式确定成果交易、作价入股的价格（协议定价是需经过单位公示）；建立兼通科技成果和技术市场需求技术经纪人队伍。

二是降低（改变）新技术、新产品、新模式的准入门槛。全面改革和完善产业准入制度，保障各类市场主体皆可依法平等进入。尤其是应对"万众创新、大众创业"的新形势，破除限制新技术、新产品、新模式发展的不合理准入障碍。从产品看，对成果转化较难的创新产品建立便捷高效的监管模式，深化审批制度改革，增加审评资源和优化流程；从产业看，对新能源、生物医药、新材料等战略性新兴产业实行有针对性的准入政策；从相关领域看，改善互联网、金融、文化、教育等领域的监管，鼓励发展新业态和新模式。

三是打破制约创新发展的行业垄断和市场分割。加快推进垄断性、战略性行业的大型国有企业改革，尝试放开自然垄断行业竞争性业务，以增加其公共服务性质。加强反垄断执法，为中小企业创新发展拓宽空间。纠正利用行政权力限制、排除竞争的行为，实施公平竞争审查制度。打破市场分割，创设有支付能力的市场需求前景，以达到规模经济，辅助实现科技成果产业化；建立与维持开放性的有效公平竞争性科技创新成果市场、知识产权市场，使市场成为配置资源的主导力量。

2. 法制环境建设

服务于创新型经济发展的法治环境建设的核心是加强知识产权保护，围绕知识产权保护薄弱环节推进改革。包括加大对专利申请的资助或奖励，引导民营企业注重用知识产权制度保护发明创造成果，完善企业技术创新的服务政策，增强技术开发中心和科技成果转化中心服务功能，促进科技成果转化等。

一是加强知识产权的依法保护。完善知识产权法规政策，在鼓励知识产权创造、促进知识产权运用、完善知识产权管理、加强知识产权保护等方面给予激励和支持。完善知识产权的审判机制，司法和行政衔接，加强行政执法的力量配备和快速反应，探索多元化保护机制，调解、仲裁。

二是完善知识产权服务体系。通过知识产权交易中心的建设，整合计交所、联交所、文交所、东部中心等资源，明确政策性业务划拨和知识产权质押融资等；支持互联网金融机构为创新创业者提供知识产权资产证券化、专利保险等新型金融产品和服务。推进知识产权质押融资服务实现常态化和规模化，探索专利许可收益权质押融资等新模式，协助符合条件的创新创业者办理知识产权质押融资。

第四章

上海城市创新的科技准备

世界众多区域的发展经验表明，随着城市创新发展，产业、技术之间的融合日益加深，服务与制造之间、制造业各部门之间的技术共通性和共用性日益显著。其中，共性技术的研发、应用和扩散能够更快地突破产业发展的技术"瓶颈"，提高产业竞争力；而共性技术研发服务则通过资金投入、环境营造等措施引导企业和研究机构等创新主体以合理的组织方式促进产业共性技术，是上海转型时期科技开发的必要性支撑条件之一。

早在1983年，我国已在国家科技攻关计划中将"支持共性技术研究"列为一项长期政策目标。其后，从国家"九五"到"十三五"的科技发展规划以及《国家中长期科学和技术发展规划纲要（2006～2020）》、《中国制造2025》都提出要大力开发共性技术。但是，长期以来，比共性技术总量更为重要的研发服务体系建设却没有得到充分的重视，支持共性技术研究的组织方式和服务模式尚未探明，共性技术研发也因此迟滞。目前，与美、德、日、韩等国家相比，上海在推进共性技术研发服务体系建设中缺乏有针对性的产业共性技术发展政策和发展战略，产业共性技术研发主体和计划均表现出发散状态，产业共性技术研究重点尚不明确，产业间共性技术供给短缺，政府支持产业共性技术创新的目标没有得到充分体现，这些都是没有充分发展产业共性技术研发服务的结果。上海共性技术及其研发服务的发展水平与上海作为我国重要先进制造业基地和具有全球影响力的科创中心的地位十分不符。

作为我国举足轻重的先进制造业基地之一的上海，已步入重化工业发展阶段，如何在经济发展大转型、传统经济要素失去比较优势、区域科技资源和潜力还没有得到充分发挥的特殊时期，有效地从组织机制和管理体制上构建共性技术的研发服务体系，形成一批服务于高科技产业和战略性新兴产业的共性技术，是发展先进制造业亟待解决的现实问题，也是上海创新城市建设取得量和质重大突破的重要抓手，更能够充分发挥上海区域研发优势，主动对接、服务国家科技发展战略。

第一节　发达国家科技发展主线重点演变

科技发展主线的制定从两个重要的方面展开：一是在调查和分析科学技术发展的历史和现状的基础上，对未来科学技术的发展方向进行预测；二是跳开科技本身，在充分估计未来社会的需求、新技术的应用前景以及资源的合理利用的基础上，对科学技术发展远景进行定性分析和预判，这其中要充分考虑社会、经济、资源、人才、企业、国际环境等多种因素的影响。

从发达国家的发展经验来看，处在经济社会发展转型时期的国家和城市，其科技领域都发生了巨大的变化。这些巨大的变化包括经济转型对科技的需求发生了根本性改变，科技发展的速度出现了跨越式的飞跃，创新的组织机制与方式有可能发生颠覆性改变，科技管理方法也必须作出相应调整。

综观发达国家的科技发展主线，其宗旨均围绕抢占科技制高点、在全球范围内具有不可超越的竞争力而展开。随着发达国家城市创新活动的深入，其科技发展主线呈现出一些共同的特征：即基于科学技术能力培育的优先发展领域在很大程度上有惊人的雷同。除信息技术、生物科学技术、纳米技术、环境技术、能源技术、国防航空和航天等优先发展领域外，十分注重这些领域交叉环节技术的共同开发和共用，将共性技术的发展摆在了十分重要的位置。以日本科技发展的脉络为例（见表4-1），伴随着每一次经济结构转型和产业结构调整，其科技发展主线都发生了很大的改变，最终在"科技创新立国"阶段将技术发展重点定位在产业和社会技术（包括产业内技术、产业间技术、跨领域技术等）的共用、共通、共融方面。

表4-1　　　　　　　　　　日本不同发展阶段科技主线变动情况

	"贸易立国"阶段 （1945~1980年）	"技术立国"阶段 （1980~1995年）	"科技创新立国"阶段 （1995年~）
变动背景	"二战"结束； 产业体系亟待恢复； 科技体系亟待建立	第一次世界石油危机； 信息技术/生物技术/新材料革命	知识经济兴起； 日本产业泡沫的影响

续表

	"贸易立国"阶段 (1945~1980年)	"技术立国"阶段 (1980~1995年)	"科技创新立国"阶段 (1995年~)
战略 思想	从美国等先进国家引进技术； 消化、吸收引进技术，逐步 调整产业结构	有效地利用技术资源； 进行创造性的技术开发；提 高科技竞争力和经济实力	确立科技不仅服务于经济，还 必须服务于政治和军事
战略 目标	缩小与欧美国家的科技差距； 推动经济增长； 重点加强自主技术开发； 优先发展产业技术	建立完善的科研体制； 形成自主开发尖端技术能力	告别模仿与改良； 由开发技术转向开发技术体系； 建设科技领先型国家
战略 重点	重工业、化学工业、电子技 术、机械制造业	聚焦新材料、电子、生物三 大高技术领域	除就按段技术外，聚焦共性技 术开发； 重视制造技术与社会、环境技 术的共通共融
战略 措施	建设以筑波为代表的科技园 区； 服务研发的优惠政策； 大量引进技术专利	重视研发制度，加强技术导 向； 聚焦重点由应用研究向基础 研究； 主动调整经济结构适应科技 发展； 开展对外技术合作	变革科技组织体制，为共性技 术开发服务； 加大对基础研究—应用研究中 间地带（共性地带）的支持力 度，在人力、物力、财力方面 形成相配套的制度创新； 加强区域共性技术合作研究与 开发

资料来源：作者整理。

从日本的发展经验来看，科技发展主线向共性技术方向调整具有现实依据：①经济社会的发展转型是科技主线调整的主要原因；②坚持科技始终为经济服务；③重视对科学本源（基础创新）的追求与重视模仿创新（强调应用）同等重要；④创新的网络型合作也对共性技术发展提出了要求；⑤已经形成良好的制度保障使得容易"双重失灵"的共性技术研发得以顺利开展。

第二节　上海共性技术创新分析

一、共性技术研发服务体系

目前，上海已形成了与城市优势/主导产业相匹配的共性技术研发服务架构。从专业技术研发服务平台的设置来看，具备生物医药平台 23 个、电子信息制造业平台 11 个、软件和信息服务业平台 5 个、先进重大装备平台 9 个、新材料平台 7 个、环境保护平台 1 个、农业平台 2 个（见表 4 - 2）。

表 4 - 2 　　　　　　　　上海市 2014 年专业技术服务平台一览

平台名称	依托单位	所属领域
上海市转基因生物与食品安全专业技术服务平台	上海交通大学	生物医药
上海市高等级生物安全病原微生物检测专业技术服务平台	上海市公共卫生临床中心	生物医药
上海市药物结构与成分分析专业技术服务平台	上海张江药谷公共服务平台有限公司	生物医药
上海市微机电系统（MEMS）专业技术服务平台	中国科学院上海微系统与信息技术研究所	电子信息制造业
上海市新药临床前药效学与安全性评价专业技术服务平台	中国科学院上海药物研究所	生物医药
上海市微电子材料与元器件微分析专业技术服务平台	复旦大学	电子信息制造业
上海市重大疾病蛋白质组研究专业技术服务平台	复旦大学	生物医药
上海市塑料橡胶高分子材料检测专业技术服务平台	上海高分子材料研究开发中心	新材料
上海市基因测序与分析专业技术服务平台	上海人类基因组研究中心	生物医药
上海市电工仪器仪表与系统测控专业技术服务平台	上海仪器仪表研究所	电子信息制造业
上海市生物物质成药性评价专业技术服务平台	上海医药工业研究院	生物医药
上海市农药筛选专业技术服务平台	上海南方农药研究中心	农业
上海市同位素药物代谢研究专业技术服务平台	上海美迪西生物医药有限公司	生物医药
上海市模式生物技术专业技术服务平台	上海南方模式生物研究中心	生物医药
上海市生物过程工程专业技术服务平台	华东理工大学	生物医药
上海市化学化工数据共享服务平台	中国科学院上海有机化学研究所	新材料
上海市基础性能试验专业技术服务平台	中国上海测试中心/上海市计量测试技术研究院	先进重大装备
上海市集成电路测试专业技术服务平台	上海华岭集成电路技术股份有限公司	电子信息制造业
上海市数控机床优化技术专业技术服务平台	上海理工技术转移有限公司	先进重大装备

续表

平台名称	依托单位	所属领域
上海市通信电子产品电磁辐射及干扰检测专业技术服务平台	上海同耀通信技术有限公司	软件和信息服务业
上海市纺织高性能纤维材料专业技术服务平台	上海市纺织科学研究院	新材料
上海市危险化学品分类鉴定及应急救援检测专业技术服务平台	上海化工研究院	新材料
上海市新能源汽车及关键零部件检测专业技术服务平台	上海机动车检测中心	新能源汽车
上海市农产品质量安全评价专业技术服务平台	上海市农业科学院	农业
上海市药物制剂与工程化专业技术服务平台	上海现代药物制剂工程研究中心有限公司	生物医药
上海市新药安全评价专业技术服务平台	国家上海新药安全评价研究中心	生物医药
上海市短距无线通信软件应用研发与测试专业技术服务平台	上海浦东软件平台有限公司	软件和信息服务业
上海市疾病基因检测专业技术服务平台	上海基康生物技术有限公司	生物医药
上海市盾构工程专业技术服务平台	上海盾构设计试验研究中心有限公司	先进重大装备
上海市轨道交通通信信号检测专业技术服务平台	上海中铁通信信号测试有限公司	电子信息制造业
上海市水污染控制专业技术服务平台	上海城市污染控制工程研究中心有限公司	环境保护
上海市新药筛选专业技术服务平台	国家新药筛选中心	生物医药
上海市中药标准物质专业技术服务平台	上海诗丹德生物技术有限公司	生物医药
上海市生物医用材料测试专业技术服务平台	上海交通大学医学院附属第九人民医院	生物医药
上海市芯片分析专业技术服务平台	上海芯索芯片分析技术有限公司	电子信息制造业
上海市药物代谢专业技术服务平台	上海药物代谢研究中心	生物医药
上海市超硬非金属加工专业技术服务平台	上海关勒铭有限公司	先进重大装备
上海市基因芯片专业技术服务平台	上海生物芯片有限公司	生物医药
上海市无线移动通信测试专业技术服务平台	上海无线通信研究中心	软件和信息服务业
上海市核糖核酸（RNA）研究分析专业技术服务平台	上海吉凯基因化学技术有限公司	生物医药

续表

平台名称	依托单位	所属领域
上海市生物医药蛋白质纯化与分析测试专业技术服务平台	上海中科新生命生物科技有限公司	生物医药
上海市集成电路失效分析专业技术服务平台	上海华碧检测技术有限公司	电子信息制造业
上海市物质结构观察分析与计算专业技术服务平台	华东师范大学	生物医药
上海市射频识别（RFID）专业技术服务平台	上海集成电路技术与产业促进中心	电子信息制造业
上海市集成电路设计专业技术服务平台	上海集成电路技术与产业促进中心	电子信息制造业
上海市新型显示设计制造与系统集成专业技术服务平台	上海大学	电子信息制造业
上海市机电产品数字化辅助设计专业技术服务平台	上海上大科技园发展有限公司	电子信息制造业
上海市地面交通工具风洞专业技术服务平台	同济大学	先进重大装备
上海市新型涂料及颜料检测专业技术服务平台	上海市涂料研究所	新材料
上海市金属材料及工艺分析专业技术服务平台	上海市机械制造工艺研究所有限公司	先进重大装备
上海市生物医药特种合成工艺专业技术服务平台	上海药谷药业有限公司	生物医药
上海市数字影视特效专业技术服务平台	上海幻维数码创意科技有限公司	软件和信息服务业
上海市生物医药产品中试孵化专业技术服务平台	上海生物医药公共技术服务公司	生物医药
上海市纳米材料检测专业技术服务平台	上海科汇高新技术创业服务中心	新材料
上海市低压电器及智能电器专业技术公共服务平台	上海电器科学研究所（集团）有限公司	先进重大装备
上海市金属材料检测分析与安全评估专业技术服务平台	上海材料研究所	新材料
上海市生物信息数据共享服务平台	上海生物信息技术研究中心	生物医药
上海市卫星通信专业技术服务平台	上海高智科技发展有限公司	软件和信息服务业
上海市工业锅炉节能环保产品检测专业技术服务平台	上海市工业锅炉研究所	先进重大装备
上海市光学自由面检测专业技术服务平台	上海现代先进超精密制造中心有限公司	先进重大装备

资料来源：根据上海研发公共服务平台网站（http：//www.sgst.cn/）整理。

从研发公共服务平台重点实验室的设置来看，也与上海市未来产业、技术发展的重点方向不谋而合；其核心层—紧密层—联系层的三圈层架构也在基础研究与应用研究之间做了一定的衔接（见表4-3）。

表4-3　　　　上海研发公共服务平台重点实验室架构与核心内容

实验室构成	核心层	紧密层	联系层
级别	国家级	部级	市级
核心内容	应用表面物理国家重点实验室	应用离子束物理教育部重点实验室	上海市电气绝缘与热老化重点实验室
	传感技术联合国家重点实验室	卫生部新生儿疾病重点实验室	上海市数字媒体处理与传输重点实验室
	先进光子学材料与器件国家重点实验室	卫生部卫生技术评估重点实验室	上海市设施园艺技术重点实验室
	金属基复合材料国家重点实验室	微生物代谢教育部重点实验室	上海市星系与宇宙学半解析研究重点实验室
	信息功能材料国家重点实验室	微生物代谢教育部重点实验室	上海市周围神经显微外科重点实验室
	创新药物与制药工艺国家重点实验室	电力传输与功率变换控制教育部重点实验室	上海市能源作物育种及应用重点实验室

资料来源：根据上海研发公共服务平台网站（http：//www.sgst.cn/）整理。

二、区域共性技术遴选机制

目前，上海尚未建立区域共性技术遴选机制，供给缺乏，产业、市场需求导向还不明确。在共性技术选择方面，有待制定详细的共性技术发展目录，特别是对一些具有技术共享特征的战略性新兴产业共性技术缺乏战略性部署。一是没有建立起科学、系统的共性技术遴选方法；二是对共性技术遴选的应用性因素考虑不够（与产业结合较弱）；三是对上海产业更替造成的共性技术变动缺乏考虑。

在供给方面，上海共性技术研发也存在窘境：企业不愿意承担难以取得经济效益的共性技术研究，或独占技术阻碍扩散；高校则站在注重"学术高度"的立场上，忽视研究成果对产业需求的供给；处于利益驱动，以基础研究擅长的科研院所也热于开发短平快的应用类技术，导致公共目标弱化。

在产业与市场需求导向上，一方面，目前上海尚无明确的共性技术产业政策和发展战略，在科技战略层面上缺乏共性技术的研发和推广体系，共性技术研究目标不明确、重点不突出、产业导向不明，没有充分体现政府支持产业共性技术创新的意图。另一方面，产业共性技术研发的市场需求导向不清晰，主要由政府相关人员和科技人员评判确定共性技术项目是否列入国家计划，以及支持力度多大，一些来自对市场预期判断的项目得不到支持，企业共性技术需求得不到满足。由此导致许多产业共性技术研究脱离企业现实需求，使产业共性技术研发成果的应用扩散面临很大障碍。

三、共性技术市场

当前，供需两旺的上海共性技术扩散市场还未形成，主要表现在以下两个方面：

1. 没有形成网络化的技术转移体系

从表4-4可以看出，上海的技术转移服务机构主要有四种类型：

表4-4　　上海研发公共服务平台技术转移系统架构与核心内容

服务机构	服务职能	服务内容
上海市高新技术成果转化服务中心	科技创新政策服务和科技成果转化服务两大业务链	为企业提供科技创新政策的宣传、培训和咨询、落实、统计分析和调研评估； 高新技术成果转化的"一门式"窗口服务和网上服务； 组织和指导相关社会中介机构为科技企业的综合性服务
上海联合产权交易所	投融资服务（国/民、内/外、科技/经济、有形/无形、增/存量资产嫁接）； 各类产权跨行业、跨地区、跨国界、跨所有制流动	产权交易、股权转让为手段，为科技成果转化、科技企业发展提供投融资支持和风险、创业投资进入、退出渠道，探索构建新型的科技投融资体系
上海技术交易所	促进跨地域、跨行业、跨组织间的技术贸易和高新技术产品交易； 以上海市为主、辐射长三角、服务全国的技术转移网络	下移重心，着力为中小企业技术创新和发展提供公共服务； 为企业/机构技术创新需求提供个性化解决方案，寻找合作伙伴，实施技术转移； 建立了科技服务网络，促成创新需求对接； 收集整理发布供需技术项目，组织举办展览会、研讨会、对接会、推介会、发布会等

续表

服务机构	服务职能	服务内容
上海新生源医药研究有限公司	专门从事生物工程药物的研究开发、技术引进、技术转让和技术合作；提供合同研究组织（CRO）服务；联系科研单位和生产经营性企业，进行产业链全方位合作，实现高新生物技术成果产业化、行业资源优化整合	基因工程技术表达平台；高效药物表达平台；长效技术平台
中国科学院上海国家技术转移中心	从事技术转移、成果转化的非独立法人服务机构	利用中科院的创新资源，推动创新资源与重点行业、重点企业的结合；与社会各种资源结合，借助产业孵化、院地合作等平台，组织、促进科技成果转化和技术转移
上海交大技术转移中心	依托上海交通大学，组织整合高新技术资源面向市场，实施企业化运作；整合国际技术市场资源，向国内转移创新各阶段成果；加深对技术转移理论、政策和方法的研究	融资、投资、项目开发、产权管理、技术转移、技术咨询等；配合企业共同争取更多的政策支持申报国家、省、市、地区各类科研基金
华东理工大学	依托华东理工大学的技术转移中心	重点吸纳和研发化工、冶金、石油、医药、农药、新材料、生物等领域的小试技术成果，将其转化为可靠的工业技术；应用信息技术、先进制造技术以及重大的科技进步技术改造和提升传统基础产业的技术水平和国际竞争能力
上海科威国际技术转移中心有限公司	由上海市科技创业中心、张江（集团）有限公司、上海奥威科技开发公司以及清华大学国际技术转移中心共同投资组建；面向国内外企业、科技园区、孵化器、研究机构和政府部门提供国际技术转移支持服务	建立包括数据库、网站、展示中心、快讯、对接会等在内的一整套立体、互动的信息交流体系；确定以科技中小型企业为主，涵盖科技园区、孵化器、科研机构的稳定的服务对象群体；在长三角地区提供最为专业的国际技术转移支持服务
上海科技成果转化促进会	由上海市政协有关部门，联合科技、教育、经济、中介和金融等方面单位，共同发起的非营利性社团组织	为企业、高校、科研机构、金融单位和中介机构提供科技信息、科研成果、市场信息、投融资信息；搭建技术和科研成果的迅速转化平台
上海理工技术转移有限公司	促进知识流动和技术转移；促进高新技术向企业转移；调整升级传统产业，培育战略性新兴产业，全面推进产业转型升级	先进制造业的行业技术转移平台；推动高校的科技资源与产业结合，将先进实用技术向企业转移；利用先进技术改造和提升传统产业技术水平

资料来源：根据上海研发公共服务平台网站（http：//www. sgst. cn/）整理。

一是国家级常设技术市场，由国家科技部和上海市政府成立，采用会员制组建方式，以上海技术交易所为代表；二是国家技术转移中心，以地方高等院校或科研机构为依托，整合科技资源，推动本机构科技研发成果向社会转移，以上海市高新技术成果转化服务中心为代表；三是不以技术转移业务为主业的兼营机构，将技术市场和产权市场相融合，为科技型初创企业以及高新技术成果转化项目提供融资市场，以上海技术交易所为代表；四是综合型网络服务平台，以上海研发公共服务平台、上海国际技术转移信息服务平台和上海科技成果转化服务中心等为代表。

相比德国、美国、日本等发达国家的技术转移体系，上海虽然技术转移体系机构种类众多，但机构规模普遍较小，彼此间结构松散，缺乏合作联系，难以形成网络化调配能力。作为沟通科研机构与企业间的桥梁，上海技术转移机构与二者的结构松散表现在：

第一，没有有效地融入高校和科研机构。尽管上海交大、上海理工、华东理工等少数高校设立了专门的技术转移机构，通过专利转让、专利授权或技术入股等形式对共性技术研究成果进行转化，但上海的许多技术转移中心和平台目前仅担负技术成果向社会推介的职能，无法真正利用高校的科研资源，承担企业的技术需求课题；

第二，部分对共性技术有着广泛需求的高技术企业和科技型企业，对技术市场（内容和规则）并不了解，难以很好地利用技术市场来开展技术创新；

第三，真正服务于共性技术研发的服务平台建立时间较短，各机构间虽有合作关系，互通供需信息，但缺乏功能上的配上，仍然没有利用统一的技术信息服务平台从根本上提高市场效率。

2. 技术扩散效果差

在这种情况下，导致了技术扩散的效果较差，突出表现在技术供应与需求之间的差距上，尤以支柱产业（如电子、信息产业）、战略性新兴产业（如新材料、新能源、环保）、一些基础性产业（如食品、石化、交运）和现代服务业（如金融保险、社会服务、文化传播）为剧（见表4-5）。

表4-5　　上海共性技术研发服务平台技术供求情况（2014年2月数据）

类别	供应（条）	需求（条）	类别	供应（条）	需求（条）
农林牧渔	65	79	采掘业	1	6
制造业	105	100	食品、饮料	28	73

续表

类别	供应（条）	需求（条）	类别	供应（条）	需求（条）
纺织、服装、皮毛	33	17	木材、家具	4	8
造纸、印刷	1	4	石油、化工、塑胶、塑料	107	326
电子	110	323	金属、非金属	25	116
机械、设备、仪表	289	363	医药、生物制品	105	417
其他制造业	105	96	环保	99	242
新能源	65	76	新材料	104	146
电力、煤气、水的生产与供应	11	86	建筑业	16	67
交通运输、仓储业	17	69	信息技术业	45	270
批发和零售贸易	1	3	金融、保险业	0	1
房地产业	0	3	社会服务业	2	8
传播与文化产业	4	7	综合类	52	64

资料来源：上海研发公共服务平台网站（http：//www.sgst.cn/）。

四、共性技术服务平台

目前，上海共性技术研发主体较为分散，缺乏合作，以技术联盟为主导的共性技术研发合作方式尚未确立。上海建立了三种与共性技术研发合作相关的技术联盟形式：一是机构之间以协议备忘录的形式规定的具体研究开发项目，即"技术合作联盟"；二是在研究开发和生产方面进行风险共担的"合资生产"，即"合作生产联盟"；三是包括市场开发、人才培养、管理等方面的技术合作联盟形式，即"管理联盟"、"市场联盟"等。

此外，大多数基础性产业共性技术在研发过程中并不像关键、一般产业共性技术一样对实验场所、设备、集中人员攻关等研发条件要求比较严格，对虚拟研发合作提出了要求。但目前上海没有建立起在更大范围内进行优化组合，以低成本达到组织柔性的目的，满足瞬息万变市场需求的虚拟研发合作网络。

五、共性技术联盟

从共性技术合作方式看，真正的共性技术服务平台机制尚未建立。

一是平台建设仍然以基础性研发服务和政府主导项目招标为主。目前创业孵化、技术转移等服务功能在专业技术公共服务平台的共建共享中还不强，仍然以传统的向社会开放仪器设施、提供专业技术信息为主；每年确定重点领域和建设方向，通过社会公开招标和专家评审后进行建设。在共性技术研发服务体系中，政府权力过大，掌握资源过多掌控过紧，自上而下的科研管理色彩较为浓厚。

二是尚未建立公共科技资源共建共享法规体系。例如，对以中央财政资金为主购置（建设）的大型科学仪器设备和信息资源，未从制度上确保其实行信息公开和实物共享，并保障其权益和权力不受侵犯。

三是各级技术服务平台的定位尚未明确。国家级、市级、区级和园区技术服务平台的协作协同关系和会商机制没有确立，影响了本地创新资源的整合、共享的有序推进。

四是在扶持和评估技术服务平台的同时忽视了平台的产业特征和阶段性演进特征。目前虽然尝试了专项资助、补贴、税惠、互换等多种激励方式，但这种"一统"的激励机制未必适用于所有的平台类型，也必然难以发挥最大的支持效应。此外，在不同阶段建设的平台的投入与产出效率不同，在考评时忽视平台的阶段性特征，将难以最大限度体现考核评价结果的客观公正性，以及各建设和服务单位的参与性。

六、空间协同格局

从空间看，上海目前还没有形成科研、产业、服务协同布局的空间格局。由于共性技术本身处于基础与应用研究的交叠地带，侧重于基础向应用转化，其研发服务有着靠近生产地的客观内在要求，德国弗劳恩霍夫共性技术研发服务机构的分布特征很好地体现了这一点，日本、韩国、中国台湾的共性技术研发机构也与产业区和技术交易平台靠近。

表4-6和图4-1显示，上海的很多共性技术研发服务机构仍然存在着显著的近大学与科研机构的分布特征，尤以杨浦、徐汇和闵行这三个大学与科研院所集中的区域为主，试验基地中重点实验室数量占全市的80%以上；试验基地中工程技术①研究机构分布也没有很好地体现近产业基地的布局特征，虽

---

① 工程技术也称生产技术，是在工业生产中实际应用的技术。就是说人们应用科学知识或利用技术发展的研究成果于工业生产过程，以达到改造自然的预定目的的手段和方法。

以浦东新区最多，但仅占不到全市的 2/7，其次仍然为徐汇、闵行、杨浦等科教资源密集区域；全市技术转移平台近技术生产区和中心城区，远离消费区，50% 集中在徐汇区（5 家），其次为黄浦（3 家）、杨浦（1 家）和浦东新区（1 家）；只有检测平台与生产地较为靠近，并且具有显著的行业指向，例如，静安区分布有棉印染检测中心，黄浦区分布有信息安全、缝纫机质量监督检测中心，金山区分布有石化设备检测中心，浦东新区多以电子信息、生物医药、软件等区域优势产业技术检测中心为主。

表 4-6　　上海市各区共性技术研发服务机构（与技术研发直接相关）分布情况

	数量	类别/性质	数量
宝山区	15	教育部级重点实验室	1
		工程技术研究中心	6
		检测平台	8
崇明区	3	检测平台	3
奉贤区	7	教育部级重点实验室	1
		工程技术研究中心	2
		检测平台	4
虹口区	17	国家级重点实验室	7
		工程技术研究中心	5
		专业技术平台	1
		检测平台	4
黄浦区（含卢湾区）	31	国家级重点实验室	18
		工程技术研究中心	4
		专业技术平台	1
		技术转移平台	2
		检测平台	6
嘉定区	15	教育部级重点实验室	3
		工程技术研究中心	5
		技术创新服务平台	3
		检测平台	4
金山区	4	工程技术研究中心	1
		专业技术平台	1
		检测平台	2

续表

	数量	类别/性质	数量
静安区	14	教育部级重点实验室	4
		工程技术研究中心	4
		技术转移平台	1
		检测平台	5
闵行区	56	国家级重点实验室	23
		工程技术研究中心	17
		技术创新服务平台	6
		检测平台	10
浦东新区	102	国家级重点实验室	12
		工程技术研究中心	37
		技术创新服务平台	26
		技术转移平台	1
		检测平台	26
普陀区	36	教育部级重点实验室	8
		工程技术研究中心	11
		技术创新服务平台	5
		检测平台	12
青浦区	7	工程技术研究中心	2
		专业技术平台	2
		检测平台	3
松江区	18	国家级重点实验室	3
		工程技术研究中心	10
		检测平台	5
徐汇区	127	国家级重点实验室	44
		工程技术研究中心	31
		技术创新服务平台	9
		技术转移平台	5
		检测平台	38
杨浦区	77	国家级重点实验室	37
		工程技术研究中心	17
		技术创新服务平台	9
		技术转移平台	1
		检测平台	13

续表

	数量	类别/性质	数量
闸北区	32	教育部级重点实验室	7
		工程技术研究中心	11
		专业技术平台	6
		检测平台	8
长宁区	22	国家级重点实验室	4
		工程技术研究中心	4
		技术创新服务平台	3
		检测平台	11

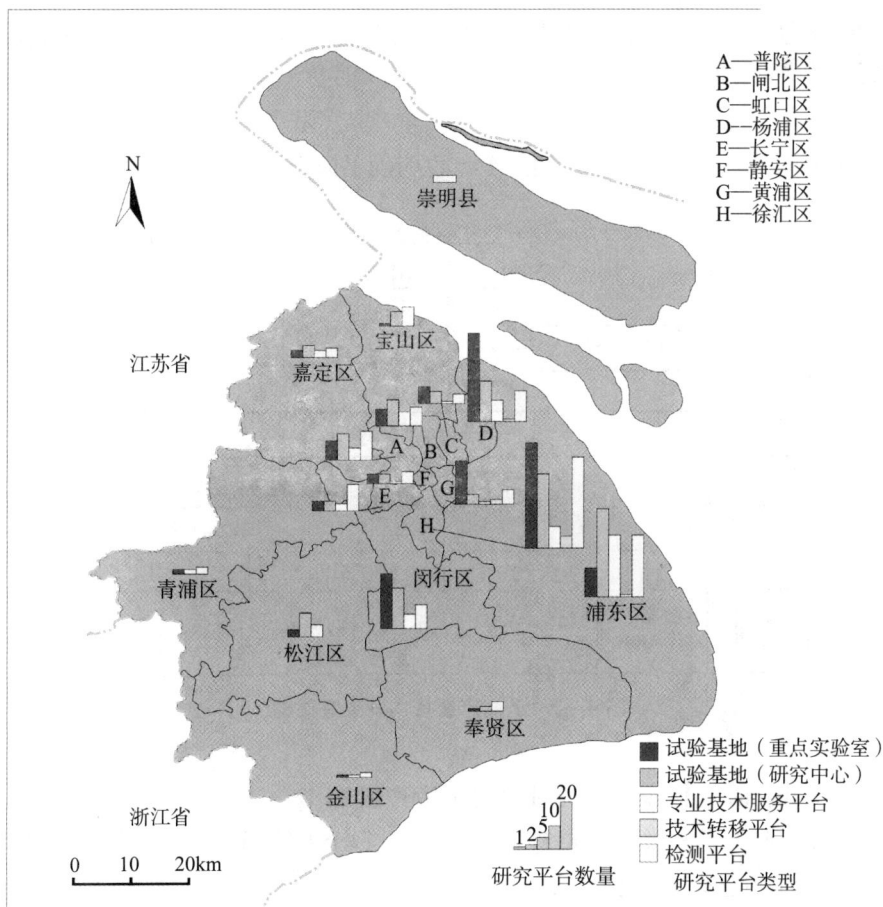

图 4 − 1　上海市共性技术研发服务机构分布情况

七、技术服务模式

当前，上海已在积极探索符合共性技术研发规律的技术服务新模式。2012年8月，上海产业技术研究院（以下简称产研院）挂牌成立，其定位是构建上海产业共性技术体系核心，目的是拉伸产学研合作的纵深程度，建设一个不设围墙的创新机构，尝试让用户、企业、大学和科研机构在其中完成技术研发和转化任务，打通创新过程的各个环节。可以说，这是迄今为止上海市唯一的、也是国内少有的为推动共性技术发展设立的专门机构之一。

上海产研院包含3个重要的子机构——战略咨询智库、研发服务平台和技术创新联盟，执行5项重要任务——战略咨询、共性技术辐射、输送产业技术创新人才、面向中小企业提供产业技术服务、创办企业。其架构如图4-2所示。与以往共性技术研发服务平台相比，重视技术联盟的构建与直接创办企业是其新特色，另外，在人才的输送上，也明确了向产业输出大方向。

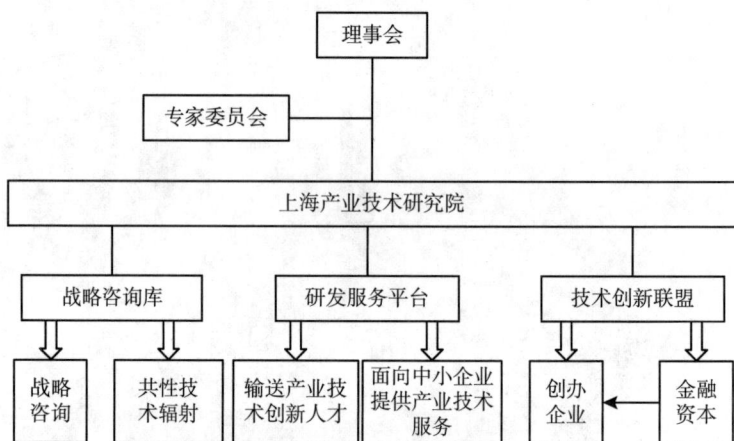

图 4-2 上海产业技术研究院架构

由于建立时间较短，目前难以对上海产研院作发展评价。但其设立的设想，已经与弗劳恩霍夫应用促进学会、NIST、KIST 等国外知名共性技术研发服务机构的功能靠近，集中体现在以下几个方面：

1. 民办非企身份——企业化运营

与德国弗劳恩霍夫应用促进学会等国外知名共性技术研发服务中心一

样，产研院将其自身定位为类似非盈利机构的民办非企性质。所谓民办非企，即技术成果转化过程不以营利为目的，其目标就是将应用转化形成生产性技术，并迅速转移到企业，实现商品化和产业化，以帮助企业创造更多的商业价值。

由于产研院提供产业共性技术这一公共产品，其功能定位要求务实地深入产业。要实现这一目标，作为非营利机构，需要按照企业发展规律思考和行动，需要考虑到成本的控制，以能力为导向激励研究人员，避免走回体制内的老路。因此，企业化运营被证明是好的模式。

2. 平衡财政支持与多种筹资方式

借鉴发达国家共性技术研发服务机构的资金配置原则，产研院在创办初期，政府按一定比例提供稳定的支持，或直接财政拨款或以项目形式委托研发。但同时，在保证政府项目具有明确指向性的原则下，为避免产研院自主运作的空间受限，政府经费支持以阶段性、局部性为原则，技术的选择和研发的价值交由市场来决定。

另一方面，规定了产研院有自主的发展战略和多样化的筹资渠道，争取政府竞争性项目尽早参与到对企业来说风险过高的竞争前研究中，争取企业项目以保证研发成果有效转移给企业和市场。同时，具备时间、经费从事自主布局、未来导向的跨学科、前瞻性、可形成核心竞争力的研究能力。

3. 平衡服务政府与推动企业创新的关系

产研院作为"构建上海产业共性技术体系核心"，其功能定位决定了其在政府与企业之间桥梁的角色（这一点与德国弗劳恩霍夫应用促进学会十分相像）。

政府是产研院重要的"中间客户"，而产研院为广大企业（特别是中小企业）提供产业共性技术服务应是其终极使命。为了对科技企业起到"导航"作用，并为此建立起一整套创新管理系统，产研院树立了"为企业服务"的核心价值观，以市场反响、客户数量和满意度为衡量标准。

4. 注重共性技术研发体系自身的平衡

主要体现在当前技术与前瞻性技术的平衡上，这要求产研院发展既不与产业界脱离，又引领未来。一方面，针对多家企业以"需求"为导向的共性技术研发，加快一个甚至多个产业的技术升级步伐，形成技术优势，形成经济和社会效益。另一方面，针对产业内尚未有承接对象的前瞻性的应用技术，予以关注并探明技术转移的方向，通过铺设"种子计划"对阶段性研发布局进行规划，对于那些预期能较持久地拥有创新性的产业投入更多的资源和人力。

第三节　上海技术创新的建设重点

一、加强遴选机制建设和突出产业重点

完善遴选机制、突出产业重点有助于提高研究效率。借鉴德国、美国、日本等发达国家共性技术研发服务体系建设的经验①，采取非均衡发展思路，形成基于短、中、长期技术演进规律与市场需求的共性技术研发体系框架。根据上海产业升级方向，重点支持关键平台的建设，在关键技术领域实现突破；在行业和技术领域上要覆盖到战略性新兴产业的重点行业和重点领域，为培育战略性新兴产业和产业转型升级打下基础。

建议动态性地遴选、修正上海共性技术目录。在实施上辅以遵循以下步骤，确保共性技术研发的方向、重点与市场需求相对接，弥补共性技术"双重失灵"的路径困惑：

收集市场信息→寻求当前及未来共性技术发展的方向和重点→平台内各类研发主体提出各自的共性技术计划项目方案→企业或相关研究机构申请→第三方专家论证→形成不同领域、同一领域不同研发主体的研究计划→领域竞争与项目竞争→各领域、不同开发主体项目的实施进度和投资计划立体矩阵→专家再次论证→（综合实施难度、进度、经费、市场前景等多因素）遴选出有潜力的、前瞻性好的、可行性高的项目付诸实施。在项目选择上，重点支持以"合同科研"等共性技术研发联盟形式的合作项目。

---

① 美国 NIST 主要开展能源、环境、先进制造、卫生保健、物理基础设施和信息技术六大领域的共性技术研发；德国弗劳恩霍夫协会的技术研发主要集中在健康、安全、通信、交通、能源和环境等领域；日本 AIST 重点发展生命科学和生物技术、信息技术、纳米技术材料和制造、环境和能源、地质调查与应用地球科学、计量测试科学六个研究领域；中国台湾的工研院将咨讯与通信、电子与光电、先进制造与系统、材料化工与纳米、生技与医药、能源与环境六大领域作为主攻方向。

二、明确各类共性技术开发主体任务

发挥上海产研院的核心引领作用，明确各类共性技术开发主体的任务，以形成共性技术基础研究、公益性研究、应用研究的良好组合态势，避免过多交叠造成的研发资源浪费，避免上海市众多战略性新兴产业共性技术研发"高端失守，中低端混战"的局面。

目前上海的共性技术研发以科研院所为主要力量，本应形成以基础共性技术研究为主的共性技术研发结构，充分利用科研院所的技术积累和优势为上海各重点产业的发展提供技术支撑和服务。然而，近年来的科研院所转制使其在共性技术研发服务体系中的角色发生了微妙的变化，科研院所转制后完全面向市场，更加注重创新成果的应用，对于具有前瞻性、战略性的基础研究和社会公益研究的资金、人力投入都大大削减。

上海产业技术研究院的建立是上海共性技术可能取得实质性发展的重要契机。从国外的发展经验来看，美（NIST）、德（弗劳恩霍夫应用促进学会）、日（AIST）、韩（KIST）都建立了专门的共性技术研发与服务平台，该类平台在整个区域创新体系中起着举足轻重的作用，特别是在共性技术体系的确立、立体开发和应用扩散方面提供强有力的支撑。上海产业技术研究院的建立，将在一定程度上促进整合各种共性技术研发资源，替代体制转变过程中一些共性技术研究、服务机构缺失的重要创新功能，弥补体制改革时期区域创新体系中产业共性技术的研发和服务断层。目前，上海产业技术研究院还仅仅只是构建了共性技术研发服务的物理框架，这样一个非营利的类民办非企性质的研发服务平台，在共性技术战略部署、公共产品提供、资金合理配置、"中间客户"（介于政府与企业之间）职能履行方面要走漫长的探索之路。

是否需要成立下属的行业分院或分平台，以整合市域范围内的行业研发资源，也是值得考虑的问题。在当前上海产业技术研究院重点建设清洁能源、机械化工、集成电路、微电子装备等10个大型共性技术开发平台中，建议进一步合并领域、整合资源，将大类领域有能力、研发能力强的研究院所合并，企业化运行、分类管理。

三、集中力量进行竞争前技术开发

重点进行竞争前技术（特别是产业关键共性技术）的开发和部署工作。相比其他共性技术，产业关键共性技术的基础性、关联性、开放性更强，能够在一个或多个行业中广泛应用并产生深刻影响。在上海工业化进入重化工业阶段，工业分工向纵深化方向发展的时期，应将开发产业关键共性技术作为上海工业技术水平提升的重要层面和关键环节。

可不分产业，在各个产业的产品设计环节，注重关键共性技术的网络化、协同化和开放性；在各个产业的产品制造环节，对特大型和关键零件的铸造、塑性成形及精密成形技术、高效加工技术和细微制造技术，优先重点开发，以适应上海转型发展时期工业发展资源综合利用和节能降耗、智能制造、信息化和工业化深度融合等重点发展方向的技术支撑要求。

对目前还能满足经济社会发展需要的战略性基础技术和关键共性技术开发进行分类指导，集聚资源加大开发力度；对已经制约产业发展的重大关键共性技术，组织实施关键共性技术研发项目，支持产业关键共性技术的研发和成果转化应用，支撑工业转型升级和发展。应对上海市步入后工业发展阶段的现实需要，应十分重视机械工业共性技术上海研究院①的作用。

四、加强疏通共性技术扩散通道

共性技术的扩散和应用是共性技术研发的根本目的和最终归宿。可以通过制定一系列激励措施来提高企业采用共性技术的能力和积极性，具体策略有：

税收激励——给予采用先进共性技术的企业以税收优惠，鼓励企业采用新技术或对共性技术进行二次开发，产生专有技术；利用信贷优惠政策激励企业进行技术改造，加速重点发展领域的折旧率，淘汰旧技术，采用新技术。

科技政策——政府管理部门可以在制定发展规划时偏重扶持重点领域的关键共性技术，促进共性技术在涉及国计民生的产业中得到广泛应用，从而加大

---

① 由上海理工大学、上海工业自动化仪表研究院、上海发电设备成套设计研究院、上海电器科学研究院、上海电缆研究所、上海材料研究所、上海电动工具研究所、上海工业锅炉研究所八家单位联合组建。

共性技术扩散和实现市场价值的可能性。

信息平台——通过国家技术推广中心、上海共性技术转让中心、科技中介等共性技术发展机构，打造有层次、有针对性的信息平台，汇总待推广应用的技术成果，建立起技术扩散的信息网，使潜在使用者可以快捷地获取技术信息，改善共性技术扩散的信息环境，推动共性技术得快速、有效扩散。

法律规范——加强知识产权保护，完善合同法、技术有偿转让法等法律法规，促进共性技术研发成果的传播、降低搜寻成本，使技术创新扩散的供需双方保持正规、有效的交流与沟通。

示范基地——建立关键共性技术的示范性产业基地，对共性技术带来的产业竞争力、应用前景、经济效益单元性展示，推广共性技术应用。

第五章

上海城市创新的空间响应

伴随上海创新驱动、转型发展的深入推进，中心城区和科技园区都进入了战略崛起的关键时期，如何通过科技创新实现高端功能的进一步突破提升、发挥对上海城市功能创新的核心支撑和重要引领作用，成为上海中心城区和科技园区未来发展面临的战略新要求。回顾上海近二十多年的科技创新发展历程，作为典型的发展中国家大城市，大量布局在上海城郊的科技园区尽管在较大程度上推动了技术创新，但由于知识创新和管理创新欠缺，并未对上海城市整体科技创新能力的提高起到积极的作用，科技园区的转型升级势在必行。同时，郊区的造厂与造城运动也没有实现产城融合的良性互动，中心城区对于科技创新的作用长期以来被忽视，没有为科技创新提供温良的土壤。

在这一发展惯性下，上海科技创新呈现出以下几个特征：一是总量持续提高但内部分布不均匀，突出表现在"大区大投入、园区高产出"方面，对一些中心城区来说，科技创新一直都是"短板"。二是近年来尽管各区对科技创新充分重视、积极性增强，但由于缺乏顶层设计和统筹规划，各区科技创新的协调程度低，投入产出效率低，从而未能最大限度地推进上海城市的总体科技进步。三是由于全市的科技创新格局尚未形成，服务于知识经济时代的全市科技创新制度氛围也没有完全形成。四是中心城区科技发展的特色不突出、功能定位不明晰，城市内部各行政区没有形成自己的主导产业和特色产业，科技创新趋同现象十分普遍。五是科技创新的市区联动存在诸多问题，在机制创新、工作安排、项目布局、平台构建和环境营造等方面缺乏科技协作和产业化分工，作为城市科技创新整体的"创新链"与高效互动的"工作网络"没有形成。以上问题都亟待在上海城市创新建设的实践中去解决。

第一节 上海城市创新的中心城区响应

作为我国科技创新高地之一的上海，已步入重化工业发展阶段，在这一阶段，一方面，装备、化工等制造业将更加远离城市中心而择地布局；另一方面，随着比较优势减弱，原有优势产业转移和科技园区转型，加之新产业革命的影响一些核心的科技创新活动及其相关产业有向城市中心回归的趋势，这些都为中心城区的科技创新发展提供了新的机遇和挑战。

一、上海城市科技创新空间格局

整个上海市的空间格局从中心到外围依次可划分为中心城区、近郊区、远郊区（见图 5 - 1）。中心城区包括黄浦区、徐汇区、长宁区、静安区、闸北区、

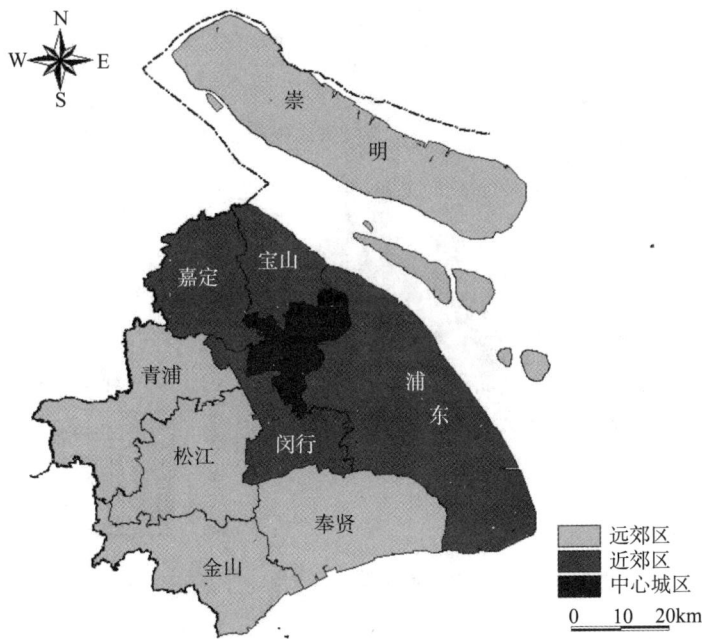

图 5 - 1 上海市中心城区与郊区示意

普陀区、虹口区、杨浦区①；近郊区包括闵行区、宝山区、嘉定区、浦东新区；远郊区包括金山区、松江区、青浦区、奉贤区、崇明区。由于各区县产业结构、功能定位不同，使得上海各区县科技发展存在较大差异。

1. 近郊区科技创新力量较为集中

中心城区经济发展水平虽然高于郊区县，但主要为现代服务业，科技人才和科技机构、高科技企业主要分布在制造业发达的近郊区。从上海市创新型企业分布来看，2013 年上海市中心城区创新型企业占上海市总量的 35.2%，近郊区占 45.6%，远郊区占 19.2%，可见近郊区创新型企业数量要高于中心城区和远郊区。从单个区县的对比来看，近郊区的浦东新区、闵行区和嘉定区创新型企业数量领先于其他区县，特别是浦东新区多达 87 家。中心城区的静安区、黄浦区、长宁区、虹口区创新型企业数量不到 20 家，甚至低于青浦区、松江区等远郊区（见图 5 - 2）。

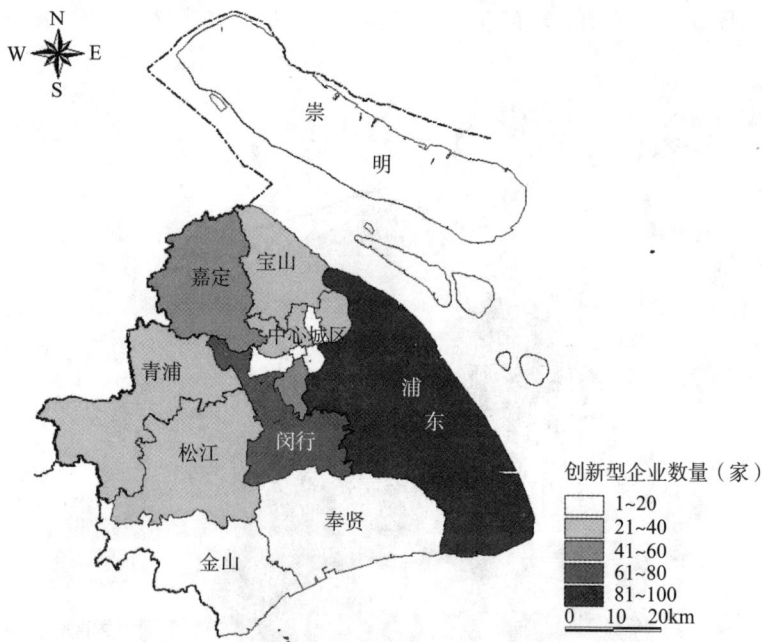

图 5 - 2 2013 年上海市各区县创新型企业分布情况

---

① 2015 年 11 月，上海市静安区与闸北区正式合并成立新的静安区，本书主要分析 2015 年之前的上海市中心城区科技创新情况，因此仍将静安区和闸北区分开论述。

2. 近郊区科技创新投入比重较高

按照当前的科技创新投入统计口径，近郊区在科技创新投入方面远高于中心城区和远郊区。主要是由于产业结构调整促进近郊区对科技创新、成果转化和产业转型发展的投入逐步增加。从财政科技支出占财政支出的比重来看，2013 年上海市中心城区财政科技拨款占地方财政支出比重为 3.85%，近郊区所占比重为 5.24%，远郊区所占比重为 2.30%。近郊区财政科技拨款占地方财政支出比重高于中心城区，是远郊区的 2 倍多。从单个区县的比较来看，闵行区财政科技拨款占地方财政支出比重高达 8.26%，浦东新区也达到 6.94%；中心城区中除了杨浦区所占比重较高外，其他几个区水平相近，总体上低于4%；远郊区除了青浦区比重达到 5% 以外，其他几个区财政科技拨款占地方财政支出比重均较低（见图 5 - 3）。

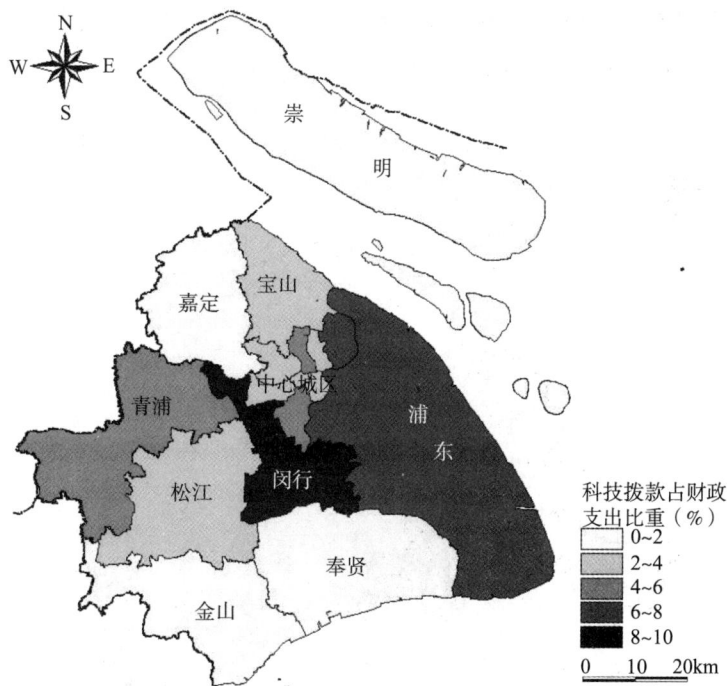

图 5 - 3　2013 年上海市各区县地方财政科技拨款占财政支出比重

3. 中心城区科技创新产出水平较高

虽然与近郊区相比，中心城区在科技创新力量和科技创新投入方面都不具有优势，但从科技创新产出水平来看，中心城区整体上要高于近郊区和远郊区。

每万人发明专利拥有量是指在报告年度内一个地区每万人拥有的有效发明专利量，每万人发明专利拥有量既能体现一个地区拥有的有效发明专利的数量，也能够反映科技成果的价值和竞争力。2013 年上海市中心城区每万人口发明专利拥有量为 20.8 件，近郊区每万人口发明专利拥有量为 17.5 件，远郊区每万人口发明专利拥有量为 6.4 件，可见中心城区每万人口发明专利拥有量略高于近郊区，大大高于远郊区。从单个区县的比较来看，中心城区的徐汇区、杨浦区、长宁区、静安区每万人口发明专利拥有量高于上海市其他区县，特别是徐汇区高达 45 件。不过中心城区内部差距也较为明显，普陀区、闸北区每万人口发明专利拥有量低于 10 件，甚至低于松江等远郊区。近郊区的闵行区、浦东新区、宝山区、嘉定区相差不大，虽然在整体上低于中心城区，但高于黄浦区、普陀区、闸北区等单个中心城区。远郊区的金山区、青浦区、奉贤区、崇明区在上海市处于相对落后水平，崇明区每万人发明专利拥有量仅为1.2 件，在上海市最低（见图 5 - 4）。

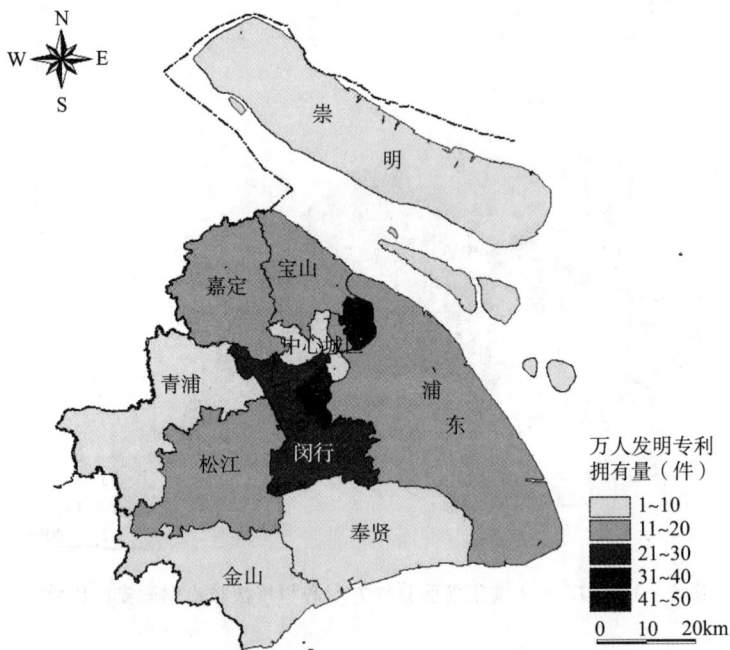

图 5 - 4　2013 年上海市各区县万人发明专利拥有量

技术市场成交合同金额占 GDP 比重可以反映科技成果转化情况。2013 年上海市中心城区技术市场成交合同金额占 GDP 比重为 3.02%。近郊区该比重为 1.54%，远郊区该比重为 0.31%，可见中心城区技术市场成交合同金额占 GDP 比重远高于近郊区和远郊区，是近郊区的 2 倍，是远郊区的 10 倍。从单个区县比较来看，徐汇区技术市场成交合同金额占 GDP 比重高达 14.43%，远远高于其他区县。中心城区内部差异较为明显，长宁区、闸北区技术市场成交合同金额占 GDP 比重都高于 2%，但静安区、黄浦区、虹口区这一比重低于 1%，甚至还不及青浦区。近郊区的浦东新区和宝山区该比重都高于 2%，高于大部分区县。金山区、奉贤、松江区、崇明区等远郊区县该比重最低（见图 5－5）。

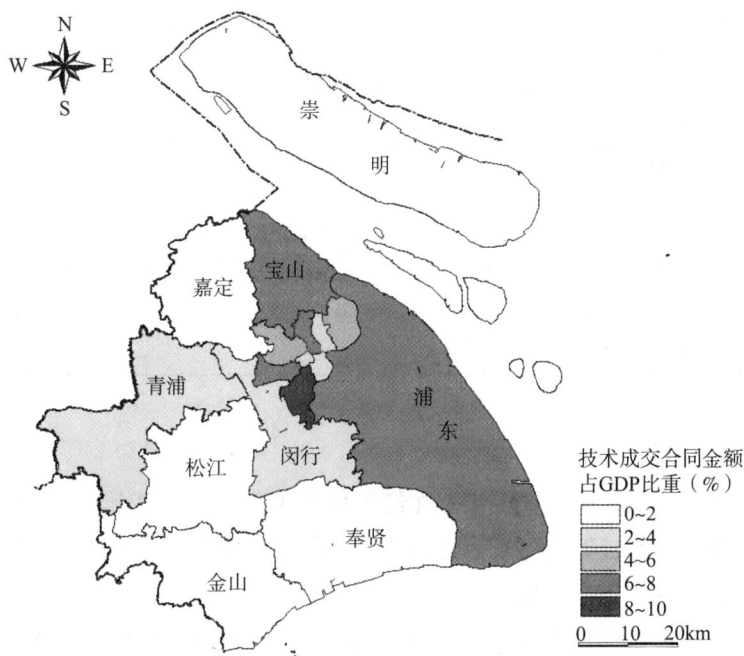

图 5－5　2012 年上海市各区县技术市场成交合同金额占 GDP 比重

4. 各区县科技创新空间分异明显

从上面的分析可以看出，上海市近郊区在科技创新力量和科技创新投入方面整体上高于中心城区和远郊区的发展水平。但在科技创新产出水平方面，中心城区要高于近郊区和远郊区。远郊区不论在创新资源、创新投入，还是在创新产出方面，都落后于中心城区和近郊区。此外，中心城区、近郊区以及远郊区内部各区县之间发展水平也具有一定的差距。上海市各区县科技创新空间分异规律，与中心城区、近郊区和远郊区的产业结构、创新模式等密切相关（见表5-1）。

表5-1　　　　　　　　　上海市三大区域创新模式区别

	科技创新模式
中心城区	重视科技创新的信息基础设施建设，推进"智慧城市"重点应用项目和信息安全建设； 打造以贸易为引领的现代服务业，发展创意设计、软件与信息服务等高新技术和战略性新兴产业；推广传统商业向电子商务转型等数字化、信息化基础网络建设； 以企业为创新主体，着力引进移动互联相关企业，推进科技文化产业融合发展； 建设公共信息服务平台和科技金融平台为主体的创新功能平台
近郊区	建立以企业为主导的产学研用协同创新机制，深化园区、校区、城区"三区联动"的科技创新机制； 以张江高新区及其分园科技孵化器推进科技创新载体建设，推进以企业为主体的创新平台建设； 集聚大批创新型企业，推进生物医药、准备制造、电子信息、新能源、新材料等高新技术创新成果产业化
远郊区	高新技术企业为科技创新主体，以区校联席会议制度形成协同创新机制； 创新投入有限，推动企业申报技术创新资金项目、科技创新专项配套资金、专利扶持资金，以获得资助； 软件和信息服务业、生物医药等科技创新产业化载体逐渐形成，农业技术创新是地区科技创新体系的重要组成部分

（1）中心城区。

与郊区县相比，中心城区工业在经济体系中所占比重很小，制造业企业数量少、规模小，高校等科研机构数量少，这些都决定了中心城区科技创新的基础条件与郊区县有很多区别。

中心城区科技创新重视信息基础设施建设，以推进"智慧城市"重点应用项目和信息安全建设加强信息化建设，如静安区"智慧政务"以社会管理综合治理应用平台建设为切入点，设计和建设综治工作数据库和业务数据共享交换平台。"智慧商务"引导电子商务在各商业、商务领域的应用，推动对中小企业的"云服务"。"智慧社务"搭建公共健康服务平台，提高区域医疗卫生公共服务水平。举办"智慧时代，魅力静安"主题展，全区光纤宽带网络覆盖居民区90%以上，无线局域网在公共场所覆盖90%以上。

在科技创新产业化载体方面，中心城区着重打造以贸易为引领的现代服务业，发展创意设计、软件与信息服务等高新技术和战略性新兴产业。在静安区、黄浦区等中心城区核心区，主要发展商务服务业和文化创意产业，并推广传统商业向电子商务转型；在徐汇区、杨浦区等中心城区外围区，主要发展软件与信息服务、电子信息、云计算、智能电网等高新技术和战略性新兴产业。2013年徐汇区软件和信息服务业、电子信息制造业、生物医药产业、新能源、新材料产业等"3＋X"重点领域加快发展，总规模预计达700亿元。

中心城区以企业为创新主体，着力引进移动互联相关企业，推进科技文化产业融合发展。如虹口区国家数字出版基地形成了三个核心园区：中国出版蓝桥文化创意产业园、上海明珠创意产业园和上海数字电视产业园，2011年产值已突破15亿元，成为区域文化创意产业的支柱。

建设公共信息服务平台和科技金融平台为主体的创新功能平台。如杨浦区设立上海市设计公共服务平台，努力发展多元的信息传播渠道，促进设计创意产业化发展。

（2）近郊区。

近郊区包括浦东新区、闵行区、嘉定区和宝山区，是上海市科技园区、高科技企业聚集区，上海市大部分高校也分布在近郊区。近郊区在科技创新的产业化载体、科技创新资源、成果转化等方面都与中心城区和远郊区有很多不同。

建立以企业为主导的产学研用协同创新机制，深化园区、校区、城区"三区联动"的科技创新机制。如闵行区紫竹科技园区"大紫竹"创新研发先进制造功能区协调推进小组办公室，激活校区、园区和城区所蕴含的创新能量。宝山区推进以企业为主体的工程技术研究中心、重点实验室、院士专家工作站等创新平台建设，先后与华东师范大学、复旦大学等高校签订了战略合作协议，扶持产学研合作项目40项。此外，还以张江高新区及其分园科技孵化器推进科技创新载体建设，推进以企业为主体的创新平台建设。2013年浦东新区共有市级和国家级孵化器18家，共拥有专利1418件；在孵科技企业1095家。

近郊区集聚了大批创新型企业，推进生物医药、准备制造、电子信息、新能源、新材料等高新技术创新成果产业化。2013年上海市近郊区创新型企业占上海市总量的45.6%，上海市近一半的创新型企业集中在近郊区。依靠创新型企业，近郊区主要进行高新技术创新，并推进创新成果的产业化。如浦东新区实施市区联动推进"抗体药物创新热点"计划，打造具有国际竞争力的抗体药物产业创新集群；集聚大批重量级的创新型抗体药物企业，实施拥有自主知识产权的创新药物科研项目产业化。

鉴于近郊区创新型企业集聚、技术创新优势突出，各区创新科技体制机制，以推动科技创新发展。浦东新区发布《关于加快构建浦东新区区域创新体系建设，努力建设创新型城区的实施意见》，在投资进入、退出环节的价值评估和定价以及绩效考核和激励等方面做出重大制度创新；并推进全国知识产权质押融资试点工作。闵行区制订出台《关于加快推进科技创新和科技成果产业化实施意见》及配套实施办法，宝山区完善《宝山区关于加强"调结构、促转型"支持产业发展专项资金管理若干意见》等9个细化管理办法。

（3）远郊区。

相对于中心城区和近郊区而言，远郊区经济发展水平较为落后，科技创新投入水平低，高校、创新型企业等创新力量数量较少，科技园区以及新兴战略型产业还处于起步发展阶段。

高新技术企业是科技创新的主体，远郊区以区校联席会议制度形成协同创新机制。如2013年金山区共认定市科技小巨人企业6家，科技小巨人培育企业34家，13家企业评为上海市创新型企业，以创新型企业为科技创新主体。奉贤区加强与区内高校对接，区政府与上海师范大学签署了框架合作协议，基本拟定了与华东理工大学框架合作协议条款，积极争取高校的科技资源和技术成果向奉贤区扩散和转化。由于经济发展水平不高，科技创新经费投入难以满足要求，主要通过推动企业申报技术创新资金项目、科技创新专项配套资金、专利扶持资金，以获得资助。如2013年崇明区申请工业企业发展专项资金、科技创新专项配套资金、专利扶持资金等共计271.1万元，申请市科技型中小企业技术创新资金项目27个。

软件和信息服务业、生物医药等科技创新产业化载体逐渐形成，农业技术创新是地区科技创新体系的重要组成部分。远郊区科技园区和高新技术产业集群正处于形成阶段，科技创新的产业化载体还不成熟。如2013年青浦区腾讯云计算中心和电子商务基地开工，紫光（上海）智能园项目入驻张江高新区青浦园，市软件和信息服务业重点项目之一的"移动智地"上海移动互联网产业基地正式落户青浦，推进青浦软件和信息服务业发展。金山区目前正进行张江高新区金山园申报工作，以加强区域科技创新载体建设。2013年金山区推动区农业技术的进步和种源的改良，农业科技立项国家1项、市科委4项。青浦区申报上海科技创新行动计划农业领域项目和上海市农业星火富民科技工程各一项。

二、上海中心城区科技创新发展现状

1. 中心城区科技创新基础条件

上海中心城区创新力量、创新投入不及近郊区，但创新产出高于近郊区，说明中心城区的科技创新模式具有自己的独特性。静安区和黄浦区是上海中心城区的核心区，本书选择其作为案例，分析上海市中心城区科技创新的基础条件、发展现状以及存在的问题。

（1）现代服务业构成科技创新产业化载体。

从三产结构来看，2013 年，黄浦区第三产业占 GDP 比重为 94.7%，静安区第三产业占 GDP 比重为 97.5%，上海市平均水平为 60.4%。而闵行区、松江区、嘉定区、崇明区、金山区、奉贤区等郊区县第三产业占 GDP 比重均低于 40%（见图 5 - 6）。静安区和黄浦区等中心城区与郊区县相比，第三产业在产业结构中所占比重非常大，这就决定了中心城区和郊区县科技创新的产业环境有很大不同。闵行区、松江区、嘉定区等郊区县第三产业所占比重较低，科技创新主要在第二产业，特别是在制造业中开展，主要进行产品创新和技术创新；而静安区、黄浦区等中心城区科技创新主要在第三产业部门开展，以服务创新和商业模式创新为主。

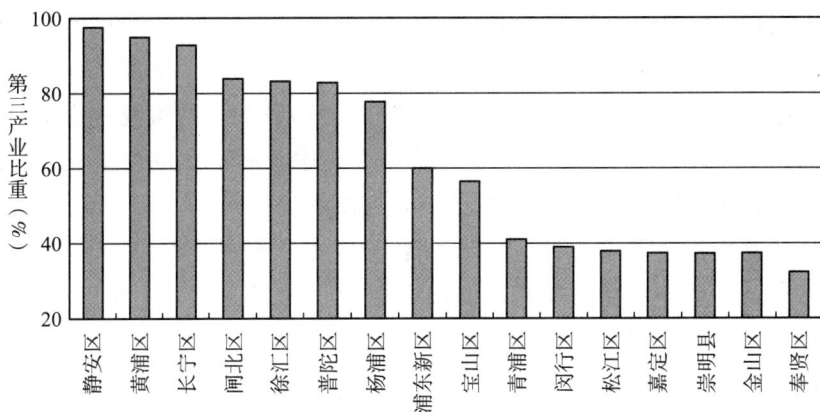

图 5 - 6　2013 年上海市各区县第三产业占 GDP 比重

资料来源：各区县《2013 年国民经济和社会发展统计公报》。

从工业及第三产业构成来看，2013 年，静安区工业增加值占 GDP 比重为 1%，同年上海市平均水平为 35.2%。在第三产业中，静安区批发零售业和金融业占 GDP 比重合计为 43%，黄浦区批发零售业和金融业占 GDP 比重更是高达 53.3%，占第三产业比重为 56.3%，远高于上海市平均水平（见图 5-7）。但两区工业所占比重甚微，科技创新主要在服务业中开展。

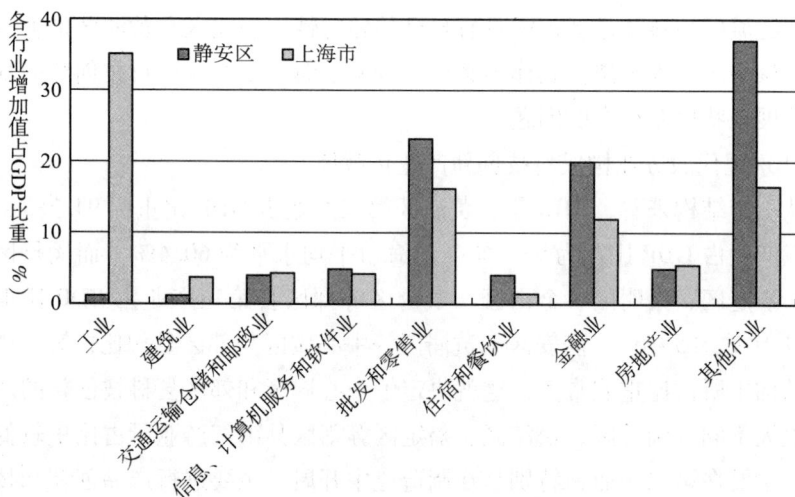

图 5-7 2013 年上海市和静安区各行业增加值占 GDP 比重

资料来源：《上海统计年鉴（2014）》、《静安统计年鉴（2014）》。

不同行业税收收入比重也可以反映中心城区在产业结构方面的特点。以静安区为例，2013 年静安区各主要行业税收收入比重如图 5-8 所示，其中工业和建筑业税收所占比重最低，分别为 2.23% 和 0.78%。商贸流通业税收所占比重高达 37.3%，专业服务业、房地产业、金融业和文化创意服务业所占比重均处于较高水平，对地区税收收入贡献突出。

从专业服务业发展来看，2013 年静安区专业服务业企业全年营业收入 283.93 亿元。其中：投资管理、咨询服务业企业营业收入 199.27 亿元，占 70.18%；法律服务业企业营业收入 19.75 亿元，占 6.895%；会计、审计服务业企业营业收入 10.68 亿元，占 3.15%；运输代理服务业企业营业收入 31.58 亿元，占 11.12%（见图 5-9），投资管理、咨询服务业在专业服务业中占有优势比重。

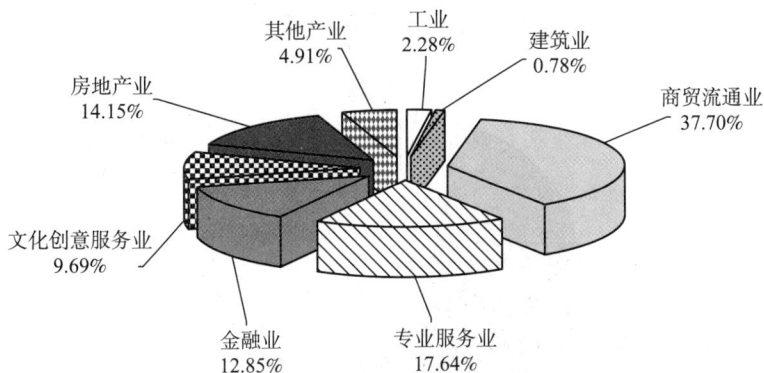

其他产业 4.91%
工业 2.28%
建筑业 0.78%
商贸流通业 37.70%
房地产业 14.15%
文化创意服务业 9.69%
金融业 12.85%
专业服务业 17.64%

图 5 - 8 2013 年静安区分行业税收比重

资料来源:《2013 年上海市静安区国民经济和社会发展统计公报》。

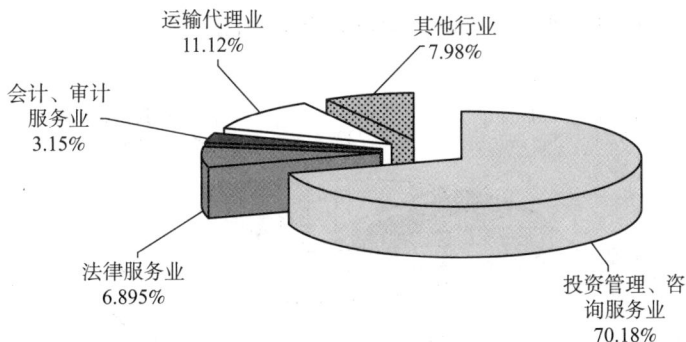

运输代理业 11.12%
其他行业 7.98%
会计、审计服务业 3.15%
法律服务业 6.895%
投资管理、咨询服务业 70.18%

图 5 - 9 2013 年静安区专业服务业分行业营业收入比重

资料来源:《2013 年上海市静安区国民经济和社会发展统计公报》。

2013 年黄浦区服务业的领衔产业为商务服务业和装卸搬运/运输代理业,营业收入分占比 58.67% 和 30.15%(见图 5 - 10)。软件和信息技术服务业所占比重虽然小于装卸搬运和运输代理业和商务服务业,但是从投资收益和增长幅度来看,有成为支柱产业的成长空间,与新黄浦区以现代服务业为先导性产业的模式相吻合。此外,黄浦区社会服务业也在向现代化模式转型,互联网和其他信息服务业、专业技术服务业都具有良好发展态势。

从文化创意服务业发展来看,2013 年静安区文化创意服务业企业全年营业收入 401.55 亿元。其中:信息服务业实现营业收入 35.06 亿元,占 8.73%;广告业企业营业收入 275.61 亿元,占 68.64%;设计服务业企业营业收入 36.09 亿元,占 8.99%;文化、体育和娱乐业营业收入 15.76 亿元,占 3.92%(见图 5 - 11)。

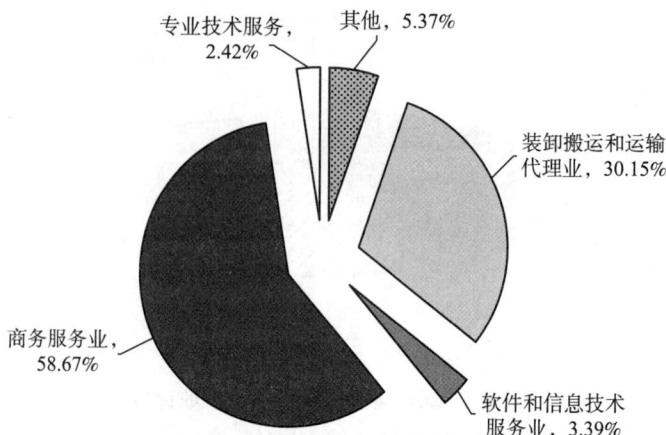

图 5 - 10　2013 年黄浦区服务业分行业营业收入比重

资料来源:《2013 年上海市黄浦区国民经济和社会发展统计公报》。

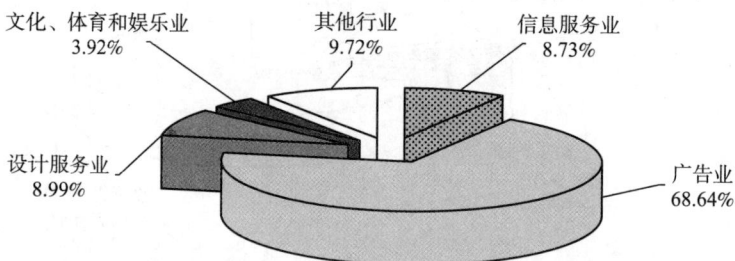

图 5 - 11　2012 年静安区文化创意服务业分行业营业收入比重

资料来源:《2012 年上海市静安区国民经济和社会发展统计公报》。

　　黄浦区形成了一批独具特色与功能形态相结合的创意产业园区（见表 5 - 2），这些文化创意产业引领了上海创意文化的品牌效应。2013 年黄浦区文化创意产业实现税收 43.2 亿元，占全区税收总量的 10.8%，已经成为全区经济的支柱产业之一。

表 5 - 2　　　　　　　　　　　黄浦区文化创意产业特色发展

创意产业园区	主要特色
8 号桥	以建筑设计为主要产业特色
江南智造	以创意设计为主要产业特色
田子坊	以室内设计、视觉设计、工艺美术为主要产业特色，发展商旅文联动

创意产业园区	主要特色
卓维700	以陶瓷文化为主要产业特色
老码头	以人文艺术、休闲旅游为主要特色
豫园地区	打造上海国际黄金珠宝创意产业区

资料来源：作者整理。

（2）服务业企业构成科技创新主体。

一般认为，科技创新主体包括企业、高校、科研院所、行业组织、投融资机构以及其他中介机构在内的服务机构。上海市目前共有普通高等学校67所，而静安区和黄浦区内没有高校，这也就决定了区内科技创新主体的构成体系与郊区县有很多区别。

企业是上海中心城区科技创新的主体。然而，与工业发达的区县相比，静安区和黄浦区制造业企业数量少，主要以服务类企业为主。2013年静安区企业总数为12728家，其中工业企业所占比重仅为2.4%；服务类企业所占比重较高，如交通运输、仓储和邮政业企业所占比重为17.7%，批发和零售业企业占比25%、租赁和商务服务业企业占比25.4%，信息服务业、科学技术服务业企业也占有较高比重（见图5-12）。

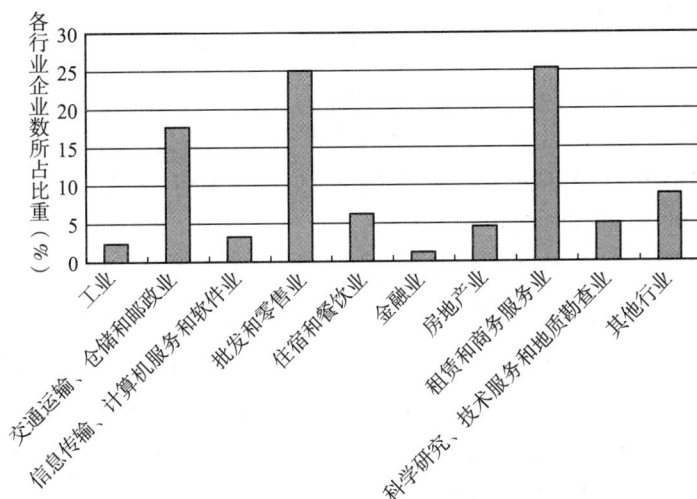

图5-12　2012年静安区各行业企业数量占总数的比重

资料来源：《静安统计年鉴（2013）》。

静安区和黄浦区的情况表明，中心城区的产业环境、创新主体等科技创新基础条件都与非中心城区有很大区别，这就决定了传统的制造业背景下的创新工作思路不符合中心城区实际情况，中心城区科技创新的形式不再以郊区县制造业环境下的技术创新、产品创新为主，而是以能够体现中心城区服务业环境特点的服务创新、商业流程创新和商业模式创新为主要创新形式。应围绕生产部门的管理、组织、设计，以及传统服务业和智力服务业等开展创新活动，开发、应用新的服务方法、服务途径、服务对象、服务市场的活动；将新的商业模式引入社会的生产体系，新引入的商业模式，在构成要素及其之间相互关系、动力机制等方面不同于已有商业模式，并创造更高的价值。

2. 中心城区科技创新发展现状

以服务业为主的产业环境使得静安区和黄浦区在专利授权量、技术合同交易额以及研发投入等传统衡量科技创新的指标方面发展水平较低，而在服务创新、商业模式创新等中心城区独特的创新形式方面开展了相应的工作。

（1）技术创新投入产出水平较低。

提到科技创新，一般首先想到的是技术进步和新产品研发，在现有的科技创新架构下，R&D 投入、科技支出在财政支出的比重、发明专利拥有量、技术市场成交合同金额等成为衡量一个地区科技创新发展水平的主要指标。由于中心城区行业组成与郊区县有很大不同，非技术创新是科技创新的主要内容和形式，因此，如以技术创新衡量指标为标准，中心城区科技创新水平表现较差。例如，按照以技术进步为主要目标的衡量标准，在科技创新投入方面，2013 年静安区和黄浦区全社会 R&D 经费占 GDP 比重分别为 0.5% 和 0.32%，远远低于上海市其他区县，特别是闵行区全社会 R&D 经费占 GDP 比重高达 8.18%，中心城区与其差距突出（见图 5-13）。

2013 年静安区和黄浦区科学技术支出占财政支出的比重分别为 3.8% 和 3.29%，同年上海市科技经费支出占财政支出比重的平均水平为 5.9%，静安区和黄浦区在上海市处于中等水平，远远低于闵行区和浦东新区等制造业发达的区县（见图 5-14）。可见，按照当前的科技创新投入统计口径，静安区和黄浦区等中心城区在创新投入方面也低于其他区县，原因在于现有的科技创新投入统计集中于制造业等行业领域。

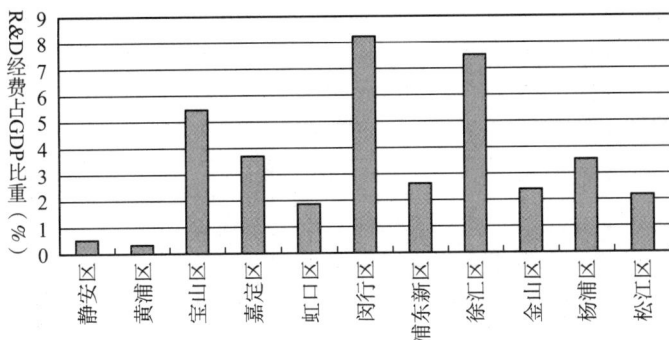

图 5 – 13　2013 年上海市部分区县全社会 R&D 经费占 GDP 比重

资料来源：各区县《2013 年国民经济和社会发展统计公报》。

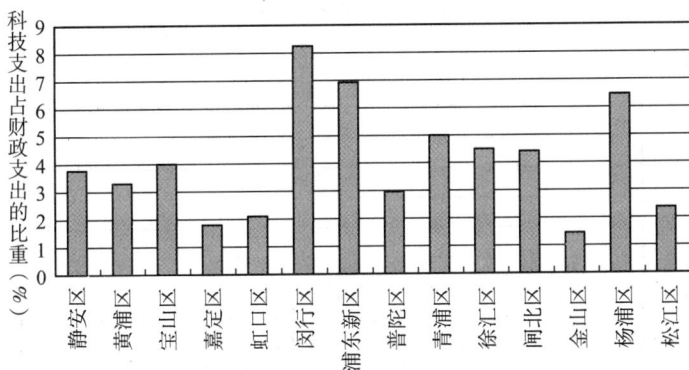

图 5 – 14　2013 年上海市部分区县科技支出占财政支出比重

资料来源：各区县《2013 年国民经济和社会发展统计公报》。

在科技创新产出方面，有效专利拥有量反映的是科技产出的市场价值和竞争力，体系了自主知识产权的创造、拥有、运用情况，代表着专利的技术含量。从有效专利拥有量来看，静安区和黄浦区有效专利拥有量分别为 463 件和 539 件，远远低于浦东新区和闵行区，宝山区、嘉定区、松江区的有效专利拥有量都在千件以上。静安区和黄浦区仅仅高于金山区、奉贤区和崇明区等经济发展水平较低的远郊区县（见图 5 – 15）。

技术市场成交合同金额最能体现技术创新能力和科技创新活力，从技术市场成交合同金额占 GDP 的比重来看，2012 年静安区和黄浦区技术市场成交合同金额占 GDP 比重分别为 0.92% 和 0.66%，在上海市处于中等偏下的发展水平，低于宝山区、浦东新区、松江区等郊区县（见图 5 – 16）。从表面上看，似乎静安区和黄浦区在技术创新能力发展水平也低于一些郊区县。

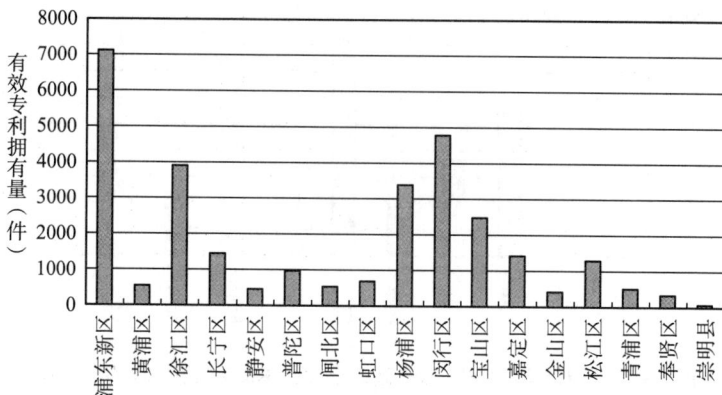

图 5 - 15   2013 年上海市各区县有效专利拥有量

资料来源：各区县《2013 年国民经济和社会发展统计公报》。

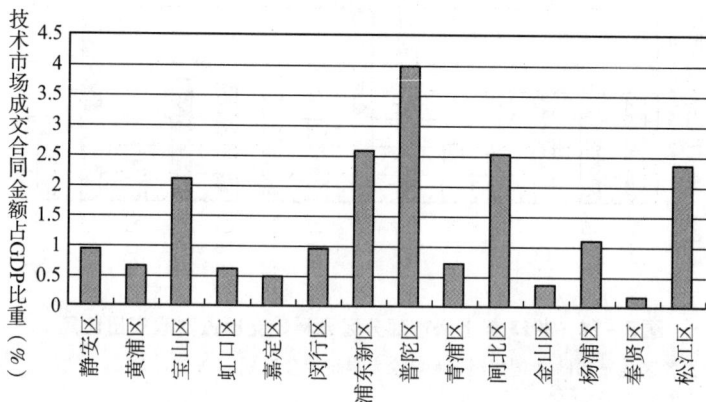

图 5 - 16   2013 年上海市部分区县技术市场成交合同金额占 GDP 比重

资料来源：各区县《2013 年国民经济和社会发展统计公报》。

　　实际上，从发达国家城市的演进规律来看，创新仍然是中心城区经济社会繁荣的核心力量。因此，中心城区科技创新的开展不能按照固有思路，需要突破技术创新和产品创新的局限，开创新的科技思路、创新目标和创新方法。

　　（2）以需求为导向开展科技创新服务。

　　中心城区科技创新服务反映的是政府和有关组织服务于城市发展的行为总和，是一个创造生产力的过程，构成了中心城区发展环境的重要内容，可以提高中心城区知名度，有力地推动城市的旅游业、商业等相关产业的快速发展。因此科技创新服务对中心城区综合竞争力有着重要的影响。

1）中心城区科技创新服务的内容。

静安区共有 200 幢左右的商务楼宇，聚集了 20 万余名"高学历、高技能、高收入"的城市白领人员在内工作。楼宇经济已成为静安区的主要经济发展形式，贡献了 70% 以上的税收。静安区科技创新服务正是基于这样的城市发展模式所展开的，主要创新内容包括创设白领驿家、白领午餐、白领学堂等公益服务平台（见表 5 –3）。

表 5 –3　　　　　　　　　　静安区科技创新服务形式及内容

创新形式	主要内容
白领驿家	配套实体服务活动中心； 免费入会的会员制组织方式； 借助网站、BBS 论坛、客服电话、手机短信平台和 QQ 群进行信息发布和交流互动； 整合区域服务资源，统筹到"白领驿家"平台； 与有关街道合作建立上海市首个商务楼宇公共服务平台
白领午餐	成立了商务楼宇员工午餐工作联席会议，形成协调机制； 从市场准入、日常监管与评估、反馈等环节建立健全午餐行业管理体系； 以推荐单位和楼宇食堂为基础，以特色单位和超市为补充； 通过宣传、营销、展示等途径打造"白领午餐"的品牌形象； 政府引导，系统调配区内餐饮资源，引进品牌餐饮企业运作
白领学堂	课程基本形式以学习沙龙、精品讲座和展示活动为主； 教学点的产生采取政府招标的方式； 整合社会教育机构，政府统一包装宣传； 收费采取政府补贴、成本收费与免费学习相结合的运作方式； 课堂宣传采取市场化的宣传和推广方式

资料来源：周其俊（2009）、栾吟之（2009）、陈里予（2013）。

"白领驿家"是静安区创设的服务平台。由于城市工作生活压力非常大，很多城市白领在社交、娱乐、健身等方面的需求难以得到充分的满足。针对白领面临的难题，静安区创新服务方式，采取政府支持、社会化运作、公益性服务的运作方式，按照白领不同的喜好和需求，整合区域内商业、餐饮、医疗、体育、休闲等各类资源，为区内的白领提供一个良好的交流平台。第一批共有400 多家"白领驿家"的合作联盟单位为白领提供新型服务。通过此种服务创新，将全区白领服务工作从局部、单一化推向整体、多元化，将政府服务融入白领的日常工作生活中，是一种很好的服务和管理创新。

"白领午餐"是静安区针对白领中午就餐价格偏高、路程较远、品种单调等困难现象，于 2008 年启动的创新服务形式。静安区先后制定了《静安区商务楼宇员工午餐项目申报审批流程》、《静安区商务楼宇午餐专项资金管理和使用办法》、《静安区商务楼宇白领用餐供餐单位食品卫生规范性要求（暂行）》等规范，从市场准入、日常监管和评估、反馈等环节不断完善午餐行业管理体系。形成以推荐单位和楼宇食堂为基础，特色单位和便利店为补充的"白领午餐"供应网络。到 2014 年，静安区已经拥有 150 家"白领午餐"单位，基本覆盖全区商务楼宇的。"白领午餐"中外资餐饮企业所占比例达到 30%、品牌特色餐饮企业所占比例为 80%，餐饮业营业收入同比增长 30%。作为静安优化商务楼宇配套环境，增强产业能级与集聚度的一项重要创新工程，静安区立足"政府引导、市场运作、整合资源、加强监管"的原则，实现由传统楼宇食堂向现代餐饮企业运作模式转变，由传统套餐模式向自助午餐模式转变，由服务白领为主向兼顾服务社区居民转变。静安区"白领午餐工程"案例获得 2012 年度上海商业创新奖称号。

"白领学堂"是静安区结合中心城区楼宇经济发达的区位特点，针对白领人士以及广大在职人员学习和文化进修的需求，在上海市首先创建的一种办学模式。课程以学习沙龙、精品讲座和展示活动为主要形式，共有静安东西方文化进修学校、锦创教育培训中心、银都艺员培训学校、圆桌英语培训中心、外服国际人才培训中心、奋发进修学院等多个教学点。教学点采取政府补贴、成本收费与免费学习相结合的不同运作方式，为白领人士提供学习机会。教学点整合部分有特色、有诚信的社会教育机构，由政府统一包装，采取市场化的宣传推广方式，通过大型户外宣传活动吸引电视媒体的报道等方式提高知名度，最终实现服务区域经济社会发展、提升人才竞争力的目标。

2）中心城区科技创新服务的特征。

一是服务范围上坚持公众化。服务创新要惠及大多数公众，当前开展的白领午餐等创新形式开始由服务白领为主向兼顾服务社区居民转变。

二是在服务机制上探索市场化手段。提供公益性服务虽然是中心城区政府部门的基本职能，但由于受到人力、物力、财力等诸多因素的限制，由政府提供公益性服务难以满足公众的服务需求。中心城区服务创新探索采用政府引导与市场化运作相结合的方式，借助市场力量提供更好的城市服务，如引入社会餐饮资源、教育资源开展服务创新等。

三是在服务手段上突出信息化。中心城区服务创新善于利用和发挥互联网的价值，通过电子政务将社会公众与政府部门连接起来，政府通过信息化渠道进行包装宣传，公众通过相应渠道进行积极反馈，形成双向的服务信息流。

四是在服务内容上凸显中心城区个性。中心城区服务创新围绕和强化城市核心竞争力，整合中心城区的人力资源、科技创新、人文精神等要素资源，显著提高城市竞争力。楼宇经济是静安区的主要经济形式，因此静安区服务创新在内容上都是以服务楼宇经济展开，凸显了中心城区的特点。

总的看来，中心城区服务创新必须在优化区域软环境、体现区域软实力的前提下开展，通过满足产业配套服务，充分调动社会组织积极性、参与社会管理创新，全面增强中心城区产业和人才的核心竞争力，提高产业能级与集聚度，为现代服务业集聚区建设提供重要的推动力。

（3）融合互联网技术的商业模式创新。

在知识经济时代，商业模式创新作为一种新的创新形态，其重要性甚至超过技术创新等创新形态。商业模式创新的多寡与优劣与计算机互联网在商业世界的普及应用密切相关。

1）中心城区商业模式创新的内容。

静安区和黄浦区是上海市的金融中心、商贸中心，也是高端信息服务业最密集的中心城区。随着"数字经济"时代的来临，互联网改变了基本的商业竞争环境和经济规则，使大量新的商业实践成为可能。静安区和黄浦区的金融创新和商贸创新紧密结合互联网技术，探索了数字经济时代的商业模式创新（见表 5 - 4）。

表 5 - 4　　　　　　　　中心城区商业模式创新形式及内容

	创新内容	商业模式
金融创新	互联网企业与金融机构融合发展，实现互联网企业和银行、保险、证券等金融机构的融合； 促进互联网金融企业与征信机构的合作，防范金融风险； 对企业开发出的重大创新产品、技术或服务、业界公认首创的商业模式等给予奖励	金融控股、网络支付、P2P 网贷、云银行、金融产品销售、金融信息服务平台
商贸创新	传统优质商业品牌积极"触网"、实现商业模式创新和企业转型； 网店提供信息，选实体店购物，实现线上与线下的联动； 企业联手打造电子商务平台，联动创新	B2B，G2B，O2O，网上合同谈判，网上招商引资，网上商品销售

资料来源：作者整理。

①焦互联网金融的金融创新。2013 年，黄浦区公布了《黄浦区关于建设

外滩金融创新试验区的实施意见细则》，提出建设外滩金融创新试验区，多家涉及金融控股、网络支付、P2P网贷、云银行、财富管理、金融信息服务平台等多种类型的互联网金融和民营金融机构与黄浦区金融办进行接触，以发展互联网与金融相融合的新兴的商业模式。

一是允许企业冠名"外滩"，以形成品牌效应。外滩作为全球知名的地标，一般在企业名称中不允许使用。现在已开始允许试验区内具有重大创新意义的示范项目名称使用符合国际惯例、行业标准的用语，允许互联网金融的代表性企业在企业名称中使用"外滩"字样。

二是互联网企业与金融机构融合发展。外滩金融集聚带主要发展网上银行、网上保险、网上证券等互联网金融模式。各类互联网企业发起或参与成立互联网金融服务企业，实现互联网企业和金融机构的融合，改变依靠物理网点提供金融服务的发展方式，重视云计算、大数据等资源平台的运用。

三是制度政策促进互联网金融创新。外滩金融创新试验区对互联网金融企业前两年利润所得形成的相关贡献给予全额扶持，对增加值、营业收入形成的相关贡献给予减半扶持。此外，黄浦区对互联网金融企业开发出得到社会肯定的重大创新产品或服务、业界公认首创的商业模式等给予奖励。

四是加强互联网金融企业与征信机构的合作。要求企业在黄浦区银行设立"风险准备金"账户，根据初拟交易合同金额的1%拨备，合同执行完毕后即可重新返至企业账户。上海资信有限公司已建立了针对互联网金融机构的征信体系，该体系将与在试验区内落户的金融机构对接。

②以信息化开展商务模式创新。在电子商务迅猛崛起的背景下，顺应电子商务发展趋势，实现线上线下协同发展是传统商业的必然选择。静安区和黄浦区有效发挥商业品牌集聚、商业环境优越、文化底蕴深厚的比较优势，中心城区实体商家纷纷触电触网，如杏花楼、新雅、功德林、小绍兴、小金陵、邵万生、三阳等老字号企业组建了南京路网上商城；南京路、淮海路一批名店还开出了网上商店，通过网店提供的信息，选实体店购物，实现线上与线下的联动。

一是企业自建电子平台，联动创新。上海药房是上海市首家具有合法互联网药品交易资质的医药连锁企业，并于2007年和2009年先后被评为上海市电子商务类优秀网站，2012年网络销售额达2013万元，同比上升687%。2012年7月，改造后的"南京路商城"全新上线，以"中华老字号"商品和全球代购为特色；"淘五金"是以五金产品经营、产品展示和信息互动为特点的B2B第三方公共服务平台，提供国内首创的网上合同谈判和电子签章工具以及合同管理等服务，解决 B2B 交易中合同谈判及具有法律效力的认证环节，填补了国内空白，构建"信息—谈判—电子签章—支付—合同管理"的完整的工作流系统，并提供了完整的电子商务交易流程。新世界集团建立的"核心商务网"利用中央商务区黄金商铺资源，为政府招商引资和企业科学投资创造便利，打造政府为企业服务的 G2B 电子商务平台。利用网上网下联动拍卖应用系统，与上海黄浦拍卖行联手合作共同招商。2012 年通过二次拍租实现总业务金额 2473.31 万元，利润 53.11 万元。

二是借助其他互联网电子平台，进行电子商务创新。杏花楼、新雅、功德林、川湘、王宝和、培罗蒙、周虎臣、曹素功等品牌在淘宝、天猫、1 号店、京东上均有网购。"全国土特产"于 2009 年 9 月正式入驻淘宝网，开设"上海全国土特产食品"淘宝店；2011 年 6 月进驻天猫商城，开设"全土天猫商城店"，月均销售额近 10 万元；并与大型电视购物公司东方 CJ 建立合作关系。

2）中心城区商业模式创新的特征。

一是重视政府关键引导作用。静安区和黄浦区在支持小微企业融资、金融创新研发等领域特别给予企业资金支持，不仅扶持企业，还充分考虑了对投身其中的核心团队和个人的奖励（谈燕，2013）。为了创造良好的金融创新环境，黄浦区对符合条件的楼宇和园区给予补贴，授予"互联网金融产业园区"铭牌。通过采取各种引导措施，鼓励和促进企业进行商业模式创新。

二是强化与互联网技术的融合。不论是金融创新还是商务模式创新，都强调与互联网技术的融合和对接，如外滩金融创新试验区建立与主要通信运营商的保障机制，推进信息基础设施集约利用，推进"智慧外滩"建设，实现无线热点全覆盖布局，满足企业运营的通信设施需求。商务模式创新更为注重传统商业品牌与电子商务的融合，创新经营模式和内容，突破了传统商业模式的时间和空间界限。

三是企业联动创新。即电子商务平台与传统商务服务企业的联动创新，通过自建电子商务平台、借助其他互联网电子平台，创新线上线下联动模式，实现传统商业品牌与现代信息服务的优势互补。

（4）中心城区科技创新运行机制。

在静安区、黄浦区科技创新建设中，由于制造业所占比重很小，技术创新能力薄弱，在传统科技创新统计、评估体系下，相对于其他区县水平落后。围绕提升中心城区现代服务业竞争能力，静安区、黄浦区制定了一系列政策，采取相关措施促进服务创新、商业模式创新，科技创新体系运行机制如图 5-17 所示。

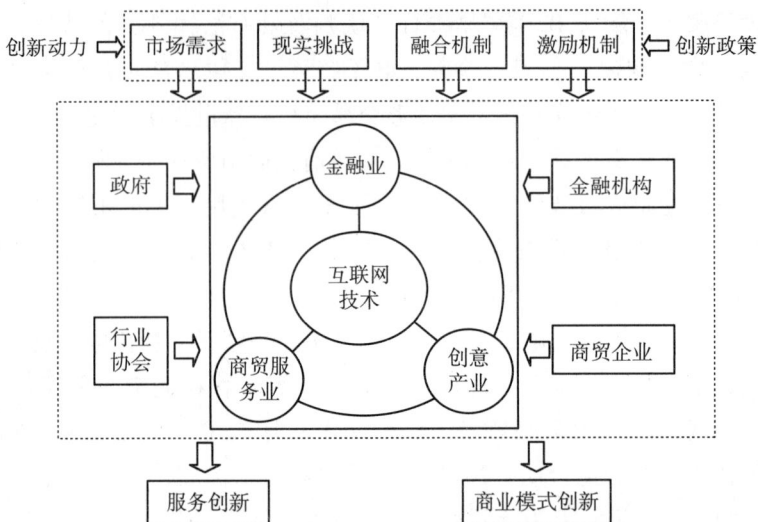

图 5-17　上海市中心城区科技创新体系运行机制

资料来源：作者自绘。

　　静安区、黄浦区科技创新的动力可总结为市场需求和现实挑战两个方面。楼宇经济是静安区的主要经济形式。通过服务创新满足经济发展需求，有利于提高产业能级与集聚度，为现代服务业集聚区建设提供重要的推动力。电子商务的兴起给静安区和黄浦区的传统商业区带来很大挑战，促使中心城区探索利用信息化手段创新传统商业模式，培育一批新的经济增长点。

　　政府、行业协会、金融机构、商贸企业构成静安区和黄浦区科技创新系统的创新主体。其中政府发挥了积极的引导作用，从产业发展战略的制定，到融合政策、激励政策的制定，再到基础设施的建设，均由政府各部门牵头发起；商务行业协会等机构通过举办商业沙龙为商业企业信息交流和知识共享提供机会和平台；金融机构、商贸企业等服务业企业顺应互联网技术发展趋势，积极实践数字经济时代商业模式和服务模式，通过创新企业运营方式提高生产率和竞争力。

　　随着新一代互联网技术的迅速发展，电子商务形式更加多样，技术更加成熟，中心城区的服务创新和商业模式创新必然紧紧结合互联网技术开展。静安区和黄浦区金融业、商贸服务业和创意产业的创新发展都与互联网技术密切相关，近年来，建设了以数字化、网络化、智能化为主要特征的智慧城市，为服务业和商务业的发展创造更加有利的基础环境。

3. 中心城区科技创新空间格局

（1）上海市中心城区科技创新空间格局。

根据中心城区科技创新的知识密集、创意密集、商贸密集特征可以看出，上海市中心城区科技创新功能在空间上呈带状分布，分为沿中环科技研发产业带、沿内环创意设计产业带和核心区商贸服务产业带（见图 5-18）。

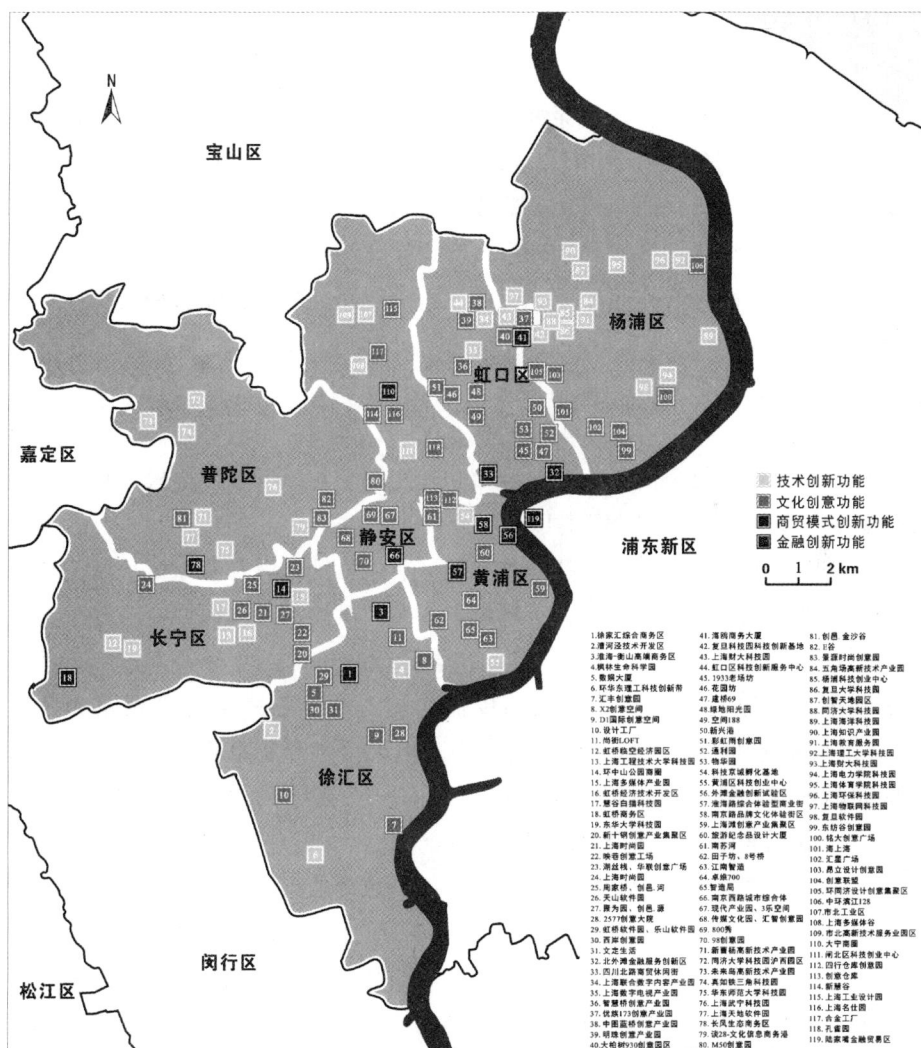

图 5-18　上海市中心城区创新功能分布

资料来源：作者自绘。

沿中环科技研发产业带贯穿杨浦区、虹口区、闸北区、普陀区、长宁区和徐汇区等，是各种类型科技园区分布集中的区域，通过发展高新技术产业集群，进行技术创新和研发活动，如张江国家自主创新示范区各区分园。

沿内环创意设计产业带贯穿杨浦区、虹口区、闸北区、普陀区、长宁区、徐汇区和黄浦区等，是各种类型创意产业园分布集中的区域，主要进行设计服务、设计研发、时尚艺术、创意设计、软件研发、动漫游戏等活动，如环同济设计创意集聚区、昌平路创意产业集聚带、大柏树知识创新基地、徐家汇信息服务业集聚区等。

核心区商贸服务产业带贯穿黄浦区、静安区、徐汇区等，主要功能是商业中心、商务中心和公共活动中心，重点发展现代服务业、现代商贸业，融入知识文化元素，引入新兴商业模式，形成集商贸商务、文化旅游、休闲娱乐、综合体验为一体的综合性区域。如徐家汇知识文化综合商务区、淮海—衡山高端商务区、淮海中路综合体验型商业街区、南京东路品牌文化体验型高端商业街区等。

（2）黄浦区科技创新空间格局。

黄浦区是上海市中心城区重要的核心区，以现代商贸服务业和金融服务业为主导产业，依托特色商业街区、商贸功能组团和外滩开展商业模式创新、服务创新和管理创新等（见图5-19）。

一是外滩金融集聚带，包括老外滩地区、十六铺地区和董家渡地区三个功能组团，以金融服务创新、金融市场创新为主。其中南苏州河路至延安东路为"北段"，主要发展金融"前台"服务，集聚金融机构与金融要素市场，增强信息发布、金融文化宣传等方面的传播功能。延安东路至复兴东路为"中段"，发展金融资产管理和资本运营中心，集聚金融专业服务总部，带动金融功能向南延伸。复兴东路至陆家浜路为"南段"，集聚了大量的证券、期货、基金、征信、审计等金融企业及中介机构。

二是以南京路街区和淮海路街区为主的特色商业街区，以商业模式创新为主。南京路街区以打造具有独特品牌文化体验的标志性高端商业街区为目标，集聚民族品牌和国内外知名品牌，深化支马路特色开发，成为外滩金融集聚带的延伸和补充；淮海路街区以打造综合体验型商业街区为目标，推进商业模式创新和能级提升，推动淮海中路与新天地、思南公馆、锦江地区等联动发展，是在国内外有重要影响力的时尚商圈。

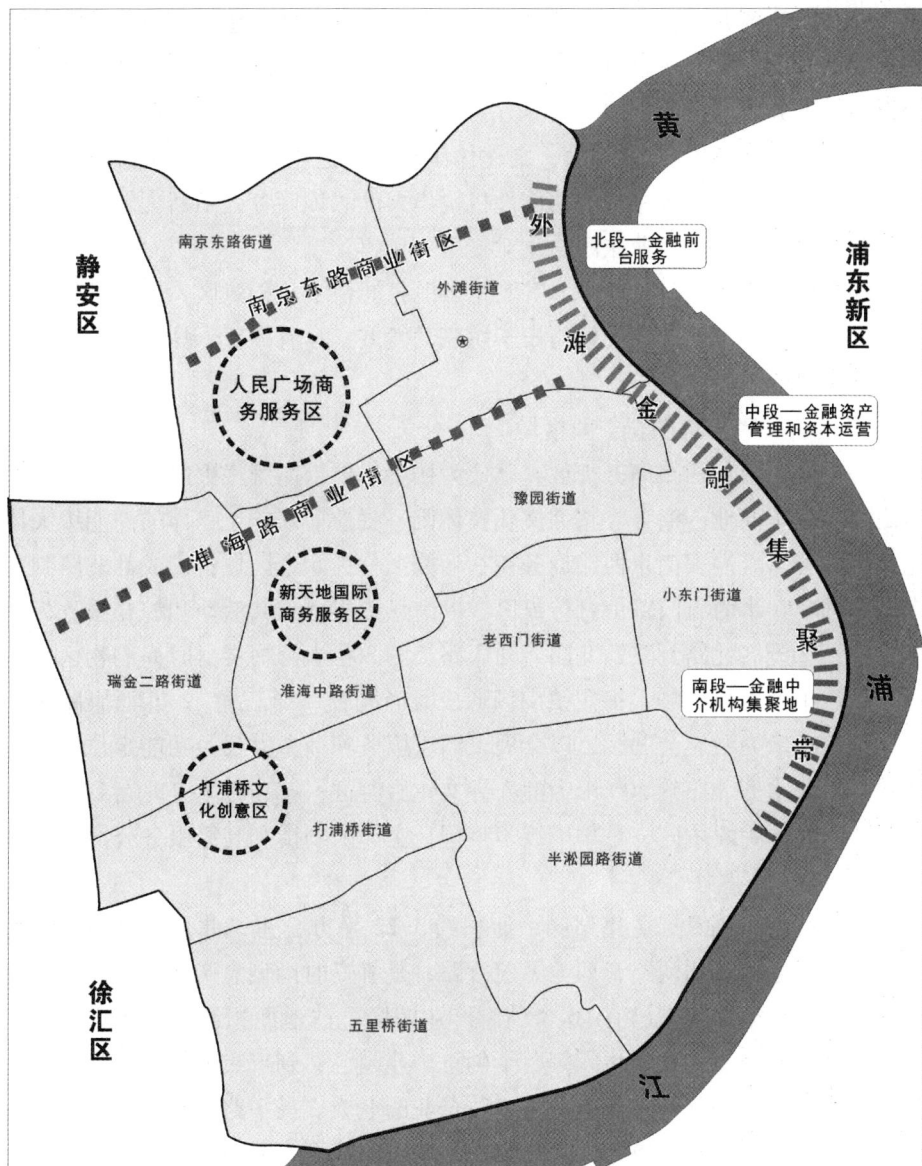

图 5 - 19　黄浦区创新功能空间格局

资料来源：作者自绘。

　　三是以人民广场商务服务区和新天地国际商务服务区为主的高端商务功能组团，以知识创新、商业模式创新、管理创新为主。人民广场现代商务区是成熟的并已形成较强集聚和辐射效应的现代服务业集聚区，以金融服务业、专业服务业、商业商务、文化创意业为主导产业，涉外经济、总部经济、楼宇经济发达，商业商务与文化融合发展、互动发展。新天地国际高端商务区入驻普华永道会计事务所、索尼公司等世界五百强企业数十家；商业服务业企业110余家，其中零售和餐饮业70余家，文化休闲娱乐等近40家，不断提高世界500强企业、跨国公司地区总部和功能性机构集聚度。该商务区不断创新商业服务模式和功能，实现了商业旅游文化对接。

四是以田子坊、日月光中心等为重点的打浦桥文化创意区，以文化创新为主。日月光中心等商业综合体与田子坊联动发展，具有商业、休闲、旅游、娱乐等多重功能。

（3）静安区科技创新空间格局。

一是静安南京西路商务街区，已成为楼宇集群、品牌集聚的上海核心商务区之一，是集商业、商务、精品文化及休闲、餐饮、娱乐于一体的高能级大体量城市综合体。静安南京西路商务街在功能上分为5个区域：①成都北路到茂名北路约800米为石门路信息传媒区，以信息传媒、公共活动和综合服务为功能定位；②茂名北路到陕西北路、西康路长约300米为梅泰恒时尚购物区，恒隆广场、中信泰富广场、梅龙镇广场形成时尚购物"金三角"；③西康路至常德路约500米为酒店会展区，以会展、酒店服务和商务办公为功能定位；④常德路至乌鲁木齐北路约500米为静安寺文化旅游区；⑤乌鲁木齐北路到镇宁路约600米为休闲娱乐区，是集甲级写字楼、主体购物街和高级服务公寓为一体的综合区域。

二是昌平路创意产业集聚圈，面积约3.22平方公里，北至安远路，南临新闸路，东起西苏州路，西至万航渡路，是静安时尚创意产业示范区的主要载体。目前，集聚圈内已有16个创意产业园区，占地面积约6万平方米。其中，现代产业园、传媒文化园等9个创意产业园区达到市级创意产业集聚区的标准。集聚带内文化创意类企业占入驻企业的七成。昌平路创意产业集聚圈与南京路高端时尚街、威海路文化传媒街、华山路戏剧专业街形成联动效应，成为上海乃至全国文化创意产业的标志性区域（见图5-20）。

（4）陆家嘴核心区科技创新空间格局。

陆家嘴金融贸易区是上海的主要金融中心区之一，目前已经有40多家跨国公司，100多家金融机构和上千家的贸易、投资和服务型企业选择了在这里办公，主要发展金融、保险和证券产业。经过20多年的开发建设，陆家嘴金

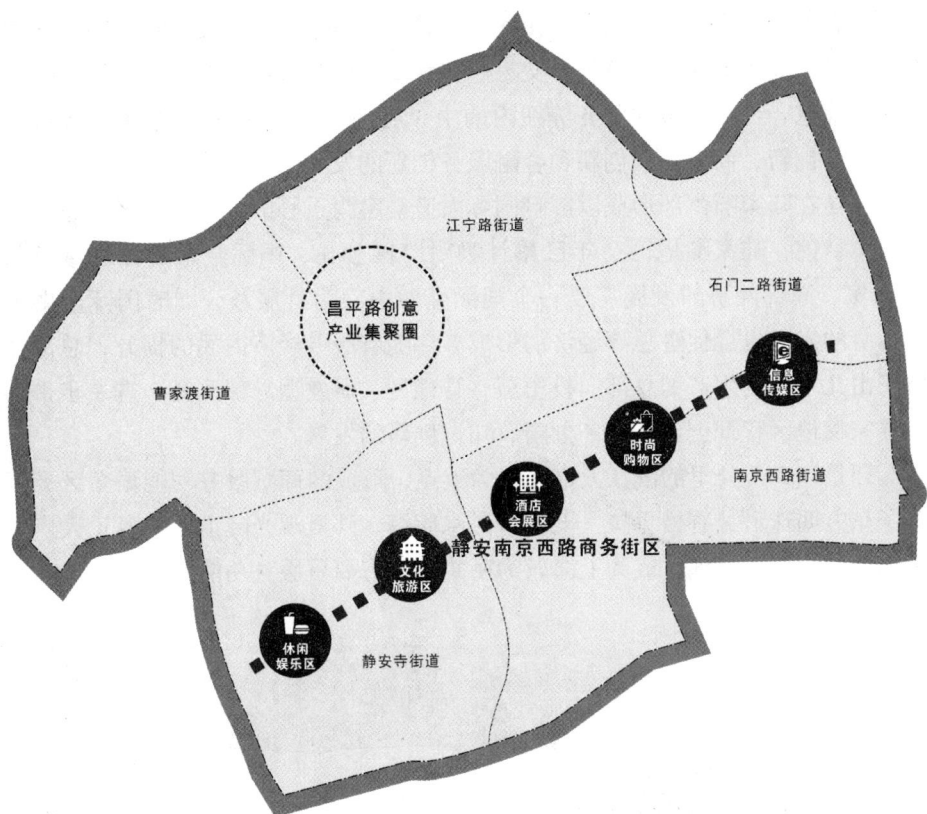

图5－20　静安区创新功能空间格局

资料来源：作者自绘。

融贸易区已形成以金融为核心的现代服务业产业体系，外资金融机构集聚度
高，总部经济聚集，是中国内地金融要素市场完备、资本集散功能强劲的增长
极，主要承担金融创新、商业模式创新、服务创新等创新功能，形成了四大创
新功能集聚区：

一是以银都、汇丰、交银、中银、巨金等一批金融大厦为中心，陆家嘴中
心绿地周边形成的国际银行机构集聚区。这一区域已汇集中外银行机构190多
家，其中包括分行级以上中资银行近30家，外资银行法人行近20家（占全国
半数以上），外资银行分行60余家，为区域科技创新发展提供强大的金融
支持。

二是以金茂大厦、上海证券大厦等为中心形成的贸易机构和要素市场集聚
区，目前已集聚起中外贸易公司、综合商社1400余家。此外，证券、期货、

钻石、石油、金融期货、人才、出版、农产品、化工等 11 家国家级和市级要素市场已汇集陆家嘴，上海证券交易所挂牌交易的股票已达 15 种。包括法律、会计、信息、咨询、金融服务等在内的中介服务机构已达 4100 余家，促进了要素市场创新、商业模式创新和金融服务创新的发展。

三是在陆家嘴西部形成以震旦国际大厦楼宇为重心的跨国公司区域总部聚集区。目前，陆家嘴地区历年已累计吸引跨国公司、国际金融财团区域总部 70 余家，总部经济的发展需要一个国际金融中心为其服务，同时国际金融中心本身的发展也会促进总部经济的形成。伴随着服务经济内涵的提升，总部经济正由几年前的生产型总部向投资型、管理型、研发型总部演变，进一步带动了陆家嘴地区管理创新、服务创新、知识创新的发展。

四是以 2.5 公里的滨江大道岸线为重点，形成的商贸服务功能聚集区，汇集了东方明珠塔、香格里拉、上海海洋水族馆、外滩观光隧道、上海正大广场等相关旅游服务设施，成为上海较为密集的都市商贸服务功能区域。

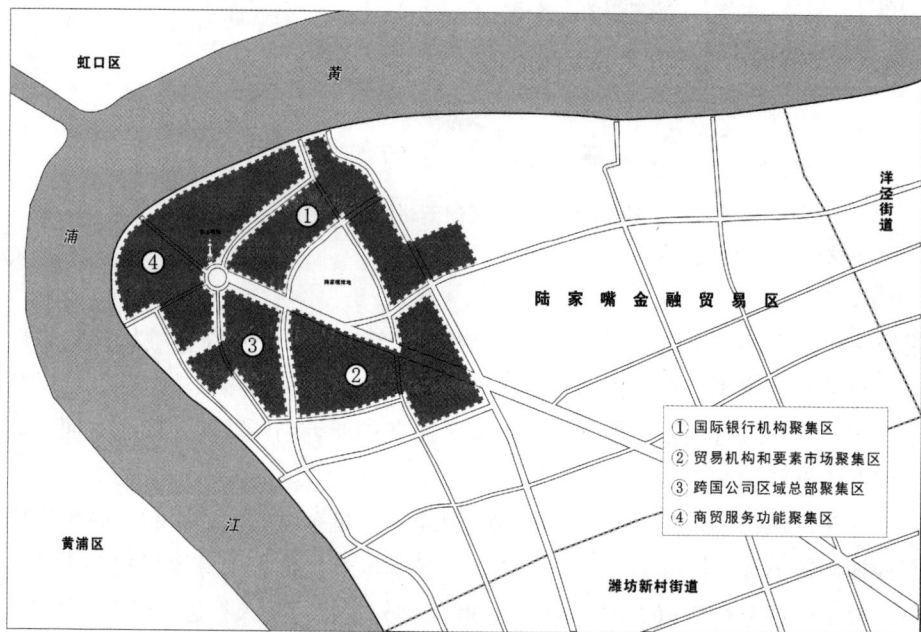

图 5-21　陆家嘴核心区创新功能空间格局

资料来源：作者自绘。

三、中心城区科技创新发展存在的问题

静安区和黄浦区服务创新和商业模式创新取得了一些成绩，但总体发展规模较小，在制度、机制、人才、观念等方面还存在一些问题。

1. 科技企业难以获得高新技术企业认定

静安区和黄浦区的企业主要为金融机构和商贸服务企业，虽然实践探索服务创新和商业模式创新，但受当前高新技术企业及创新型企业认定条件限制，无法享受国家和上海市相关优惠政策。

根据《关于启动 2014 年度"上海市创新型企业"评选工作的通知》，上海市创新型企业应具备以下基本条件：①2013 年度研发经费强度须达到一定标准；②对其主要产品（服务）的核心技术拥有自主知识产权；③过去 3 年内须推出过新产品（工艺、服务）；④设有独立的研发机构；⑤2013 年度销售收入在 5000 万元以上。

根据《上海市高新技术企业认定管理实施办法》，其中第八条关于申请高新技术企业认定应的条件中，第三款规定："具有大学专科以上学历的科技人员占职工总数的 30% 以上，其中研发人员占职工总数的 10% 以上"；第四款规定："企业为获得科学技术（不包括人文、社会科学）新知识，创造性运用科学技术新知识，或实质性改进技术、产品（服务）而持续进行了研究开发活动"。并且规定近一定年限内企业研发费用占销售收入总额要达到一定比例。

可以看出，当前的高新技术企业及创新型企业认定条件主要针对制造业企业，偏重于技术创新和产品创新，使得中心城区服务型企业的创新活动难以得到认定和支持，无法享受减税、免税等优惠政策。

2. 企业创新活动的奖励标准难以界定

创新城市建设要对勇于创新并取得创新成果的行业进行奖励，并增加对其创意、知识和技术的供给，使创新者获得一定物质回报，增加企业进行科技创新的积极性。与技术创新不同的是，服务创新和商业模式创新缺少明确的衡量标准，这就造成相应的奖励标准难以确定。如 2013 年黄浦区出台的《黄浦区关于建设外滩金融创新试验区的实施意见细则》虽然制定了一系列针对企业商业模式创新的奖励政策，但有关条款不够明确和细化。其中第十六条规定："企业开发出受金融业界和金融消费者肯定的重大创新产品、技术或服务的，经报请黄浦区人民政府审核同意后给予一定的奖励"。第十七条规定："企业

开发出业界公认首创的商业模式的，经报请黄浦区人民政府审核同意后给予一定的奖励"。但"金融业界和金融消费者肯定"、"业界公认"等标准很难界定，使得企业难以获得相应的奖励，没有起到激发企业创新积极性的作用。

3. 企业科技创新缺乏专业人才支撑

人才是新商业模式能否持续发展的关键，随着商业模式的不断创新，传统企业对于人才的需求将发生重大变化，复合型人才将在企业发展中产生不可替代的作用。静安区和黄浦区传统商业企业大多是国有企业，目前缺乏熟悉电子商务等多方面技能的复合型人才，且相关人才引进和培养机制还不够完善。尤其是缺乏一支适应移动互联网时代的新型人才队伍，特别是大数据、云计算、金融、资本经营、商业模式策划、软硬件、移动互联网等方面专业人才亟待补充，应利用良好的激励机制、市场化的薪酬待遇、创新的企业文化、施展才华的舞台吸引和留住人才。

4. 现有的财政政策制约了科技创新财政投入

按照当前的科技创新投入统计口径，中心城区在科技创新财政投入方面低于近郊区。2013 年上海市中心城区财政科技拨款占地方财政支出比重为3.85%，静安区和黄浦区这一比重分别为 3.77% 和 3.29%，全社会的科技投入不足。究其原因，现有的统计口径中科技财政拨款主要集中在技术创新和产品创新等科技研发领域，还没有将商业模式创新、服务创新、管理创新等创新模式纳入财政扶持范围，制约了中心城区科技创新的发展。

5. 信息通信技术与创新活动整合不够

信息技术创新和商业模式创新之间的关系正变的越来越紧密。信息技术发展催生新的商业模式，新的商业模式也反过来推动技术创新成果快速进入商业领域。从目前静安区和黄浦区商业企业信息化建设情况来看，信息化和经济社会各领域发展目标的融合深度不够，智慧城区建设较为注重信息通信技术的研发而非其在经济中（特别是在商业领域）的应用。

由于信息通信技术研发企业对商业企业的行业特性和业务模式的了解不够深入，难以有效地满足商业企业的信息化需求。如此一来，一些业企业只能自发进行商业信息化发展，或者联手信息技术研发企业共同研发。此外，目前大多数信息通信技术研发企业提供的还是通用型的信息通信系统，在一定程度上对商业企业的创新活动产生制约。

6. 企业之间的创新活动尚未形成合力

静安区和黄浦区商业企业进行商业模式创新活动数量不少，如老凤祥、老庙黄金、恒源祥、新世界、上海药房、"全国土产"等都创设了线上线下联动模式。但还有一些企业长期以来习惯了传统的经营模式和管理方式，新兴业务发展并没有脱离传统模式惯性的影响。

另外，企业之间也没有形成整体合力，总体规模相对较小，影响有限。一方面，商业企业创新行为多以企业"单打独斗"的形式开展，没有形成企业商业创新的合力；另一方面，由于企业能力与精力方面的限制，一些具有商业价值的企业创新成果进一步的商业化、市场化开发受到限制。除此之外，企业之间缺乏有效的沟通平台与交流渠道，一定程度上阻碍了中心城区科技创新活动的发展。

7. 缺少创新公共服务平台的专业支撑

目前，技术创新和产品创新领域已基本形成较为完善的公共服务体系（包括各种科技孵化器、技术服务平台、公共服务机构等），通过加强资源整合力度、创新资源共享机制，对企业特别是中小企业技术创新提供服务支撑。然而，这些公共服务平台主要针对企业的技术创新和产品创新活动，中心城区知识创新、管理创新、商业模式创新等创新活动缺少专业的公共服务机构支持。

当前上海中心城区创新公共服务平台有四种常见模式：政府支撑模式、产业园模式、共享共建模式和企业自建模式。四种模式下建立的公共服务平台主要为企业提供专业技术、创业孵化、技术转移等服务，中心城区企业商业模式创新和服务创新所需要的信息平台和服务平台尚未建立。未来需要通过加强信息网络技术创新，发展协同设计、协同服务、协同创新，建设产业链上下游企业、制造企业、服务企业、内容提供商和应用开发商的信息共享和专业服务平台，通过信息系统集成应用促进中心城区科技创新。

8. 尚未形成有效的科技创新体系

中心城区科技创新是知识创新、技术创新、商业模式创新和技术转移机制的集成过程，一方面，科技创新需要依赖多方主体和外部环境的密切配合，是一个复杂的系统过程；另一方面，知识创新与商业模式创新也需要不同创新任务主体之间的配合。静安、黄浦中心城区拥有良好的文化、金融、商务资源优势，但资源优势并未完全转化为竞争优势，主要原因之一就是缺乏有效的科技创新体系，表现在创新资源分割、企业创新主体地位未完全确立、创新服务环境滞后等。

目前，中心城区各类创新资源尚处于分散、分割状态，没有形成有机的创新结构，难以产生相应的资源聚集效应。主要表现在：其一，中心城区的科技创新并未成为将资源转化为生产力的关键环节，企业作为社会经济发展最重要的微观组织，还不能够自主、灵活、高效地完成创新成果的市场转化，没有成为科技创新的主体。其二，受多种因素影响，科技创新还没有成为服务业企业发展的核心环节，企业的自主创新意识和能力不强。虽然静安、黄浦的金融机构、互联网机构在中心城区科技创新体系中逐渐发挥了重要作用，但当前这些创新主体之间还未真正形成合作创新网络，制约了区域整体创新能力的提高。

四、建设重点

1. 重视新技术在解决中心城区市场需求中的应用

中心城区的科技创新在本质上是一种基于满足市场需求的创新，与城郊科技园区的创新模式不同，重点不在于创新研发而在于创新应用。国际经验表明，通信技术对于中心城区科技创新意义深远。近年来，随着大数据、云计算等新兴通信技术的兴起，对城市核心区科技创新的模式产生了不可估量的影响。应重视新兴信息技术对中心城区新型商业模式的带动，以此推动上海创新成果的在地化转化，加快技术创新成果快速进入商业领域的步伐，加强信息化和经济、社会各领域发展目标的融合。此外，目前上海科技与信息部门合署办公，将对加快新兴通信技术在中心城区商贸、金融等领域的应用起到积极的作用。

2. 重视都市文化在中心城区科技创新中的作用

城市的科技创新离不开文化的土壤，中心城区是科技与文化融合发展的重地。中心城区的科技发展应始终以大都市文化为创新平台，通过对文化资源的利用，影响科技的生成、发展与传播，影响创新的进程和结果，使科技创新烙上城市文化的印记，从而使得中心城区的科技创新具有特色而不易被模仿，形成难以被复制的创新模式和难以被超越的竞争力。

上海的中心城区各具文化特色，应该使中心城区的科技创新与商业文化、市民文化一脉相承，使得中心城区的科技创新永远立足于自身的资源禀赋，培育一种差别化的"都市创新模式"，使静安、黄浦、陆家嘴、徐汇、长宁等中心城区的不同区域走目标、结构、模式各异的科技创新之路。

3. 构建适用于中心城区的科技创新认定条件与激励机制

中心城区科技创新与产业园区科技创新在模式、机制、目标上差异显著，目前，上海并没有建立适合中心城区特点的高科技企业认定/资助、高技术人才引进等政策，"一刀切"的认定、评价、鼓励做法没有惠及很多极具发展潜力的企业和个人。

应该使中心城区科技创新发展政策由偏重于技术创新和产品创新转到偏重于服务创新上来，使相关的企业优惠与人才支持惠及更多的都市型创新型企业与个人；使当前苦于无处使用的科技财政拨款由集中于技术创新和产品创新等科技研发领域转向将商业模式创新、服务创新、管理创新等创新模式纳入财政扶持范围，增强中心城区科技创新对都市型创新的财政扶持力度。

4. 加速科技人才向中心城区集聚

在数字化服务经济年代，大数据、云计算、平台化、移动化及其所派生的应用正改变着中心城区商业模式的图景。当前，静安、黄浦等中心城区在上海"创新驱动、转型发展"的战略引导下，谋求建设国际人才高地，这就要求中心城区要为引进人才营造一流的创新创业环境。当前中心城区应该做的是完善培育人才、激发人才创新潜能的制度环境，重视各类专业化人才而非纯粹的研发人才在中心城区的集聚。

第二节 上海城市创新的园区响应

世界众多区域的发展经验表明，科技园区的建设与发展环境呈现出多元变化，科学技术发生了巨大变化，所有这些都推动科技园区呈现出新的发展趋势：空间区位选择的多元化、园区开发规模向大型化和小而精两头发展、园区功能由单一产业功能向产城融合发展、园区评价标准由经济考量向技术考量进而向生态考量转变、园区的智能化得到进一步重视。如何从模式上、机制上、体制上探索第一代、第二代科技园区转型发展的路径，寻找突破口，是当前城市创新升级和科技园区建设亟待解决的问题。

一、上海第三代科技园区发展现状

对于第三代科技园区的评价较多从其多重维度展开，包括国家和区域背景维度、管理和策略维度、金融维度、环境维度、与大学和科研机构关系维度、网络维度、企业增长维度等（Allen，2006；Luger，2008）。根据以上评价维度，通过对上海科技园区发展历程的纵向比较评价，总结出上海第三代科技园区的发展现状。

1. 融入国家和区域发展框架

第三代科技园区是国家和区域创新政策框架下的创新空间。一方面，科技园区将自身定位成为知识经济发展的领头者，第三代科技园区打破在本地发展的习惯，开始在区域和全球化尺度行动。另一方面，第三代科技园区和区域公共部门互相依赖，园区与本地校区和社区形成"三区融合、三区互动"的良好基础，形成本地根植性。

上海市科技园区主要是在政府主导下进行开发建设，从成立初期就与国家和区域的创新政策紧密相关。近年来，随着科技园区的拓展，科技园区与地方合作的方式和内容也在发生变化。

（1）与地方政府形成合作联盟。

近年来，上海科技园区走出上海、进行异地合作开发的步伐日益加快，如张江高科技园区与海门经济开发区共建；盐城经济开发区与上海漕河泾新兴技术开发区、盐城市盐都经济开发展区与上海市北工业园区共建等；漕河泾开发区的科技拓展横跨多个行政区域，涉及不同层级、不同区域的多个政府部门（见图 5-22），建立了互相依赖的合作关系。

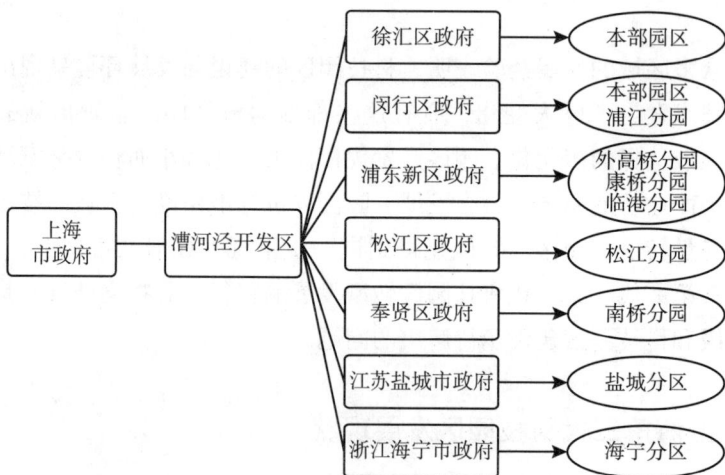

图 5-22 漕河泾开发区的园区—政府联盟

从漕河泾科技园区的成立背景可以看出，漕河泾开发区总公司隶属于上海市国资委管理，其本部园区与浦江园区分别位于徐汇区和闵行区，开发区与所在行政区建立了战略联盟合作机制，不断探索行政审批制度改革、招商引资、环境保护等领域的制度创新，推动开发区经济与地方经济实现合作共赢。随着园区的拓展，漕河泾与各个分园区所在地政府建立了战略联盟协议，由开发区领导和地方政府首长形成双组长领导小组，日常工作由下设的综合协调办公室处理，统一使用漕河泾园区品牌。

上海市科技园区通过建立并维护政府合作联盟，使其在发展中得到地方政府多方面的支持，缓解园区生产基地紧张问题，满足其生产基地的需求，推进企业的产业升级，同时也有利于实现园区功能向先进制造、研发服务转变，提高科技园区辐射和服务全国的能力。此外，上海市科技园区与地方政府的合作联盟在地方经济、社会、文化、科技等各方面也发挥重要作用。

（2）建立"三区联动"创新园区发展模式。

"三区联动"作为一个正式理念，并成为推进区域经济社会发展的新模式，和上海杨浦知识创新区的开发建设紧密联系在一起（李建强，2009）。通过园区、校区、社区在科技、经济以及区域发展各个方面的融合与互动，打破科技园区、大学校区、公共社区之间的界限，更加合理地配置区域内各种资源，有效提升区域综合创新功能。

上海紫竹园区由闵行区政府、上海紫江集团、上海交大等多家机构共同建设。"政府+高校+民企"三方结盟成为校区、园区、社区"三区联动"的重要基础。由闵行区人民政府牵头建立了"三区联动"联席会议制度，主要职能是推进紫竹园区开发建设，推动高校、科研院所与企业之间紧密合作；建立三区资源共享、优势互补、共同发展的"产学研"战略联盟（何洛先，2011），促进地区经济社会可持续发展。

上海市以紫竹高新区为示范平台，采用政府购买服务的办法，鼓励高校和科研机构与区内企业建立"产学研"战略联盟。闵行区还搭建公共服务平台，为科技创新提供综合服务，形成出一种推动自主创新、构筑产学研联盟、促进区域科技创新合作的联动模式。在这种发展模式中，校区与园区、社区的关系是主要方面，园区与社区的关系则居于从属地位（李建强，2009）（见图5-23）。

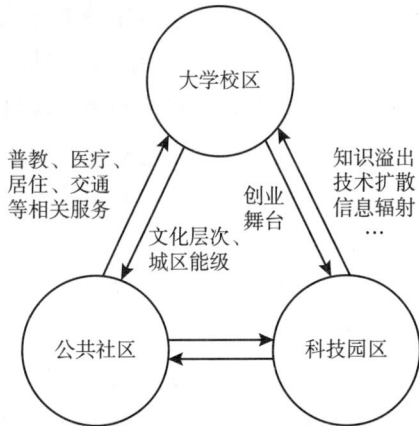

图 5 - 23　紫竹园区"三区联动"创新模式

2. 策略和管理维度：上海科技园区的管理模式

高效的管理对于实现第三代科技园区的持续运转和进一步发展意义重大。一个成功的第三代科技园区需要有良好的策略和日常优秀的管理，这包括高质量的管理层和董事会、清晰而又长期的策略、持续的商业模式。在管理成熟的科技园区，重要的管理目标是能够优化意外的新发现，实现意外发现管理。上海市科技园区的管理体制和管理模式在不断的创新，高新区的管理体制和管理模式也在不断创新。如漕河泾园实行开发公司开发建设模式，张江核心园、金桥园等实行政企分开，金桥和张江开发公司还先后上市，打破了原有政府投资模式，推动了园区的基础设施建设。

（1）政府主导下的多样化管理模式。

园区治理体制与创新能力存在着紧密联系，20 余年来，张江高新区治理体制不断调整，从地方政府角度看，高新区涉及浦东、徐汇、长宁、闵行、嘉定等不同区政府；从管理部门角度看，高新区由国家科技部、科委主管，金桥出口加工区由商务部、海关总署主管，浦东软件园由经信委主管；从管理体制角度看，上海市科技园区涉及多种管理模式，主要包括管委会模式、国有公司模式、大学模式和民营企业模式等（见图 5 - 24）。这种多元化、多层次的治理体制，一方面是因地制宜地根据各个园区实际情况制定管理机制，另一方面也在一定程度上加大了园区间协调难度和成本，不利于多中心区域理想模式的实现。

```
                    ┌─────────────────────────┐
                    │     张江高新区管委会       │
                    └─────────────────────────┘
          ┌────────┬──────────┬──────────┬──────────┐
      ┌───────┐ ┌───────┐ ┌───────┐ ┌─────────┐
      │管委会模式│ │大学模式 │ │国有公司模式│ │民营企业模式│
      └───────┘ └───────┘ └───────┘ └─────────┘
       ┌──┬──┐  ┌──┬──┐  ┌──┬──┐  ┌──┬──┐
    ┌───┐┌───┐┌───┐┌───┐┌───┐┌───┐┌───┐┌───┐
    │张江││金桥││闸北││杨浦││青浦││漕河││紫竹││嘉定│
    │高科││园 ││园 ││园 ││园 ││泾园││园 ││园 │
    └───┘└───┘└───┘└───┘└───┘└───┘└───┘└───┘
```

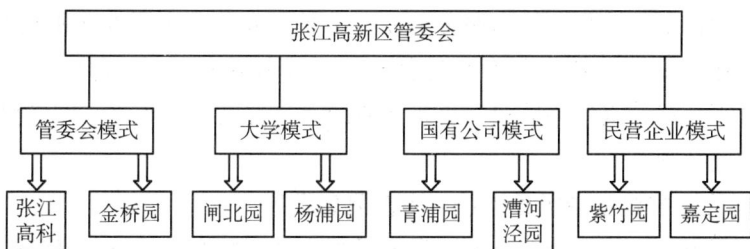

图 5 - 24　张江高新区管理体制示意图

（2）强调管理机构以服务为主要职能。

"强政府推动型"园区的市场活跃性和社会网络丰富程度都低于"自发形成型"园区，需要政府承担管理创造成果的职能（李小芬，2010）。上海市科技园区管理机构不断加强宏观管理和环境营造，在紫竹高新区等科技园区，政府职能向以服务和管理社会、调整市场转变，强调规划引导、政策支持，为开发主体和园内企业营造良好的发展环境。

一是发挥规划引导和政策支持作用。市区两级政府在紫竹高新区发展中主要起"引路人"的作用，在产权结构设计、开发公司职能设置、园区发展定位等环节把握发展方向，实施优惠政策，建设公共服务平台。目前张江高科技园区已建立了 63 家各类专业平台，通过打造公共服务平台，为高科技产业技术研发、产学研协同创新、自主创新成果产业化等活动提供公共服务的科技资源（杜德斌，2013）。

二是通过吸引顶级科技人才，利用世界级高端人才的个人关系带动园区有关领域的社会资本，实现高端人才的"社会网络嵌入"（李小芬，2010）。2008 年，张江高科技园区启动"张江小千人计划"，重点引进集成电路、生物医药、软件、新能源、新材料等高科技产业领域内的世界级创新创业人才及团队，截至 2013 年，张江园区累计入选中央第一至七批"千人计划"63 人，占上海市的 22.2%，占全国的 3.4%。其中，创业人才 31 人，占上海市的 66.7%，占全国的 7.19%。

三是通过协会组织等非正式途径进行交流合作，建立成员之间的联系。紫竹高新区成立紫竹商会和紫竹科协，搭建企业、科研人员与开发公司的非正式交流渠道，引导企业和科研人员参与园区的建设管理。张江高科技园区拥有上海市集成电路行业协会、上海市生物医药行业协会，浦东新区生物医药行业协会、上海市光电子行业协会和浦东新区光电子行业协会等行业协会。

四是简化工作流程，提高服务效率。紫竹开发公司下设 8 个职能分公司，为入驻企业提供"一站式"专业化服务。市区两级政府相关部门在紫竹高新区设立办事窗口，提供高质量、公正透明的一站式服务，简化工作流程，实现了项目快速落地。

3. 多维度构建金融服务体系，完善配套服务

在金融方面，第三代科技园区私人投资比例大幅增加，部分财政盈余用来支持入驻企业发展，公共部门对特殊项目的支持对科技园区的运作依然重要。随着第三代科技园区的发展，未来私人企业在园区产业的选择、培育、升级，产品的设计、研发、生产、售后服务等一系列过程中占主导地位，而政府公共部门则以支持园区基础设施建设、服务平台构建为主。

纵观上海市科技园区的发展历程，在早期社会资本进入缺乏的情况下，政府主导的投资对促进科技园区发展起到很大作用。随着市场机制的逐渐建立，风险投资等投融资体系也随之建立起来，民营资本在园区中的比重也逐渐加大。

（1）多样化的投融资服务体系。

上海市科技园区投融资体系已逐步形成。以张江高科技园区为例，截至 2009 年，张江高科技园区形成较完善的"一个体系、五条路径"的投融资服务。"一个体系"指以引导基金、风险投资基金和其他投融资方式相结合的较完善的投融资体系；"五条路径"是指政府基金、产业引导基金、风险投资机构、知识产权质押融资、银行贷款等五条张江高科技园区企业可以进行融资的渠道（朱叶慧，2009）。

张江高科技园区初步形成了满足不同成长阶段企业所需的三级多元投融资服务体系（程子彦，2016）。对于处于研发初期的创业企业，从孵化政策和专项扶持资金两方面进行扶持；对于处于起步期的中小企业，建立专项贷款担保资金，探索与知识产权质押相结合，突破企业起步发展的资金"瓶颈"；对于处于成长期的企业，引导风险投资基金向张江高科技园区汇聚，建立专项风险投资引导资金。

"聚焦张江"以来，张江高科技园区成立由 20 家风险投资机构、10 家银行、5 家科技中介机构、4 家证券机构、2 家租赁公司、3 家担保公司等组成的"张江投融资俱乐部"。俱乐部以逐步建立张江高科技园区企业和项目信息库为基础，以定期举办"张江创业论坛"，开展担保、产权、风险投资等交流活动，为项目融资提供服务平台。2004 年至 2008 年，各级银行机构、担保机

构、投资银行、融资租赁都有一定增长，其中担保机构和投资银行增长最快，数量均翻番。截至 2013 年，张江高科技园区各类创业投资机构累计 189 家，管理的基金总数达 423 亿元，PE（私募股权投资）、VC（风险投资）的投资量累计达到 160 亿元。

在风险投资方面，2000 年之前张江高科技园区只有一家专业风险投资公司，是由张江公司和新区经贸局合资成立的浦东创业投资公司，也是上海最早从事风险投资的公司之一。2004～2008 年，张江高科技园区风险投资管理与咨询机构数量逐年增长，2008 年达到 83 家。目前张江高科技园区积聚的社会风险投资机构超过 60 家，汇集了 500 多亿元的资金流，其中包括红杉资本、软库中国、IDGVC、DFJ、美林、百奥维达、美商联讯、戈壁等国际知名投资机构。

（2）以民营企业为主体建设科技园区。

上海市大多数科技园区的开发建设是以国有经济为主导，管委会为政府派出机构。近年来，一些科技园区的建设与发展开始探索以民营企业为开发主体的发展道路。

上海紫竹高新区则是以民营企业为开发主体的国家级高新区。紫竹开发公司注册资本 20 亿元，其中民营企业上海紫江集团和紫江企业集团分别占股50.25% 和 4.75%，民营企业成为紫竹高新区的开发建设主体，这是紫竹高新区对我国高新区开发模式创新的一种探索。紫竹高新区股权结构的创新意义在于：以民营企业为主导的股权设计，一方面可以从根本上改变政府过多干预经济发展和企业内部事务的弊端，使政府全身心投入于园区的宏观管理和环境建设；另一方面，以企业经营的形式，通过市场化的运作，能够最大化地提高园区开发建设中的资源配置效率，实现政府引导与市场优化资源配置的有机结合（杜德斌，2013）。

4. 完善基础配套服务，注重产城融合发展

第三代科技园区环境建设非常重要，主要包括物质环境和文化环境两方面。物质环境又包括开敞的空间、良好的绿化、便利的生活居住条件、灵活的规模和使用单元等，为各主体充分的互动提供基础设施服务。文化环境则包括具有引领意义的国际学校和研究机构、自由的交流会议、鼓励创新的比赛等。总之，第三代科技园区的核心是创新，因此，其环境建设方面要能够鼓励创新、多元化、各主体多主题交叉等趋势。

上海市科技园区在环境建设方面，通过打造汇集多种功能于一体的大型生态社区，形成较为完善的基础配套体系，集聚高端产业要素，培育多元、包容的文化环境。

（1）打造吸引创新资源的物质环境。

宜居、宜创业的环境是科技园区创新升级的润滑剂和加速器，上海市科技园区以"生态、人文、科技"为主题，通过创造一个"居住、创业两相宜"的人文生态环境，吸引各类研发机构和高科技企业入驻。在具体规划方面：

一是注重生活配套服务设施的品质。上海市科技园区在规划设计和建设过程中提供了充足的生活配套服务设施，为园区后续的可持续发展提供了后勤保障。

在漕河泾本部园区已经初步形成了集交通功能、居住功能、公共服务等多种功能为一体的城市系统，园区道路交通系统便捷，配备有一定数量的居住区，配有餐饮、酒店、运动、银行、通信等配套服务机构，这为园区与城区的功能融合创造了机会。

张江高科技园区围绕"集科技、生产、销售、培训和与之相配套的生活服务设施于一体的综合性基地"的园区功能定位，大力开展基础设施建设工作，为招商引资创造必要的条件，并根据产业链纵向划分为科研教育区、技术创新区、高科技中试产业区、科技产业区、中心服务区和张江集镇6个功能区（见图5-25）。目前张江高科技园区进一步明确了重点建设中区的商业酒店及办公区、商业及酒店式公寓区、商业文化娱乐区、研发区、教育区五个功能区，进一步凸显五个功能区内部的交互融合。

二是打造绿色、生态的科技园区。上海科技园区一直把环境优美作为体现世界先进水平的特征之一，注重园区的生态环境建设。上海市紫竹高新区绿化覆盖率超过50%，园区周围建设有60米左右的防护绿带。从长远利益和生态效益出发，上海市将黄浦江沿岸纳入为紫竹高新区开发范畴，以生态效益、经济效益、社会效益为核心，将水面引入研发基地中心的数码信息港以及大学园区，追求自然和人的活动达到统一和谐。张江高科技园区规划的6个功能区均把较高的绿化率作为控制引导指标（见表5-5），其中科研教育区绿化率高达50%。

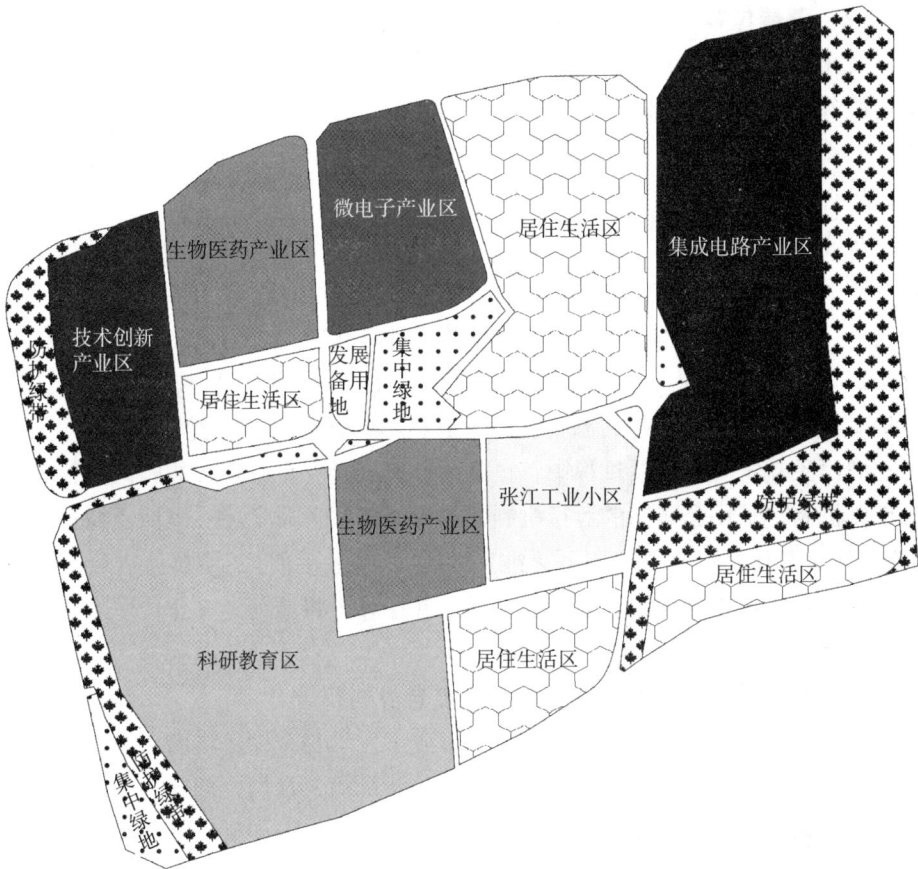

图 5 - 25 张江高科技园区发展规划核心区功能布局

资料来源：上海市浦东新区规土局。

表 5 - 5   张江高科技园区结构规划各功能小区控制引导指标

功能区名称	用地面积（km²）	容积率	建筑容量（万 m²）	绿地率（%）
科教创业区	1.38	0.85	117	45
科研教育区	2.79	0.55	153	50
高科技中试产业区	2.88	0.85	317	25
科技产业区	1.07	0.85	118	25
张江集镇	2.72	0.90	245	40
中心服务区	0.56	1.00	56	45

注：结构绿地不计入各功能小区指标。
资料来源：张江集团. 张江高科技园区规划资料. 张江集团，2010.

（2）营造包容、宽松的文化环境。

文化是科技园区发展的灵魂，制度环境和文化差异是 20 世纪 80 年代后期美国硅谷高速发展而 128 公路日益衰败的原因之一。因而上海市科技园区在完善基础设施建设等物质环境的基础上，也加强建设文化设施和公共文化服务体系，培育多元、包容的文化环境。

张江高科技园区拥有浓厚的文化环境，不仅有"相约张江——张江科技文化节"和"张江德国啤酒节"，而且还有浦江创新论坛、"张江杯"龙舟赛、现场张江等活动。这些活动营造了张江浓郁的文化氛围，促进张江形成"鼓励成功、宽容失败"的文化氛围。其中"相约张江——张江科技文化节"围绕"创新"主题进行讨论和交流，为张江高科技园区创新发展提供思路。

漕河泾开发区在发展过程中，也逐渐形成了具有自身特色的园区文化：遵循市场机制，采用公司制的运行机制，注重园区服务质量等。漕河泾通过编写《高新区·孵化器创新创业服务标准》、《园区服务手册》，实施园区管理服务的标准化发展，为各分园区建设提供原则性指导，将漕河泾文化传递到各分园区，传承开发区文化。

5. 与大学和科研机构良性互动，提高自身创新活力

第三代科技园区对技术开发的强调形成了大学与全球经济的一个新的相关性，一方面大学将科技园区看作是自己的公共机构，在供给创新人才、管理人才、技术人才、服务人才等方面发挥极大作用。另一方面科技园区影响到大学的课程设置、招聘、研究实验室等。

高校和科研机构一直是上海市科技园区的重要组成部分，除了大学模式的闸北园和杨浦园，其他科技园区也分布数量不等的高校等科研机构，通过园区与高校的互动，将隐性知识和显性知识在园区与所依托的大学间交互，共同促进创新发展，对科技园区整体创新能力的提高起到很大作用。

（1）以高校和科研机构为依托，积聚高端创新资源。

上海市科技园区依托上海市高校资源，并以良好的创新环境和产业基础不断吸引国际知名高校和科研机构前来落户。其中，上海交通大学和华东师范大学已成为紫竹高新区强大的智囊中心。两所高校的优势学科相继入驻紫竹园内，在人才高地的吸引下，微软研究院、英特尔、欧姆龙、SMC 等也先后在紫竹高新区设立区域甚至全球研发中心。

张江高科技园区有计划地逐步引进了与自身主导产业相关的中外著名大学专业学院，如复旦大学、上海交通大学、上海中医药大学、北大微电子研究院、上海电影艺术学院、中国美术学院上海设计艺术分院、南洋理工大学、杜兰大学商学院等高校，对园区产业发展起到极大的推动作用。"聚焦张江"前园区有上海新药研究开发中心等少数几个研究机构，之后大量高科技企业和研发机构进入园区（见表5－6）。目前，张江高科技园区已经成为面向全球的研发创新基地，是国内研发密集度最高、创新活力最强的区域之一。

表5－6　　　　　　　　　张江高科技园区成立的主要研发机构

进入时间	研发机构名称	备注
1995 年	上海新药研究开发中心	园区第一个研究机构
1998 年	国家人类基因组南方研究中心	国家两大人类基因组研究中心之一
2000 年	超级计算机中心	2009 年超级计算机"魔方"投入使用
2002 年	GE 中国研发中心	GE 公司第三个全球级的研发中心
2003 年	上海药物所	园区第一个国家基础科学研究发展机构
2003 年	杜邦中国研发中心	杜邦在美国本土以外设立的第三大公司级综合性研发中心
2004 年	罗氏中国研发中心	罗氏全球第五大研发中心
2004 年	上海光源	中国最大的科学装置，世界上性能最好的第三代中能同步辐射光源之一
2006 年	罗门哈斯中国研发中心	罗门哈斯在全球的第二大研发机构
2006 年	诺华（中国）生物医学研究有限公司	诺华公司全球研发网络的第八个研发中心，也是跨国医药公司在中国最大的研发中心之一
2006 年	超威半导体（上海）有限公司	AMD 在美国本土以外最大研发中心
2007 年	葛兰素史克（上海）医药研究有限公司	专注于神经疾病领域的药物研究开发
2008 年	IBM 公司中国研究院	IBM 十年来成立的首个新研究院
2009 年	上海飞机设计研究院	承担 ARJ21 新支线飞机和 C919 大型客机的设计、试验、预研及关键技术攻关等任务
2010 年	亚芯科技园	专注于微电子产业的研究、生产、管理
2011 年	夏普高科技研发（上海）有限公司	从事环境技术、能源技术、电子信息通信技术、材料技术的研发及提供相关技术咨询和服务
2012 年	上海科技大学 iHuman 研究所	在人类的细胞信号传导领域内进行科技创新
2013 年	上海超算船舶动力研发分中心	上海超算对接国家重点科技研发工程项目，面向重点行业应用发展而建立的专业研发平台

资料来源：张江（集团）有限公司，1992～2009 年张江大事记. 张江集团，2010. 张江高科技园区网站.

（2）以高校与园区企业对接，提升创新绩效。

上海科技园区产学研一体化发展框架已基本形成，创新基地之间、创新主体之间的联系较为密切。如紫竹高新区在建园之初就先后与上海交大和华师大签署校企共建协议，通过搭建创新创业平台，促进高校与园内企业开展合作交流，引导两所高校融入园区发展，使园区成为两所高校科研成果"落地"的首选之所。在张江高科技园区内，高校、科研院所、研发机构、公共服务等创新要素云集，彼此间合作交流频繁，产学研一体化体系凸显。2008 年 8 月成立的上海张江（集团）孵化器管理中心，根据企业不同的发展阶段提供针对性的阶梯式服务，帮助企业突破发展中的遇到的各类问题。2009 年 7 月，由生物芯片中心、国家人类基因组南方研究中心与美国应用生物系统公司（ABI）共同建立了华东地区最大的高通量 DNA 测序实验室平台——ABISOLID示范实验室，通过合作为全球生命科学和药物研发提供全面、开放、灵活的服务解决方案。诺华与复旦大学联合设立了诺华—复旦联合研究实验室，集诺华创新的研究专长与复旦生物医学科学研究所的临床和研究经验于一体；礼来与和黄医药合作研发天然植物药，共享知识产权和创新成果转化市场收益。2011年，上海医药集团与复旦张江生物医药公司签订重大新药创制研发的战略合作协议，共同进行 4 个重大药物品种的研究开发和产业化的全面合作。通过高校、企业之间的对接和合作，大大提升了上海市科技园区的创新成效。

6. 嵌入全球网络，加强与外部交流

对第三代科技园区及入驻企业而言，从园区、本地、区域、国家和全球等不同尺度的网络链接都是必要的，特别是全球尺度结网对于第三代科技园区非常重要。第三代科技园区的创新活动不是单独的行动，不孤立于外界而存在，而是与其他园区、集群、甚至地区有效链接起来（汪怿，2012）。上海科技园区在几十年的发展进程中，始终保持与外界的密切联系，通过嵌入全球技术网络、全球创新网络以及全球生产网络，加强与外部企业、集群以及园区之间的技术、人才、资金等创新资源的交流与合作。

（1）企业合作网络。

企业网络的形成和发展对技术创新绩效和技术扩散具有重要的作用与影响。上海科技园区经过几十年的发展历程，在一些重点行业领域已形成较为完善的企业网络。以张江 IC 企业为例，由于前期张江园区施行"产业链搭建和集聚"的 IC 产业发展政策，产业发展已经具备了相当的基础，园区内 IC 企业超过 130 家。随着产学研合作机制开始发挥作用，张江园区先后与北京大学、清华大学和复旦大学合作创办北京大学浦东微电子研究院、清华大学上海微电子中心、复旦大学国家微分析中心，标志着上海、新区与国内一流高校的合作上了新台阶。此外，园区内公共服务平台不断完善。张江园区先后成立了芯片测试公共服务平台、集成电路创新服务平台等8个公共服务平台，有效地推动了张江 IC 地方企业网络的发展和壮大。张江园区已经初步形成了产业链完善、产学研机制运行顺畅、公共服务平台完善、创新环境良好的 IC 企业网络（见图 5 - 26）。

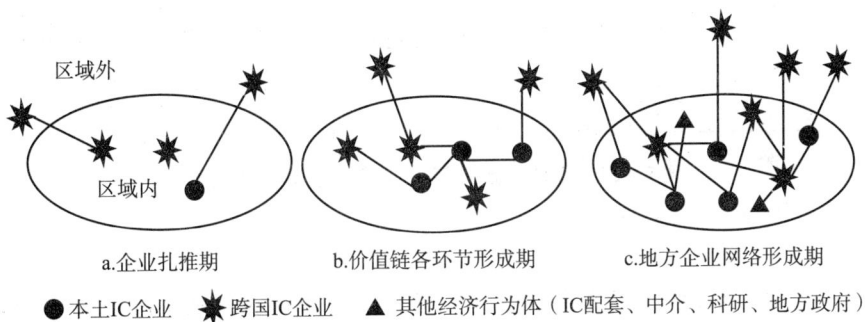

图 5 - 26　张江 IC 地方企业网络形成过程

资料来源：赵建吉（2011）。

（2）集群合作网络。

随着企业网络的发展，上海科技园区内产业集群与区外产业集群之间也逐渐建立起网络合作关系，通过正式或非正式联系形成组织体系，更高效地整合创新资源。以张江和新竹 IC 产业集群合作网络为例，张江与新竹 IC 产业集群之间上下游跨界合作联系密切（见图 5 - 27）。通过企业跨界合作、人才跨界流动，张江高科技园区 IC 产业集群缩小了与新竹 IC 设计企业的技术差距，设计、制造、封装测试等各个环节的规模和能级都有大幅提升，构成了一条较完整的产业链。同时，形成包括孵化器、公共服务平台、中介机构在内的产业发展支撑体系，改善园区创新创业环境。

（3）园区合作网络。

上海市科技园区不断加强与国内外其他园区的联系与合作，充分发挥各自优势，强化合作交流，促进共同发展。以张江高科技园区和漕河泾新兴技术开发区为例，张江高科技园区利用优越的对外交流合作条件，相继与法国索菲亚

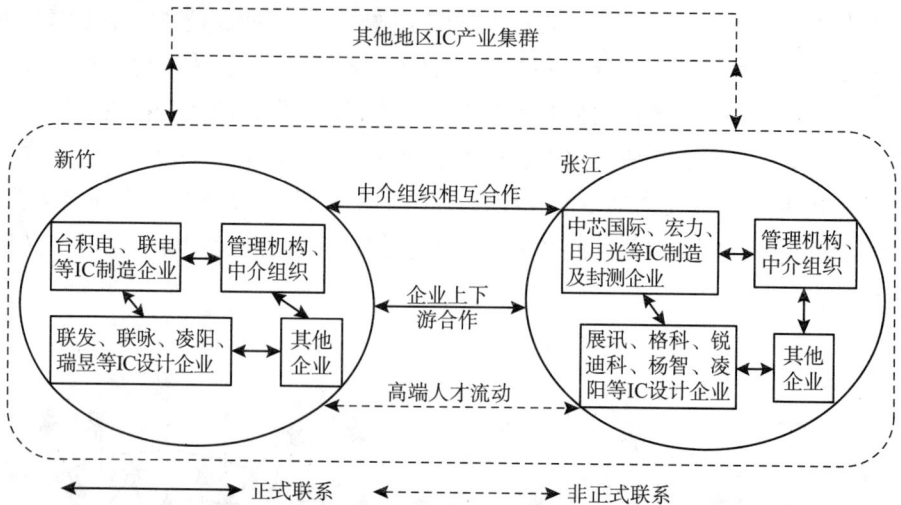

图 5 - 27　张江与新竹 IC 产业集群合作网络结构

资料来源：张云伟（2013）。

园区、德国阿德勒斯霍夫科技园、芬兰赫尔辛基 Innopoli 科技园和 Teknia/Kuopio（库奥皮奥）科技园，以及美国马里兰州的马里兰大学签订了共建姐妹园区的合作协议。张江已经成为跨国公司全球研发战略的亚太支点。截至 2014年，芯片设计企业全球前 10 强中的 6 家在张江投资；全球晶圆代工厂排名前15 强中的 3 家在张江设立了总部和生产线；福布斯全球软件企业前 30 强中的13 家在张江设立研发中心；福布斯全球制药企业前 12 强中的 8 家在张江设立总部或研发中心。

　　由于成本（劳动成本、商务成本、政府成本、土地成本等）和资源的制约，从园区与企业自身的发展情况出发，漕河泾开发区不断向外扩展，与国内外其他园区建立合作网络，以缔结友好园区的形式构建不同空间尺度的园区合作网络关系。在近三十年的历程中，漕河泾开发区与国内外 51 个科技园区和组织机构建立了友好合作关系，园区之间合作的紧密程度表现为：资产合作型 >项目合作型 > 交流学习型，不同友好园的合作广度表现为交流合作型 > 项目合作型 > 资产合作型（邵家营，2013）。通过与国外的园区建立合作关系，漕河泾开发区学习、引进、消化、吸收国际先进的园区管理服务理念，缩短发展差距；通过与国内园区合作，为产业转移空间拓展做前期的铺垫准备。

7. 完善孵化服务，助推企业成长及转型

　　在第三代科技园区中，园区为入驻企业的成长提供建议和支持。上海市科技园区参与到企业成立、成长、转型的各个过程，通过建立完善的孵化体系，帮助企业突破发展中的各类"瓶颈"。

（1）建立较为完善的孵化体系。

上海科技园区充分利用上海优良的工业基础和发展条件，以建立企业孵化器为切入点，解决企业面临的共性和个性问题，根据处于不同发展阶段企业的特点提供针对性服务，提高园区孵化企业的普遍成功率。如张江核心园形成"预孵化器＋孵化器＋加速器"三位一体的孵化体系；漕河泾园构建了从孵化器到产业化基地的多层次的孵化体系，对入驻企业进行全方位孵化培育。

张江孵化器的孵化服务分为三个层次（李锐，2012）：第一层次是预孵化企业，可能只有几个人，甚至可以采取未注册为法人公司的项目组形式；第二层次是标准孵化企业，为企业争取各项政府补贴，并帮助其获得国家各种认证；第三层次重点服务进入加速器的佼佼者，此时的服务还包括直接的股权投资、撮合项目间进行兼并重组等。截至2014年，张江高科技园区孵化产业涵盖了软件开发、生物医药、信息安全、文化创意、新能源等多个领域。其中，国家级孵化器3家，剩余孵化器中近七成为市级或市级新建级别。张江高科技园区积极推进跨国孵化合作，形成张江—麻省技术中心、德国中心以及芬华创新中心三个跨国合作孵化平台（见表5-7）。

表5-7　　　　　　　　　　张江高科技园区部分孵化器概况

孵化器机构名称	成立时间	功能定位	孵化服务内容	产业特色
互联网创业中心	2000年	原来以技术研发为主，目前以对中小初创型企业提供孵化服务为主	物业、投融资、市场对接	IT、IC及数据挖掘
浦东软件园	2000年	张江高科技园区开发、招商及软件企业服务，无明确孵化功能	技术增值、商务服务、生活服务	IC、软件等
863信息安全中心	2000年	根据集团战略，主业由土地开发向服务转型	物业、投资及政策服务	信息安全
中科大科研中心	2000年	中科大产学研基地，孵化中科大海归企业	物业、培训及技术转让	IT、IC
橡子园	2002年	受托管理集团及上海科创各3000万元资金，入孵企业主要为投资对象	物业、人事及财税代理、投资管理	通信、半导体、软件

续表

孵化器机构 名称	成立 时间	功能定位	孵化服务 内容	产业特色
海外创新园	2002年	海外留学人员创业服务	系列化专业服务	IC、生物医药等
法玛勤医药科技公司	2004年	以提供专业服务为主，提供专业平台及科研人员支持，开展CRO	系列化专业服务	生物医药
张江文化创意公司	2004年	作为基地公司，承担孵化器功能	物业、共享技术服务	游戏、动漫、影视后期
上海张江药谷公共服务平台有限公司	2004年	推动、提升和完善生物医药专业孵化功能	系列化专业服务	生物医药
张江东区联合发展公司	2005年	扩大张江空间，提供基础服务，承担孵化器功能	物业、工商及财税代理	医疗器械、光电子
中科计算机所	2006年	面向浦东相关产业技术服务，以及中科院技术成果转化	物业、技术转让	通信
上海英科创业投资管理有限公司	2007年	打造集群化孵化服务平台和共享环境	政策、管理、法律、财务、融资和市场推广	新能源新材料产业
上海张江孵化器管理中心	2008年	为入孵企业提供集约式的空间服务，根据企业不同发展阶段需求提供具有针对性的空间产品	物业、公关、行政、会计、法律、投融资	创新型产业
上海张江生物医药科技发展有限公司	2008年	为中小型生物医药企业提供专业化、一站式的公共服务	孵化服务、检测分析及认证服务、专业信息服务	生物医药产业
上海能高半导体照明发展有限公司	2009年	以培育 LED 创新创业企业和企业家为目标的高科技创业服务机构	系列化专业服务	半导体照明产业
科技创业孵化基地	2010年	凸显对 RFID 产业集群的引导示范作用和开创性孵育作用	技术服务、项目服务、资金服务、中介服务	集成电路产业
上海莘泽创业投资管理有限公司	2010年	为中小企业提供孵化服务、投资、知识以及渠道资源等资源互补	提供从企业注册到风险投资全程的服务	移动互联网
上海张江数字出版文化创意产业发展有限公司	2011年	为从事数字出版以及文化创意的中小企业提供孵化服务	系列化专业服务	数字出版、网络游戏、影视制作、艺术品服装设计
上海晟唐创业投资管理有限公司	2013年	提供从工商注册、财务代理、管理咨询、政策咨询、融资咨询、市场推广、品牌提升等一系列增值服务	"孵化基地 + 增值服务 + 天使投资"的市场化创业孵化服务模式	医疗器械、互联网医疗、生物技术

资料来源：张江集团.2006 年度张江高科技园区产业发展报告.张江集团,2007；张江高科技园区管委会网站（http://www.zhangjiang.net/）.

（2）企业向高技术企业和总部研发机构转变。

为满足产业结构转型的需求，上海市科技园区传统的劳动密集型产业逐渐转向技术知识密集型产业，技术落后的企业遭到淘汰并向区外转移，而竞争力较强的高新技术企业和研发机构逐渐集聚。

以金桥园区为例，早期园区企业主要集中在服装制造业、电子元器件加工等行业，以小型加工组装企业为主，随着生命周期的演化，金桥园区内的高新技术企业、生产性服务业企业比重逐渐增多。1997年高新技术企业占企业总数的比重由1997年的28.8%增加到2000年的59%。2005年以后，金桥园区大力发展生产性服务业，加上受国际金融危机影响，制造业企业在所占比重整体下降，高新技术企业占企业总数的比重由2007年的34.4%下降到2009年的25%。与此同时，生产性服务业企业机构、跨国公司总部数量大幅增加。到2013年末，园区内集聚的生产性服务业企业超过500多家，各类地区总部达到60家，其中外资总部占比60%以上。

高技术企业和总部研发机构集聚的结果之一是园区综合能耗大大降低，绿色发展模式逐步形成。以张江示范区为例，园区规模以上工业企业综合能源消费量总体上呈现出下降的趋势，从2011年的576.3万吨标准煤下降到2014年的249.1万吨标准煤；能源消耗强度也从0.23吨/万元下降到2014年的0.03吨/万元，形成了技术驱动的低碳经济发展模式（见图5-28）。

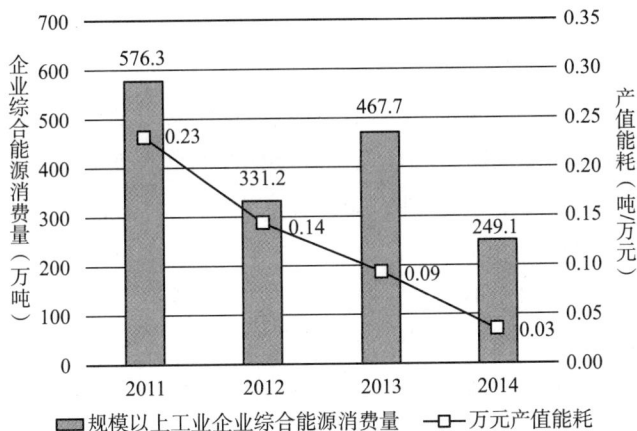

图5-28 2011~2014年张江示范区高新技术企业能耗情况

二、上海第三代科技园区发展存在的问题

上海市科技园区的发展正式起步于 20 世纪 90 年代初期，此时世界范围内第一代科技园区和第二代科技园区已经历了较长的发展阶段，逐渐成熟。因此，上海市科技园区在发展初期就引入国际上较为成熟的科技园区发展模式，形成了开放性的发展路径和模式。随着国际第三代科技园区的崛起，各科技园区通过转型发展，逐渐在发展水平上缩短了与世界先进科技园区的差距。通过分析上海市科技园区的发展历程和特征，可以看出其在产业结构、创新环境、网络链接、园区形态等方面已初步具备第三代科技园区的特征。然而，与其他地区已较为成熟的第三代科技园区相比，上海市第三代科技园区在发展过程中仍然存在着一些问题与不足。

1. 创新创业环境培育不足，创新要素有待进一步集聚

第三代科技园区突出知识共享、创新互动，形成创造性思维，实现创新突破（汪怿，2012）。从知识的共享来看，第三代科技园区强调消除园区内部交流障碍，促进园区内不同企业和人员间的互动，营造良好的创新创业环境；从园区人员构成来看，从事知识传播、科学研究与技术开发的研发人员占有较大比重，以提高园区的创造力。上海市科技园区在公共服务平台、孵化器建设方面取得了显著的成绩，研究生学历以上的研发人员的比重也在提高，但仍存在以下不足。

（1）科技园区的创新支撑服务不到位。

优越的创新创业环境是世界第三代科技园区的必要条件，美国硅谷、韩国大德、日本筑波等著名高科技园区无不有着良好的创新创业环境。特别是中小企业的诞生需要很多的支撑条件，如法律、财税、企业管理、知识产权服务等，而在孵化器建设、行业协会、政府服务和培育创新环境等方面，上海科技园区一些孵化器此类功能不完善，地产类项目比例偏高，孵化效果差。园区内的行业协会对地方产业网络的整体沟通和管理不强，没有起到真正促进产业网络发展的作用。特别是在促进企业之间的联系、对于网络成员的沟通和管理方面做的还很不够。被采访的一些企业（特别是外资企业）纷纷表示，行业协会举办的活动多是授课似的政策宣讲，企业里面的高级管理人员在行业协会中没有真正的实际权力，政府的声音是主调，行业协会没有起到为企业沟通搭建平台的作用。美国科技园区内行业协会的组织者大多数是公司代表，由于每个

公司的实力有限，无法仅仅靠个人的力量来解决发展中遇到的困难，因此通过行业协会联合起来解决问题，在技术层面合作，在设计方面竞争，成为一个非常好的交流平台。未来营造良好的创新服务环境、提升入住企业的满意度成为上海发展第三代科技园区的重要内容。

（2）创新要素供给不足。

更加重视人才资源的可获得性，将人才放在突出的位置上，以此来推动园区的创新发展，这是第三代科技园区发展的一个重要标志。研发人才是第三代科技园区创新发展的灵魂，是知识创造和传播的重要载体。国际几大科学园的发展都与人才集聚有很大关系，硅谷与高级人才移民有直接关系，新竹科技工业园发展壮大与海外技术人员归国有着密切的联系，班加罗尔的发展同样与海外人才的归国集聚有直接的联系。上海科技园区高学历人才比重近年来不断提高，但与其他发展水平高的科技园区相比，仍有不小的差距。

首先，园区内从业人员学历层次仍然偏低，影响整体区域的技术学习效果。一般认为，科技园区创新网络节点学习能力的形成是集体学习机理运行的关键，表现在对外来知识的转换、接受、运用能力和合作能力。但上海科技园区企业创新网络内却存在人才质量和数量供应紧张问题。以张江高科技园区IC企业网络为例，张江IC地方企业网络内硕士及以上层次人员比例仅为15%，而在中国台湾，硕士以上层次人员所占比重平均水平已经达到近45%；张江高科技园区大学及大专以下学历的比重达43.7%，远高于中国台湾业内29.7%的平均水平（见表5-8）。

表5-8　　　　　　中国台湾IC产业中技术人员学历分布　　　　　　单位：%

企业	博士	硕士	本科	本科以下
台积电	3	29.8	19.8	47.4
联发科	5.8	85.7	8.5	0.1
日月光	0.2	4.4	53.9	41.6
行业平均	2.3	40	27.4	29.7

资料来源：台湾拓墣产业研究所。

其次，尖端创新人才数量少。院士数量是反映园区尖端创新人才最直接的指标，我国中关村国家自主创新示范区拥有两院院士数量达到523名，超过全国总数的1/3。截至2014年10月，张江示范区集聚了全市60%的国家级和市级领军人才和高端人才，其中院士 159 人，在数量上低于中关村，更是落后于国际先进科技园区。未来需要通过政策引导创新要素在上海科技园区集聚，为上海科技园区向第三代科技园区发展提供创新资源。

2. 对外部先进技术过于依赖，自主创新能力有待突破

创新是第三代科技园区的灵魂，也是第三代科技园区最本质的特点。第三代科技园区是基于网络创新而形成的新型园区，各个层面组成广泛的网络及联结是其发展的关键要素。此外，世界顶尖的研发、管理等高端人才是科技园区未来发展并取得竞争优势的重要因素，因此，吸引世界级人才成为第三代科技园区面临的一项重大挑战。

上海市科技园区在成立之初就注重引进跨国公司，通过技术扩散和人员交流引入国际先进技术和人才。然而，这种发展模式虽然在科技园区发展前期有助于缩短与世界先进水平之间的差距，但是也在一定程度上造成对外部的技术依赖，不利于自主创新能力的提高，使得上海市科技园区在未来的发展中需要克服创新危机（见图 5-29）。

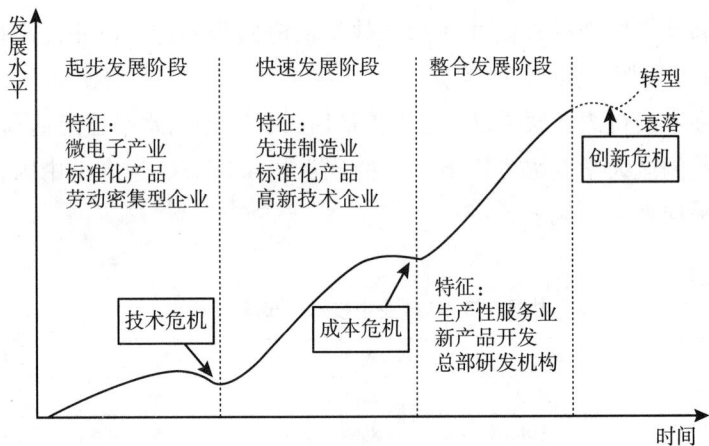

图 5-29 上海科技园区演化阶段示意

资料来源：程进（2012）。

（1）技术先进区域的技术控制。

20 世纪 90 年代之后，跨国公司大量在上海科技园区落户，技术优势是跨国公司投资的前提，这也使得本土企业在技术上较大程度地依赖国外公司，自主创新能力薄弱，持续发展的后劲不足。为了获取高额利润，跨国公司采取了一系列的技术战略，尤其是技术控制战略，在一定程度上阻碍园区创新能力和能级提升。以 IC 产业为例，西方发达国家对向包括中国在内的发展中国家的技术出口和转移实行严格控制，特别是在生产、制造等高新技术领域的控制更为严格。美国政府对高技术产品的出口管制是美国半导体企业对外发展必须要过的第一道关隘，1996 年由 28 个国家共同制定《瓦森纳协议》，对将要转移和扩散到发展中国家的技术进行严格审查，IC 产业领域的芯片生产制造设备的标准为 0.25μm。在张江高科技园区中芯国际于 2004 实现了 0.18μm 的量产后，美国才将此标准调整到 0.18μm（莫大康，2005）。在政策限制和市场竞争的双重因素的影响之下，英特尔、德州仪器等跨国公司不会向中国转移更为先进的生产线，这种情况一直持续至今。

（2）本土企业重模仿轻消化吸收，导致网络创新能力弱。

在全球竞争日趋激烈的当下，地方企业网络创新能力逐渐成为地区获取国际竞争优势的决定性因素。创新更是科技园区发展的本质要求，而上海市科技园区内一些企业受多种因素影响，重生产轻研发，重引进轻消化吸收，重模仿轻创新，制约了网络创新能力的提高。以张江高科技园区 IC 产业为例，在美国硅谷，设计公司只要拥有好的创意，就会找到一个具有强大实力的系统公司来支撑其设计方案，系统公司还会为设计公司提供稳定的产品销售渠道。但在上海张江，设计公司即使拥有好的创意，也难以找到合适的系统公司进行合作。首先，国外的系统公司不轻易认同中国本土设计公司。张江许多本土设计公司正处于初创或成长期，在行业内没有相应的信誉保证，难以找到具有强大实力的国外系统公司作为支撑。其次，张江设计公司与国内系统公司开展合作受限。国内系统公司虽然实力弱小，但大多数都拥有自己的设计部门，分享利润的意愿较弱。张江在发展早期曾为了生存对产品进行所谓的"二次开发"，自我创新能力在相当长的一段时期内严重不足。

（3）园区内人员流动率较低，影响技术溢出和扩散效果。

人员流动、特别是高级技术人员的流动有助于技术的溢出和扩散（王恬，2008）。第三代科技园区的主要功能是推动和管理园区内高校、科研机构、企业和市场的知识和技术流动，科技人员良性化流动是第三代科技园区的特征之一。科技人员的流动一方面可以帮助解决工作瓶颈问题，另一方面通过流动能够有效地整合产业链的上下游各环节，有利于整个体系的生产弹性。

但是在上海市科技园区企业网络内，人员流动程度相对较低。从图 5-30 可以看出，张江高科技园区 IC 企业的员工流动率在 15% 左右，远低于新竹科学园区约35%的水平（徐进钰，2000）。从流动的人员来看，流动率较高的为手工操作人员和一般职员，可以达到25%～30%，而高层次的技术人员的流动程度较低，如主管/高级专业技术人员的流动率低于10%。技术人员特别是高级技术人员的流动率较低，影响了张江高科技园区技术溢出和扩散效果。

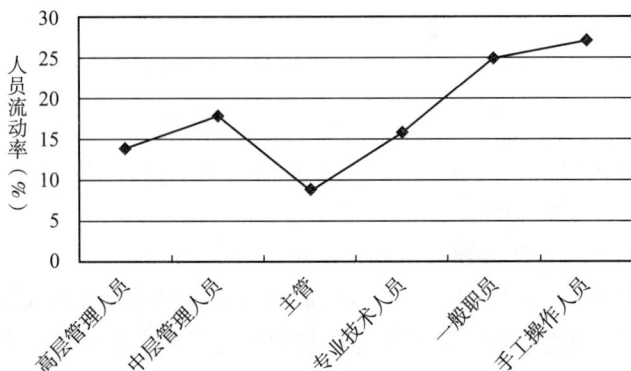

图5-30　张江IC地方企业网络内各层级人员流动率

3. 国际话语权较弱，全球竞争力有待提升

经济全球化加剧了创新资源在全球范围内的流动。国际竞争力主要体现在对全球资源的争夺和支配能力，而世界第三代科技园区无不在全球竞争中起到了重要的作用。因此，世界第三代科技园区必须是新产业和新业态的发源地，具有较强的国际竞争力，从而引领世界的产业发展趋势。上海市科技园区通过接受国际产业转移和技术扩散，园区技术水平和产品出口率都大幅提升，但与国际先进科技园区相比，在国际竞争力方面还存在不小的差距。

一般来说，高新技术产品具有较高技术含量、良好的经济效益（利税高于20%）和广阔的市场前景，能反映科技园区高新技术产品参与国际竞争的能力。2011年，硅谷高新技术产品出口占到了全美国高新技术产品出口的1/3。上海市科技园区不仅服务于国内的发展，未来如果要步入世界第三代一流园区行列就需要提高自身的国际竞争能力。2014年，大张江（一区22园）高新技术企业占全国高新技术企业出口创汇比重为4.79%、营收比重为4.80%、净利润为5.88%（见表5-9），在技术产品市场占有率方面还有很大差距。

表 5 - 9　　　　2014 年张江示范区高新技术企业各项经济指标在上海、全国的比重

单位：%

	工业总产值	营业收入	企业数量	净利润	上缴税额	年末从业人员数	出口创汇
张江占上海比重	56.95	62.54	48.83	70.22	66.42	56.82	62.20
张江占全国比重	3.49	4.80	4.15	5.88	4.76	3.54	4.79

资料来源：林兰、尚勇敏（2016）。

当今国际科技园区之间的竞争，本质上是人才的竞争，科技园区吸引国际人才的能力也是国际竞争力的一个重要体现。充足的海外人才能够为科技园区参与国际竞争能力提供保证，美国硅谷成功的重要原因之一就是包罗了世界各国高素质人才。32% 的硅谷人口在美国以外出生，总人口的一半以上是 20～45 岁的年轻人。在硅谷的人口构成中，49% 为白人，24% 为西班牙语系，23% 为亚裔，4% 为黑人。不断涌入的外国移民为硅谷带来新的人才、成果和创意。2009 年，日本筑波科学城有从业人员 16 万人，有 6596 名外国移民，外国移民占从业人员比重为 4.12%。2020 年张江高新区海外人才占从业人员总数比例达到 2009 年筑波科学城水平 4.12%（毕博咨询，2013）。截至 2014 年，张江高新区从业人员约 130 万人，海外人才占从业人员总数比例 4%，这一比例大大低于硅谷等国际先进科技园区。

科技园区要想在国际上提升竞争力，园区企业在加大高端市场技术投入力度的同时，还需参与国际标准的制定。长期以来，中国的高新技术产业高端市场一直受制于国际厂商，其内因之一在于标准缺乏，未来的竞争能力更大程度上与国内厂商能否跟上时代潮流、参与国际标准的制定和推广有关。上海市科技园区在制定行业技术国际标准方面走在全国科技园区前列，但与国内外一些园区相比还存在差距，具有全球竞争优势的企业还不是很多，参与制定行业技术标准也不够多。上海市科技园区要想步入世界第三代科技园区的阵营，在参与制定行业技术国际标准方面还需付出更多的努力。

4. "三区联动"层次低，制约产城融合发展

第三代科技园区是城市新兴知识创新社区，它重视科技、经济、人文、生态环境的融合发展，突出高品质生活质量和文化氛围。因此，从某种意义上讲，有效的产城融合、有无"三区联动"的创新合作是衡量第三代科技园区的形态标尺。

上海市一直致力于将科技园区打造成汇集居住休憩、人文教育、购物消费、休闲娱乐和医疗服务等多项功能于一体的国际化大型生态社区。然而，在集聚高端产业要素、建设文化设施和公共文化服务体系、培育多元包容的文化环境的过程中，上海市科技园区"三区联动"及产城融合还存在一些问题。

（1）政府主导的"三区联动"推动措施尚需进一步深化探索。

在"三区联动"中，校区、园区和社区分别有不同的利益诉求。高校希望提高学术上的发展以及学校声望；政府较为关注 GDP 的增长；园区追求利润的最大化；社区希望改善居住条件和生活环境。"三区联动"的各方还没有形成一个清晰的共同目标。因此当前上海市科技园区"三区联动"更多的是由政府进行牵头，园区与高校的合作建立在政府的强力推动之下，阻碍了联动效应的完全释放；而且更多地表现出园区与校区的联动，校区与社区的联动较少，产城融合的程度和效应受到影响。

（2）科技园区与周边社区社会空间系统分化严重。

校区、园区和社区的功能耦合和联动发展能更有效地促进创新要素的自由流动和集聚，营造一种有利于创新的生态环境。然而上海市科技园区在发展过程中，更加偏重于规模效应和经济绩效，导致产业功能与城市功能的融合度较低，社会空间系统分化严重。与园区外部相比，上海市科技园区内建有现代化的基础设施和优美的环境，不仅建有高档次的人才公寓，而且还引进了优质教育资源，为高科技人才和产业投资者创造一个舒适的定居环境方面，然而当地社区无法共享这些优质资源。以张江高科技园区内的中芯国际学校为例，为解决中芯国际人才的子女教育问题，公司建立了从幼儿园、小学、初中到高中的教学体系，并具有鲜明外语特色的双语学校。学校从美国等地聘请100多位专职外籍教师，实施中、英文两个系列的美式教育，软硬件设施均属一流。然而学校招生主要面向境外，本地学生无法进入，并且昂贵的学费也是本地学生一个较高的门槛。由此，区域内的教育被划分为两个差异悬殊的系统，导致了高新区在社会和空间上脱离当地社区，形成"一个区域、两个系统"。这种分割不仅存在于现实的社会空间里，也容易导致心理上分割的加深，使得科技园区容易成为一个游离于当地社区的"孤岛"。

（3）过于强调大学在"三区联动"中所发挥的作用。

一方面，研究表明上海市科技园区"三区联动"中存在着两种模式，一种是杨浦园与同济大学的市场机制为主的自发模式，另一种是因学校扩张或其他大事件为契机、政府主动提供土地与改善学校周边环境的模式。前一种模式仍以较快的速度蓬勃发展，动力充沛。而后一种学校扩张模式的"三区联动"随着校园建设或扩张的结束，进一步发展的持续推进动力机制面临不足的状况。另一方面，对大学技术研究成果线性的简单思维是当前上海市科技园区"三区联动"中存在的严重误区。有这种思维的引导下，科技园区在自身建设和产业定位上都容易产生盲目的问题，认为只要某个大学具有学科优势和技术与知识应用的可能迹象，就想方设法地建大学科技园或者主导园区与大学联动发展（童惟平，2011）。如新材料产业，区域内没有产业的基础和引进产业的条件，只是因为拥有同济大学和复旦大学的材料学学科优势，简单认为只有存在着大学的研究成果，就能够产生高技术产业，而忽视了其他的充分必要条件。

三、建设重点

1. 建设促进产业高端、高效的政策体系

产业高端、高效是世界第三代科技园区的基本特征，也是"产"、"城"能够融合的基本条件。

目前，从产业高端方面来看，上海市一部分属于生产性服务业性质的业务仍内含于相关制造业企业中，尚未实现专业化分工，究其原因，一是缺乏相应的政策引导和支持，主要表现为现有针对生产性服务业的政策虽有宏观的指导，但缺乏实际的操作细则，相关的优惠、补贴政策不明晰不到位；二是企业进一步实现专业化分工的运行成本相对较高。

从产业高效方面来看，鼓励企业降低能耗的政策也存在信息透明度不高、覆盖面过窄的问题。以金桥开发区为例，区内有 16.8% 的企业没有使用节能降耗产品或技术，其主要原因是对节能降耗相关政策不了解。在采取节能降耗措施的企业中只有 28.6% 享受过政府节能降耗相关补助，未享受过政策福利的比例高达 71.4%。

第三代科技园区产业、空间、社会转型的形成是一个相对漫长的过程。处在转型当口的众多上海科技园区，一方面，建议面对地区性政策优势消退的形势，针对下一步重点发展的产业制定独立且有针对性的政策，重新构筑起具有园区特色的政策高地。另一方面，在制定各项政策时，需充分加强基层调研频度和力度，切实细化、落实相关的政策以及政策的操作细则。再一方面，应充分考虑园区产业转型与新型城市化之间的关系，进一步明确第三代科技园区的

建设需要，平行设计产城融合的生产性服务业政策体系。

2. 选准中长期产业发展重点，培育第三代科技园区的新兴业态

除制造以及与制造相关的园区重点支柱产业外，上海的科技园区有必要考虑第三次产业革命的发展需要，充分融入上海大工业、大文化体系的规划布局，形成服务第三次产业革命智能化、数字化与新材料等特征的技术研发与制造重点、金融产品创新重点、培训和策划重点，培育符合第三代科技园区发展需要的新兴业态。

应对新兴业态的出现，进一步支持中小企业创新创业，扭转制造龙头企业牵头的轮轴式和福特式产业集群发展模式，积极探索民间资本介入风险投资的渠道，满足高成长性企业的产业和空间配套服务，制定符合第三代科技园区的技术路线图计划。同时，建立服务园区特色产业的科技、法律、政策、人才、市场、资金的综合性信息平台，满足"一区一城"的去同质化第三代科技园区建设需要。

3. 加强科技园区环境建设，形成"园区—社区"发展模式

第三代科技园区是一种基于知识生态理念，强调社区和城市融合、突出网络创新的新型科技园区发展模式。作为典型的发展中国家城市，上海的科技园区除少数依托大学的园区（如杨浦）、近中心城区开发区（如漕河泾开发区）外，多是城市外围的工业开发区模式，经过二十多年的发展，很多园区都具备了显著的科技特征，包括服务规范化、园区信息化和国际化、科技人员流动良性化、产业链外向型循环化等；但是第三代科技园区尤其注重的生态特征和文化特征多不具备。

在硬件环境改善方面，着力解决区内交通和区际交通问题，以满足开发区内部运转以及与外部联系的需要。在积极规划推进城市轨道交通的同时，应打破思维定式，采取多种方式破解开发区和园区的交通困境。提高区内交通（如"张江式区域小火车"、"贯穿巴士"等）的利用效率，将园区服务于工业的基础设施逐步改造为服务于社区的基础设施，同时可以考虑在科技园区内建设工作住房，辅以各方面的支撑政策，解决许多园区（如金桥、张江等）至今仍未解决的通勤"潮汐现象"。在软环境改善方面，可尝试建立与科技园区优势产业及规划产业（新的产业发力点）相关的人才储备机制，包括畅通人才流动、加紧人才培育（如建立全国闻名的产业技能培训基地）等。

4. 实现土地利用、流转创新，为产城融合做好空间准备

由于第三代科技园区十分强调产城融合，因此，在当前经济转型和产业升级的背景下，上海的科技园区和开发区应充分考虑向第三代开发区演变的趋势，在产城融合上实现突破性进展，克服工业用地"转性"困难和服务业用地稀缺的矛盾，更大胆地改革用地制度，收获"改革红利"。对于一些处在转型当中的开发区（如金桥北区、漕河泾开发区、张江核心区等），可利用现有良好的城市基础设施，建设开放性的创新空间，进而建成上海的品牌性产城融合示范区。

首先，在空间利用上，根据转型的实际需求，继续将设备陈旧、产出率较低的部分区内老厂房改造成现代化研发办公用房。同时，充分利用"基地＋飞地"的生产力布局，联动和盘活核心区以外大批可利用土地资源以缓解目前众多园区的产业空间困境。

其次，土地灵活变性是产城融合建设的重要一环。在政策创新上，考虑开发区工业用地变为综合用地的可能性，允许按相关规定对土地实行混合功能开发，并适当提高容积率。在政策设计中，为了调动地方政府、园区和用地企业各方的积极性，应该由相关各方分享土地变性带来的收益，实现多赢。

第六章

上海城市创新建设的科创任务

当前，上海已正式确立并实施建设具有全球影响力的科技创新中心战略任务，并将其作为城市创新建设的中远期目标。从科创中心建设的世界格局来看，全球顶级的创新中心并非一般认为的旧金山（硅谷）、波士顿、特拉维夫等创新明星城市，老牌综合性全球城市（如纽约、伦敦、东京等）仍在多维度、综合性的创新评价中占据顶尖位置，实用主义导向的纽约、管理创新推动的伦敦、商业+科技模式创新的东京、"即插即用"环境营造的新加坡、用足城市特质要素的巴黎、统筹资源"创造经济"的首尔都极具特色。

同时，上海科创中心建设是在全球创新环境和创新趋势发生重大变化的背景下进行的，世界经济增长放缓、局部金融动荡、新产业和技术革命时代到来，这些都对上海建设创新要素高度集聚、创新活力竞相迸发、创新成果持续涌现的全球科技创新中心提出了挑战。上海作为发展中国家城市，总体而言还处于全球科创中心第三梯队的序列，要素集聚优势较弱，有利于科技创新的营商环境也尚待完善，科技与产业、科技与经济的结合有待加强，创新产出和输出能力有待提高。但由于上海有着巨大的创新型经济体量、日渐完善的共性技术研发部署、逐步回归中心城区的科技创新和加快转型的科技园区，具备由全球创新节点上升到全球创新枢纽，进而进军全球科技创新中心的快速通道条件。

第一节　全球科创中心的内涵与对标

一、全球科技创新中心的内涵解析

目前，学术界还没有关于"全球科技创新中心"概念的准确界定和详尽描述，与其类似的提法则有很多，主要包括国际创新中心、全球技术创新中心、国际研发中心等。但这些概念都承认了全球科技创新中心的共同功能，即：全球创新要素的集聚之地；全球科技创新的重要枢纽节点；在全球资源配置特别是科技资源配置中处于重要支配地位（林肇武，2011；张仁开，2012）。

1. 全球科技创新中心的基本特征

全球科技创新中心首先是科技创新城市，起源于对现代城市发展过程中面临的交通、产业、生态、社会等问题的思考（黄亮等，2014）。由此可以看出，科技创新从来就不只是科技自身的创新，而是融合了社会发展的理念与思想，是一种以创新作为驱动力的城市经济增长模式的实现方式。

最早提出全球科技创新中心（Global hubs of technological innovation）概念的《连线》杂志早在 2000 年 7 月就指出了构成全球科技创新中心的要素：包括高校和研究机构创造新技术的能力、老牌企业是否参与专门知识创新并有助于稳定经济、创业人员的积极性、风险资本的可获得性。这种提法较多地强调了科技创新的市场实现，其在后来的提法和研究中逐步得到了修正和完善。例如，基彻伯格（Kirchberg，2013）的研究指出城市的科技创新不局限于单一因果的目标，"文化的可持续"与"科技的可持续"紧密相关，因而全球科技创新中心的持续发展必须需要"复杂多元的文化"。

关于科技创新中心的要义，西方强调突出思想的多元化与文化的宽容性、创新个体的独立性、创新资源的可达性、创新公共空间的可利用性以及人居环境的适宜性与可塑性（Landry，2000）。国内学者基于我国国情和发展阶段，更倾向于从城市竞争力的角度谈城市创新，并十分突出自主创新的地位（杨贵庆等，2011；马海涛、方创琳，2013a）。

全球科技创新中心可以具有以下 8 个基本特征：①综合经济实力强大，具有支撑市场消费的人口规模；②对外交通快捷便利；③对外经济联系活跃，全球市场广大；④具有吸聚多样化、高层次创新人才的能力；⑤具有大量的高效研发组织；⑥科技中介服务能力强大；⑦平台型经济高度发达；⑧城市文化极具开放性和包容性。

2. 全球科技创新中心的分类

由于受到历史、政治、经济、制度、文化和科技等多种因素的影响，全球创新城市类型的划分依据不一（李靖华等，2013）。结合考虑技术/文化的组织方式，可分为从技术创新型、文化智力型、文化技术型和技术组织型 4 种

（Hospers，2003）；按照驱动力不同，可以分为工业驱动、服务驱动、科技驱动、市场驱动、政府驱动、文化驱动等（刘硕，2013；马海涛，2013b）；按照规模和地位的不同，可分为全球创新中心城市、区域创新中心城市和非核心创新城市（黄亮等，2014）。自 2001 年联合国开发计划署《世界发展报告2001》在《连线》研究的基础上发布了 46 个国际技术创新中心，《上海形成国际技术创新中心城市的战略研究》课题组根据其评价结果将 46 个国际技术创新中心分成以下 6 类：发达国家的老牌都市、发达国家新兴地区、新兴工业化国家或地区大城市、发展中国家中高新技术密集区、发达国家老工业基地、特殊地区。如果参照国际产业技术分工，则可以将全球科技创新中心分为 3 类（王承云、杜德斌，2006）：第一类是既是全球经济中心城市，又是国际研发中心（如纽约、东京、伦敦等）；第二类主要从事专业技术的研发（如硅谷、筑波、慕尼黑等）；第三类是专业化工业城市（以底特律、丰田为代表）。不同类型的研发中心在基础动力、机构来源及专业领域等方面都存在显著的差异（张玉利，2009；黄亮等，2014）。

值得注意的是，很多学者与一些评价机构都将全球科技创新中心划分了不同的等级，这主要是基于创新的价值链展开。例如，运用价值链的分析方法，将欧美高成本区位城市独立出来，称为高端创新中心。这些城市往往占据高附加值的概念原型开发环节；而将亚洲低成本区位城市作为低端创新中心，这些城市做应用开发与产品试验环节（Zinnov，2011）。也有学者根据技术创新与扩散的速度，将科创中心分为领先创新型，同步创新型和跟随创新型 3 类（刘元凤，2010）。

3. 全球科技创新中心的评价

如何评价全球科技创新中心，不同的学者和机构具有不同的判定标准。一般认为，构成创新活动的要素至少应该包括创新的动机、资源、载体和环境。随着经济全球化的发展，一些全球创新城市或地区已具备全球科技创新中心功能，一些学者注重进行全球创新城市评价研究，这些研究成果对全球科技创新中心评价具有重要的借鉴意义。如国际上较有影响力的评价指标有美国学者理查德·弗罗里达（Richard Florida）的"3T"指标（才能，Talent；技术，Technology；容忍度，Tolerance）（Florida，2002，2005）和英国学者查尔斯·兰德利（Charles Landry）的"创意城市指数"等。"3T"指标体系的数据较易获得，但更适用于西方文化国家和区域使用。兰德利的创意城市发展评估表提出了创新城市的 10 个等级，并发展了创意城市指数，包含 10 个衡量指标（Hsu，Saxenian，2000），但较难应用于全球城市创新能力的比较。

澳大利亚创新研究机构"2thinknow"构建了一套指标体系对全球创新城市进行评价，包括文化资产、人力资本、市场网络和专利授予 4 个方面，由 162 个指标构成。在其发布的《2011 全球最具创新力 100 城市排行榜》中，美国、德国、法国分别以 23 个城市、16 个城市和 9 个城市位居前三。中国有 5 个城市进入排行榜，分别是香港、上海、北京、深圳和台北。该指标体系反映出，创新的原始动力不是科技，而是来自文化，这与奥康诺（O'Connor，2014）的观点相似，真正具有创新力的城市一定具有深厚的文化土壤，有较好的教育、研究和开发基础，并且与其他市场形成紧密的网络。这也从另一个侧面反映了"创新已不再是创新本身"。

4. 全球科技创新中心发育规律的基本启示

现有的有关全球创新城市和全球科技创新中心研究多注重探讨推动城市发展的内生力量，强调自主创新的作用，对非科技因素与外生力量的重要性关注不足。事实上，在全球化浪潮下，全球经济网络密切交织，带来全球科技资源的重新配置与整合，外部创新资源嵌入本地经济使得传统的创新方式发生了重大变化（王德禄，2011），是否能够嵌入全球创新网络进而成为全球重要的科技创新节点已经成为城市科技发展的重要考虑因素。如何综合考虑经济力量/非经济力量、科技因素/非科技因素在构建与评价全球城市创新能力中的地位和作用，应成为未来研究的重要方面。

二、上海科创中心建设全球对标分析

1. 上海建设全球科技创新中心的条件

（1）科技实力偏弱。

从智力创新与技术准备总分来看（见表 6 - 1），全球科技创新中心分为 3 个梯队。伦敦、斯德哥尔摩、旧金山、纽约、巴黎为第一梯队，都是欧美创新翘楚；洛杉矶、首尔、多伦多、芝加哥、香港、东京、悉尼、新加坡、柏林为第二梯队，欧美城市仍是主力，亚太城市数量增多；马德里、米兰、莫斯科、上海、迪拜、北京为第三梯队，发展中国家城市占据主力。

表6-1   全球重要科技创新中心智力创新与技术准备排名情况

城市	智力创新	技术准备	总分	排名
伦敦	200	107	307	1
斯德哥尔摩	192	105	297	2
旧金山	195	96	291	3
纽约	186	98	284	4
巴黎	204	75	279	5
洛杉矶	182	93	275	6
首尔	161	107	268	7
多伦多	190	73	263	8
芝加哥	174	86	260	9
香港	158	100	258	10
东京	172	84	256	11
悉尼	181	71	252	12
新加坡	148	91	239	13
柏林	162	74	236	14
马德里	121	60	181	15
米兰	117	58	175	16
莫斯科	106	52	158	17
上海	117	40	157	18
迪拜	98	57	155	19
北京	96	44	140	20

资料来源:根据普华永道《世界机遇之都报告》2014 整理计算（www.pwc.com）。

从两项分别排名的情况来看（见表6-2），北美与欧洲城市均占据绝对优势地位，东京、首尔、香港、新加坡是亚洲翘楚，北京、上海虽然已经进入第三梯队，但从分值上来看，与第一梯队、第二梯队城市还差距甚远。

表6-2   全球重要科技创新中心智力创新与技术准备分项排名

城市	智力创新	排名	城市	技术准备	排名
巴黎	204	1	伦敦	107	1
伦敦	200	2	首尔	107	2
旧金山	195	3	斯德哥尔摩	105	3
斯德哥尔摩	192	4	香港	100	4
多伦多	190	5	纽约	98	5

续表

城市	智力创新	排名	城市	技术准备	排名
纽约	186	6	旧金山	96	6
悉尼	181	7	新加坡	91	7
芝加哥	174	8	芝加哥	86	8
东京	172	9	东京	84	9
柏林	162	10	巴黎	75	10
首尔	161	11	柏林	74	11
香港	158	12	多伦多	73	12
新加坡	148	13	悉尼	71	13
上海	117	14	北京	44	14
北京	98	15	上海	40	15

资料来源：根据普华永道《世界机遇之都报告》2014 整理计算（www.pwc.com）。

（2）软硬件都是软肋，智力创新条件好于技术准备。

1）技术准备（偏硬件）显著好于智力资本与创新（偏软件）情况的城市——新加坡、香港、首尔等第二梯队亚洲城市。这里需要特别注意的是，尽管在总分排名中东京位于第二梯队，但其科技创新软件条件显著好于硬件。事实上，东京自20世纪60年代以来始终是亚洲的科技创新中心，80年代成为全球科技创新中心，与后起亚太第二创新梯队有着根本不同。

2）智力资本与创新（偏软件）得分高且显著好于技术准备（偏硬件）情况的城市——巴黎、多伦多、悉尼；两者得分都高或均衡发展的城市——伦敦、纽约、旧金山、斯德哥尔摩、芝加哥、东京、柏林等。这两种类型都是老牌科技创新城市，其中不乏纽约、伦敦、东京这三个美日欧科技创新大三角的核心城市。

3）北京、上海作为第三梯队城市，两者得分都较低。比较起来，上海的智力创新显著好于技术准备，这说明一方面上海具有建设全球科技创新中心的软件优势条件，另一方面需要做好基础研究等硬件建设工作（见图6-1）。

表6-3、表6-4显示，尽管北京和上海具有相同的公共优势（学生自然科学技能突出）与劣势（国民科学素养低），但仍然具有不同的建设科技创新中心潜质——上海高等教育质量和创新城市指数要优于北京，在大学排名方面落后于北京，两个城市在知识产权保护、企业家环境方面都有待提高。

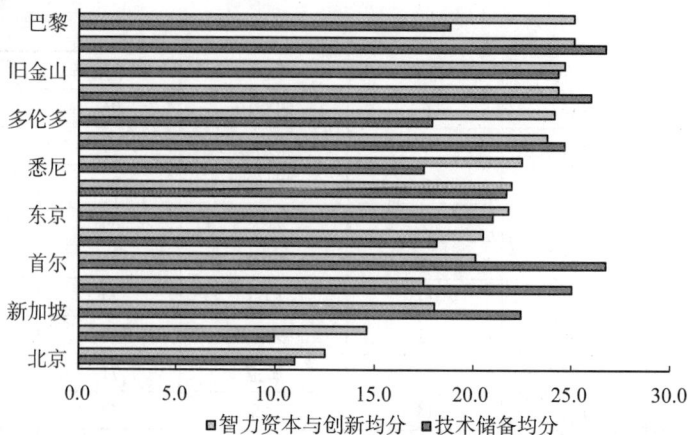

图 6 - 1　全球重要科技创新中心智力创新与技术准备分项排名

资料来源：根据普华永道《世界机遇之都报告》2014 整理计算（www. pwc. com）。

表 6 - 3　　　　　　全球科技创新中心智力创新得分细目比较

城市	公共图书馆	学生数学/自然科学技能获得	识字水平	高等教育人口比重	世界大学排名	创新城市指数	知识产权保护	企业家环境
伦敦	28	21	17	27	30	27	29	21
纽约	21	17	23	25	22	30	19	29
新加坡	6	29	8	19	17	16	30	23
多伦多	26	24	22	26	18	26	24	24
旧金山	24	17	26	29	21	29	19	30
巴黎	29	20	20	28	28	28	29	23
斯德哥尔摩	30	11	28	30	20	22	25	26
香港	13	28	15	10	27	23	26	16
悉尼	23	22	30	14	24	21	22	25
芝加哥	19	17	25	24	25	18	19	27
柏林	17	29	19	18	14	24	27	20
东京	22	23	21	21	23	19	23	17
首尔	12	27	29	17	26	20	14	16
北京	3	26	5	9	19	13	12	10
上海	14	30	5	16	13	17	12	10

资料来源：根据普华永道《世界机遇之都报告》2014 整理计算（www. pwc. com）。

表 6 - 4　　　　　　全球科技创新中心技术准备得分细目比较

城市	网络可达性	宽带质量	数字经济	软件发展和多媒体设计
伦敦	28	29	20	30
纽约	22	21	29	26
新加坡	30	11	25	25
多伦多	25	15	22	11
旧金山	22	16	29	29
巴黎	11	23	17	24
斯德哥尔摩	27	27	30	21
香港	24	28	25	23
悉尼	26	17	23	25
芝加哥	22	14	29	21
柏林	14	26	18	16
东京	15	22	19	28
首尔	29	30	21	27
北京	18	10	5	11
上海	16	10	5	7

资料来源：根据普华永道《世界机遇之都报告》2014 整理计算（www. pwc. com）。

2. 上海建设全球科技创新中心的综合实力

（1）创新型经济综合实力显著。

除去单纯科技创新条件，综合考虑城市经济、城市首要度、城市创新环境等因素，得到全球科技创新中心综合排名如表 6 - 5 所示。由于科技创新已不再单单是科技自身的事情，而是和城市的经济、社会、文化等各个方面息息相关。因此，从建设全球科技创新城市的前景来看，尽管北京、上海等三线城市科技排名落后很多，但仍然具有一些显著的优势，如巨大的经济体量、城市首要度高（对创新资源的吸聚能力强）等，这些将在一定程度上弥补科技得分弱势。

表 6 - 5　　　　　　全球科技创新中心综合得分及其细目得分比较

城市	智力资本与创新	技术准备	经济影响力	城市首要度（要冲）	健康安全保障	总分
伦敦	200	107	118	172	112	709
纽约	186	98	114	137	110	645

续表

城市	智力资本与创新	技术准备	经济影响力	城市首要度（要冲）	健康安全保障	总分
巴黎	204	75	107	143	108	637
旧金山	195	96	92	109	113	605
斯德哥尔摩	192	105	77	96	132	602
东京	172	84	88	151	105	600
新加坡	148	91	95	153	112	599
香港	158	100	91	151	86	586
悉尼	181	71	82	119	130	583
多伦多	190	73	90	98	130	581
首尔	161	107	84	125	79	556
芝加哥	174	86	78	93	112	543
柏林	162	74	64	113	128	541
上海	117	40	105	137	59	458
北京	98	44	115	156	42	455

资料来源：根据日本森基金会《全球主要城市综合实力排行榜（Japan's Global Power City Index）2014》整理计算（http：//www. mori-m-foundation. or. jp/gpci/index_e. html）。

（2）具有科技创新资源的体量优势。

从科技创新资源来看，上海和北京一同都进入了全球科技创新中心的第二梯队城市。得益于跨国公司的入驻，上海在研发人员排名上表现不俗；得益于较大的经济体量，上海在全球前300名企业数量上海优于芝加哥、多伦多、新加坡等综合排名靠前的城市。通过对比各表的数据发现如下（见表6-6、表6-7）。

表6-6　　　　　全球科技创新中心学术资源得分比较（1）

研发人员数量排名		世界前200名大学数量排名		全球前300名企业数量排名	
纽约	1	伦敦	1	东京	1
东京	2	纽约	2	北京	2
首尔	4	巴黎	3	巴黎	3
芝加哥	5	香港	6	纽约	4
伦敦	7	旧金山	7	伦敦	5

续表

研发人员数量排名		世界前200名大学数量排名		全球前300名企业数量排名	
新加坡	8	北京	8	首尔	6
巴黎	10	斯德哥尔摩	8	旧金山	10
旧金山	13	新加坡	11	香港	16
香港	14	悉尼	12	上海	17
悉尼	15	东京	13	芝加哥	21
上海	16	芝加哥	14	悉尼	24
北京	19	多伦多	16	多伦多	25
柏林	20	柏林	18	柏林	26
多伦多	21	首尔	20	新加坡	29
斯德哥尔摩	26	上海	28	斯德哥尔摩	31

资料来源：根据日本森基金会《全球主要城市综合实力排行榜（Japan's Global Power City Index）2014》整理计算（http：//www. mori-m-foundation. or. jp/gpci/index_e. html）。

表6-7　　　　全球科技创新中心学术资源得分比较（2）

城市	研发人员数量排名	世界前200名大学数量排名	全球前300名企业数量排名
巴黎	10	8	3
柏林	20	3	26
北京	19	18	2
东京	2	8	1
多伦多	21	13	25
旧金山	13	16	10
伦敦	7	7	5
纽约	1	1	4
上海	16	2	17
首尔	4	28	6
斯德哥尔摩	26	20	31
悉尼	15	12	24
香港	14	6	16
新加坡	8	11	29
芝加哥	5	14	21

资料来源：根据日本森基金会《全球主要城市综合实力排行榜（Japan's Global Power City Index）2014》整理计算（http：//www. mori-m-foundation. or. jp/gpci/index_e. html）。

①绝对优势城市基本都是第一梯队各项排名前 10 位的城市——纽约、伦敦、东京、巴黎。②优势城市分两类：从核心竞争优势来看，单项前 10 位，余下排名位于 10～20 的城市；从综合竞争优势来看，两项排名前 10 位的城市/三项均在 20 名以内的城市——首尔、北京、上海、香港、悉尼、芝加哥、旧金山、柏林、新加坡。③非优势城市为单项排名 10～20 名且余项在 20 名以外的城市/三项排名都在第 20 位以外的城市——斯德哥尔摩、多伦多。

（3）创新环境硬件与软件发展较平衡。

从创新环境来看，上海创新环境硬件与软件得分均衡。所谓硬件，是指学生数学/自然科学学术成就、海外研发人员准入、研发经费等硬指标，上海的排名分列第 1 位、第 8 位、第 28 位；而最能体现创新自由度的创作环境，上海也排名靠前，在第 14 位（见表 6－8、表 6－9）。

表 6－8　　　　　　　　全球科技创新中心创新环境得分比较（1）

学生数学/自然科学 学术成就		海外研发人员准入		研发经费		创作环境	
上海	1	纽约	1	纽约	1	纽约	1
香港	2	伦敦	3	东京	2	巴黎	2
新加坡	2	新加坡	4	芝加哥	4	伦敦	3
首尔	4	巴黎	5	首尔	6	柏林	4
东京	5	上海	8	旧金山	9	旧金山	7
多伦多	9	柏林	10	伦敦	10	芝加哥	9
悉尼	14	东京	11	巴黎	11	上海	14
柏林	15	旧金山	12	悉尼	12	北京	15
伦敦	18	北京	16	新加坡	13	东京	17
斯德哥尔摩	22	首尔	18	柏林	14	斯德哥尔摩	18
巴黎	20	芝加哥	19	多伦多	18	多伦多	21
芝加哥	22	斯德哥尔摩	13	香港	20	悉尼	23
纽约	22	多伦多	21	斯德哥尔摩	19	新加坡	33
旧金山	22	香港	24	上海	28	首尔	34
北京	—	悉尼	30	北京	29	香港	38

表 6 - 9　　　　　　　　全球科技创新中心创新环境得分比较（2）

	学生数学/自然科学学术成就	海外研发人员准入	研发经费	创作环境
巴黎	20	5	11	2
柏林	15	10	14	4
北京	—	16	29	15
东京	5	11	2	17
多伦多	9	21	18	21
旧金山	22	12	9	7
伦敦	18	3	10	3
纽约	22	1	1	1
上海	1	8	28	14
首尔	4	18	6	34
斯德哥尔摩	22	13	19	18
悉尼	14	30	12	23
香港	2	24	20	38
新加坡	2	4	13	33
芝加哥	22	19	4	9

资料来源：根据日本森基金会《全球主要城市综合实力排行榜（Japan's Global Power City Index）2014》整理计算（http：//www. mori-m-foundation. or. jp/gpci/index_e. html）。

①绝对优势城市是三项排名均在前 10 位的城市——纽约，全球独一无二。②优势城市是 2 项或以上排名前 10 位的城市——第一梯队城市和亚洲新兴科技城市，伦敦、东京、巴黎、上海、首尔、新加坡、芝加哥；单项排名前 10 位或三项排名前 15 位的城市——柏林、多伦多、香港、旧金山。③非优势城市为悉尼、斯德哥尔摩。

（4）创新成果产出综合优势较好。

从 15 个城市的总排名来看，综合排名依次顺序为：纽约、伦敦、巴黎、东京、芝加哥、新加坡、旧金山、首尔、上海、柏林、香港、北京、悉尼、多伦多、斯德哥尔摩。第一梯队优势仍然十分明显，但北京、上海的综合优势表现都不是很差，上海条件好于北京。

表 6 - 10 显示，①在创新成果方面具有绝对优势的城市是科技产出两项排名前 10 位的城市——纽约、伦敦、香港、新加坡、芝加哥。②优势城市为科

技产出单项排名前10位的城市——巴黎、东京、首尔、旧金山。③北京和上海有两项排名前20位，创新成果表现良好。除此之外，还有柏林、多伦多等城市。

表6-10　　　　　　全球科技创新中心创新成果得分比较（1）

产业专利注册数		科学/技术领域获奖者数量		研究者的交流机会	
东京	1	纽约	1	伦敦	1
首尔	2	巴黎	2	新加坡	2
纽约	3	旧金山	4	香港	6
新加坡	6	伦敦	6	悉尼	8
芝加哥	7	芝加哥	8	巴黎	9
香港	8	斯德哥尔摩	12	柏林	10
旧金山	11	东京	13	纽约	12
悉尼	14	首尔	16	芝加哥	12
多伦多	15	新加坡	16	首尔	15
上海	16	香港	16	多伦多	15
北京	17	悉尼	16	上海	18
伦敦	19	多伦多	16	旧金山	22
巴黎	20	上海	16	北京	23
柏林	21	北京	16	东京	31
斯德哥尔摩	29	柏林	16	斯德哥尔摩	37

　　资料来源：根据日本森基金会《全球主要城市综合实力排行榜（Japan's Global Power City Index）2014》整理计算（http://www.mori-m-foundation.or.jp/gpci/index_e.html）。

　　小结：通过对澳大利亚2thinknow、美国普华永道机遇之都指标、日本"森纪念"财团城市战略研究所"全球实力城市"评价体系等全球科技创新中心多维度评价的对标研究可以看出，全球创新中心城市可细分为3个梯队：第一梯队包括顶级全球创新中心和全球创新中心，其中两个顶级全球创新中心分别为纽约和伦敦；第二梯队是全球创新枢纽，第三梯队为全球创新节点。从综合排名来看，全球顶级的创新中心仍是一些老牌综合性全球城市，而非纯粹的创新明星城市。

这从一个侧面说明，城市创新型经济的总量、结构以及综合服务能力的强弱对于城市创新能力的高低产生重大影响。上海虽然是发展中国家城市，并且总体而言处于第三梯队的序列，但由于上海有着巨大的创新型经济体量、广阔的经济腹地（长三角乃至整个长江流域带）、综合的创新资源优势、多元化的市场需求、强政府的有力支持，具备由全球创新节点上升到全球创新枢纽，进而进军全球科技创新中心的快速通道。

第二节 上海科创中心建设的思路与方向

一、上海建设全球科创中心的内涵

创新活动高度集中在全球的少数地方，随着科技全球化的深入发展，随着中国创新实力不断提升大格局的形成，上海和国内其他一些城市（如北京、深圳等）正成为全球创新资源集聚的关键性节点。全球科技创新中心具有不同的尺度，可以是一个科技园区（如剑桥科技园、中关村等），也可以是一个地理行政区域（如德国巴登—符腾堡州、日本筑波等），还可以是具有抽象名称的一片分散性区域（如硅谷）。从产业门类来看，全球科技创新中心覆盖了农业、传统制造业、现代服务业、高新技术产业等各类领域。

1. 基于综合优势和比较优势的内涵发掘

相对于国内其他城市，上海在技术、产业、企业、思想方面具有不可比拟的综合优势。

就技术本身而言，上海科技创新资源高度密集，在科技创新投入、科学与研究基础设施建设、专利和高端人才拥有量等方面积累了绝对优势，也是中国较早布局共性技术研发体系和服务体系的城市。根据国家科技部与国家统计局联合发布的《2013 年全国科技进步统计监测报告》显示，上海综合科技进步水平指数连续五年居于全国榜首。

上海作为全国最大的经济中心城市，拥有雄厚的产业基础与完整的产业体系，处于改革开放的最前沿。近年来，随着上海产业发展重点分别向第二三产业的高端（高端制造、高端服务）转移，更是对科技创新提出了更高的要求。

虽然上海本土科技原创企业数量较少，但跨国公司数量众多、研发总部集聚，是先进科技创新企业的典型代表，这是全国范围内独一无二的科创优势资源，上海已成为基于跨国公司研发中心基地的全球研发网络重要节点。上海也一直是我国近代创新思想的策源地，海纳百川和兼收并蓄的海派文化作风为创新提供了适宜的土壤，事实上，跨国公司在上海的集聚也得益于此。

此外，上海所依托长三角制造业基地，科技研发能力和产业技术能力基础能力雄厚；区域高端服务业和商贸流通业发达，科技市场服务较为完善；上海自由贸易区设立形成的制度优势和示范效应都为上海建设全球科技创新中心提供了良好的发展机遇。

同时，与全球科技创新中心的重要节点城市相比，上海还存在较大差距。如本土创新龙头企业偏少，对跨国公司先进技术的吸收和再开发有限，有利于培育民营企业的科创机制尚未完全确立，支柱产业关键核心技术对外依存度仍然偏高，重点产业的共性技术研发体系尚未确立等。但我们应该看到，这些是我国科技创新普遍存在问题，上海在全国已经走在前列。

2. 上海建设具有全球影响力的科技创新中心的内涵

在充分利用创新综合与比较优势的前提下，上海建设全球科技创新中心应始终围绕三个有利于标准展开工作：其一，从科技创新的本源来看，有利于技术创新，产生一批关键共性技术、技术标准和形成战略性新兴产业；其二，从科技创新价值的实现来看，更好地释放科技生产力，实现"研发—开发—应用"、"供给—需求"的正反馈机制，为创新型经济服务；其三，从提升科技创新地位的角度来看，加强资源整合利用，推进制度创新，破解科技创新的难题。

综合上海科技创新资源比较优势，结合上海科技创新所处的环境和所负有的使命，其建设具有全球影响力的科技创新中心的内涵是：①极具创新活力，有强大的创新创业生态系统；②在关键核心技术领域占有一席之地，在原创技术领域不断取得新的突破；③一定数量的有全球影响力的科技型企业，具有能对全球创新格局产生重大影响甚至是颠覆性影响的企业；④高效的科技创新效率；聚集高素质创新创业人才，成为原创思想的发源地和汇聚地；⑤具有整合创新资源的能力，能统筹谋划和布局创新；⑥强大的辐射功能和引领能力。具体设计如表6-11所示。

表 6 – 11　　　　　　　上海建设全球科技创新中心的功能与内涵解析

空间	深度	领域	体系	人才	市场	开放
空间维度上创新网络的扩展	从引进到自主 从应用开发到知识创新	以科技为主的科技、经济、文化、社会领域全覆盖 1. 数字上海 2. 生态上海 3. 健康上海 4. 精品上海（智能制造） 5. 平台上海（创新服务） 6. 源头上海（知识创新与教育）	核心： 1. 科技（创新）体系 2. 知识产权与诚信体系 支撑： 3. （泛）创新体系（包括文化、创意） 4. 产业承接转化体系 5. 社会创新生态	核心； 1. 旗（领军者） 2. 库（人才库） 3. 源（教育） 支撑： 4. 聚（宜居）	核心： 1. 领军性高科技企业 2. 技术交易市场 3. 创投市场 支撑： 4. 金融服务市场 5. 专业服务市场 6. 公共治理体系	核心： 1. 全球创新网络 GIN 节点（MNCs 研发网络） 2. 全球知识网络 GKN 节点（高校、出版） 支撑： 3. 全球信息网络的节点 4. 全球人员流动的节点 5. 全球会展中心 6. 全球生产网络 GIN 节点

二、上海建设全球科创中心的主线

1. 主线聚焦于三大现实需求

（1）服务上海经济发展方式转变。

转型仍然是上海中长期发展的重要主题和重点方向。作为工具和手段，科技创新必须要服务于经济、社会的发展。首要任务是通过科技培育新的经济增长点，开辟生产力发展新空间。

（2）提升上海在全国、亚太地区和全球的创新地位。

科技创新作为一种高度开放的活动，必须深植于区域和全球创新网络中，不断加强节点的等级，以获取更多的创新资源，产生更多的创新成果，实现更多的创新辐射；必须着眼于创新的全球布局与全球深化，将区域性、全球科技创新中心的建设纳入发展轨道。

（3）促进科技价值实现。

科技创新成果本身是一种抽象事物，其价值实现是永恒不变的主题，也是科技创新得以持续的必要条件。必须要充分利用上海的商贸优势、区位优势，走出"低效创新"、"无效创新"的困境，加强科技应用，建设创新型经济的综合形态。

2. 主线内涵——增强科技核心竞争力

在经历了 18 世纪工业革命、19 世纪电气革命和 20 世纪新技术革命后，三次科技革命先后产生了英国、德国、美国三个世界经济中心和科技中心，且直到 20 世纪 80 年代初，科技创新中心都以"单极"的形式出现。随着全球经济发展逐步走向多极化，随着海外投资的扩张（新的制造、研发基地的设立），多中心、多节点组成的"全球创新网络"形成，单极的科创中心发展模式逐渐向多极化演进，从而为更多的发展中国家和地区提供了跃升为具有全球影响力的科技创新中心的可能。

尽管全球科技创新中心越来越表现为多极化的发展趋势，但是，它们都有一个共同点，那就是具备各自的科技核心竞争力。科技作为一种纯粹的工具，要具有核心竞争力，必须依附载体来实现。科技创新的 4 个重要的载体是——技术、产业、企业、思想。因此，具有核心竞争力的科技创新发展应该是这样的：①持续地产生对人类社会生产生活方式具有重大影响的原创技术。②持续引领新兴产业发展的潮流。③不断产生对全球产业格局产生重大影响甚至是颠覆性影响的企业。④最终都应成为影响人类文明进程的原创思想的发源地和汇聚地。对于上海而言，建设具有全球影响力的科技创新中心是目标，增强科技核心竞争力则是实现手段，上海的科技核心竞争力也将体现在技术、产业、企业、思想 4 个重要方面，并且，将在体制机制上做出相应突破，以承载上述 4 个载体的重要功能。

3. 建设具有全球影响力的科技创新中心之上海科技核心竞争力解读

（1）强调综合优势而非单一优势。

从全球科技创新中心的发展脉络来看，只有极少数顶级科技中心（如美国）才具有科技上的绝对竞争优势，包括日本在内的第一梯队和第二梯队国家（如新加坡）都走了"科技+市场"的道路。随着全球科创中心发展多极化，科技创新中心建设的突破口已不仅仅在于科技本身，也不在于科技的单一方面如何发达，而在于如何综合利用自身科技、经济、文化优势来寻找突破口。在竞争性产业领域和资源配置高度市场化的领域，不能再走纯粹的关键核心技术突破的道路，技术创新与商业模式创新应并重且构成正反馈良性循环，以促进城市创新经济形态的形成。

（2）强调比较优势而非绝对优势。

"核心"二字突出了"节点"特征，即"平坦"中的"高地"，强调比较优势而非绝对优势。具有全球影响力的科技创新中心单极化的形成是由于科技革命的直接推动，而其多极化的形成则是得益于基于比较优势的经济扩张（科技之外的市场作用、环境作用日益凸显）。既然是比较优势，就有不同空间尺度下的等级之分，地方节点、区域性节点、全球节点的功能释放将随时间推移而升级。

（3）强调核心优势而非边缘优势。

所谓核心优势，是指某一发展时期的突出优势，因此，核心优势是一种动态优势。作为科技的载体，技术、产业、企业、思想在不同的发展阶段都各自发挥怎样的作用，城市对各种汇聚要素的整合是否有侧重点，城市输出科技创新的内容与辐射半径是否发生变化，都因核心优势而改变。例如，从技术方面而言，上海科技创新的核心优势在于能否建立起符合城市转型发展需要、顺应现代产业—技术革命要求、引领城市科技前进方向的共性技术研发服务体系。

三、上海建设全球科创中心的步骤

1. 2020 年——形成基本框架

完成建设具有全球影响力的科技创新中心的基本框架准备：科技创新体系的硬件、软件基础设施完备；科技创新生态系统架构完整；区域协同创新体系在长三角全面建成，上海具体担当起研发总部所在地；研发技术输出输入中心；研发服务中心；技术交易平台和研发技术人才高地功能；成为全球创新链上必不可少的环节（采购、制造、销售、创新）；作为全球创新网络节点枢纽（即全球科技创新中心）的主要功能板块基本具备（见表6－12）。

表6－12　　　　上海建设全球科技创新中心 2020 年任务解析

目标	表述	建成具有全球影响力的科技创新中心的基本框架
	说明	形成基本框架，具备全球科技创新中心的主要功能板块
功能	空间	长三角区域协同创新体系基本建成
	深度	基于生产过程的二次创新和基于知识培育的人才培养全面展开
	领域	科技创新的重化工方向与高端服务方向确立，能级显著提升
内涵	体系	科技创新的硬件、软件基础设施完备，科技创新生态系统架构完整
	人才	搭建与产业、科技匹配的人才培养体系基本架构
	市场	结构完整的专业、金融服务市场形成； 科技应用大大增加，区域性技术交易市场框架形成
	开放	成为全球创新链上必不可少的环节（采购环节、制造环节、销售环节、创新环节）；长三角合作创新制度性框架基本建成

2. 2030 年——基本建成

建成区域性科技创新中心，功能开始释放，引领作用显现：有全球影响力的科技企业数量增加，旗舰型企业出现；开始具有关键核心技术优势；创新创业生态系统活力显现；人才吸聚能力增强（见表 6 – 13）。

表 6 – 13 　　　　上海建设全球科技创新中心 2030 年任务解析

目标	表述	基本建成具有全球影响力的科技创新中心
	说明	基本建成区域性科技创新中心，功能开始释放，引领作用显现
功能	空间	东亚地区知科技、识高地
	深度	在许多技术领域完成由吸收消化向二次创新的升级； 在一些重要的技术领域实现自主创新
	领域	与上海产业体系匹配的科技创新体系建立； 区域性高端制造创新中心与科技金融创新中心初步形成
内涵	体系	创新创业生态系统活力显现
	人才	人才吸聚能力增强； 自培育稳定、合理的人才队伍
	市场	有全球影响力的科技企业数量增加，旗舰型企业出现； 专业服务和公共治理更加完善
	开放	开始具有关键核心技术优势； 良性互动的区域创新合作形成； 本土旗舰企业开始向外扩张投资

3. 2040 年——全面建成

功能全面释放，成为亚太地区科技创新的领跑者之一：在世界原创技术领域具有一席之地，具有一定数量的全球科技创新旗舰型企业；人才、知识蓄水池效应显现；创新生态系统高效运行（见表 6 – 14）。

表 6 – 14 　　　　上海建设全球科技创新中心 2040 年任务解析

目标	表述	全面建成具有全球影响力的科技创新中心
	说明	功能全面释放，成为亚太地区科技创新的领跑者之一
功能	空间	亚太主要创新源头、全球创新节点
	深度	自主创新进入良性循环
	领域	提供优质服务的全球科技创新平台；全球重要创新思想和创新企业的产生地

续表

内涵	体系	创新生态系统高效运行
	人才	人才、知识蓄水池效应显现； 人才、知识溢出出现
	市场	具有一定数量的全球科技创新旗舰型企业； "研发—应用"的科技创新正反馈机制形成
	开放	在世界原创技术领域具有一席之地； 自主创新的辐射效应显现

4. 2050 年——建成全球一流科技创新中心

功能全面释放，成为全球科技创新的领跑者之一：成为全球创新链上的核心环节、科技创新的全球引领者之一；对全球创新格局产生颠覆性影响的人物、企业、大学出现；成为原创技术的发源地和汇聚地（见表6－15）。

表6－15　　　　　上海建设全球科技创新中心 2050 年任务解析

目标	表述	全面建成全球一流科技创新中心
	说明	功能全面释放，成为全球科技创新的领跑者之一
功能	空间	全球创新源头之一
	深度	科技创新完全步入依靠自主创新的轨道
	领域	全球重要科技创新领域的开拓者
内涵	体系	创新嵌入到经济、社会、文化的各个环节，融入生产、生活的各个方面
	人才	对全球创新格局产生颠覆性影响的人物出现； 科技人才培养、供应位居世界前列
	市场	对全球创新格局产生颠覆性影响的企业出现； 上海成为全球重要的科技创新产生市场与消费市场
	开放	成为全球创新链上的核心环节、科技创新的全球引领者之一； 对全球创新格局产生颠覆性影响的大学科研机构出现； 成为全球重要科学技术成果的输出地之一

第三节　上海科创中心建设重点

一、解决经济—科技重大问题

1. 首要任务——科技振兴经济

随着全球进入真正的知识竞争时代，发达国家的工业经济模式正在信息科技的推动下加速向科技经济模式转变，包括美国、德国、日本等在内的许多发达国家都将科技创新促进经济振兴发展作为未来中长期发展规划的最主要目标与最紧迫任务。例如，日本的《科学技术创新综合战略2014——为了创造未来的创新之桥》就指出，科技创新是日本经济、社会通往未来的"生命线"。

上海建设全球科技创新中心，本质上要求实现发展方式由要素驱动向创新驱动转变，着眼于服务上海经济发展方式转变，建设城市的创新型经济；依靠科技培育新的经济增长点，开辟生产力发展新空间，使创新真正成为经济发展的驱动力，从而产生巨大效益。

2. 重要任务——提升上海科技创新地位

上海目前处在全球科技创新节点城市序列，未来上升到全球科技创新枢纽城市进而进军全球科技创新中心，任务艰巨、道路漫长。因此，在相当长的一段发展时期，应始终将上海建设全球科技创新中心的工作纳入全社会科技工作、经济工作、社会发展（重点是文化、教育）的框架之中，着眼于创新的全球布局与全球深化，充分利用上海自贸试验区和张江国家自主创新示范区的发展机遇，通过建设国际化创新功能平台和实施"走出去"战略培育具有区际影响力和国际影响力的科技创新品牌，增强科技创新辐射力，逐步跻身于区域性乃至全球性的创新中心。

3. 根本任务——实现科技价值

实现科技价值是为了解决长期以来上海科技创新中存在的低效创新和无效创新问题。由于长期以来忽视基础—应用研究的中间地带开发，共性技术研发与服务发展滞后，非有效式创新使得科技并没有真正作为经济发展的驱动力，科技价值长期以来没有很好地实现，大量的研发投入并没有产生对产业、经济、民生的实用性成果。在科技创新经济价值没有得到更好的体现的前提下，其可持续性也无法得到保证，更加加剧了科技创新的各种短期行为。这其中既包含产品开发短期行为，也包括教育的短期行为，对于上海科技的持续性创新，进而顺利进阶各等级的科技创新中心十分不利。因此，加强技术的共通性应用，走出"高效创新"的道路是上海城市创新建设的根本任务。

二、明确三大重点发展方向

1. 牢牢把握科技进步大方向

为了保持上海在中国、亚太乃至今后在全球的科技领先地位，对共性技术的前端——基础研究实行"均衡发展＋重点突破"的发展战略。所谓均衡发展，要用足上海的教育和研发资源，最大化利用上海的科技综合实力，避免在基础研究上出现明显的劣势与短板；所谓重点突破，是用足上海科技的优势资源与特色资源，耐住性子、抵住诱惑，坚持对优势基础研究（哪怕是冷门研究）的投入与扶持。目标是瞄准世界科技前沿领域和顶尖水平，在基础科技领域有大的创新，在关键核心技术领域和重要共性技术领域能够取得大的突破，真正占领全球科技制高点。

2. 牢牢把握产业—技术革命大趋势

围绕产业链部署创新链，将科技创新真正落到产业发展上。重点回答三个问题："由谁创新"、"动力哪里来"、"成果如何用"，这三个问题是上海建设创新型经济、实现创新发展的基本问题。

由谁创新——还真正的创新主体地位给"自由人"（具有积极创新意愿和交易主权的企业、个人和研究机构）。动力哪里来——解决实际问题的动力（拥有世界一流的、可持续发展的经济：扩大规模、优化结构、产生效益的动力；国民感到富足、安全和放心的社会：科技产生于民、服务于民的动力；与世界共生、为人类进步做出贡献的动力）。成果如何用——找到成果应用的突破口，打通创新链；真正融入全球创新网络和全球技术市场，享受全球创新的无边界盛宴。

3. 牢牢把握人才集聚大举措

在集聚人才方面：真正为了创新，真正做到宽容。建成真正的城市人才蓄水池，只有蓄更多的水，才能进更多的人，人才更自由。在使用人才方面：对所有的知识创新载体（物化的/非物化的）提供完善的保护机制，在物尽其用的基础上做到人尽其用，让自由的智慧闪光。在培养人才方面：一是培养创新的大众——即借鉴德国经验，重视产业技术人才的前瞻性培养，推进科技人才与产业人才的深度融合，对市场前景暂不明朗的技术研发，长期不懈坚持后备人才的培养；二是培养创新的精英——即创造环境，催生创新灵魂人物。

三、明确重点发展技术领域

1. 符合科技进步大方向和产业变革大趋势的技术

关注点——坚定方向、坚持不懈地在基础研究领域深耕细作，铺好共性技术研发的基石。重点发展信息技术的尖端领域（云计算技术、大数据、e＋整

合技术等）、生命科学技术（生物复杂系统、重大新药创制等）、环保技术
（净化及循环利用技术、节能与提高能效技术等）、适应柔性生产方式的"工
业4.0"相关集成技术与共性技术。

2. 国家和上海产业发展急需的、关系国家利益的垄断技术

关注点——避免在关键领域受制于人，摆脱境外技术封锁和垄断，真正走
上自主创新的道路。聚焦科技创新应用的关键任务，依托产业，以上海市生物
医药、电子信息制造、新能源、民用航空制造、先进重大装备、新能源汽车、
海洋工程装备、软件和信息服务、新材料九大高新技术产业领域为重点关注领
域，在充分研究技术路线图的基础上，确定国家和上海产业发展急需的、关系
国家利益的垄断技术；在产业内共性技术和产业间共性技术的发展上采取差别
化支持措施，近期重点突破产业内共性技术。

3. 上海具有优势基础、渴望短期实现突破的技术

关注点——真正建立起市场和企业作为创新主体的架构，坚持科技应用的
市场发现、市场决定、市场驱动机制。由于基础研究突破的不可预期性，短期
可能突破的技术领域一般是指应用研究而非基础研究领域。在该领域，所谓优
势基础并非仅仅基于技术优势，应结合经济体量、市场需求、辐射腹地综合考
量，对共性技术研发和应用的环境进行优化培育。

第七章

国外城市创新建设案例

在全球创新网络中，伦敦、纽约、东京等地理区位优越、产业基础较好、创新环境优良的城市更多更广地集聚全球创新要素，创新型经济得到良好发展，技术创新活跃、产出高效，创新空间格局日渐完善，发展成为全球创新网络中的重要节点城市。这些城市和区域创新型经济的发展脉络、共性技术研发和服务趋势、创新空间演进规律都值得同样具有综合发展比较优势的上海在城市创新建设的实践中学习和借鉴。

第一节　国外城市创新型经济发展案例

一、伦敦：以服务带动创新

伦敦被誉为欧洲创意之都，创新资源丰富，聚集了英国 1/3 的高校和科研机构，每年高校毕业生占全英国的 40%，同时还拥有大量的思想库和科研院所。伦敦城区拥有大量成功的金融和商业企业集群，企业数量占到英国的16%，其科技服务业就业人数居英国排名第二，有超过 100 个欧洲 500 强企业在伦敦设有总部。

1. 伦敦创新型经济发展特征

（1）小型创新企业数量多，大型创新企业占比高。

从城市企业结构来看，伦敦以服务型小企业为主。统计数据显示，在伦敦有近 90% 的企业雇员少于 20 人（见图 7 - 1），其中大部分属于知识密集型服务业。就业岗位中超过 90% 是服务业岗位，其中超过 30% 属于金融和商业服务。

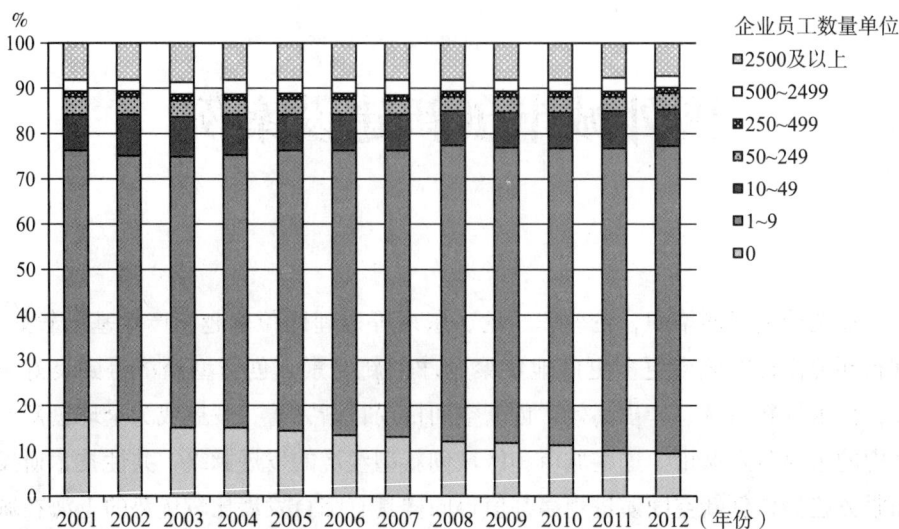

图 7-1　伦敦市企业员工数量分布情况

资料来源：Size of Firms in London, 2001 to 2012.

从事创新活动的小型企业在数量上具有绝对优势，2014 年有创新活动的微型企业和中小型企业达到了 21 万家，涉及经济社会发展的各个方面。大型企业虽然有创新活动的企业数量较少，但创新企业占比达到 88%，远高于微型企业和中小型企业（见表 7-1）。

表 7-1　　　　　　　　　　2014 年伦敦企业创新情况

	有创新活动	没有创新活动	未回应	创新企业占比（%）
微型企业	176100	157640	25110	53
中小型企业	35920	11760	2500	75
大型企业	30010	4300	1530	88

资料来源：London Business Survey 2014.

（2）科技服务业高度发达。

伦敦拥有发展水平较高的科技服务业，其就业人数在英国排名第二。经过

20 世纪七八十年代的产业结构调整，伦敦的制造业比重有了很大幅度的下降，到 1990 年，制造业就业岗位全部就业的比重为 8.24%，到 2010 年进一步降至 2.71%，科技服务业就业岗位则有不同程度的增加，总体上高于其他产业就业岗位所占比重（见表 7 - 2）。

表 7 - 2　　　　　　　1985 ~ 2010 年伦敦各行业就业岗位比重变化　　　　　　单位：%

年份	1985	1990	1995	2000	2005	2010
第一产业 & 公用事业	1.33	1.07	0.78	0.83	0.64	0.58
制造业	11.03	8.24	6.72	5.48	3.78	2.71
建筑业	5.79	6.08	5.58	5.11	5.26	5.19
批发	6.47	5.56	5.63	5.42	4.62	3.72
零售业	9.43	9.69	9.90	9.22	8.89	8.29
交通和存储	7.37	6.86	6.21	5.94	5.75	5.42
住宿及餐饮服务	4.97	5.27	5.91	6.18	6.76	6.68
通信与信息	5.31	5.49	5.76	7.48	7.00	7.44
金融及保险活动	7.15	8.07	8.11	7.68	7.17	7.55
地产、科学及技术服务业	8.24	9.88	11.01	11.33	12.49	13.89
行政及支援服务活动	6.18	7.31	8.74	10.18	9.85	10.13
公共管理和国防	6.62	6.08	5.73	4.98	5.50	5.31
教育	6.91	6.63	5.71	5.94	6.48	7.05
卫生	8.89	8.91	8.41	7.92	9.34	9.76
艺术、娱乐和休闲	2.45	2.73	3.21	3.35	3.37	3.47
其他服务业	1.87	2.09	2.42	3.00	3.09	2.83

资料来源：www.cityoflondon.gov.uk.

（3）创新产业主要集中在科技研发、金融保险等行业领域。

伦敦市有 6 个行业的创新企业占比超过 60%，其中科技研发业创新企业占比最高，达到 75%；其次为金融，达到了 67%，反映了伦敦创新型经济在这两个行业更加集中（见表 7 - 3）。

表 7 - 3　　　　　　　　　2014 年伦敦各个行业创新情况

	有创新活动	没有创新活动	未回应	创新企业占比（%）
制造业	6930	4870	1110	59
建筑业	20340	14980	2160	58

	有创新活动	没有创新活动	未回应	创新企业占比（%）
批发业	14750	11730	920	56
零售业	21800	20460	870	52
运输和仓储业	5940	3590	520	62
住宿餐饮业	16820	9210	3310	65
信息、通信、艺术、娱乐业	37580	31060	4450	55
金融保险业	8950	4510	300	67
房地产、建筑服务业	19930	18400	3760	52
高价值商业服务业	48830	32890	4130	60
行政服务	24640	16700	5480	60
卫生、社会工作、科技研发	15510	5300	2120	75

资料来源：London Business Survey 2014.

（4）提升服务质量是创新型经济发展的主要激励因素。

根据2014年发布的《英国创新调查2013》，提升产品质量和服务水平是伦敦发展创新型经济的主要激励因素之一。增加附加值、降低单位生产成本相对来说对大企业创新发展的影响更为显著，分别比中小型企业高10%左右（见表7-4）。

表7-4 　　　　　　　　　创新型经济发展影响因素 　　　　　　单位：%

创新因素	企业规模		
	10～250名员工	250名以上员工	所有企业
提升产品和服务质量	35	43	36
替换过时的产品和工艺	31	31	31
提升市场份额	28	39	29
增加商品服务范围	28	31	28
增加附加值	21	31	21
进入新的市场	21	23	21
满足法规和标准的要求	20	29	20
降低单位生产成本	18	28	18
提高产品和服务的提供能力	16	20	17
提高生产商品的灵活性	16	20	16
改善健康和安全状况	13	20	13
降低对环境的影响	10	19	10

资料来源：UK Innovation Survey 2013.

2014年的最新调查数据进一步证明了这一点，表7-5反映了从事服务创新的企业占到28%，高于从事工艺创新（26%）和产品创新（8%）的企业占比（见表7 –5）。

表7 –5 2014 年伦敦创新活动的类型集中情况

	有创新活动	没有创新活动	未回应	创新企业占比（%）
产品创新	36090	401480	7310	8
服务创新	124080	313480	7310	28
工艺创新	111450	326120	7310	26

资料来源：London Business Survey 2014.

2. 伦敦创新型经济发展举措

（1）政府为创新型经济发展提供政策支持。

伦敦市先后出台了一系列支持企业创新活动的政策法规。如在2003 年伦敦发布的《伦敦创新战略与行动计划（2003～2006）》中，提出加强伦敦各创新政策落实机构之间的协调和沟通，普及创新发展经验，开展以中小企业为目标群体的支持服务，向中小企业提供创新活动的启动资金，制定保护中小企业创新成果的法律法规，为数量众多的中小企业创新提供法律保障及经济扶持。

在伦敦创新型经济发展过程中，政府公共政策起到了显著的推动作用，伦敦政府在宏观上制定创新发展战略，为创新型经济发展提供完善的法治环境和保障。为了促进文化创意产业的发展，2004 年伦敦公布了《伦敦文化之都：实现世界级城市的潜力》、2008 年发布了《伦敦文化审计》、2010 年公布了《市长文化战略》以及2014 年公布了《2014 文化都市——伦敦市长文化战略》。这些政策文件详细规划了伦敦城市文化的发展路径，将保持和维护伦敦"世界文化之都"的地位视为重中之重（陈琦，2015）。

（2）丰富的科技人力资源推动创新型经济发展。

伦敦市世界著名的教育科研中心，在伦敦有60% 的人从事与教育和科研相关的行业，这为伦敦发展创新型经济提供了大量的科技人才（李科，2008）。企业充分利用伦敦丰富的科研人才资源，通过与大量的科研机构进行创新合作，加快了企业自身的创新发展。正是由于伦敦丰富的科研教育资源，使其相比于其他城市，企业能够相对较为容易的寻找所需的科研机构进行合作，加快了企业的创新过程。

（3）以金融服务和文化积淀培育创新型产业。

伦敦具有两大核心竞争力：金融服务和文化创意。20 世纪70 年代以来，伦敦利用全球产业升级的机遇，在世界范围内率先进行金融创新，大力发展包括广告、设计、教育、科研在内的专业服务行业，以此复兴经济。到80年代，伦敦完成了后工业化时期的产业结构调整，金融业成为伦敦的经济支柱。90年代以来，伦敦在坚持优先发展金融业的同时，又积极培育文化创意产业，构建起国际上架构较为完整的文化产业政策体系，大力扶植文化创意产业发展（陈琦，2015）。此后，金融服务与文化创意两大产业构成了伦敦城市的经济核心竞争力，并在此基础上不断衍生出其他创新型产业。

（4）加大对创新型企业的资金扶持。

伦敦的融资网络是城市创新型经济获得成功的重要保障。在政府、银行、基金、创新产业之间形成了系统的融资体系，为伦敦创新产业的发展提供资金保证。一方面伦敦政府协同金融业界和民间资本成立多个资金资助项目，对创新产业提供直接资金支持；另一方面大力宣传创新产业发展前景，鼓励海外资本投资的创新产业。伦敦市成立了"知识天使"创新指导网络，在企业发展到一定规模后，"知识天使"鼓励企业创新者形成网络，协助企业创新者申请创新基金，解决创新发展的资金"瓶颈"。

3. 伦敦创新型经济发展趋势

当前伦敦拥有一个复杂的创新生态系统，但面临的一大问题是如何有效整合这些资源，发挥其战略性合作可能带来的巨大潜力，并通过大规模投资为伦敦创新型经济带来更高效率。2013年12月底，伦敦发布了《智慧伦敦规划》，着眼于应对伦敦到2020年将会遇到的机遇与挑战，规划未来伦敦应充分利用拥有的技术和创新人才，通过智慧化途径优化伦敦创新生态系统。

智慧化的伦敦创新生态系统主要通过以下方式实现：其一，伦敦将在2018年前投入2亿英镑运行智慧城市方法模式，并建立"智慧伦敦"创新网络，这个网络将支持中小企业和伦敦的创新社区并抓住市场机会扩大其规模，利用伦敦国际城市的角色，与其他欧盟城市及世界其他城市分享创新型经济发展经验。其二，建设伦敦数据仓库（LD）作为综合数据平台，从内容上覆盖人口、住房、商务与经济、就业与技能培训、生态环境、健康、规划实施、交通、体育、基础教育、犯罪与安全、艺术与文化12个大类，26个小类，全面衔接创新环节。其三，确保数字创新的可持续发展，配合《英国2015~2018年数字经济战略》，鼓励进行跨学科的学术研究合作，并将相关的研究与现实世界之中的商业需求结合起来；与政府及相关管制部门合作，确保数字化创新以及企业的增长具有法律、法规以及政策框架的支持，并于支持企业进行数字化创新相关政策措施的制定方面进行协作；与技能部门以及技术学校合作，给产品设计人员、个人以及商业化产品的用户提供适当的技能训练。

二、纽约：重视传统产业升级

一直以来，纽约在人们心中都是美国的金融中心、传媒中心和艺术中心。2010 年以前，在美国创新中心城市排名中看不到纽约的身影。"9.11"事件之后，纽约金融业受到重创，纽约政府意识到过度依赖金融业的单一经济发展模式存在很大风险，进而提出多元化发展思路。2008 年的国际金融危机再次验证了纽约市的担忧，促使纽约加快创新型经济的发展。与美国西海岸的硅谷的创新发展模式不同的是，纽约的创新型经济侧重于将创新和城市现有产业的转型升级相结合。

1. 纽约创新型经济发展特征

纽约是一个以港兴市的制造业城市，20 世纪下半叶开始进入知识经济时代，成功转型为以服务业、智能制造为核心竞争力的资本之城和世界金融之都。"9.11"事件之后，纽约市创新发展模式出现新的变化，大力发展创新型经济，力图成为新工业革命的领军者。

近年来，纽约已超越波士顿，成为美国第二大科技重镇，其创新型经济发展具有以下特点：

（1）高科技行业重塑纽约传统行业。

纽约的传统支柱产业集中在金融、医疗、广告、媒体、艺术、娱乐、旅游业等，科技产业化可以与不同产业发生作用，提高不同行业创新的可能性和可行性（庄巧祎，2014）。如在围绕社交媒体、大数据的新一轮产业创新中，Delicious、Tumblr、Foursquare、Meetup 都是位于纽约的创新企业。新时期纽约科技创新与金融、媒体、广告、艺术等传统行业的结合呈现井喷式发展。

（2）科技业是纽约成长最快的就业来源。

2008 年国际金融危机发生之后，2009～2013 年纽约高科技行业的就业增长率为 33%，大大超出所有行业的平均水平，成为纽约成长最快的就业来源，高科技行业平均工资达到 11.86 万美元，并在空间上已从曼哈顿下城扩散到布鲁克林区中城、皇后区的长岛县等。到 2014 年，纽约高科技行业的就业岗位增速是其他行业的 4 倍，高科技行业发展成为纽约仅次于金融业的第二大产业。

（3）现代服务业细分领域不断拓展。

从纽约商务服务业的内部结构来看，纽约核心区曼哈顿商务服务业包括专业服务、辅助服务、其他商务服务三个分支行业，三个分支行业的就业结构分别为44%、32%和24%。在专业服务业内部，人才服务就业所占比例26%、其他商务服务占比为23%、法律服务占比为19%、会计服务占比为9%、管理与公共关系服务占比为11%①，该5个部门的就业占到商务服务业总就业的近90%（见图7-2）。

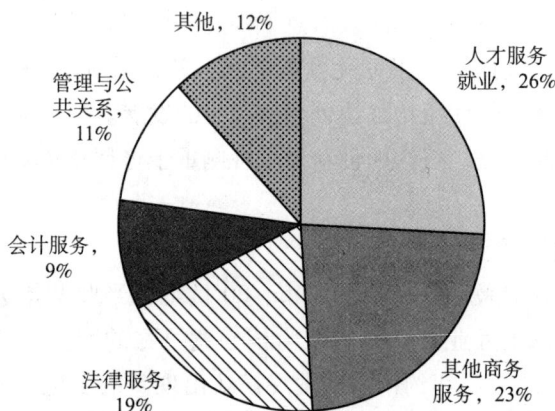

图7-2　曼哈顿专业服务内容构成

（4）成为风险资本投资的热土。

根据 Center for an Urban Future 的数据，纽约2013年风投资金占全美国的11.4%，硅谷占全美国的31.7%；而10年前这一比重分别为5.3%和28.6%，纽约已成为全美成长最快的科技枢纽之一。从2015年美国科技公司IPO储备情况可以看出，硅谷遥遥领先，纽约尾随其后，与排名第三的麻省逐渐拉大距离（柯映红，2015）（见图7-3）。

（5）成功地集聚了一批科技企业。

谷歌、IBM、雅虎等国际旗舰企业都在纽约投资，位于曼哈顿的"硅巷"已呈现出适合互联网和移动通信技术初创企业成长的业态系统。随着多个硅谷大企业入驻，以及纽约本土创业公司崛起，纽约的科技产业已经形成了明显的集群效应。除政府的政策之外，纽约原有经济体的活力、对创新的开放态度，都是科技创新产业在纽约进行集聚的原因。

---

① 国际服务业先进模式——纽约现代服务业集群发展：曼哈顿模式. http：//www.sdfgw.gov.cn/art/2015/6/16/art_721_140832. html. 2015-06-16.

加州 ■■■■■■■■■■■■■■■■■ 315
纽约 ■■■ 69
麻省 ■■ 44
得克萨斯州 ■ 22
华盛顿州 ■ 16
弗吉尼亚州 ■ 13
科罗拉多州 ■ 12
佛罗里达州 ■ 12
伊利诺伊斯州 ■ 10
新泽西州 ■ 10
佐治亚州 ■ 9
犹他州 ■ 9
俄勒冈州 ■ 8
马里兰州 ■ 6
其他 ■ 33

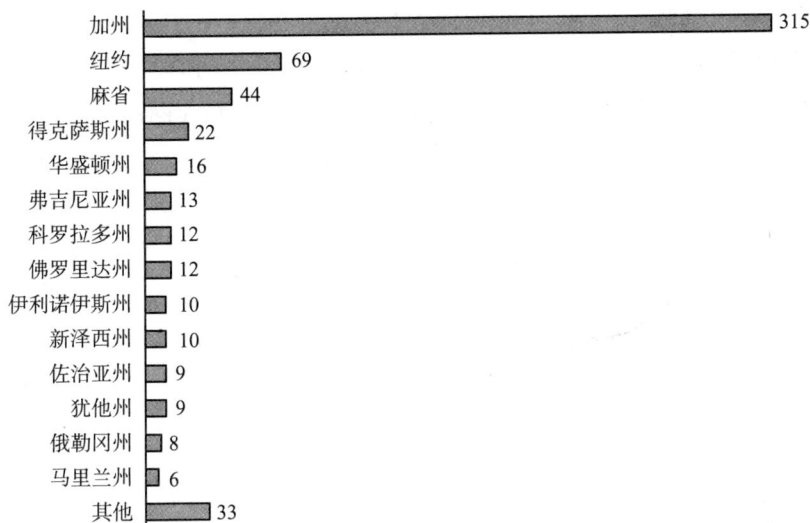

图 7 - 3　2015 年美国科技公司 IPO 储备

资料来源：柯映红（2015）。

2. 纽约创新型经济发展举措

为支持纽约创新型经济发展，一方面政府从人才、基础设施和信息平台等各个方面重视扶持高科技产业（黄继汇，2015）；另一方面实施公私合营：具有官方背景的非营利组织"纽约市经济发展公司（NYCEDC）"与纽约商业区联盟和房地产商结成公私合作伙伴，为创新型企业的集聚提供支持。另外，纽约也在逐步加大研发投入。以 2010 年为例，纽约 GDP 在美国城市中排名第 33 位，研发经费支出排名第 6 位，研发强度为 1.52。

（1）重视应用科研类人才培养。

纽约政府努力建设纽约的人才库并发展创新型经济，推出了高科技人才输送项目，统筹政府及民间基金建立人才梯队。2010 年 12 月，纽约市开展"纽约应用科学发展项目"，征集应用科学学院发展计划，培养应用科学类人才。纽约市注重于世界知名高校合作，共同建设人才培养机构，满足城市创新发展对人才的需求。2011 年 12 月，纽约市政府、康奈尔大学和以色列理工学院签署办校协议，根据协议，新建的理工学院将以媒体、医疗和环保为三大核心领域。2012 年 4 月，纽约大学和纽约大学 Poly 工学院领头建立应用科学学院。同年 6 月，纽约与哥伦比亚大学合作建立数据科学和工程学院。

（2）提供网络、数据、办公空间等基础设施支持。

纽约重视创新基础设施建设，让每个纽约人和纽约的商业都拥有价格实惠且高速的网络。纽约正在建立世界上最大的免费公共 WiFi 网络，2014 年下半年，纽约启动网址".nyc"，使纽约成为全美第一个拥有顶级域名的城市。纽约还向社会公众公开城市部门的公共数据，让科技创新企业通过挖掘城市大数据，准确把握社会需求进行创新。

在办公空间支持方面，纽约建立了政府资助的创业孵化中心和共享办公地点供创业者使用，为创业者提供法律、会计等方面的咨询、培训，协助创业者吸引投资。纽约市经济发展公司（NYCEDC）跟纽约的房产商进行公私合作（Public-private parternship），开办联合办公空间，提供适合办公、教育的创新枢纽（Hub）。

（3）打造创新交流的信息平台。

为了实现信息共享，纽约市与 IBM 合作打造创业平台"数字纽约"网站，并发起了"纽约制造（Made in New York）"项目，为纽约本土的媒体、数字化产品提供"纽约制造"认证，申请认证的公司其信息会被列在"数字纽约"网站，增加被用户认识的机会。经过几年的努力，"数字纽约"网站几乎涵盖纽约市所有的高科技公司和投资机构，并为初创企业提供孵化器、办公场地和培训信息服务，促进本土创新主体的交流和合作。

（4）运用经济政策为创新型企业提供扶持。

一是设立扶持资金。纽约政府目前设有两个资金，一个是纽约种子期基金（NYC Seed Fund）。这个基金提供种子期投资，金额上限 20 万美元，要求创业者中至少一个具有技术背景，公司业务在软件或网络技术领域。另一个是纽约合作基金（Partnership for NYC），由 KKR 的创办人之一亨利·克拉维斯（Henry Kravis）发起，投资在金融技术、医疗健康 IT、生命科学方面处于种子期或扩张期的纽约公司。

二是实施税收优惠。纽约为媒体公司购买新设备、技术、产品提供税收减免，许多创新型经济政策具有显著的地域指向性。如为了促进下城或其他经济较不发达区的发展，位于这些特定区域的创新公司可以申请减免税收，还会得到公共基金的投资优惠；能提供新的就业岗位的公司也有相应的税务优惠。

3. 纽约创新型经济的发展趋势

纽约已成为美国最重要的创新中心城市之一，于 2015 年 4 月发布了 One New York：The plan for strong and just city，提出了面向 2040 年的 4 个发展愿景。根据愿景一"我们成长中的繁荣城市",纽约市将继续支持新兴的创新型经济,减少新的高速无线网络,并投资于交通基础设施。一是基础设施覆盖范围不断扩大,纽约将在曼哈顿覆盖免费无线网络,贫困率高的哈林区也将有免费无线网络。根据城市发展愿景,需提供高品质多元化的就业,规划创新产业就业岗位比重由 2013 年的 15% 增至 2040 年的 20%(见图 7 – 4)。为了维护纽约市发展创新型经济的资本,纽约将大力支持核心产业,通过建立强大的人才基地、建设先进的基础设施、提升中央商务区容量等培育创新型经济。

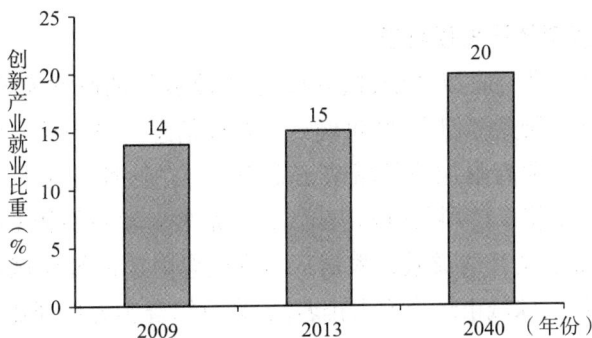

图 7 – 4 纽约市创新产业就业岗位比重

资料来源:One New York:The Plan for a Strong and Just City.

创新产业与传统产业的结合仍是纽约创新型经济未来发展的一大趋势。根据纽约市发展规划,保持和发展纽约市的传统产业部门城市发展的主要目标之一,纽约市的传统产业是经济增长、创造就业和税收以及吸引外国投资的主要引擎。这些传统行业包括金融、娱乐、时尚设计、教育和高等教育等,这些行业为城市提供大量的就业岗位,但目前面临着许多挑战。如纽约的时尚行业提供了大约 18.3 个就业岗位,占全市就业总数的 5.5%,产生大约 110 亿美元的工资总额,缴税 10.35 亿美元。据估计,2013 年有超过 900家时装公司的总部设在纽约市,共计有大约 13800 家时装公司。纽约市每年举办超过 75 场主流时装贸易展,再加上数以千计的时装展览室。未来纽约市准备大力发展的创新型产业包括先进制造业、广告、媒体、艺术、设计、电子商务、科技与信息传播等。为了在发展创新型产业和扶持传统产业之间取得平衡,创新产业与传统产业的结合仍是纽约创新型经济未来难以逆转的趋势。

三、东京：制造业与服务业并驾齐驱

东京作为日本重要的工业城市，全日本的主要公司大多集聚于此。除此之外，东京还是日本的经济、商业、金融、教育和文化中心。雄厚的产业基础、较高的教育水平、良好的文化环境等方面的综合优势，推动了科技创新资源在东京的集聚，大大提升了东京科技创新能力，促进东京创新型经济的发展。

1. 东京创新型经济发展特征

东京企业在早期一直以"引进、模仿、再改造"的雁型模式为发展路径，鲜有自身的原创性研究，但在20世纪末，在以信息经济为核心的新经济浪潮下，企业在高科技和高附加值领域缺乏竞争力。在这种情况下，1995年日本国会明确提出日本将以"科技创新立国"，开始大力发展创新型经济。经过近20年的发展取得了显著的成效，根据日本森纪念财团的智库城市战略研究所发布的《2013年全球城市综合实力排名》，东京综合实力位列亚洲第一、全球第四。东京的创新型经济发展具有以下特征（见图7－5）。

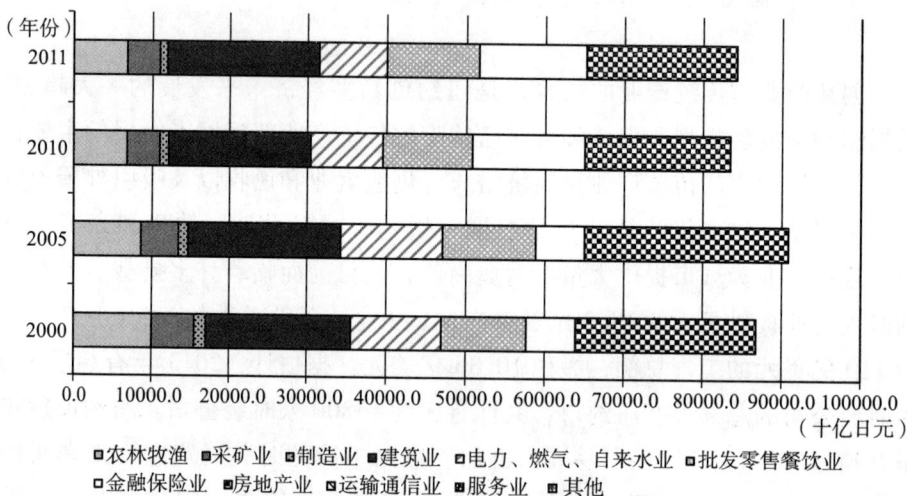

图7－5　2000～2011年东京都产业结构

资料来源：东京都历年统计年鉴。

（1）制造业与服务业并重。

制造业与服务业并重并不意味着制造业与服务业所占比重相当，而是与其他全球城市相比，东京制造业在城市经济结构中所占比重较高，在第三产业快速发展的同时，东京仍是日本工业最发达的城市之一。与纽约、伦敦相比，2014 年东京制造业在产业结构中占比为 7.6%，仅比金融保险业（见图7-6）低了 1.9 个百分点，制造业占比也要高于伦敦和纽约市。尽管近年来东京的制造业总体规模有所缩小，但仍然是日本重要的制造业中心。东京制造业表现出两种发展趋势，一是以手工为基础的小批量生产企业，最主要特点是规模小、门类多，特别是与时尚设计市场相联系的产业；二是专业化、高新技术产业。

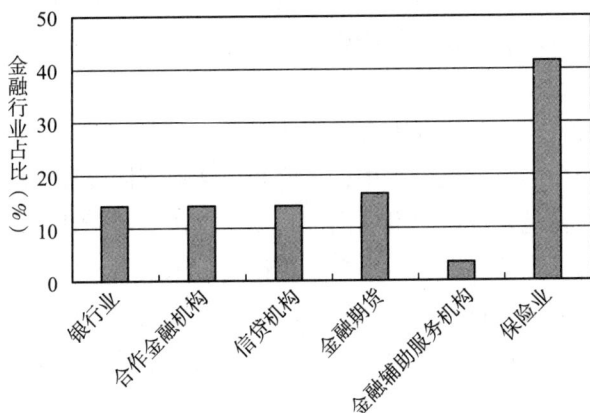

图 7-6 东京金融保险业的行业构成比较

资料来源：新宿区第 37 次统计公报。

（2）形成基于创新型产业的城市功能链。

东京一直坚持在大都市范围分散城市职能的策略，在东京城市圈，不同城市通过产业链不同环节的合作构建起基于创新型产业的城市功能链，形成了核心城市—科研城市—工业城市—空港城市的四级产业链。高新技术的核心城市为东京都区部，是企业总部的聚集地，主要负责有效地分配资源，整合信息，成为信息与资金的流通中心。八王子市和筑波科学城等是高新产业的科研城市，这是科研开发的创新区，是产研联合体的核心。东京周边城市是高新技术的工业城市，主要发展知识密集型工业并且实现技术成果的产业转化，重点发展的是电子信息产业和精密仪器制造业等产业，例如，茂源的液晶面板及电子元器件和太田的汽车及零部件。空港城市是成田及周边地区，这是高新产业的物流枢纽中心，负责货物的流通和对外的输出输入（卢明华，2003）。

（3）由模仿到自主创新的特征鲜明。

近代时期的东京，由于经济技术发展水平的落后，学习和掌握国外先进技术是东京各企业的迫切要求。政府一方面对进口产品通过关税、配额等贸易壁垒加以限制，为国内企业创造必要的生存空间。另一方面通过对国内产品的税收优惠和国内企业资金等方面的扶持政策来促进产业的发展。大多数企业则通过与大型跨国公司建立合作关系，逐渐形成自己的开发能力。这些企业并没有单纯地进行模仿，而是在模仿中致力于提高产品的质量和功能，在其发展过程中一直坚持形成自己的设计开发能力。在引进、模仿、消化、再创新的基础上，20世纪末，日本加快提升国内自主创新能力，从国家层次制定培育国内自主创新能力的战略，并从政策措施、平台建设等方面支持民间研究活动，扶持自主创新平台建设。

（4）自上而下和自下而上相结合的创新模式。

在东京创新型经济发展过程中，政府和市场在不同发展时期所发挥的作用不同。政府主要在基础设施建设和国土开发等领域进行干预，企业等市场主体主要在市场机制发挥功能的领域发挥主导作用。东京市政府在干预资源配置的方式集中在两个方面，首先在经济发展的各个阶段制定城市综合发展规划，提出城市创新型经济发展目标及对应的措施。其次是干预资金动员与分配，对金融机构的业务领域进行干预和限制。

2. 东京创新型经济发展举措

（1）集聚科技创新资源。

东京拥有130多所大学，东京大学、东京工业大学、早稻田大学等都是世界著名学府。截至2013年底，东京进入全球400强的高校有5家，东京大学更是高居亚洲第一。在汤森路透旗下知识产权与科技事业部发布的2014年全球百强创新机构榜单中，在46家亚洲机构中有22家总部位于东京。科技创新资源集聚在一定程度上促进了东京新知识的生产和基础研究水平的提升。

（2）为创新型企业提供多种减免税收政策。

东京为高新技术企业和信息产业提供多种税收减免政策，如免征计算机物产税、固定资产税，购买电子设备减缴7%所得税；对信息产业增加25%的科研税务贷款、设立软件研发免税储备金制度，免征7%的技术开发资产税。与此同时，东京增加对高新技术企业的信贷支持，高新技术企业可使用年限长达

25 年的低息长期贷款,利息优惠 10%。东京还专门成立了小企业金融公库,对高新技术小企业发放年息仅 2.7% 的特别贷款(屠海鸣,2015)。

(3)培育"官—产—学—研"一体的科技创新体系。

为了完善官、产、学、研合作机制,建立更有竞争活力创新体系,日本将东京原来隶属于多个省厅的高校和研究机构调整为独立法人机构,从而赋予高校和科研单位更大的行政权力。对于国家资助高校研究者共同开发的科研成果,专利收入的 50%~80% 可归个人所有。政府鼓励产业界与高校共建研究中心,并由政府进行专款补贴。同时,日本将科研的主体放在企业,每年企业研发经费的投入占日本 R&D 经费的 80% 左右。通过"官—产—学—研"体系的协调运转,较好地发挥了各部门联合攻关的积极性,这对于提高东京科技创新水平具有重要的作用和意义。

(4)良好的信息技术基础设施为创新型经济提供重要条件。

科技研发能力的发挥需要充分利用城市的科技创新基础设施,以实现区域及全球的科技创新资源的紧密联系。其中,良好的 ICT 基础设施是实现知识在国家和地区有效传播的重要载体(徐静,2014)。东京于 2000 年 4 月提出"东京信息化计划"报告,内容包括生活与经济信息化,行政与公共事务信息化、教育与文化信息化、保健医疗与福利信息化。2007 年,东京市政府及国土交通省发起和倡导了移动观光与射频识别(RFID:Radio Frequency IDentification)导游的"东京无所不在计划"。根据新发布的《东京愿景 2020》,东京将在未来创建智慧城市。2014 年《亚太知识竞争力指数报告》显示,东京的千人宽带上网人数排名第一。良好的信息技术基础设施为东京知识密集型制造业的创新型发展提供了重要条件。

3. 东京创新型经济发展趋势

2015 年,东京政府发布了 *Creative the future:The long team vision for Tokyo*,目的在于解决当前挑战及确保东京走向可持续发展的未来。在规划中,为了确保东京未来的国际领军城市地位,东京拟大力推动更多的中小型企业进入成长性行业,如机器人和医疗设备制造行业企业,政府为其提供技术和产品开发支持,以及进入海外市场的发展渠道。预计到 2024 年,获得东京都政府支持的进入成长性行业的中小企业数量达到 1000 家,打入国际市场的中小企业数量达到 2000 家。

根据东京市发展目标,未来中小型企业在创新型经济中的作用将不断增大,对科技创新成果转化、实现商业价值将发挥更大的作用。另外,机器人制造、医疗设备制造、互联网等成长性产业是未来东京市政府重点扶持的对象，将在东京市未来创新产业体系中占有较大的比重。

四、案例启示

伦敦、纽约和东京的创新型经济发展既有相同之处，也表现出一定的差异，但从创新资源、产业特征、基础环境、创新主体方面来看，三个城市的创新型经济发展具有共同之处。

1. 制造业与服务业融合发展

全球重点城市的发展实践表明，创新型经济并不是制造业与服务业、传统行业与新兴行业的隔离，而是不同产业形态的融合发展。纽约市利用高科技行业的发展重塑传统行业，科技产业与传统产业相融合，促进了不同行业的创新发展。当前东京仍是日本重要的制造业中心，2014 年东京制造业在产业结构中占比为 7.6%，高于伦敦和纽约市。由于科技创新能力的提高，东京制造业随着 R&D 溢出效应将科技创新产业扩散，使城市产业研发功能得到强化。依托港口发展高端服务业也成为东京创新型经济的一大特点。金融服务业与文化创意产业一直是伦敦城市的两大核心竞争力，伦敦市以金融服务和文化积淀培育创新型产业，在此基础上不断衍生出其他创新型产业。通过制造业与服务业、传统行业与新兴行业的融合发展，降低了创新型经济发展的成本，也提高了创新型经济发展的效率。

2. 发展新兴产业与升级传统产业相结合

新兴产业是新的经济增长点，代表着未来的发展方向，是经济转型的重要支撑；传统产业是综合经济实力的基石和支柱，也是支撑经济增长的基本动力，为发展新兴产业提供了技术、人才、品牌和市场。全球重点城市创新型经济的发展体现了新兴产业与传统产业的融合，将新兴产业的新技术和新产品植入到传统产业里，推动传统产业的更新换代。如纽约市新兴产业与不同传统产业发生相结合，科技与媒体、设计、广告等传统行业的结合呈现井喷式发展，增加不同行业产生创新的可能性。金融服务和文化创意是伦敦两大核心产业，20 世纪 90 年代以来，伦敦在两大核心竞争力基础上不断衍生出其他创新型产业。可见，全球重点城市在发展互联网、文化创意、金融服务等高技术新兴产业的同时，注重传统产业的提升与发展。上海在培育战略新兴产业发展的过程中，也要重视改善传统工业企业的发展环境，促进相关产业的可持续发展。

3. 基础研究与应用研究并重

基础研究是创新的源泉，为应用研究提供新想法、新思路，而应用研究则可以为社会带来新产品、新成果，无论从事的是哪种研究，应用都是其最终目的。全球重点城市创新型经济的发展过程中，注重促进基础研究与应用研究应相互贯通，实现两者并重发展。一方面，全球重点城市都是大学等科技创新资源集聚地，均拥有大量的世界一流学府，伦敦市集中了英国 1/3 的教育科研机构，纽约是全美教育水平最高的城市之一，东京拥有 130 多所大学。这在很大程度上促进了新知识的生产和基础研究水平的提升。另一方面，各个城市也重视应用研究的开展，纽约市开展"纽约应用科学发展项目"（Applied Sciences NYC），并建立应用科学学院。各个城市除了拥有世界一流大学，还构建了以高技术的中小公司群为基础，以融科学、技术、生产为一体的跨国大公司为主体，实行科学研究、技术开发和生产营销三位一体的发展机制，大型跨国科技企业在全球重点城市集聚，如谷歌、IBM、雅虎都在纽约投资，在一定程度上促进了全球重点技术应用水平的提升。一直以来，全球重点城市均强调基础研究与应用研究并重的发展方式。上海发展创新型经济应坚持基础研究与应用研究并重，发展形成基础研究支撑应用研究、应用研究支撑产业发展的创新型经济发展模式。

4. 技术创新与制度创新相互促进

全球重点城市的发展历程表明，创新活动明显受技术发展和制度安排的影响，技术创新和制度创新伴随着整个创新型经济发展过程，两者相互促进。随着各个城市技术创新活动日益活跃，技术创新呈现出多主体参与、多技术领域聚合、多因素影响等发展态势，由于技术创新的速度和竞争的激烈程度不断增加，这就要求新的组织结构、管理机制、政府政策安排能够满足这些变化产生的要求，制度创新与技术创新需要更加融合和更加协调。纽约市成立了具有官方背景的非营利组织"纽约市经济发展公司（NYCEDC）"，使其成为政府与科技企业沟通的重要桥梁，加强了各创新主体间的联系。伦敦建立了系统的融资体系，从资本上为伦敦创新产业的发展创造条件。东京将原来隶属于多个省厅的高校和研究机构调整为独立法人机构，从而赋予高校和科研单位更大的行政权力政府鼓励产业界与高校建立"共同研究中心"，较好地发挥了各部门联合攻关的积极性。这些对于提高各个城市创新型经济的发展具有重要的作用和意义。

第二节　国外共性技术研发服务案例

一、德国史太白经济促进基金会案例

促进技术扩散是共性技术研发服务的重要内容之一。德国史太白经济促进基金会是服务共性技术创新扩散的典型代表，在大学、大型企业研发机构与中小创新型企业之间搭建了技术合作的桥梁，其机制可供借鉴。

1. 技术转移的成效

史太白经济促进基金会是一家以促进技术转移扩散为目的非营利性私人基金会，创立于 1971 年，以 19 世纪德国巴登—符腾堡地区促进经济发展的先锋菲迪南·冯·史太白（Ferdinand von Steinbeis）的名字命名，总部设在德国南部巴符—腾堡州首府斯图加特市。其宗旨是促进知识和技术的转移、科学与产业的结合、创新潜力向生产应用的转化，主要业务是为德国乃至世界范围内的创新型中小企业提供技术转移中介服务和技术支持（曾刚等，2008）。

在史太白经济促进基金会的工作之下，这里现已形成了一个以斯图加特为中心、各个区域性中心城市为节点，在全球范围内具有重要影响的技术和知识转移扩散网络。由于该基金会的存在，激活了德国巴登—符腾堡地区潜在的创新技术资源活力，有力推动了区域产业转型升级和技术进步，使仅占全德人口 12% 的巴登—符腾堡州成为德国乃至欧洲半导体与自动化技术、汽车与机械设备、航空航天与系统控制、能源开发和环境治理技术领域技术水平最高、创新活力最强的地区之一；成为德国高技术产品出口最多的地区之一。

2012 年，巴登—符腾堡州交通运输设备、机械设备和办公及电子数据处理设备出口额分别为 345 亿欧元、312 亿欧元和 215 亿欧元，分别占本地区出口的 24%、24% 和 16%，分别占德国的 26%、23% 和 28%。据保守测算，史太白每年至少为德国巴符—腾堡州创造或保障了 1 万个高级就业岗位，为巴登州成为德国人均收入最高、失业率最低的地区之一做出了巨大贡献。

2. 基金会架构

史太白经济促进基金会有着完善的架构，由经济促进基金会总部（StW）、

技术转移公司（StC）及众多技术转移中心（STZ）、咨询中心（SBZ）、研发中心（SFZ）、史太白大学（SHB）及其他参股企业组成（见图 7-7）。

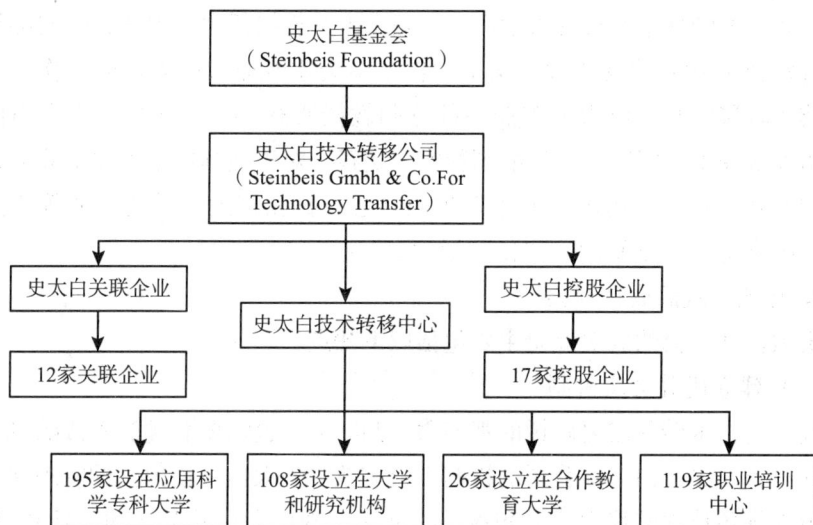

图 7-7　德国史太白基金会组织框架

资料来源：曾刚等（2008）。

其中，总部主要负责技术转移宏观管理，下设理事会、执行委员会、董事会。理事会每年召开两次会议，讨论通过重要决议、规章，制定服务准则。执行委员会主要负责史太白网络的构建和保障网络持续稳定发展，听取下属专业技术转移中心面临的困难和问题，并负责沟通和大学、科研院所等科研机构之间合作事宜；同时，为太白的分支机构提供咨询和培训，制定服务准则、监督基金会章程执行情况。董事会负责指导和督促下属技术转移中心按基金会章程以及公司的日常规程而运转。技术转移公司为基金会的全资子公司，管理技术转移、咨询中心、研究中心及其他下属公司。史太白技术转移公司现有 855 个技术转移中心、咨询和研究中心，多位于高校和科研机构附近，与高校和科研机构紧密联系。

技术转移中心是史太白基金会的基石和主要收入来源。考核工作既看技术转移的数量、效益和服务质量，也以是否与合作伙伴或客户建立了良好的关系为标准。各个技术转移中心相对独立，实行市场化运作，但也相互联系。对于大型综合性项目，总部会协调组织多个专业的技术转移中心联合攻关。技术转移中心并不以规模取胜，史太白基金会最大的技术转移中心——埃斯林根汽车电子技术转移中心的员工超过 300 人，但绝大多数技术转移中心不超过 5 人，有的甚至只有 1 个人。

一些技术转移中心设在大学内，一般由大学教授任中心主任，他们必须承诺将自营企业 10% 的营业额上交史太白基金会才能加入史太白的工作。大学中的技术转移中心所取得的利润一部分归教授所有，另一部分用来雇用博士后、培养研究生、资助大学生的创新实习实践。对于继续用于人才培养的技术转移中心利润收入，德国政府采取税收优惠、拨款资助、采购服务等优惠措施，鼓励支持"产学研用一体化"活动。

3. 管理实践的成功经验

史太白基金会的成功经验主要包括以下几点：

（1）建立优胜劣汰机制。

高效的技术转移需要敏锐的观察力、判断力，也需要有优胜劣汰的机制保障，在这方面史太白转移公司的机制十分有效。史太白外松内紧的管理模式既能充分发挥各技术转移中心的积极性，又能实现史太白基金会的宗旨和目标，最大程度上实现技术拥有者、史太白基金会、技术购买者三方的合作共赢。目前，史太白技术转移总公司每年成立 40～50 家新的技术转移中心，同时关闭 30 余家亏损的转移中心。

在德国史太白技术转移公司的管理实践中，拥有市场前景好的技术和专利的高校教授或科研院所专家可以向史太白董事会提出申请签约成立转移中心，不愿成立新的转移中心的专家可申请由现有的转移中心进行技术转移。如果签约成立转移中心，则签约的专家担任新成立的转移中心的负责人，负责筹集技术转移中心所需的启动资金，中心实行自主核算、自负盈亏。技术转移中心需将年度营业额的 10% 上交史太白技术转移公司。

史太白技术转移公司为技术转移中心创造稳定、宽松的法律保障和发展环境，通过工商协会等机构帮助技术转移中心寻找技术投资者、技术购买者，并争取其他研究课题立项。为克服启动资金不足的难题，史太白技术转移公司还协助技术转移中心申请商业贷款，以及德国政府或欧盟的项目经费支持，并为新成立的技术转移中心提供财务、人事、保险、行政等服务，为中心客户提供技术转移风险担保。

为加强风险控制，技术转移中心需按月向史太白技术转移总公司提交财务报告。然而，在涉及经营、管理的具体事务时，技术转移中心享有独立决策权，无须请示董事会同意。没有盈利能力或市场的技术转移中心将被关闭。

（2）借助外贸提高技术信息服务针对性。

技术贸易是技术转移的重要载体。史太白技术转移公司充分利用经济全球化背景下国际贸易日趋活跃的机遇，借助国际贸易提高技术转移的成功率。具体的做法是：重视依靠本地区密集的智力资源，帮助处于产业链不同环节的本地企业提升产品和服务的出口竞争力，实现信息、技术在区内、跨区之间的转移流动和增值。

史太白技术转移公司通过设在世界各地的技术转移中心将科技含量高的高技术产品向全世界推广，为本地区创新型中小企业提供技术产品或服务的销售市场渠道。同时，将国外客户产品技术需求信息反馈回本地区，帮助本地区创新型中小企业生产适销对路的高技术产品和服务，建立起及时、便捷的技术信息双向交流通道。

总部位于德国斯图加特市、被誉为"世界汽车行业的常青树"的德国戴姆勒奔驰汽车公司是史太白技术转移公司的长期合作伙伴。借助这种合作，奔驰公司不仅于1936年世界首创将柴油发动机成功地安装在轿车上，使轿车的使用费用大幅降低，于1954年在300SL型汽车上率先使用了汽油喷射装置，淘汰传统化油器，而且还将世界各国对高档汽车的需求信息、政府采购渠道等营销秘籍源源不断地输送到戴姆勒奔驰汽车公司，成就了今日奔驰公司的辉煌。

（3）重视技术二次开发，提高技术产业化水平。

高校开发的很多技术其实很难直接在企业进行产业化转移。因此，提供技术的二次开发服务，对于研发实力和条件相对薄弱的中小型企业来说具有十分重要的意义。

史太白技术转移公司与一般技术转移机构不同，不是单纯地把高校和科研机构的科研成果直接卖给企业，而是借助自身技术人才、实验室以及与外部专业化联系合作优势，根据本地企业成果转化应用需求，对高校和科研机构科研成果进行二次开发，使这些技术不仅具有较高的技术水平，而且还能满足企业进行商业化、规模化生产要求，进而实现科研成果的产业化、区域产业技术水平的提高。

例如，根据德国大众汽车公司 Touran 轿车升级的需要，史太白奥尔登堡系统工程生产和连接应用技术中心成功地将机械系统与信息控制系统进行了融合，技术中心人员、来自德国威廉港学院的专家开发的 ARGOS 软件较好地实现了控制系统与机械系统的实时对话，极大地提高了大众 Touran 轿车的安全性，大幅减少了能耗，增强了德国大众公司的技术水平和国际竞争力。

史太白技术转移公司通过与弗劳恩霍夫研究所（欧洲最大的应用科学研究机构）、亥姆霍兹联合会（德国最大科研团体）、马克斯—普朗克研究所（德国最高水平研究机构）等建立密切的合作关系，保证了高层次的知识和技术来源；该公司与美国、巴西等 50 多个国家有项目和合作关系，与本地的工商会、行业协会联系紧密，为全球 3 万多客户提供技术服务，保证了技术产品和服务的市场销售渠道畅通。史太白基金会销售额由 1983 年的 235 万欧元增加到 2011 年的 1.34 亿欧元，拥有 1462 名正式员工、3631 名合同工和 697 名兼职教授。

二、台湾工业研究院案例

台湾工业技术研究院简称工研院，该院成立于 1973 年，是台湾地区唯一经立法程序设立的财团法人技术研究机构。工研院在创立之初主要为产业提供技术支持，加强关键性新技术引进与推广，协助中小企业研发，为此，工研院成立创新技术转移公司。

1. 定位及任务

（1）区域科技计划、科技政策的参与者和执行者。

随着台湾产业迈向创新发展阶段，工研院的定位随之调整为区域科技计划主要执行者、科技政策制定的参与者和执行者。20 世纪 90 年代初，随着世界范围内逐渐重视技术创新，工研院在技术支持上提升了前瞻及创新的比重，通过强化产业服务及设立开放实验室，为产业界及区域提供所需要的技术服务，协助培育新兴产业。

（2）区域创新体系的连接点。

台湾工研院还扮演区域创新体系连接点的角色，强化不同层次的创新合作，建构研发联盟及重视台湾南、北连接。工研院在 2002 年完成的《2008 年策略规划》中，将业务方向调整为"产业科技研发，知识型服务，技术衍生价值"。并由此形成新的定位基点：①研发创新前瞻科技；②育成知识密集型企业；③促成知识化服务业；④建置产业学院；⑤构建基础平台；⑥促进永续发展。

在此定位下，工研院构建了与岛内外大学、企业、研发机构的技术创新合作网络,在创新信息/设施共享、技术联合开发、人才培养、人员输送等方面紧密合作,成为共性技术研发服务的核心纽带(见图7-8)。

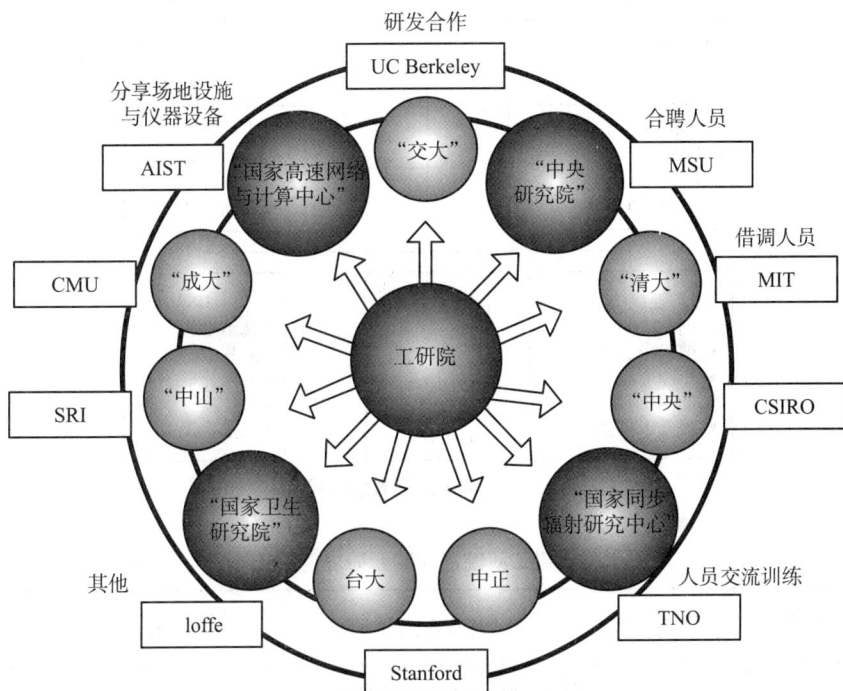

图7-8 台湾工研院区域创新连接点示意图

2. 组织管理机构——灵活机动、资源共享、跨域合作

工研院的核心机构包括六个所和两大中心,围绕研发事业、技术任务、专业服务三大支柱进行编组(见图7-9)。

基础研究所主要进行核心技术研究,主导技术引领和扩散;焦点中心及其下属五个中心则主要抢占新科技的制高点;连接中心及其下属五个中心主要为工研院提供各类服务。这一组织结构强调资源共享,跨领域整合运作,以及快速回应外界需求,进而保障了整个机构的正常运转。

同时,工研院还在大学中设立了联合研发中心,广泛开展了与岛内外的技术开发合作,并与台湾岛的优势产业紧密结合(见表7-6、表7-7)。

```
                    ┌──────────┐      ┌──────────┐
                    │  董事会  │──────│  董事会  │
                    └────┬─────┘      └──────────┘
                    ┌────┴─────┐
                    │  工研院  │
                    └────┬─────┘
        ┌────────────────┼────────────────┐
    ┌───┴────┐                         ┌───┴────┐
    │产业学院│                         │ 南分院 │
    └────────┘                         └────────┘
```

业务推广   行政管理

┌─────────────────────┐   ┌─────────────────────┐
│ • 技术转移与服务中心│   │ • 人力资源处   │
│ • 企研院   │   │ • 行政服务处   │
│ • 国际业务中心   │   │ • 会计处   │
│ • 行销传播处   │   │ • 咨询技术服务处   │
└─────────────────────┘   └─────────────────────┘

┌───────────────┐ ┌───────────────┐ ┌───────────────┐
│   连接中心   │ │ 基础研究所   │ │   焦点中心   │
│ • 创意中心   │ │ • 电光院   │ │ • 显示中心   │
│ • 纳米中心   │ │ • 资通所   │ │ • 晶片中心   │
│ • 产经中心   │ │ • 机械所   │ │ • 太阳光电中心│
│ • 量测中心   │ │ • 材化所   │ │ • 医疗器材中心│
│ • 服务于科技中心│ │ • 能源所   │ │ • 无限辨识中心│
│   │ │ • 生料所   │ │   │
└───────────────┘ └───────────────┘ └───────────────┘

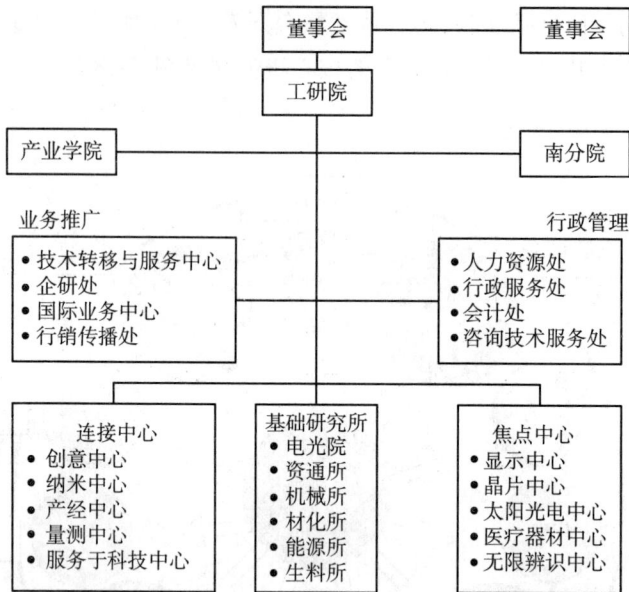

图 7 – 9　台湾工研院组织架构

表 7 – 6　　　　　　　　　　台湾工研院岛内联合研发网络

联合研发中心设立处	合作主题	合作重点	合作学校/单位
"交通大学"	通信与芯片	无线网际网络、无线感测网络、光通信系统与网络、第四代无线撷取技术、PAC前瞻高效能低耗能之数位信号处理器	"交通大学"、"中山大学"、"中正大学"、成功大学、"清华大学"、台湾大学
"清华大学"	光电与半导体	前瞻光电元件、纳米电子元件、影像与显示	"清华大学"
"中山大学"		前瞻光电元件、纳米电子元件、影像与显示	"中山大学"
成功大学	微纳米	近身无线智慧模块技术、微纳米压印模具/制程及运用技术	台湾大学
台湾大学	纳米材料	高性能能源材料、通信材料、光电材料、纳米材料于生医临床应用	台大医院、"国卫院"、成大医院
	生医	疾病之分子诊疗研究、细胞治疗、动物实验模式、癌症标记与诊断	
"中央大学"	环境科技与纳米触媒	纳米触媒、纳米半导体光触媒、环安科技	"中央大学"

资料来源：台湾工研院网站（http://www.itri.org.tw）.

表 7-7   台湾工研院岛外联合研发网络

合作机构	国家	签约日	合作重点
AIST （产业技术总合研究院）	日本	2005/9/26	微流体反应器、液晶面板材料、纳米结构模拟、太阳能电池、高分子纳米合胶等技术
MSU （莫斯科大学）	俄罗斯	2005/6/30	液晶显示器材料及有机无机纳米复合材料混成技术等
MIT （麻省理工学院）	美国	2005/1/24	人工智能、双网通信、光电影像、智能型机器人、创意平台等
CMU （卡内基梅隆大学）	美国	2004/8/23	信息安全、多媒体、CMMI、SoC 等
UCB （加州大学柏克莱分校）	美国	2004/6/3	微/纳米冷却、燃料电池微反应器、复合太阳电池、微传感器、纳米流体及电化学等

资料来源：台湾工研院网站（http：//www. itri. org. tw）.

3. 运作机制

（1）经费投入机制。

具体的经费结构主要包括以下各项。

1）专案计划：政府委托的科技研发计划。

2）技术服务：委托项目，以及面向企业的服务项目。

3）计划衍生：专案计划所产生的技术，接受民间及政府等委托从事特定产品的研究开发项目。

4）业务外收入。

（2）研发项目选择机制。

1）始终以产业为导向。

工研院研发项目的选择始终以产业为导向，产业的先期介入是研发项目选择的重要方式，以满足产业的技术需求或创造新兴产业。项目的选择一般都要经过调查企业和产业的实际发展情况，以确保拟研究的技术方向符合产业发展需求。

2）以技术为出发点组织研究架构。

为适应产业发展的不断变化，工研院以技术为出发点成立研究单位，并强调一个研发单位对应一个产业类别。随着产业界能力的提升，研发项目的选择特别重视前瞻性，不再是各单位简单对应各产业，对于能持久具有创新性的产业则投入更多的资源和人力。

（3）技术研发机制。

1）研发与学术界、产业界错位进行，又紧密合作。

工研院主要关注前瞻性和共性应用技术的研发，基础研究由高校和科研院所承担，生产技术及配合销售则由企业和产业界完成。工研院与学术界、产业界是一种紧密合作的关系。工研院的技术研发既有自行研发、技术引进，也有合作研究等多种形式。工研院与产业界、学界建立的紧密合作还体现在多个方面，如合作研究可以在同类研究机构和企业合作中进行。同时工研院鼓励研发人员向企业转移交流，也鼓励科研人员创办科技型企业。

2）重视技术引进。

技术引进在台湾高科技产业发展过程中发挥了显著的作用。工研院创立初期为了迅速掌握集成电路等关键技术，承担了引进技术开发初期的风险和人才培养工作。工研院利用从美国 RCA 公司引进的技术和经验，建立了试验工厂，生产出集成电路，促进了台湾集成电路产业的快速形成和发展。

3）建设开放实验室。

工研院还推动建设开放实验室，以加强与企业界的互动。一般由企业在特定研究主题领域与工研院进行合作，借此拉长企业与工研院的产研合作纵深。工研院与大学的合作，则主要包括人员交流、研究的合作、学生培养、实验设施的共建共享，以及建立联合研究中心等。

（4）技术扩散机制。

工研院技术扩散方式主要有三种：

1）技术转移。工研院技术转移的方向集中在三个方面：一是针对单个企业的技术合作与服务；二是针对多家企业的共性技术研发与服务；三是针对产业内尚无合作对象的前瞻性技术创新。

2）衍生公司。衍生公司采用的技术多为具有突破性的新技术，工研院通过建立衍生公司可以把关键性的新技术快速带入产业，从而带动新兴产业的发展。

3）孵化创新企业。对于技术是创新的，或者在台湾处于先进水平，而且能对现存企业和产业起到带动作用个人及成立 18 个月之内的新公司，都可以申请工研院为期 3 年的孵化中心。工研院提供场地和部分初始资金，还提供商业、法律、投资、技术、培训、管理等方面的服务支持。企业孵化成功后，一般会捐赠一部分股权作为对工研院的回报。

三、日本通产省的调研案例

1. 共性技术开发的目的

图 7 - 10 显示，共性技术的开发目的尽管很多，但主要的目的集中在对技术的跟随/获取/共有、获得和提供技术服务、人才获得等方面。在产业融合度日益提升的情况下，细分化共性技术、新技术（如新材料技术）的开发得到前所未有的重视。

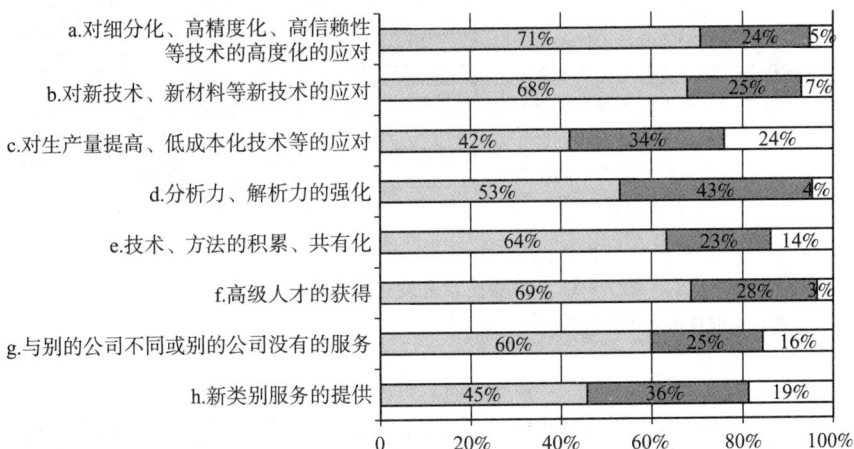

图 7 - 10 共性技术研发目的

资料来源：根据日本通产省网站数据整理计算（http：//www. meti. go. jp/）.

2. 共性技术开发高附加值化的途径

从开发"瓶颈"来看，主要集中在人才缺乏、技术能力缺乏、资金缺乏、时间缺乏、与市场衔接不够等方面（见图 7 - 11）。其中，具有多学科背景的共性技术研发人才短缺是最大的研发障碍；而鉴于共性技术旺盛的市场需求，技术的传承和寻找合作方并非困难；不仅大量的中小企业投入共性技术研发，大企业也具有较高的积极性。

疏通"瓶颈"较为有效的办法是：扩大共性技术需求、紧跟市场需求、开辟新领域、保障人才供给等。市场应用是共性技术研发的最终目的，其成果高附加值化对于共性技术开发的可持续性而言至关重要。从解决途径来看，提高技术存量、增加研发人才、应对技术高度化（细分化、高精度化、高信赖性）、比同行率先提供新服务都是增加共性技术价值的有效途径（见图 7 - 12）。

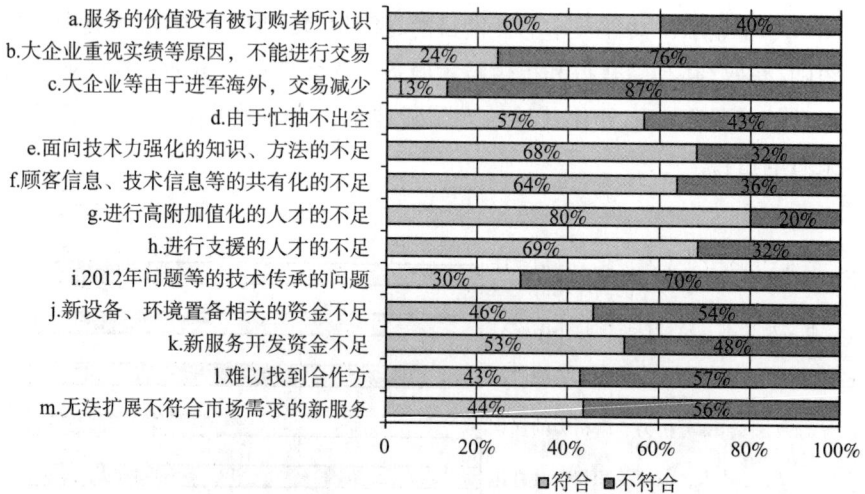

图 7 - 11　共性技术开发过程中的"瓶颈"

资料来源：根据日本通产省网站数据整理计算（http：//www. meti. go. jp/）.

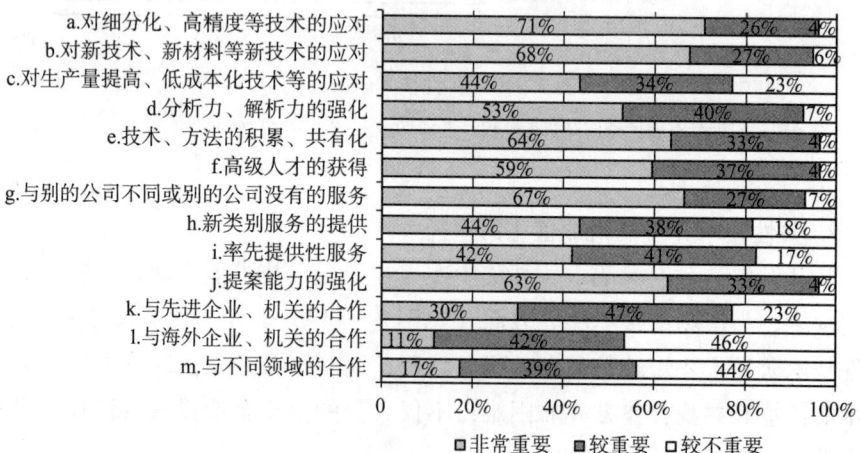

图 7 - 12　共性技术开发高附加值化的途径及其重要程度

资料来源：根据日本通产省网站数据整理计算（http：//www. meti. go. jp/）.

3. 共性技术扩散渠道

从共性技术扩散渠道的重要度来看，会展宣传、官方推介、跨领域合作都不是主要的扩散方式。较为重要的扩散渠道还是聚焦在面向市场技术能力的强化、需求定位、人才保证等方面（见图7－13）。作为衔接基础研究与应用研究的共性技术研发，其开发路径往往是基于应用的需要而应用基础的资源，这一点在图中表现得尤为明显。

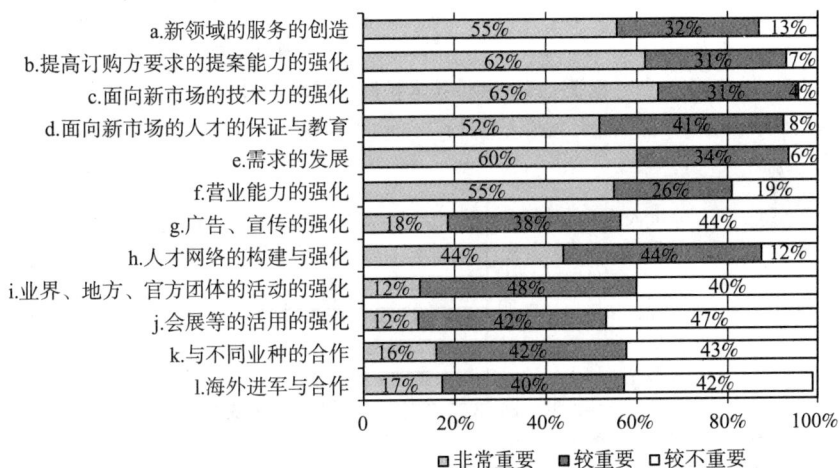

图7－13 共性技术各种扩散渠道的重要性

资料来源：根据日本通产省网站数据整理计算（http：//www. meti. go. jp/）.

4. 共性技术扩散失败原因及其解决途径

共性技术扩散也可能失败，其失败的原因归根结底可以概括为以下3点：技术开发能力欠缺（包括资金、人才、时间、经验缺乏）、研发机构知名度不高、开发技术与市场衔接度不够（见图7－14）。共性技术要尽可能地实现扩散和应用，以弥补开发成本、实现应用价值，但对技术的先进性和共通、共用性的要求很高，因而研发机构的实力、研发团队的经验都很重要。

从解决途径来看，技术存量补充、人才补充、时间补给（加速）、导入外部技术是较为有效的助力共性技术研发的应对方法（见图7－15）。共性技术平台在一定程度上能弥补单个企业或部门技术、人才、资金、时间的短缺，从而加速研发进程，尽早实现技术应用，通过快速产品化和市场化尽早阻断市场和组织的"双重失灵"。

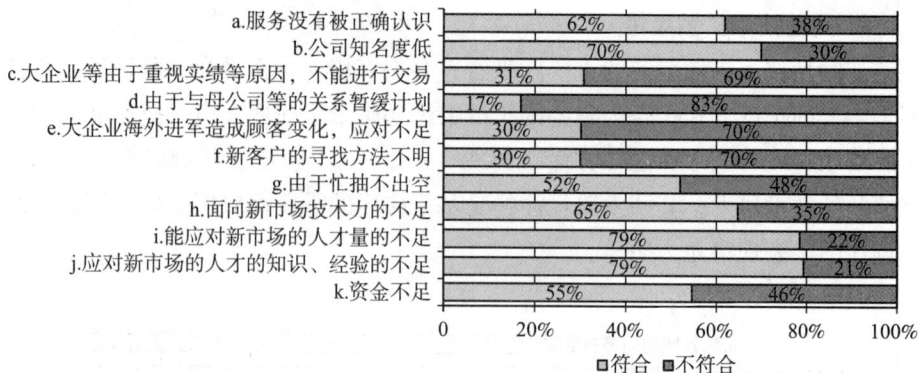

图 7 – 14　共性技术扩散失败的原因

资料来源：根据日本通产省网站数据整理计算（http：//www. meti. go. jp/）.

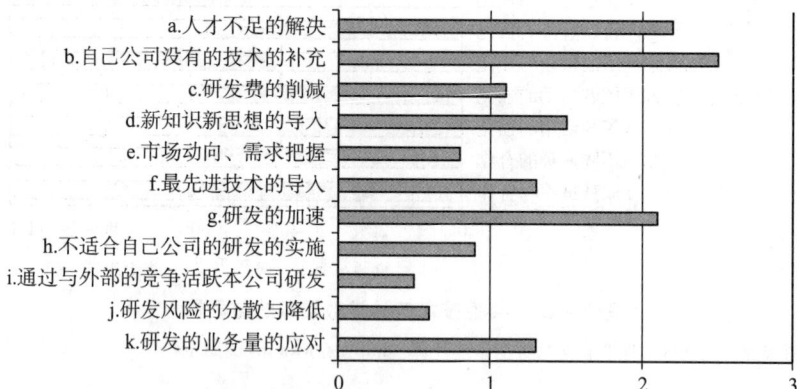

图 7 – 15　问题解决对共性技术开发的帮助程度

资料来源：根据日本通产省网站数据整理计算（http：//www. meti. go. jp/）.

四、案例启示

1. 重视非营利性应用技术研究机构，以有限的资源产生巨大产业效益

在经济发展初期，鉴于国家或地区整体的科技水平和研发能力都十分薄弱，依靠个别企业难以形成有竞争力的创新成果和产业效益。而非营利性应用技术公共研究机构能够整合政府、产业、科研机构、高校、企业的力量，提升产业研发创新能力，带动科技研发投资，促进产业上中下游各个环节的发展，加速已有产业结构的转型升级，培育新兴产业等，从而快速实现由技术研发促进产业技术水平的提升，发挥以科技研发投入带动产业整体发展的巨大作用。

2. 非营利性与企业化经营有机结合，确保科技研发始终以"未来"为导向

共性技术研发机构需要领跑产业界，做产业界想做但做不了或者不敢做的事情。共性技术研发机构的非营利性质和企业化经营的有机结合，两者相辅相成，相得益彰，是其破解科技研发难度的重要保障。采用企业化经营方式，能够保证国际上一些成功的共性技术研发机构，将盈余留在机构内部转化为新的科研投资，保证有充足的经费用于前瞻性投资。同时，保证了共性技术研发机构始终将经营和效益放在重要的位置，有更多的资金支撑其进行一些引领产业发展的研发活动。

3. 将技术扩散放在更为重要的位置

将技术扩散与技术研发放在同样重要甚至更加重要的位置，以确保技术扩散面向产业，适应产业内外环境的变化。从世界一些发展中国家和地区共性技术研发服务体系的发展经验来看，在建设初期，共性技术服务的内容侧重于引进高科技人才，运用政府资助的研发经费发展产业技术项目；在建设中期，衔接好基础研究与应用研究，聚焦于共性技术开发，并将研发成果扩散至产业界，实现科研成果商品化生产；在建设中级阶段，则根据产业发展的地方特色和国家战略需求等特定需求，突破核心共性技术研发"瓶颈"，兼顾关键性零组件以及新产品研发；在建设高级阶段，随着经济发展的高度国际化和整合化，共性技术研发服务机构将以前瞻性与创新性技术的研发为主，开辟新的产业发展领域。

4. 开放运作、联盟研发，使共性技术研发服务成为区域创新体系的中心

共性技术研发服务的开放性体现在研究课题合作研发、技术人员自由流动、建设开放实验室、面向产业的全方位服务等多个方面。从共性技术服务的发展阶段来看，在发展之初，首先是建立共性技术研发服务机构与企业的亲密关系，随着共性技术研发服务日趋成熟化，其发展目标奖更倾向于"领跑企业"。要实现"领跑"，一是确保共性技术研发服务机构位于技术开发和扩散的中心位置，使共性技术研发服务机构成为区域创新体系的重要节点；二是整合政府、学术界、产业界及国际上的各种创新资源要素，高立意、大视野、大开放。

5. 十分注重与大学和产业区在空间上的集中配置

由于共性技术介于基础研究技术与应用研究技术之间，因此，各个国家和地区在发展高科技产业的过程中，充分发挥大学和产业区在技术和人才上的集聚优势，注重在大学和产业区周围形成创新集聚效应，降低企业引进人才成本、增加信息交流传递的机会、加快信息流通速度，最终提升技术创新效率。相比这种较为合理的空间形态，上海在共性技术研发服务机构的空间布局上，还没有形成合理的空间合作，共性技术研发与服务机构要么过分集中于产业区，要么同时游离于大学与园区之外，影响了共性技术研发服务的范围和质量。

6. 政府始终起到关键的主导作用

对于任何一个国家和地区来说，提升产业技术能级、促进高新技术产业发展、增强企业竞争力都是共性技术服务的主要内容。从本质来看，共性技术研发服务是解决这一重要课题的绝好政策工具。各个共性技术研发服务机构与平台成立之初即被赋予明确的任务，即优化区域产业结构、引进外国先进技术、培育创新型人才，而这些都是政府职能的延伸。因此，政府必须在共性技术研发服务机构运作过程中给予全力支持，共性技术研发服务机构既由政府扶持，又为政府服务。共性技术研发服务的主体也会发生阶段性的改变，从高度政府性向高度市场化转变。此外，解决共性技术的市场失灵与组织失灵也需要政府扶持。

第三节 国外城市中心城区创新案例

一、纽约市曼哈顿区：实用主义导向的中心城区转型发展

纽约市曼哈顿区位于美国东岸，介于哈得孙河和东河之间，濒临大西洋，为纽约市五个区中最小的一个区。曼哈顿区总面积57.9平方公里，占纽约市总面积的7%，2012年人口为162万人，占纽约市人口的19%，毛容积率达到4.1，是以中心城区域高强度开发为特征的典型代表。曼哈顿区集中了纽约证券交易所、联邦储备银行等金融机构，以及洛克菲勒、摩根、杜邦等财团开设的银行、保险、铁路、航运等大公司的总管理处。

1. 发展历程

从美国建国时起，纽约曼哈顿区就在金融、商贸、制造业、娱乐业、教育等领域取得很好的成绩。19世纪是美国工业化大发展时期，电力、钢铁、化工等产业在曼哈顿兴起，曼哈顿成为引领时代的引擎。20世纪初娱乐产业兴

起，让纽约发展成为与伦敦、巴黎并驾齐驱的世界文化之都。当后工业社会到来，纽约曼哈顿仍然是全球经济与文化的领导者。可见，曼哈顿是不断追求创新的城市中心区。

早在17世纪，曼哈顿就是仓储和批发业的集聚地，并开始在下城区发展银行和保险业。"二战"结束后，随着美国传统工业部门的衰落，纽约制造业也开始步入衰退期，城市产业结构进入调整期，与此同时，纽约市服务业迅速发展，生产性服务业更是在促进经济增长方面起到关键带动作用。20世纪70年代初，纽约在下城区西岸地区先后建成世贸大厦、巴特利花园城、世界金融中心等，强化了曼哈顿作为金融和商务办公中心区的地位。到了70年代中期，曼哈顿CBD逐渐成型。

20世纪70年代之后，随着后工业时代科技的发展，金融与商务办公跨越曼哈顿CBD，在更大的地域范围内扩展，形成了若干商务功能组团的"中央商务带"。数据储存、内部管理等空间需求大的服务功能离心分散趋势明显，而产品研发、营销等需要对面交流、信息时效高的金融前台业务仍保留在曼哈顿CBD内，以充分利用公司总部和金融机构集聚所带来的正效应。至此，以总部经济为主要形态的服务经济成为纽约发展的新动力。总部经济和它的衍生效益促进了曼哈顿的繁荣发展。曼哈顿的华尔街金融区，聚集了上百家大银行、保险公司、交易所、大公司总部，吸纳了数十万就业人口，发展成为世界瞩目的金融中心。

2. 创新模式：新技术解决市场需求

（1）形成有别于硅谷的创新模式。

现在讨论城市区域的创新模式，一般是从硅谷谈起的。而曼哈顿则是大都市创新产业发展的典型案例，但展示了构建城市区域创新模式的另一种可能性。

硅谷是产学研合作创新成功的典范，是一种技术与投资的密集，实质上是一种高技术创新模式。从19世纪开始，加州就是学者的摇篮，先后建立了加州大学伯克利分校、斯坦福大学、加州理工学院等名校。但在当时，加州却没有与之相匹配的高科技产业，毕业生只能到外地求职。随着一些教师、学生投入到高科技创业之中，到1951年，出现了一个高度融合大学和企业的设施——高科技园区。硅谷的诞生与工业园区带来的"产学研效应"息息相关。

20世纪60年代，斯坦福附近的实验室发明了硅晶体管，电子工程的历史从此改变，硅谷成为微电子技术诞生以及高速发展的平台。在这里，斯坦福、伯克利、加州理工等顶尖学府，成为科技突破的智囊，与英特尔、惠普、苹果等公司紧密合作，共同开创了产学研开发最成功的典范。在这片土地上，聚集了上千家高科技企业，包括福布斯排行榜上那些众人耳熟能详的企业：苹果公司、谷歌、雅虎、英特尔、AMD、NVIDIA、思科、惠普、易趣、Facebook 等，每年取得全美 1/3 的风险投资，成为每一位高科技开发者的梦想之地。可以说，硅谷是一种技术与投资的密集，又是一种空间上的疏散。

曼哈顿以大都市文化为创新平台，具有贴近市场需求的特点，实质上是一种大都市创新模式。曼哈顿创新模式独树一帜，据美国四大会计事务所之一的 Pricewaterhouse Coopers 调查显示，在 1999 年美国风险投资地域分布中，曼哈顿排行全美第三。时至今日，曼哈顿仍然站在创新的前沿。2012 年，硅港开始在纽约曼哈顿筹建。曼哈顿的竞争优势来自它集中了相当数量的世界级金融机构，也是世界上跨国公司总部最为集中之地。许多全球制造企业都在这设立了总部机构，并形成了配套的新型服务业，在商贸、咨询、工程、港口物流、新闻传播、法律、会计等领域为全美甚至全球提供服务。

"硅谷"和曼哈顿"硅港"两种发展模式的部分差异体现在硅谷注重科学钻研，硅港则注重市场。与硅谷相比，曼哈顿创新团队中拥有更多的商业人士；更专注于现有市场细分，而不是开发新市场。总体上来看，曼哈顿技术创新具有鲜明的实用主义导向，紧盯着资本市场的同时关注着市场需求。

（2）商业创新、金融创新、文化创新繁荣发展。

以大都市文化为创新平台，曼哈顿呈现热带雨林式的文化生态学特征，在金融创新、文化创新和商业创新三大方面不断出现全面繁荣的景象。作为一座依托港口贸易发展起来的制造业中心城区，曼哈顿更以商业和金融创新著称，其由百老汇、时代广场、第五大道、众多著名博物馆和名牌大学所构成的文化创新能力，使之堪与文艺复兴时期的佛罗伦萨、威尼斯或 19 世纪的巴黎、伦敦媲美。

多样化是城市经济社会发展的本质，城市无序的表象之下存在着复杂的经济社会方面的有序，城市经济社会及文化中的内在秩序正是曼哈顿创新模式的动力源。以新媒体经济为例，20 世纪八九十年代，加州"硅谷"模式的创新成果主要集中于信息技术方面；而在新媒体浪潮中，纽约曼哈顿"硅港"也劲头十足，提出了"数字纽约、联网世界"的口号，发挥传统媒体产业发达、资本充裕、独特的城市空间等资源优势，致力于发展成为全球性的内容生产中心。

（3）创新活动贴近市场需求，具有鲜明的实用主义导向。

纽约曼哈顿充满着商业精神，这给它的创新模式也打下了深刻的烙印。这里的新创企业，不像硅谷的高技术公司那样有着鲜明的科学浪漫主义色彩，而是紧密关注着市场需求和资本市场。在这里，高技术企业与华尔街是有机连接的，竞争速度与力度也高过硅谷的企业。曼哈顿创新的动力和主要特征表现在创新活动贴近市场需求。早在 19 世纪，电报的发明便是曼哈顿技术创新的代表，电报满足了当时金融业对交流的安全性的需求。可见，曼哈顿的创新创业活动，是一个系统地观察社会需求，然后通过发明新产品来满足这些需求的过程。大量顶级商业机构和优秀人力资源的集聚，使得曼哈顿高技术创新更多地贴近市场需求，用新技术解决市场需求问题。同时，曼哈顿的创新活动能够从纽约寻求金融支持。

3. 创新产业化载体

曼哈顿在空间布局上可分为两大部分：以华尔街为中心的金融贸易集群和以第五大道为中心的商业区。华尔街是银行、金融、保险、贸易公司的集聚区，而以第五大道则云集了世界一流的名店、娱乐厅等商业服务业。因此，曼哈顿创新发展的产业化载体主要包括金融服务业和时尚创意产业。通过金融创新和服务创新，实现知识溢出和技术传播，提升城市整体创新实力。

（1）产业化载体一：金融商务服务业。

纽约服务业的迅猛发展，提高了面向全球的服务产品的供给能力，从而促进了曼哈顿金融商务服务业集群的形成。在约 23 平方公里的区域内，曼哈顿 CBD 拥有 210 万个就业职位，占纽约市就业职位的 60%，金融、保险、房地产等行业的就业职位占纽约市的比重高达 90%。曼哈顿 CBD 的产值占纽约市总产值的 2/3，集中了纽约大都市区 76% 的戏院、14% 的在读大学生。

曼哈顿一直是世界上最重要的商业和金融中心，是全世界美元交易的清算中心，按交易对象划分，曼哈顿金融市场主要包括外汇市场、货币市场、资本市场（见表 7-8）。作为全世界美元交易的清算中心，曼哈顿外汇交易市场已经形成了对全球外汇体系的重要影响力，集中了 50 余家美国银行和 200 多家外国银行在纽约的分支机构、代理行、代表处，全球 90% 以上的美元交易都通过曼哈顿的银行间交易系统进行。纽约证券交易所拥有全球最大上市公司总市值，超过 2800 家公司在此上市，道·琼斯指数、标准普尔指数和纳斯达克指数则成为全球资本市场的"晴雨表"。

表7-8　　　　　　　　　　　曼哈顿金融市场主要类型

	地位	交易模式
外汇市场	是美国及世界上最主要的外汇市场之一	无固定交易场所，外汇交易通过电话、电报和电传等通信设备在商业银行与外汇市场经纪人之间进行。 各大商业银行拥有自己的通信系统，与世界各地的分行外汇部门保持联系，构成世界性外汇市场
货币市场	是资本主义世界主要货币市场中交易量最大的一个	无固定场所，交易都是供求双方直接或通过经纪人进行。 分为联邦基金市场、政府库券市场、银行可转让定期存单市场、银行承兑汇票市场和商业票据市场等不同类型
资本市场	是世界最大的经营中、长期借贷资金的资本市场	债券市场交易的主要对象是政府债券、公司债券和外国债券。 股票市场是曼哈顿资本市场的一个组成部分，美国全国性的交易所中最大的纽约证券交易所、NASDAQ 和美国证券交易所都设在曼哈顿

曼哈顿以专业服务等发展特色服务业。借助金融产业等现代服务业的迅速发展，全球各地的专业人才在曼哈顿集聚。平均每平方公里有约 1.6 万人专门从事金融工作，专业人才高度集聚。从曼哈顿商务服务业的就业结构来看，专业服务占 44%、辅助服务占 32%、其他商务服务占 24%。在专业服务内部，人才服务就业所占比例为 26%、其他商务服务就业所占比例为 23%、法律服务就业所占比例为 19%、会计服务就业所占比例为 9%、管理与公共关系服务就业所占比例为 11%，这 5 个部门的就业占到商务服务总就业的 85% 以上（见图 7-16）。

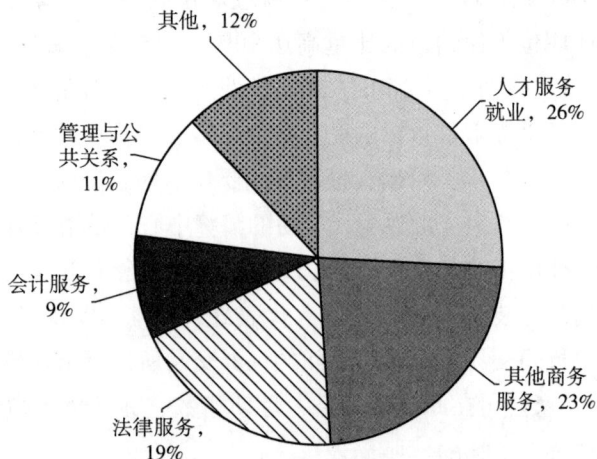

图 7-16　曼哈顿专业服务内容构成

曼哈顿是全球重要的经营决策控制中心。在发达的金融业和商务服务业的支撑下，曼哈顿成为面向全球先进服务业和跨国公司总部的中心商务区。在曼哈顿的下城和中城两个商务区，商务建筑量达2500万平方米。下城区的华尔街金融区集中了大量的银行、保险公司、交易所以及大公司总部。在中城，众多跨国公司总部和非营利的办公机构集中于此，相关的专职事务所，以及商业服务业也在此落户。在20世纪60年代，全球500强跨国企业中的161家将总部设立在曼哈顿范围内。之后，虽然由于商务成本的提升以及跨国公司群体地域分布的变化，曼哈顿跨国公司总部的集聚程度有所下降，但跨国商业银行和其他跨国金融机构集聚数量增多，使曼哈顿成为金融机构的集聚地。目前，曼哈顿共有200多家国际银行，大通曼哈顿银行、第一花旗银行的总部设在曼哈顿，几乎所有的著名商业银行都在纽约设立了分行。此外，全球"五大"会计公司有3家总部设在曼哈顿。

（2）产业化载体二：时尚创意产业。

雄厚的经济实力促进了曼哈顿创意产业的发育，从区域承载的时尚功能来看，曼哈顿时尚创意产业聚集区涵盖以下几个功能区（见表7-9）。

表7-9 曼哈顿时尚创意产业功能区概况

功能区名称	区域分布	功能
时尚发布区	林肯中心	主要为时装周发布
顶级奢侈品集聚区	第五大道	最高品质与品位；纽约的商业中心、居住中心、文化中心、购物中心和旅游中心
博物馆区	第五大道	20家左右博物馆
服装产业区	服装区	聚集了许多品牌的展示中心，设计工作室，画廊、教育机构、餐厅等
时尚商业区	SOHO	百货服装、饰品店，画廊、剧场、珠宝、服饰、化妆品、家居用品、文具及百货、餐厅
时尚艺术区	下东区	年轻艺术家、最时髦、最流行；画廊、咖啡厅、餐厅、时装店、创意小店

纽约时尚发布区、顶级奢侈品集聚区、博物馆区、服装产业、时尚商业区和时尚艺术区的空间分布：顶级时尚与中低档时尚明显区分，空间布局有所分隔；服装生产区与面辅料供应区相融合；博物馆在空间分布上相对集中，也零星分散；剧院分布较为集中，人气旺盛。

时尚发布区：纽约时尚发布活动众多，发布场所相对集中，但表现形式灵活多变。可以在林肯中心 Damrosch 公园、爱弗利·费雪音乐厅前的大道和门廊，大卫·科赫剧院前的大道、大卫·伯恩斯坦中庭、纽约公共表演艺术图书馆等不同的地点。

顶级奢侈品聚集区：著名的"第五大道"，云集了世界一流的名店和著名的百货公司，集奢侈、精品、时尚、文化等多种元素于一体的综合购物天堂。是纽约的商业中心、居住中心、文化中心、购物中心和旅游中心，货品丰富、品牌齐全、高档优质。

博物馆区：同时也是众多博物馆集聚之地，顶级时尚与文化艺术充分交融，从 42 街往北直到 110 街，第五大道两旁有一二十个大大小小的博物馆：纽约大都会艺术博物馆、现代艺术博物馆、电视电台博物馆、纽约市博物馆等。

服装产业区：纽约为了维持时尚之都地位，政府保留位于市中心的服装区，面积虽小但产业链十分完善。聚集了包括样品室、生产工厂、中高端服装生产及服装展示室、设计师、工业供应商等，纽约 50% 和时尚相关工作聚集在成衣中心及周边地区，区域内的 6000 家企业中 4000 家与服装相关。企业类型包括装制造商和承包商主要企业，纺织厂、服装辅料供应商、饰物/珠宝生产商、展览室、批发和零售商店、采购分理处、流行预测服务机构以及服装设计学校等支撑机构，法律、融资等服务机构。

时尚商业区：以时尚、商业艺术充分融合闻名的 SOHO 区，是富有个性、有深刻文化内涵的商业区，成为时尚代名词。SOHO（South of Houston）位于曼哈顿下城 HOUSTON 街南，和西村、格林尼治村以及小意大利合在一起成为曼哈顿岛的第二区。随着商业逐步发展，成为商业区，有近 600 家各具特色的百货服装、饰品店，画廊 30 余家、剧场 10 个。艺术品经营为龙头产业，辅以餐饮业、酒吧业、旅游业、时装业等。

时尚艺术区：下东区吸引了大量小画廊与年轻艺术家，时装、餐饮、创意店铺集聚，已成为最时髦、最流行场所。年轻艺术家在此设立工作室，展览内容前卫、有趣，在 New Museum 的带动下，吸引大量小型画廊，经常为年轻艺术家举办首趟个展。主要产业为时装店、咖啡厅、餐厅、创意小店等。

剧院区：主要围绕百老汇大道，是纽约商业性戏剧娱乐中心，世界戏剧艺术永恒魅力的象征和代表。百老汇歌剧成为纽约文化产业的支柱之一，表演形式融舞蹈、音乐、戏剧于一体。百老汇大道两旁分布着为数众多的剧院，是美国戏剧和音乐剧的重要发扬地，现在成为美国现代歌舞艺术、美国娱乐业的代名词，每年游客几百万。其中内百老汇主要演出的热门的和商业化的剧目；外百老汇主要上演尚无名气的、低成本的剧目。

4. 创新发展的支撑条件

（1）以大都市文化为创新平台，市场需求是曼哈顿创新的动力。

曼哈顿的创新和纽约作为国际性文化都市紧密相连。由于百老汇、华尔街、第五大道、中央公园等著名建筑设施的汇集，纽约的文化旅游产业具有很高的发展水平，年均接待游客在800万人次以上。除此之外，曼哈顿还是美国最大的出版中心，超过200家报纸的总部设在该地，美国最大的广播公司和报刊出版社的总部位于曼哈顿，全美70%的书籍在曼哈顿出版，独特文化品位和娱乐设施构成了曼哈顿持久不变的吸引力和魅力。城市社会、经济及文化中的内在秩序，正是曼哈顿创新模式的动力源。

（2）制定并实施以服务经济为核心的创新发展战略。

曼哈顿城区大力发展服务经济，构建创新集群。结合自身在教育、文化、金融等方面的优势，曼哈顿选择并制定促进服务业发展的战略规划，大力发展生产性服务业和知识性服务业。其功能定位为：以商贸、商务为主，兼具消费、娱乐等多重功能。20世纪中后期，众多的专职事务所在曼哈顿迅速聚集，许多全球制造企业在曼哈顿都设立了总部机构，并促进了配套的新型服务业的发展。目前曼哈顿区聚集着各式各样的购物中心、写字楼、娱乐会展中心以及酒店，形成服务经济集聚地，通过发展金融创新和服务创新，带动城市整体创新水平的提升。在商贸、咨询、港口物流、新闻传播、数据加工、法律等专业领域为全美甚至全球提供服务。

（3）高程度的信息化水平是科技创新的关键。

曼哈顿的信息化建设一直处于世界先进水平，建有非常完善的信息化基础设施，网络接入技术和应用水平均处于世界前列，信息获取非常便利。曼哈顿信息产业十分发达，著名的美国电话电报公司、国际商务机器公司以及贝尔公司都在曼哈顿落户。同时，曼哈顿是电视、广播、唱片、出版和剧院的集聚中心，是美国最大的电视媒体市场，拥有全美7%的收视率。

进入21世纪，纽约将建设"更智能化城市"作为城市发展目标，旨在使纽约发展成为新经济和网络经济中心。纽约城市通信网络容量和可靠性的强大，通信设施的建设和信息网络的发达，塑造了曼哈顿作为全球金融中心和信息中心的国际地位。以新媒体经济为例，在新媒体浪潮中，曼哈顿"硅巷"

发展劲头十足，打出"数字纽约、联网世界"的口号，致力于发展成为全球性的内容生产中心。通过发挥传统媒体产业发达、资本充裕、独特的城市空间等资源优势，将曼哈顿打造成全球知识和信息交流中心。

（4）高素质的人力资源是科技创新的重要依托。

对于中心城区科技创新而言，高素质的人力资源可以满足知识密集型价值创造活动的特定需求，从而为其发展提供重要依托。一方面，曼哈顿政府培训本地科技人才；另一方面，曼哈顿充分发挥外来移民的才能，这使得曼哈顿能够保持充足的人才创造力和活力。

纽约是全美教育水平最高的城市之一，拥有各类高校100余所，集聚了大量的科技创新人力资源。2005年，纽约市院校授予的14个主要专业的学位数量中，工商管理、视觉与表演艺术、健康专业与相关临床科学、传播与通信技术等9个专业授予学位数量列全美第1位。2012年，纽约市政府宣称，将引进康奈尔大学、以色列理工学院，在曼哈顿区投资20亿美元建设一个大学园区和初创企业孵化器。高素质的人力资源为曼哈顿区的科技创新提供了丰厚的人力资源基础，为创业者提供金融、时尚、广告和零售等产业的竞争优势。

（5）多元包容的移民文化构成创新的文化氛围。

曼哈顿所在的纽约是美国最大的移民城市，形成了富有生命力的移民文化。纽约居民中，黑人占25%、犹太人占20%、意大利人占15%、波多黎各人占11%、爱尔兰人占10%，这5个民族合计占人口的81%。盎格鲁撒克逊的后代实际上已经是少数民族。纽约有世界上最为多样的生活方式、最为丰富的文化生态。这里有移民社会的多元文化、第五大街的商业文化、华尔街的金钱文化、百老汇的演艺文化、博物馆的展览文化、学校的校园文化等。在这个城市中，多种文化冲突碰撞，融汇交流，更新创造，从而形成全新的文化。

纽约鼓励多元文化生存发展。纽约政府每年都要举办内容丰富的文化节，如亚洲文化节、非洲文化节、纽约市移民节等。鼓励多种文化生存发展的政策，使得纽约文化生态呈现出一种繁荣景象。纽约文化最大的特征是包容、变化和创新。纽约的文化底蕴保证了能够不断出现新观念，创作新作品，创造出新的文化产业。

（6）完善的专业化服务体系是创新发展的重要支撑。

企业总部拥有管理创新、技术创新、营销创新、商业模式创新等多种创新功能，这些创新功能对相应的专业服务业产生巨大的市场需求，因此发展总部经济能够有效带动城市现代服务业发展。纽约曼哈顿不仅是世界范围内商务服务业最为发达的区域之一，也是专业服务业发展最为完善的区域之一。曼哈顿集中了美国 10 家最大的咨询公司、35% 的全美前 100 位法律事务所、多家世界顶级证券公司和会计师事务所，约有 20 万家企业从事专业服务业。曼哈顿的创新需求转化成专业服务业发展的重要驱动力，从而推动了专业服务业发展水平不断提升，反之又进一步促进了曼哈顿的创新发展。

（7）政府的积极规划和调控发挥着关键性的作用。

市场机制始终是推动曼哈顿科技创新发展转变的主导力量，但政府的政策干预也是实现创新发展转变不可或缺的保障。曼哈顿科技创新的发展，离不开纽约市政府的积极规划和有力调控，政府通过制定城市战略规划、法规政策等对曼哈顿的发展进行引导和扶持。纽约市政府制订了一系列产业结构调整计划，促进传统产业升级，鼓励发展现代服务业，催生了以金融业为主的现代服务业。如为解决曼哈顿 CBD 因产业不平衡而产生的空间布局问题，纽约市政府对格林尼治街和第五大街采取相应的调控手段，改善投资环境，引导产业平衡健康发展，增强纽约商务贸易中心的吸引力。随着城市的发展，纽约市政府在曼哈顿西部修建许多办公楼、住宅楼和展览中心等，并且建设了横穿市中心区的地铁。随后，纽约市政府颁布了曼哈顿南部发展规划，在南部地区修建了环型高速公路、世界贸易中心、公寓及办公楼。经过政府的积极规划和有力调控，为曼哈顿金融商务服务业集群发展创造了适宜的环境。

5. 创新体系运行机制

曼哈顿表现出产业集群与金融中心交互支撑的创新体系运行机制。曼哈顿之所以表现出强大的创新能力和对全球创新资源的吸引力，其国际金融中心的城市功能扮演着重要的角色。任何经济活动的开展都离不开金融机构的参与和支持，在科技成果的生产、扩散以及应用中，伴随着各种各样的资金流动，而曼哈顿多样化的金融机构为之提供着有力的资金支撑，尤其是在技术到市场以及市场扩大的环节。金融体制、金融服务、金融政策、金融升级成为金融业对曼哈顿创新活动的 4 大支撑平台。

曼哈顿的创新体系主要由企业、中介机构、高校及科研机构组成，政府主要为企业良性竞争、开展科技创新提供良好的环境平台，风险资本为创新型企业提供资金投入和管理支持，为创新成果的产业化创造条件，企业成功后为风险投资提供回报又形成了良性循环。目前，曼哈顿已经形成了以信息通信技术、时尚创意产业为创新集群、国际金融中心功能鲜明的中心城区创新体系，其创新体系运行机制如图 7 - 17 所示：

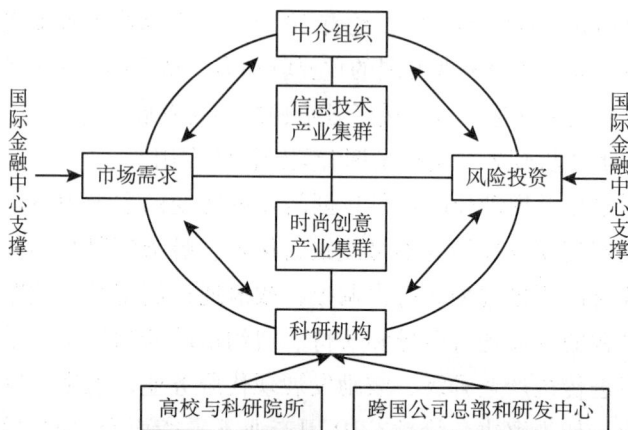

图 7 - 17　曼哈顿创新体系运行机制

二、东京市新宿区：商业模式创新的中心城区

1. 发展历程

新宿位于日本东京，是东京都特别区内 23 个区之一，截至 2011 年，新宿人口为 32.5 万人，占东京都特别区的 3.6%，土地面积为 18.23 平方千米，占东京都特别区的 2.9%。新宿也是东京乃至整个日本最繁华的商业街。新宿集中了大量的企业总部和政府机关，东京都的行政中心东京都厅就设在此处。

20 世纪 50 年代，随着日本经济社会发展，作为首都东京原都心的千代田区、港区和中央区已不能适应发展需要，政府机关、公司总部、经济管理机构和商业设施等高度集中，十分拥挤。为控制、缓解中心区过分集中的状态，疏散中心区过于集中的城市功能，同时结合周边地区发展需要，东京都政府于1958 年下半年提出建设新宿、涩谷、池袋等副都心的构想，并首先从新宿地区着手实施。

新宿在开发之前并无特色，但由于是连接城市中心区与外界的交通枢纽，具备了交通便利的基本条件，所以在城市扩张时成了具备 CBD 功能的城市副中心。新宿规划占地 96 公顷，建筑面积 160 万平方米，1986 年全部实施完成，经过移民及政府 30 多年有规划的开发建设，逐渐发展成为中心城区。

随着新宿的开发建设，尤其是东京都部分政府办公机构的迁入，使新宿的魅力大增，许多行业快速地涌入新宿，首当其冲的是金融业。仅在以新宿站为中心半径 7 千米的范围内，就聚集了 160 多家银行。

经过 50 年的发展，新宿总用地面积增加到 270 公顷，其中集中商务办公区占地 56 公顷，零售商业娱乐功能占地 84 公顷。在早期单一的零售商业功能基础上，商务办公、娱乐设施功能现已成为新宿最显著的特征，住宅、办公、商业用地面积比为 5∶5∶2，这一比例代表了国际成熟 CBD 发展的趋势与方向。

新宿以新宿站为中心，以 JR 山手线为界，将新宿一分为二，山手线以西，有以东京都厅为首的十几座摩天大楼，是日本最大的商务办公区和高级饭店集中的地区。

商务区：位于新宿西口，被称为日本的曼哈顿。目前商务区总用地面积为 16.4 公顷，商业、办公及写字楼建筑面积为 200 多万平方米。商务区拥有东京的超高层建筑群，共有 40 栋大厦。为了实现办公自动化所需的人均 7～15 平方米办公面积的目标，新宿还将建设新的超高层建筑。新宿的经济、行政、商业、文化、信息等部门都集中在商务区，尤以金融业最为集中。

商业区：位于新宿东口和新宿西口，山手线以东，新宿车站附近云集了日本各大著名百货商店及其他商业设施。在靖国大道一侧有著名欢乐街歌舞伎町。新宿西口除了是商务区外，商业也很发达，主要有小田急百货、京王百货等。

新兴商业区：位于新宿南口，是新宿新兴的商业地区。新宿南口原本只有车站旁的 LUMINE 和 My Lord 两家百货公司，后来高岛屋时代广场开业后这里成为东京的购物新宠。

在建设过程中，新宿把结构创新放在首要地位，所谓结构创新，指的是为了顺应城市全球化竞争形势，接轨需求导向型新经济，从城市内部结构自我调整入手而主动采取的一系列创新举措。它以顶级宜居为目标，包括定位人本化、设施交往化和品牌名胜化等具体的发展内容，为城市形成更加强大的综合竞争力。

2. 创新产业化载体

随着城市中心区的发展，金融保险业、不动产业、零售批发业和服务业构成了新宿的主要行业体系，尤其是生产性服务业的产品研发和技术创新最为代表性。

（1）以中小企业为主体的产品研发型工业。

与纽约、伦敦等全球城市不同的是，东京在迅速发展第三产业的同时，仍是日本工业发展水平较高的城市之一。在 20 世纪 80 年代以前，东京一直是日本最大的工业中心，虽然因工业外迁，东京的工业地位有所下降，但仍保持着日本重要的工业城市地位。60 年代东京在工业转移的背景下，新宿涌现了一批创新型中小企业，2010 年新宿共有工业企业 405 家，就业人数为 4～9 人的企业占到 58.3%，10～19 人的占到 21%，20～29 人的占到 9.4%，上述 3 种类型企业占比达到 88.7%（见图 7－18）。

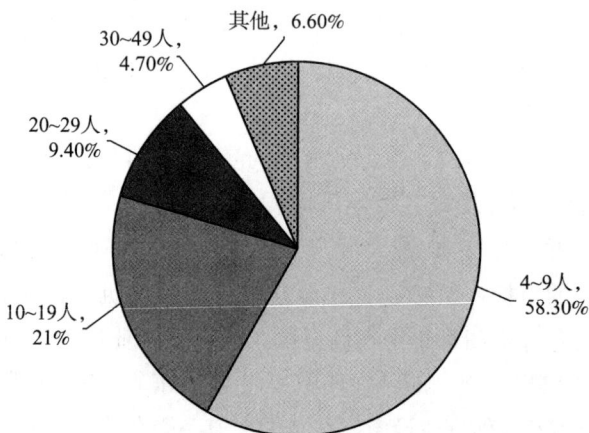

其他，6.60%
30~49人，4.70%
20~29人，9.40%
10~19人，21%
4~9人，58.30%

图 7－18　2010 年新宿工业企业按就业人数分类情况

　　新宿工业企业的这一转变改变了原有工业发展内涵，开始更多地向生产服务业延伸，与工业有关的研发和技术创新得到快速发展。随着日本经济从"贸易立国"转向"技术立国"，东京新宿重点发展知识密集型的高精尖工业，工业结构进一步调整，新产品的试制开发、研究成为工业发展重点，并将批量生产型工厂改造为新产品研究开发型工厂，使工业逐步向服务业延伸，成为东京新宿生产性服务业集群形成的主要特点。

　　（2）以信贷和保险业为主体的金融业。

　　金融保险业是信息高度密集型的生产性服务业，金融保险业的发展需要与政府机关保持密切的联系，这也是金融保险业重要的区位因子之一。1991 年东京都政府从有乐町迁入新宿之后，新宿对金融保险业的吸引力大大增加。截至 2009 年，新宿共有各类金融机构 761 家，占东京都特区的 8.1%。在以新宿站为中心，不到 1 平方公里的区域集中的近 90% 都是金融机构，如瑞穗银行、三井住友银行等。新宿商务区还聚集了众多保险大公司总部，如三井、住友、朝日生命、第一生命、日本损保等。成为仅次于都心三区的东京新的金融中心。

新宿金融业的发展是一种政府建设模式，通过国家有关部门的设计、强力支持而产生。在这种模式下，金融业的国际化与国内金融业的兴盛和经济的发展产生互动效应。日本金融自由化改革也为新宿金融市场（见表7－10）的发展奠定了基础。

表7－10　　　　　　　　新宿金融机构在东京都特区的比重

	总数（个）	银行业	合作金融机构	信贷机构	金融期货	金融辅助服务机构	保险业
新宿	761	100	45	167	77	25	347
东京区	9383	1336	1313	1363	1550	340	3904
占比（%）	8.1	7.5	3.4	12.3	4.9	7.4	8.9

资料来源：新宿区第37次统计公报。

从各金融行业占东京市的比重来看，新宿金融机构中保险业、信贷机构和银行业占东京都特区的比重较高，特别是信贷机构高达12.3%（见表7－10），信贷市场是新宿金融市场的主要构成部分。从新宿及东京市金融业内部构成的比较来看，新宿区金融业中信贷机构、保险业所占比重高于东京市相应行业的比重，说明新宿区上述两个金融行业发展水平高于东京市平均水平（见图7－19）。

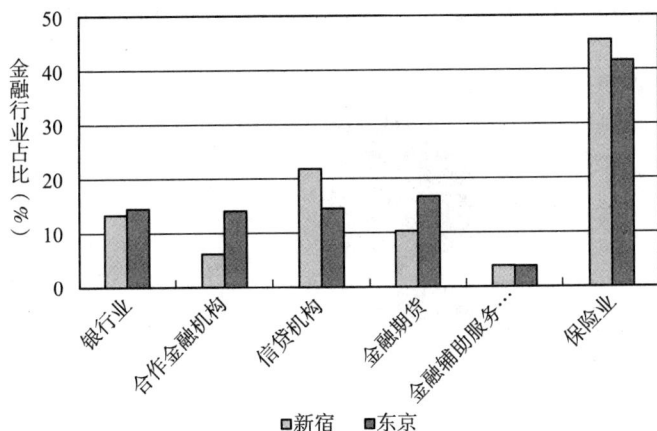

图7－19　新宿及东京金融保险业的行业构成比较（柱状图）

资料来源：新宿区第37次统计公报。

（3）以特色街区模式发展商贸服务业。

新宿区以打造特色街区的发展模式，形成流行时尚相关产业群的发展。一些主要的特色街区如下：

新宿大街：购物和饮食一条街；歌舞伎街：有 Koma 剧场，24 小时营业的店铺很多；新宿三丁目：街道两边林立着多家精品店，如三越新宿商场、丸井新宿商场、伊势丹新宿店、新宿中村屋等；末广亭：保留了 1946 年创业时的面貌，有常设曲艺场举行相声、魔术、讲谈等表演。同时还有多国料理店和多数比较有特色的酒家；新宿南阳光广场：是由全长 350 米的步行街和高层建筑小田急百货的南楼构成；高岛屋时代广场：是由新宿高岛屋、东急 hands 大厦和纪伊国书店构成的。新宿南阳光广场和高岛屋时代广场是由东西步行桥连接，能够自由通行；福来格斯商场：位于新宿车站的东南口旁边，里面有很多受欢迎的精品屋；新宿御苑：面积 58 公顷，内有日本、英国及德国等各式庭院和 75 种 1500 株樱花。

（4）文化创意产业集群。

从 20 世纪 90 年代后期起，新宿 CBD 开始吸引大量的文化产业公司总部的入驻，使新宿很快就发展成为东京都内最大的现代文化产业集聚地之一。随着信息及文化产业的迅猛发展，新宿周边集聚了大量的信息服务公司、软件开发公司、互联网企业、传媒公司、动画制作公司等都市文化创意企业，使新宿发展为日本规模最大、文化创意产业集聚程度最高的地区。

从图 7 - 20 中可以看出，2010 年新宿工业企业分行业构成中，印刷及有

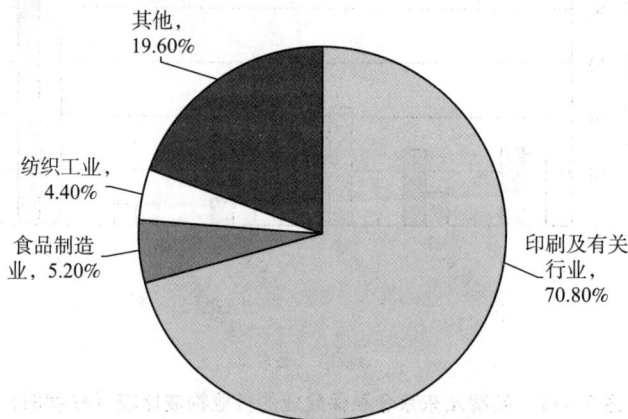

其他，19.60%

纺织工业，4.40%

食品制造业，5.20%

印刷及有关行业，70.80%

图 7 - 20　2010 年新宿工业企业的行业分布情况

资料来源：新宿区第 37 次统计公报。

关行业所占比重高达70.8%，而且就业人数占全部工业行业就业人数的85%，远远高于其他工业行业企业数量，进一步说明新宿在文化、出版产业方面的优势。

3. 创新发展的支撑条件

（1）政府政策支持是新宿创新发展的重要支撑。

政府为新宿区的城市发展制定了框架，首先是将东京的城市功能定位于全球金融和商务中心，其次是将新宿及其附近地区发展成以知识和信息密集型产业基地，将东京湾地区由出口导向产业带改造成商贸中心。此外，政府还通过政策来引导和支持新宿的基础设施建设，从而推动商务功能的发展。政府从政策上强调新宿核心区商业功能聚集的重要性，注重引导功能混合，并采取具体的举措来提升新宿商务功能。对于人口集中、交通拥挤的问题，市区政府在规划中采取区域方法控制政策，扶持金融服务业的发展。政府的政策信息源作用和拥有的审批权，也促成了各种政府办公功能和大公司总部在新宿集聚。

（2）信息产业的发展为新宿科技创新提供依托。

东京市及新宿区政府注重扶持信息产业的发展，在信息产业中专门增设免税的软件研发储备金和意外损失储备金。政府规定免征7%的技术开发资产税，以鼓励信息产业的快速发展。2010年，新宿区信息通信业营业机构占所有机构总量的6.9%，从业人员数量占到10.6%。良好的信息技术基础设施为新宿金融、银行、保险、物流及其他知识密集型产业的发展提供了重要的支撑，从而促进新宿中心城区科技创新的发展。

（3）交通枢纽为商业模式创新创造条件。

新宿是个典型的交通枢纽型商圈，新宿车站是公共路线（日本东铁路）私家铁路（Odakyu 路线，Keio 路线，seinu 到新宿路线，Marunouchi 地铁路线，首都到新宿的地铁路线和 Oedo 路线）的重点站，平均每天支撑着360万旅客的出行，大于日本其他任何一个城市的旅客流量，是在世界获基尼斯第一的车站，为新宿带来大量的客流，有东、南、西、北四个出口。

新宿重视商业设施间的立体联系，在车站南口设置了总面积达1万多平方米的步道广场，并在北部、中部、西部分别与车站及重点商业设施相连，形成了环境幽雅的步行道。时代广场综合体通过步道、广场及回廊等系列设置的开发，将商业综合体与周边道路、车站以及其他商业设施等有机联系，创造出以公共空间为主体的商业环境。新宿模式说明，在建设商业圈的过程中，注重商业综合体与交通枢纽的配合和立体联系，以及通过商业圈的功能互补，能够有效完善商业消费体系。

（4）培育一体化的城市创新体系。

庆应义塾大学医学部、工学院大学、东京医科大学、东京女子医科大学、东京理科大学、早稻田大学、日本法政大学等24所日本高等学府及科研机构在新宿聚集，尤其是集中了大量与技术创新和产品研发关系密切的科研机构。新宿政府鼓励高校联合企业和产业界共建研究中心，政府会拨专款补贴支持研究人员进行研发，大力支持原始创新，尤其是比较薄弱的基础性研究领域。对于开发出的成果，50%～80%的专利收入可以归入研究人员获得。一体化的城市创新体系为新宿服务业集群的创新发展提供了智力支持。

4. 创新体系运行机制

新宿表现为二次创新合作平台支撑的创新体系运行机制。新宿创新体系所强调的是在引进学习、二次创新的平台，通过官产学研合作来实现更高层次的自主创新，其创新体系的运行是建立在二次创新与官产学研合作平台之上的（见图7－21）。

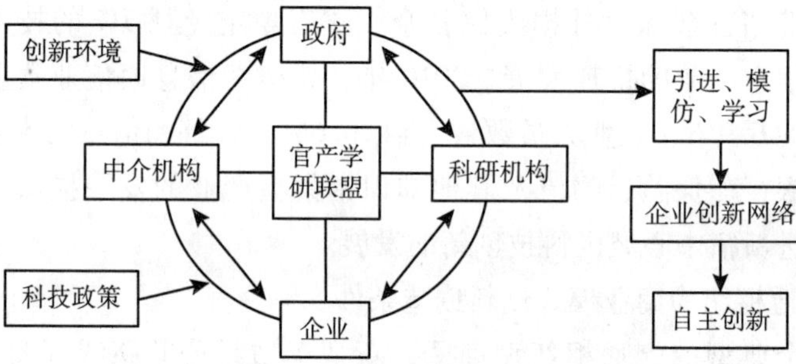

图7－21　新宿创新体系运行机制

新宿在产学研合作方面表现为企业主导型。首先，新宿拥有科研机构和培训中心的企业或企业集团多，丰田、东芝、松下等著名的企业集团自身就是一个产学研联合系统，因而企业成为创新网络的源头。科技作为企业的内在因素，又直接作用于企业，增强了科技创新的针对性和向生产的直接转化。

新宿政府在促进产学研合作方面起到外力推动作用，通过制定法规来推动创新合作，如《产业教育振兴法》对高校与产业合作形式、税收、拨款、管理、收益分配等均做了详细规定。政府的职能是组织产学研联合系统的创新网络，推动高校、企业、科研机构等创新主体之间的平等合作，保证整体创新实力的增强。

新宿区的企业在技术创新模式上从过去的引进、消化、再吸收，逐渐转变为强调企业自主创新能力的提升，并开始了从创造性模仿创新向自主创新的演进，表现为二次创新。新宿区集聚了大量的小企业，创新动力主要来自市场需求，来自企业之间激烈的竞争。

三、伦敦道克兰码头区：管理创新推动中心城区旧城改造

伦敦市东部泰晤士河畔的港口码头工业区（London Docklands）称为道克兰地区，横跨了南华克区、陶尔哈姆莱茨区、纽汉区。泰晤士河作为伦敦城市发展天然的东西向轴线，将伦敦金融中心与道克兰地区紧密联系起来。金融业是伦敦的优势产业，但在 20 世纪 80 年代以前，伦敦金融城面积非常小，难以容纳所有打算落户的金融机构。因此，英国和伦敦政府决定扩大金融市场，疏散市中心的部分功能，于是在离伦敦金融城东部 8 千米处新建一个新区——道克兰地区。1981 年 7 月至 1998 年 3 月，伦敦码头区开发有限公司（LDDC）在面积为 22 平方公里的码头区进行了大规模的城市再造工程，通过对整体区域的定位和开发，改变了伦敦市金融和商业中心的发展格局，使之成为英国最重要的商业区之一。

1. 发展历程

20 世纪 30 年代是伦敦码头区发展的一段鼎盛时期，港区本身雇用超过 3 万名工人，与港区业务有关的工作人员共有 10 万多人。1961～1971 年的十年间，由于英国制造业的衰落，大伦敦地区共有 50 多万人失业，对高度依赖这些行业的码头运输业产生很大影响。

1981 年，整个区域剩下的企业中 70% 从事食品、饮料及烟草行业，只有 15.6% 的企业还继续从事原有的金融和专业服务行业。1981 年，码头区最后一个老码头"皇家码头"也正式宣告关闭（见图 7－22）。

到 2001 年，对写字楼的大量需求，促使码头地区的甲级写字楼租金达到了历史最高水平，每平方英尺为 42 英镑/年。码头区中的金丝雀码头现已发展成为伦敦新的金融和商业中心，汇丰银行、花旗银行、巴克利银行、每日电信、独立报、路透社以及镜报等世界超级银行和媒体机构在此落户。

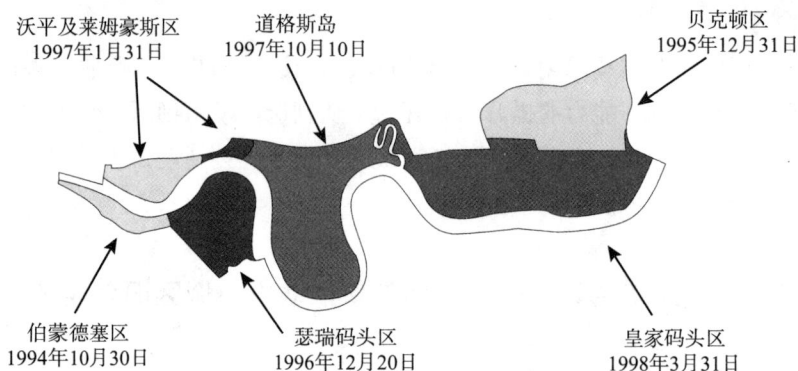

图 7 - 22　伦敦道克兰码头区开发阶段示意图

目前道克兰码头区土地利用的构成为：露天场所占 12%，住宅区占 33%，商务区占 3.5%，休闲区占 4%，研究院占 4%，机场占 2.5%，水域占 13%。

2. 创新产业化载体

（1）重视多样化服务创新的金融业。

伦敦道克兰码头区以金融创新和保险技术创新维持国际金融中心地位，道克兰的金融业提供的金融服务几乎涉及金融业的各个领域，如银行、证券、保险、金融衍生品、外汇、投资银行、大宗商品、航运、会计服务、法律咨询和管理咨询等。与其他城市比较来看，纽约不是大宗商品交易和航运中心，芝加哥仅在期货和衍生品交易方面优势明显，东京偏重银行和信贷业务。伦敦道克兰码头区金融市场可细分为短期资金市场、长期资本市场、外汇市场、黄金市场、欧洲货币市场和保险市场等类型（见表 7 - 11）。

表 7 - 11　　　　　　　　　伦敦道克兰码头区金融市场分类

金融市场分类	主要内容
短期资金市场	包括贴现市场、银行同业拆放市场、地方政府借贷市场和银行英镑定期存单市场等
长期资本市场	包括证券交易、政府发行新债券市场和公司发行新证券市场、国际债券市场等
外汇市场	无具体的交易场所，银行和经纪公司通过该市场巨大的通信网络处理各种即期和远期外汇交易及外汇兑换业务
黄金市场	通过各大金商的销售网络连成的无形市场
欧洲货币市场	包括所有主要资本主义国家货币，业务范围遍及全球
保险市场	世界上最大的保险业中心，保险业分为长期和短期业务，经营来自世界各地的几乎任何类型的保险业务

伦敦道克兰码头区主要是靠金融创新以及制定与金融相关产业的全球标准来确保自身的领先地位。伦敦道克兰码头区的金融创新主要包括欧洲货币市场和欧洲债券市场、银行间批发业务市场、中小企业创业板、风险资本、为卫星和核电站提供保险、国际金融期货市场、石油期货市场、欧洲货币交易的新技术、基金管理等。金融创新的关键是保证在不降低标准的前提下提高效率。目前码头区几家主要银行的金融技术创新集中在以下领域：数字移动、设计客户服务的社交服务、大型数据分析、线上安全，以及能够帮助银行降低运营或技术成本的开源技术或基于云计算的技术。

（2）构成隐性创新源的知识密集型服务业。

道克兰码头区横跨了南华克区、陶尔哈姆莱茨区、纽汉区，由于缺少专门的统计数据，可以根据伦敦市有关数据基本反映道克兰的情况。从研发投入来看，1997～2007年伦敦地区每年研发投入在英国各个地区中是最低的。2007年伦敦研发投入为10.93亿英镑，仅占整个英国的6.8%。1997～2007年伦敦研发投入占地方GVA的比重平均值为0.43%，不仅落后于东英格兰的3.68%，也低于英国1.31%的平均水平（见图7－23）。

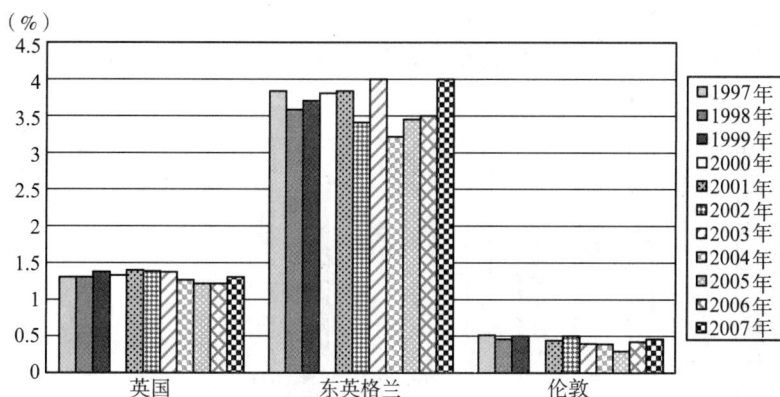

图7－23　1997～2007年伦敦、东英格兰与英国R&D/GVA的比较

资料来源：李平（2012）。

如果按照投入产出回报比例来分析，由于研发投入水平低，伦敦及道克兰码头区的创新产出应该相应的很低，但与其他英国城市相比，伦敦及道克兰地区创新产出和经济实力优势却非常明显。从图7－24我们可以看出，伦敦企业新产品及改进产品所占总产品的销售比例达到了49%，在英国所有地区中位于第一位。从百万人口拥有的专利数量来看，伦敦在英国各个地区中排名第三位。

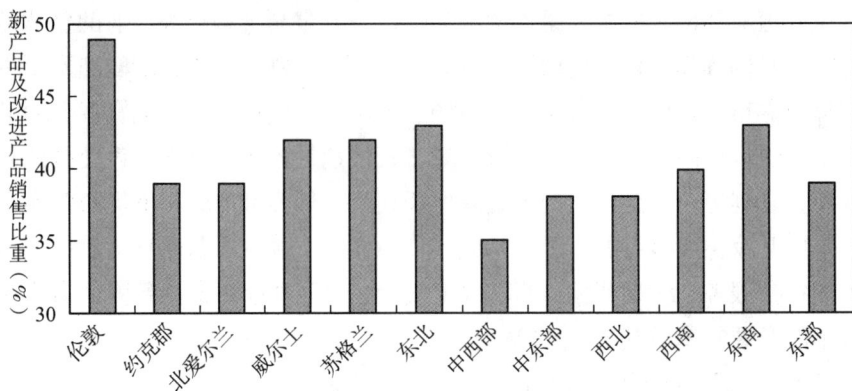

图 7－24　英国各地区新产品及改进产品所占总产品销售比重

资料来源：李科（2008）。

　　伦敦 R&D 投入低而创新竞争力较高的情况表明，伦敦及道克兰码头区的城市创新能力中存在隐性创新。从城市产业结构来看，道克兰码头区以服务型中小企业为主，统计数据显示，在伦敦有近 90% 的企业雇员少于 20 人（见图 7－25），其中大部分属于知识密集型服务业。就业岗位中超过 90% 是服务业岗位，其中超过 30% 属于金融和商业服务。通过知识的生产与扩散，知识密集型服务业在城市创新体系中扮演着转移、交换以及调整知识的重要角色。

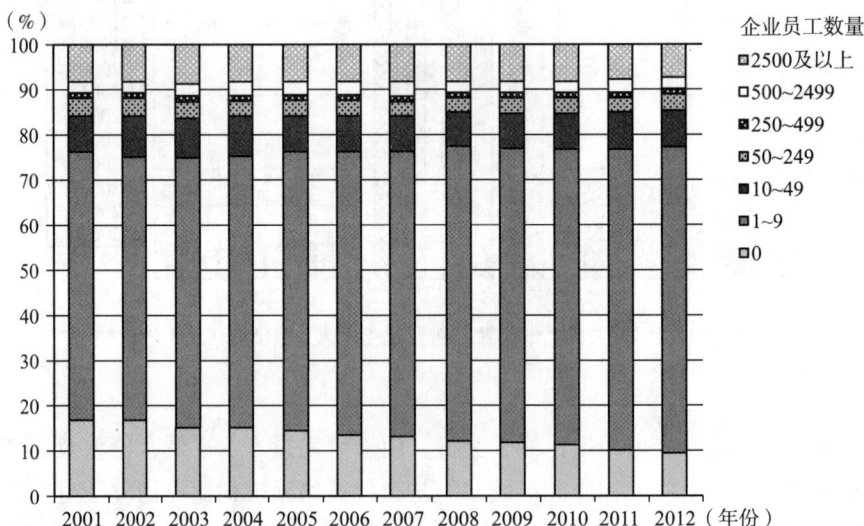

图 7－25　伦敦市企业员工数量分布情况

资料来源：Size of Firms in London，2001 to 2012.

道克兰码头区服务型中小企业的生产资料、人员培训等非研发投入所占的比重远大于研发投入所占的比重。通过信息的增值和经验的积累构成服务创新的隐性知识来源，创新过程更多地依赖能够将企业内外部知识结合起来的具有经验的专业人员，因为知识主要是在交流过程中产生的，将不同来源的知识相结合，从而实现引入外部知识促进创新发展。道克兰码头区是国际金融和商业服务中心，大量的跨国公司、国际组织和金融机构总部汇聚在区域内，国际化水平较高的知识密集型产业集群构成了一张基于现代信息通信技术的全球知识及资本网络，使得道克兰地区能够在全球层面配置创新资源，这些高附加值和外向型的服务业对地区经济发展起到了重要的带动作用。

3. 创新发展的支撑条件

（1）以合资—公共财政补贴模式创新中心城区开发模式。

从 20 世纪 80 年代起，英国城市复兴开始由政府主导转向市场主导，伦敦道克兰地区开发公司是由政府牵头组成的半官方性质的都市综合体开发商。项目公司由政府全资投入，利用土地开发、物业管理所获得的收益进行滚动发展。尽管中央政府给了项目公司非常大的权利，但地方行政职能、教育统筹、医疗管理等权力仍保留在地方政府部门。项目公司可通过设立各类基金的方式协助、调控地方政府改善相关领域的工作。

以市场为导向的开发战略创新伦敦码头区开发过程中的规划运作形式。为了适应市场需要，伦敦码头区开发公司没有对整个地区的土地利用提出详细要求，而是改变了传统规划方法，每年出台相关政策进行引导开发。这些政策与国家政策一致，以便获得资助。

（2）良好的基础设施保障创新体系的运行。

伦敦道克兰码头区具有金融创新、知识密集型产业创新所必需的基础设施条件。一方面，伦敦中心城区能够提供先进的公共服务能力，供电、供水、供暖等城市基础设施非常完善；另一方面，伦敦市拥有强大的国际物流、交通以及信息交换能力，为道克兰码头区对外交流提供了有力支撑。此外，伦敦道克兰地区的公众交通方便，地铁是主要交通工具。再如，伦敦港是世界著名港口之一，与 70 多个国家的港口建立了联系，年吞吐量 4500 多万吨，这些先进的基础设施都保障了道克兰中心城区创新体系的运行。

（3）丰富的人才科研资源推动创新体系发展。

伦敦是世界知名的教育科研中心，汇集了英国 1/3 的教育科研机构，每年伦敦的大学毕业学生更是占英国毕业生总数的 40%，60% 的城市人口从事与教育和科技相关的行业，这为道克兰码头区创新发展提供了源源不断的科技人才资源。企业充分利用伦敦丰富的科技资源，通过与科研机构进行合作，可以加快自身创新发展的进程。正是由于伦敦拥有丰富的科研教育资源，使得道克兰码头区中小企业可以更加容易地寻找出自己所需的科技人才以及科研机构进行合作，推动整个地区创新体系进步。

（4）重视媒体机构在中心城区创新发展中的重要地位。

道克兰码头区内有每日电信、独立报、路透社以及镜报等知名媒体机构，24小时运转的媒体企业入驻码头区，使码头地区在夜间同样具有活力。开发公司还经常组织新闻记者参加观光游览，使媒体能够及时地介绍码头区开发的最新动态。通过媒体机构加强码头区的宣传工作，码头区每年都印发多达10多种的宣传材料和广告，以满足投资者、开发商、一般公众和海内外游客的不同信息获取需求，通过宣传创新文化在全社会掀起创新的积极性。

4. 创新体系运行机制

伦敦码头区表现出构建中小企业创新网络的创新体系运行机制。一是关注企业创新在中心城区创新中所起的作用，特别是中小型企业创新活动。鼓励富有开发新产品、新工艺专业知识和经验的人员，将产品、工艺和服务等领域的创新理念传播给中小企业，以此带动产业创新和城市创新。二是建立起高校—企业—科研机构之间的有效创新平台和运行机制，建立并完善区域创新体系。提高高等院校、科研机构对企业创新的支持效率和透明度，打破产学研合作壁垒，提高高等院校、科研机构在创新领域的相互协作水平，以及创新成果的商业化水平等，提高创新效率（见图7-26）。三是营造创新文化氛围。利用各

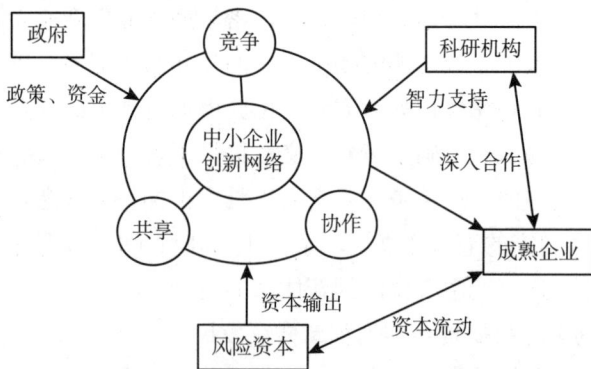

图7-26　伦敦码头区创新体系运行机制

种媒体的传播渠道，向社会各界宣传、沟通城区创新战略目标和发展愿景，打造城市创新品牌并提高其知名度，以此提升全社会创新意识，营造创新文化。

在创新体系中，中小企业与政府、科研机构以及风险资本等主体之间的关系是密不可分的，如表7-12所示。道克兰码头区将提升中小企业创新能力作为创新体系建设的重要抓手，符合当今国际科技与产业发展趋势。一方面，中小企业机制灵活，创新动力较大，在资金扶持充足的情况下更愿意从事创新活动；另一方面，当今科技产业中的微电子、生物技术等领域的许多重大创新是从一些不知名的中小企业发明出来的，因此，中小企业有更大的创新空间。政府的职能则主要集中在制定政策鼓励中小企业创新，保障中小企业创新享有成果，并为中小企业的创新活动提供起始资金。

表7-12　　　　　　　　　　伦敦各创新主体的功能

创新主体	主要功能
中小企业	竞争、协作，面临市场自身的竞争性，主动与科研机构以及风险资本合作
科研机构	应用与反向分享，将理论与实际相结合，主动与资本合作，衍生创新企业
政府	制定政策鼓励中小企业创新，保障中小企业创新享有成果，提供起始资金资助中小企业
风险资本	对创新进行阶段融资，进行规范有效的管理指导

四、案例启示

1. 避免走"唯技术创新"的中心城区创新道路

随着城市步入后工业化发展阶段，城市中心产业结构向高级化发展，中心城区在创新目标、主体、内容、环境以及产业载体和创新投入方式等方面发生了较大改变。依托于自身经济集聚、设施完善、商贸发达、要素流通的优势条件，中心城区的科技创新已不再仅仅局限于技术创新，而是集知识创新、管理创新以及服务创新、商业模式创新于一体，全方位地服务于城市经济、科技、文化、社会整体创新的需要。因此，在城市科技创新建设中，必须注意到中心城区的特殊性，避免走"唯技术创新"的道路，建立起城市全方位、立体化的科技创新体系。

2. 重视政策、市场、法制、教育、文化的综合因素

从纽约、伦敦、东京的案例看出，中心城区创新摆脱了纯粹技术创新的发

展路径，其科技创新机制有着与非中心城区的本质区别，政策、市场、法制、教育、文化等非技术因素作用被放大：更重视财政、税收、金融、产业、就业、外贸、分配等经济政策的协调性；市场的意义不仅体现在维护市场秩序、保护公平竞争以及促进创新资源自由流动上，还体现在市场检验上，即快速通过消费者对创新成果的市场接受来实现创新价值；在教育方面，提高整体区域从业人员的文化素质和专业技能（重视社会培训而非企业培训），形成整个社会互相学习和交流的创新氛围；与非中心城区不同的是，法律在激励企业创新的同时，保障社会也享受到创新收益，以带动整个城市科技、经济、社会的全方位进步；在文化方面，通过增强城市居民的精神气质和文化素质促进城市社会资本积累，降低创新成本，增强城市创新系统整体实力。

3. 用足中心城区所在城市的综合比较优势

国际经验表明，大都市中心城区创新功能的回归都建立在城市综合比较优势的基础上。纽约采取了典型的实用主义导向的城市转型发展模式，用足了城市活跃的金融创新、服务创新、知识信息传播服务的资源，带动纽约城市整体创新实力的增强；伦敦充分发挥管理优势，依托城市原有先进的公共服务能力和物流、信息交换能力，通过金融创新和保险技术创新维持伦敦国际金融中心地位；东京作为东亚商业模式创新的楷模，则独辟蹊径地在城市中心保留了以中小企业为主体的产品研发型工业，并在城市周边保留高端大型制造企业，实现由单纯技术创新向知识创新、服务创新、管理创新、商业模式创新等综合型创新形态的转变。从这一点来说，中心城区的科技创新是调动一切城市最先进的创新力量，集成城市生产功能（提供设备硬件）、教育功能（提供人才、知识）、金融功能（风险融资、贷款）、流通功能（技术产品的交易）和文化功能（激发创意、创业精神）的优秀特质，并引导整个城市科技创新的方向。

参 考 文 献

[1] Adomavicius G. , Bockstedt J. C. , Gupta A. et al. Technology roles and paths of influence in an ecosystem model of technology evolution [J]. Information Technology & Management, 2007, 8 (2): 185 – 202.

[2] Ahern J. , Cilliers S. , Niemelä J. The concept of ecosystem services in adaptive urban planning and design: A framework for supporting innovation [J]. Landscape & Urban Planning, 2014, 125 (10): 254 – 259.

[3] Aliu A. , Halili A. The Impact of Information and Communication Technologies as a Tool to Facilitate Growth in the Manufacturing Sector in Republic of Kosovo [J]. Procedia Technology, 2013 (8): 465 – 470.

[4] Allen F. H. The Cambridge Structural Database: a quarter of a million crystal structures and rising [J]. Angewandte Chemie, 2006, 53 (3): 663 – 668.

[5] Allen M. South Park Does Japan: Going Global with "Chimpokomon" [J]. 2006.

[6] Alonso W. The economics of urban size [J]. Papers in Regional Science, 1971, 11 (1): 66 – 83.

[7] Amidon D. M. The Innovation SuperHighway: Harnessing Intellectual Capital for Sustainable Collaborative Advantage [M]. Oxford: A Butterworth – Heinemann Title, 2002.

[8] Andersson, M. , Karlsson, C. Knowledge in regional economic growth: the role of knowledge accessibility [J]. Industry and Innovation, 2007, 14: 129 – 149.

[9] Angelidou M. Smart cities: A conjuncture of four forces [J]. Cities, 2015, 47: 95 – 106.

[10] Annerstedt J. Science Parks and High – Tech Clustering [J]. Chapters, 2006.

[11] Apak S. , Atay E. Global Innovation and Knowledge Management Practice in Small and Medium Enterprises (SMEs) in Turkey and the Balkans [J]. Procedia – Social and Behavioral Sciences, 2014, 150: 1260 – 1266.

[12] Autio E. Evaluation of RTD in regional systems of innovation [J]. European Planning Studies, 1998, 6 (2): 131 – 140.

[13] Bai X. , Roberts B. , Chen J. Urban sustainability experiments in Asia: patterns and pathways [J]. Environmental Science & Policy, 2010, 13 (4): 312 – 325.

[14] Baumann J. , Kritikos A. The Link Between R&D, Innovation and Productivity: Are Micro Firms Different? [J]. Social Science Electronic Publishing, 2016, 45 (6): 1263 – 1274.

[15] Bergek A. , Jacobsson S. , Carlsson B. et al. Analyzing the dynamics and functionality of sectoral innovation systems-a manual [C] //DRUID Tenth Anniversary Summer Conference. 2005: 27 – 29.

[16] Bevilacqua C. , Pizzimenti P. Living Lab and Cities as Smart Specialisation Strategies Engine [J]. Procedia – Social and Behavioral Sciences, 2016, 223: 915 – 922.

[17] Bisadi M. , Mozaffar F. , Hosseini S B. Future Research Centers: The Place of Creativity and Innovation [J]. Procedia – Social and Behavioral Sciences, 2012, 68 (5): 232 – 243.

[18] Breschi S. , Malerba F. Sectoral innovation systems: technological regimes, Schumpeterian dynamics, and spatial boundaries [J]. C Edquist Systems of Innovation Technologies Institutions & Organization, 1997.

[19] Carayannis E. G. , Samara E. T. , Bakouros Y. L. Introduction to Technological Innovation [M]. Innovation and Entrepreneurship, 2015: 1 – 26.

[20] Carvalho L. , Santos I. P. , Winden W. Knowledge spaces and places: From the perspective of a "born-global" start-up in the field of urban technology [J]. Expert Systems with Applications, 2014, 41 (12): 5647 – 5655.

[21] Chesbrough H. W. Open innovation: The new imperative for creating and profiting from technology [M]. Boston: Harvard Business Review Press, 2003.

[22] Christensen J. F. Asset profiles for technological innovation [J]. Research Policy, 1995, 24 (5): 727 – 745.

[23] Cooke P. , Boekholt, Todtling F. The govermance of innovation in Europe [M]. London: Pinter, 2000.

[24] Cooke P. New Regional Innovation System Models [R]. the Second Technological Innovation Management and Policy International Symposium, Changsha, China. 2010.

[25] Cooke P. Regional Innovation Systems: General Findings and Some New Evidence form Biotechnology Clusters [J]. Journal of Technology Transfer. 2002, 27 (1): 133 – 145.

[26] D'Alessandro E. Creative and Inclusive Centrality for the Metropolitan City [J]. Procedia – Social and Behavioral Sciences, 2016, 223: 321 – 326.

[27] Department for Business, Innovation & Skills. UK innovation survey 2013 [R]. Department for Business, Innovation & Skills, 2014.

[28] Dosi G. Opportunities, incentives and the collective patterns of technological change [J]. Economic Journal, 1997, 107: 1530 – 47.

[29] Evangelista V. Innovation poles in the Abruzzo regional innovation system [J]. Rivista Geografica Italiana, 2015, 122 (3): 323 – 338.

[30] Faskhutdinov A. Modernization of the Russian Economy in Terms of Innovative Development [J]. Procedia – Social and Behavioral Sciences, 2015, 210 (2): 188 – 192.

[31] Fisher A. G. B. The clash of progress and security [M]. The clash of progress and security. Macmillan, 1935.

[32] Florida R. Cities and creative class [M]. London: Routledge, 2005.

[33] Florida R. Cities and the Creative Class [J]. City & Community, 2003, 2 (1): 3 – 19.

[34] Foley R. W. , Wiek A. Patterns of nanotechnology innovation and governance within a metropolitan area [J]. Technology in Society, 2013, 35 (4): 233 – 247.

[35] Freeman C. Technological infrastructure and international competitiveness [J]. Industrial & Corporate Change, 2004, 13 (3): 541 – 569.

[36] Freeman C. The Economics of technical change [J]. Cambridge Journal of Economics, 1994, 18: 463 – 514.

[37] Fundeanu D. D. , Badele C. S. The Impact of Regional Innovative Clus-

ters on Competitiveness [J]. Procedia – Social and Behavioral Sciences, 2014, 124: 405 – 414.

[38] García B. C. , Rodríguez L. Emerging Techno – Ecosystems: Knowledge Networks that shape Urban Innovation Spaces [C]. The Knowledge Cities World Summit, 2014.

[39] Gerasimova V. , Mokichev S. The University as a Center of Concentration of Knowledge and Reproduction of the Intellectual Elite [J]. Procedia – Social and Behavioral Sciences, 2015, 191: 2618 – 2621.

[40] Gereffi G. International trade and industrial upgrading in the apparel commodity chain [J]. Journal of International Economics, 1999, 48 (1): 37 – 70.

[41] Gras N. S. B. The Development of Metropolitan Economy in Europe and America [J]. American Historical Review, 1922, 27 (4): 695 – 708.

[42] Hascic I. , Johnstone N. , Watson F. et al. Climate policy and technological innovation and transfer: An overview of trends and recent empirical results [M]. Paris: OECD Publishing, 2010.

[43] Hirvonen – Kantola S. , Ahokangas P. , Iivari M. et al. Urban Development Practices as Anticipatory Action Learning: Case Arctic Smart City Living Laboratory [J]. Procedia Economics & Finance, 2015, 21: 337 – 345.

[44] Hobday M. Technological learning in Singapore: A test case of leapfrogging [J]. Journal of Development Studies, 1994, 30 (4): 831 – 858.

[45] Hospers G. J. Creative cities: Breeding places in the knowledge economy [J]. Knowledge Technology & Policy, 2003, 16 (3): 143 – 162.

[46] Hsu J. Y. , Saxenian A. L. The limits of guanxi capitalism: transnational collaboration between Taiwan and the USA [J]. Environment & Planning A, 2000, 32 (11): 1991 – 2005.

[47] Huston S. , Rahimzad R. , Parsa A. 'Smart' sustainable urban regeneration: Institutions, quality and financial innovation [J]. Cities, 2015, 48: 66 – 75.

[48] Hyperakt. One New York: The Plan for a Strong and Just City [EB/OL]. Hyperakt, http://www1. nyc. gov/html/onenyc/index. html.

[49] James S. Innovative cities [M]. London: Sponpress, 2001.

[50] John A. Mathews. Catch-up strategies and the latecomer effect in industrial development [J]. New Political Economy, 2006, 11 (3): 313 – 335.

[51] Johnston A. , Huggins R. The Spatio – Relational Nature of Urban Innovation Systems: Universities, Knowledge Intensive Business Service Firms, and Collaborative Networks [J]. Journal of Urban Technology, 2016: 1 – 24.

[52] Kaplinsky R. , Morris M. Ahandbook for Value Chains Research [R]. Paper for IDRC, 2002.

[53] Keenan M. Identifying emerging generic technologies at the national level: the UK experience [J]. Journal of Forecasting, 2003, 22 (2 – 3): 129 – 160.

[54] Kharchenko E. , Alpeeva E. , Ovcharova O. Innovative Potential of Russian Regions: Methodological Aspects of Analysis and Development Trends [J]. Procedia Economics & Finance, 2014, 14 (1428): 313 – 319.

[55] Kirchberg V. , Kagan S. The roles of artists in the emergence of creative sustainable cities: Theoretical clues and empirical illustrations [J]. City Culture & Society, 2013, 4 (3): 137 – 152.

[56] Lall S. Indian Technology Exports and Technological Development [M]. Arms and technology transfers. United Nations, 1995: 151 – 162.

[57] Landry C. The Creative City – A Toolkit for Urban Innovators [J]. Community Development Journal, 2000, 36 (2): 165 – 167.

[58] Lee K. , Lim C. Technological regimes, catching-up and leapfrogging: findings from the Korean industries [J]. Research Policy, 2001, 30 (3): 459 – 483.

[59] Luger D. , Silver P. B. , Tang J. et al. Either a Th17 or a Th1 effector response can drive autoimmunity: conditions of disease induction affect dominant effector category [J]. Journal of Experimental Medicine, 2008, 205 (4): 799 – 810.

[60] Lundvall B. Notes on innovation systems and economic development [J]. Innovation & Development, 2011, 1 (1): 25 – 38.

[61] Malerba F. Innovation and the Dynamics and Evolution of Industries: Progress and Challenges [J]. International Journal of Industrial Organization, 2007, 25 (4): 675 – 699.

[62] Malerba F. Sectoral systems and innovation and technology policy [J]. RevistaBrasileira de Inovação, 2009, 2 (2): 329 – 375.

[63] Malerba F. Sectoral systems of innovation and production [J]. Research

policy, 2002, 31 (2): 247 - 264.

[64] Mansfield B. E. Basic Research and Productivity Increase in [C]. Manufacturing, American Economic Review, 2010.

[65] Markatou M. , Alexandrou E. Urban System of Innovation: Main Agents and Main Factors of Success [J]. Procedia – Social and Behavioral Sciences, 2015, 195: 240 - 250.

[66] Marsden G. , Frick K. T. , May A. D. et al. How do cities approach policy innovation and policy learning? A study of 30 policies in Northern Europe and North America [J]. Transport Policy, 2011, 18 (3): 501 - 512.

[67] Maskell P. , Bathelt, et al. Temporary Clusters and Knowledge Creation [J]. Journal of Economic Geography, 2004, 3 (2): 117 - 144.

[68] Mayor de Blasio. One New York: The Plan for a Strong and Just City (OneNYC) [R]. Mayor de Blasio, 2007.

[69] Melnikas B. High Technologies Sector Under the Conditions of the European Integration: Innovative Development [J]. Procedia – Social and Behavioral Sciences, 2014, 110: 28 - 39.

[70] Moser P. , Nicholas T. Was Electricity a General Purpose Technology? Evidence from Historical Patent Citations [J]. American Economic Review, 2004, 94 (2): 388 - 394.

[71] Mowery D. , Rosenberg N. The influence of market demand upon innovation: a critical review of some recent empirical studies [J]. Research Policy, 1979, 8 (2): 102 - 153.

[72] Murphy P. Design Capitalism: Design, Economics and Innovation in the Auto – Industrial Age [J]. She Ji the Journal of Design Economics & Innovation, 2015, 1 (2): 140 - 149.

[73] Nelson R. R. , Winter S. G. The Schumpeterian Tradeoff Revisited [J]. American Economic Review, 1982, 72 (1): 114 - 32.

[74] Ning L. , Wang F. , Li J. Urban innovation, regional externalities of foreign direct investment and industrial agglomeration: Evidence from Chinese cities [J]. Research Policy, 2016, 45 (4): 830 - 843.

[75] O'Connor P. Accessible Innovation: Striking the Balance Between What's New and What's Right [J]. Rotman Management, 2014.

[76] OECD. National Innovation Systems [M]. Paris, 1997.

[77] Office for National Statistics. London Business Survey 2014 [EB/OL]. Office for National Statistics, 2014. http: //data. london. gov. uk/gla-economics/london-business-survey - 2014/.

[78] Olcay G. A. , Bulu M. Technoparks and Technology Transfer Offices as Drivers of an Innovation Economy: Lessons from Istanbul's Innovation Spaces [J]. Journal of Urban Technology, 2016.

[79] Patier D. , Browne M. A methodology for the evaluation of urban logistics innovations [J]. Procedia - Social and Behavioral Sciences, 2010, 2 (3): 6229 - 6241.

[80] Peeters C. Innovation strategy and the patenting behavior of firms [J]. Journal of Evolutionary Economics, 2006, 28 (16): 109 - 135.

[81] Perez B. C. Structural Change and the Assimilation of New Technologies [C] // The Economic and Social System, Futures. 2015.

[82] Perri S. Innovation by nonprofit organizations: Policy and research issues [J]. Nonprofit Management & Leadership, 1994, 3 (4): 397 - 414.

[83] Phaa R. , Farrukh C. , Probert D. R. Collaborative technology roadmapping: network development and research prioritisation [J]. International Journal of Technology Intelligence & Planning, 2004, 1 (1): 39 - 55.

[84] Pinch, S. , Henry, N. , Jenkins, M. , Tallman, S. From 'industrial districts' to 'knowledgeclusters': a model of knowledge dissemination and competitive [J]. Journal of Economic Geography, 2003 (3): 373 - 388.

[85] Pino C. , Felzensztein C. , Zwerg - Villegas A. M. et al. Non-technological innovations: Market performance of exporting firms in South America [J]. Journal of Business Research, 2016, 69 (10): 4385 - 4393.

[86] Poon S. C. Beyond the global production networks: a case of further upgrading of Taiwans information technology industry [J]. International Journal of Technology & Globalisation, 2004, 1 (1): 130 - 144.

[87] Porter, M. E. The Competitive Advantage of Nations [M]. New York: Free Press, 1998.

[88] Rathore M. M. , Paul A. , Ahmad A. et al. Urban planning and building smart cities based on the Internet of Things using Big Data analytics [J]. Computer

Networks, 2016, 101: 63 – 80.

[89] Rothwell R. Successful industrial innovation: critical factors for the 1990s R&D [J]. Management, 1992, 22 (3): 221 – 240.

[90] S. C. Solo. Innovation in the capitalist process: a critique of the Schumpeterian theory [J]. The Quarterly Journal of Economics, 1951, 65 (3): 417 – 427.

[91] Safiullina A. , Fatkhiev A. , Denis Ulesov. The Main Categories of Innovative Economy [J]. Procedia Economics and Finance, 2014 (15): 459 – 465.

[92] Salehi F. , Yaghtin A. Action Research Innovation Cycle: Lean Thinking as a Transformational System [J]. Procedia – Social and Behavioral Sciences, 2015, 181: 293 – 302.

[93] Sarah Levy and James Harris, Office for National Statistics (ONS). Size of Firms in London, 2001 to 2012 [J]. Office for National Statistics, 2013 (7): 1 – 27.

[94] Saviotti P. P. , Metcalfe J. S. . A theoretical approach to the construction of technological output indicators [J]. Research Policy, 1984, 13 (3): 141 – 151.

[95] Saxenian A. Comment on Kenney and von Burg, Technology, Entrepreneuship and Path Dependence: Industrial Clustering in Silicon Valley and Route 128. [J]. Industrial & Corporate Change, 1999, 8 (1): 105 – 10.

[96] Schmiedel T. , Brocke J. V. Business Process Management: Potentials and Challenges of Driving Innovation [M]. BPM – Driving Innovation in a Digital World. Springer International Publishing, 2015: 3 – 15.

[97] Schumpeter J. Capitalism, socialism, and democracy [M]. New York: Harper and Row, 1942.

[98] Sekhar J. A. , Dismukes J. P. Generic innovation dynamics across the industrial technology life cycle: Platform equation modeling of invention and innovation activity [J]. Technological Forecasting & Social Change, 2009, 76 (1): 192 – 203.

[99] Shearmur R. Are cities the font of innovation? A critical review of the literature on cities and innovation [J]. Cities, 2012, 29 (29): S9 – S18.

[100] Sibirskaya E. , Stroeva O. , Simonova E. The Characteristic of the Insti-

tutional and Organizational Environment of Small Innovative and Big Business Cooperation [J]. Procedia Economics & Finance, 2015, 27: 507 – 515.

[101] Stewartweeks M. Social Innovation & The City: What is the Connection between Social Innovation and Urban Innovation and Why Does it Matter? [J]. Social Space, 2010, 9 (1): 23 – 31.

[102] Sutriadi R. A Communicative City as a Preliminary Step towards a Technopolis Agenda [J]. Procedia – Social and Behavioral Sciences, 2016, 227 (14): 623 – 629.

[103] Taniguchi E. , Thompson R. G. , Yamada T. Recent Trends and Innovations in Modelling City Logistics [J]. Procedia – Social and Behavioral Sciences, 2014, 125: 4 – 14.

[104] Taubenböck H. M. Wiesner. The spatial network of megaregions – Types of connectivity between cities based on settlement patterns derived from EO-data [J]. Computers Environment & Urban Systems, 2015, 54: 165 – 180.

[105] Teece D. J. Profiting from Technological Innovation [J]. Research Policy, 1986.

[106] Teece, D. Technology Transfer by Multinational Firms: There – Source Cost Soft Transferring Technological Know – How [J]. The Economic Journal, 1977, 87: 242 – 261.

[107] Trippl, M. , Todtling, F. , Lengauer, L. Knowledge sourcing beyond buzz and pipelines: evidence from the Vienna software sector [J]. Economic Geography, 2009, 85: 443 – 462.

[108] Vertakova Y. , Grechenyuk O. , Grechenyuk A. Identification of Clustered Points of Growth by Analyzing the Innovation Development of Industry [J]. Procedia Economics & Finance, 2016, 39: 147 – 155.

[109] Veselá D. , Klimová K. Knowledge-based Economy vs. Creative Economy [J]. Procedia – Social and Behavioral Sciences, 2014, 141: 413 – 417.

[110] We Are Social. 2015 年全球互联网数据全景图 [EB/OL]. 中国信息产业网, 2015 – 01 – 29. http: //www. cnii. com. cn/Bigdata/2015 – 01/29/content_1525349_2. htm.

[111] Wolfram M. Cities shaping grassroots niches for sustainability transitions: Conceptual reflections and an exploratory case study [J]. Journal of Cleaner Produc-

tion, In Press, Accepted Manuscript, Available online, 2016.

［112］Zeng Z. Building a competitive city through innovation and global knowledge—the case of Sino – Singapore Suzhou industrial park ［J］. Social Science Electronic Publishing, 2016.

［113］阿尔弗雷德·马歇尔. 经济学原理 ［M］. 北京: 商务印书馆, 1964.

［114］鲍永安. 中国副省级以上城市中心城区综合竞争力研究 ［D］. 南京: 河海大学, 2006.

［115］边云岗, 郭开仲. 判别高新技术企业技术创新投资决策错误的风险准则 ［J］. 技术经济与管理研究, 2014 (1): 38 –42.

［116］波特. 国家竞争优势 ［M］. 北京: 中信出版社, 2012.

［117］操龙灿, 杨善林. 产业共性技术创新体系建设的研究 ［J］. 中国软科学, 2005 (11): 77 –82.

［118］曹淑敏. "互联网＋": 加出经济社会新形态 ［J］. 时事报告, 2015 (8): 5 –7.

［119］曹贤忠, 曾刚, 司月芳. 网络资本、知识流动与区域经济增长 ［J］. 经济问题探索, 2016 (5): 1 –10.

［120］曹雅姝, 于丽英. 韩国共性技术的创新发展对我国的启示 ［J］. 科学管理研究, 2008, 26 (1): 113 –116.

［121］曹勇, 曹轩祯, 罗楚珺, 等. 我国四大直辖城市创新能力及其影响因素的比较研究 ［J］. 中国软科学, 2013 (6): 162 –170.

［122］陈劲, 宋建元, 葛朝阳, 等. 试论基础研究及其原始性创新 ［J］. 科学学研究, 2004, 22 (3): 317 –321.

［123］陈里予, 王晶. 静安区今年增加 30 个白领午餐点 ［N］. 新闻晨报, 2013 –8 –13.

［124］陈玲, 徐向农. 创新型城市创新系统的构建及运行机制分析 ［J］. 科技创业月刊, 2009 (5): 11 –12.

［125］陈曼青, 张涛. 创新型城市研究的历史追溯 ［J］. 当代经济, 2016 (6): 1 –2.

［126］陈琦. 伦敦: 金融服务和文化积淀滋养创意产业 ［N］. 文汇报, 2015 –4 –3.

［127］陈秋英. 国外企业开放式创新研究述评 ［J］. 科技进步与对策,

2009，26（23）：196 – 200.

[128] 陈翁翔，崔瑛．制约我国科技园区自主创新能力的管理体制问题分析 [J]．国家行政学院学报，2010（1）：88 – 90.

[129] 陈晓青．知识城市视阈下世界生态田园城市研究 [D]．重庆：西南大学，2012.

[130] 陈新跃，杨德礼，董一哲．企业创新网络模式选择研究 [J]．科学管理研究，2002，20（6）：13 – 16.

[131] 程进，曾刚，张云伟．中国沿海大都市出口加工区生命周期研究——以上海金桥出口加工区为例 [J]．地理科学，2012，32（12）：1417 – 1423.

[132] 程郁．高新区与未来知识经济的社会形态 [J]．中国科学院院刊，2010，25（5）：490 – 496.

[133] 程子彦．上海自贸区先行先试"投贷联动" [J]．中国经济周刊，2016（2）：44 – 45.

[134] 程子彦．张江高科先行先试"投贷联动" [J]．中国经济周刊，2016（19）：41 – 42.

[135] 迟景明．资源与能力视角的大学组织创新模式研究 [D]．大连：大连理工大学，2012.

[136] 崔会东，田丽娜，李荣平．城市创新环境评价研究——以河北省为例 [J]．技术经济与管理研究，2013（4）：106 – 110.

[137] 代明，殷仪金，戴谢尔．创新理论：1912 ~ 2012——纪念熊彼特《经济发展理论》首版 100 周年 [J]．经济学动态，2012（4）：143 – 150.

[138] 党兴华，刘华芳．网络环境下企业技术创新过程有效组织研究 [J]．中国软科学，2002（12）：71 – 75.

[139] 邓春凤，龚克．中心城区空间管制方法研究 [J]．城市问题，2010（10）：34 – 38.

[140] 邓龙安．战略性新兴产业科技创新体系建设路径选择研究 [J]．科学管理研究，2012，30（2）：37 – 41.

[141] 邓智团，廖邦固．城市空间转型：从单中心到多极多中心 [M]．上海：上海人民出版社，2013.

[142] 邓洲．工业化中后期的德国产业政策及启示 [J]．中国经贸导刊，2015（3）：8 – 9.

[143] 丁明磊，刘秉镰．我国产业技术体系建设的主要问题与对策研究

[J]. 科研管理, 2012, 33 (7): 33 – 39.

[144] 董涛. "国家知识产权战略"与中国经济发展 [J]. 科学学研究, 2009, 27 (5): 641 – 652.

[145] 杜德斌, 范斐, 张虹. 上海紫竹高新区的发展经验与启示 [N]. 科技日报, 2013 – 7 – 8.

[146] 杜德斌. 对加快建成具有全球影响力科技创新中心的思考 [J]. 红旗文稿, 2015 (12): 25 – 27.

[147] 段德罡, 黄博燕. 中心城区概念辨析 [J]. 现代城市研究, 2008 (10): 20 – 24.

[148] 范柏乃, 段忠贤, 江蕾. 创新政策研究述评与展望 [J]. 软科学, 2012 (11): 43 – 47.

[149] 房宏君, 汪昕宇, 陈雄鹰. 21 世纪中国创新驱动研究经典文献、主题热点及其演进历程 [J]. 科技进步与对策, 2016 (13): 14 – 21.

[150] 冯年华, 顾晓燕. 知识产权人才培养与创新型经济的发展——以南京市为例 [J]. 金陵科技学院学报（社会科学版）, 2010, 24 (1): 1 – 5.

[151] 傅晓霞, 吴利学. 技术差距、创新路径与经济赶超——基于后发国家的内生技术进步模型 [J]. 经济研究, 2013 (06): 19 – 32.

[152] 盖文启. 创新网络 [M]. 北京: 北京大学出版社, 2003.

[153] 高鹏. 论区域创新系统中的知识流动 [J]. 产业与科技论坛, 2007 (12): 11 – 14.

[154] 顾新. 区域创新系统论 [D]. 成都: 四川大学, 2002.

[155] 官卫华, 刘正平, 周一鸣. 城市总体规划中城市规划区和中心城区的划定 [J]. 城市规划, 2013, 37 (9): 81 – 87.

[156] 郭建平, 李新亚, 王德成. 加强基础、共性制造技术的研发工作突破我国装备制造业发展的技术"瓶颈" [J]. 中国机电工业, 2003 (17): 20 – 21.

[157] 郭韬. 关于组织创新含义的再思考 [J]. 哈尔滨商业大学学报: 社会科学版, 2003 (1): 105 – 106.

[158] 国家发改委宏观经济研究院课题组. "十二五"时期我国产业结构调整战略与对策研究 [J]. 经济研究参考, 2010 (43): 28 – 61.

[159] 韩元建, 陈强. 美国政府支持共性技术研发的政策演进及启示——理论、制度和实践的不同视角 [J]. 中国软科学, 2015 (5): 160 – 172.

[160] 何继江, 袁晓辉, 王富平. 迈向知识城市: 科技园区核心功能及

其融合创新 [J]. 科技进步与对策, 2015 (15)：37 - 41.

[161] 何建洪, 贺昌政, 罗华. 创新型企业的形成：基于网络能力与战略创新导向影响的研究 [J]. 中国软科学, 2015 (2)：127 - 137.

[162] 何建洪, 贺昌政. 创新型企业的形成——基于网络能力与创新战略作用的分析 [J]. 科学学研究, 2013, 31 (2)：298 - 309.

[163] 何洛先, 王志彦. 张江入选文化"国家队" [N]. 解放日报, 2011 - 03 - 01：001.

[164] 何洛先, 张奕. 紫竹园区用什么吸引国际巨头 [N]. 解放日报, 2011 - 8 - 3.

[165] 何卫平, 龙昀光, 马亮. 基于共生理论的企业技术联盟发展问题研究 [J]. 工业技术经济, 2008 (8)：104 - 106.

[166] 贺俊. 技术创新、制度创新与产业升级——"产业政策与创新"两岸学术研讨会会议综述 [J]. 中国工业经济, 2014 (9)：91 - 96.

[167] 贺正楚, 吴艳, 蒋佳林, 等. 生产服务业与战略性新兴产业互动与融合关系的推演、评价及测度 [J]. 中国软科学, 2013 (5)：129 - 143.

[168] 贺正楚, 张蜜, 陈一鸣, 等. 生物医药产业共性技术路线图研究 [J]. 中国软科学, 2012 (7)：49 - 60.

[169] 洪银兴. 科技创新与创新型经济 [J]. 管理世界, 2011 (7)：1 - 8.

[170] 洪银兴. 向创新型经济转型——后危机阶段的思考 [J]. 南京社会科学, 2009 (11)：1 - 5.

[171] 洪银兴. 迎接新增长周期：发展创新型经济 [J]. 学术月刊, 2010 (1)：67 - 72.

[172] 胡钢. 中国农业科技园区发展研究 [M]. 北京：中国农业出版社, 2010.

[173] 胡海波. 产业自主创新能力及其评价研究 [M]. 北京：经济管理出版社, 2011.

[174] 胡曙虹, 杜德斌, 游小珺, 等. 中国"成长三角"区域高校知识创新绩效的时空演化分析 [J]. 经济地理, 2014, 34 (10)：56 - 63.

[175] 胡晓辉, 杜德斌. 科技创新城市的功能内涵、评价体系及判定标准 [J]. 经济地理, 2011, 31 (10)：1625 - 1629.

[176] 胡燕, 王恬. 关键共性技术在优势产业中研发协同机制 [J]. 科学管理研究, 2014 (6)：48 - 51.

[177] 胡志坚，苏靖．区域创新系统理论的提出与发展 [J]．中国科技论坛，1999，11：20 – 23．

[178] 黄海洋，李建强．美国共性技术研发机构的发展经验与启示——NIST 的发展经验及其在美国技术创新体系中的角色与作用 [J]．科学管理研究，2011，29（1）：63 – 68．

[179] 黄继汇．纽约市打造创新产业的三大"法宝" [EB/OL]．2015 – 6 – 15 [2016 – 6 – 10]，http：//news. xinhuanet. com/ttgg/2015 – 06/15/c_1115617258. htm.

[180] 黄亮，杜德斌．创新型城市研究的理论演进与反思 [J]．地理科学，2014，34（7）：773 – 779．

[181] 黄亮，王馨竹，杜德斌，等．国际研发城市：概念、特征与功能内涵 [J]．城市发展研究，2014，21（2）：29 – 34．

[182] 黄亮．中心城区产业发展的分析及对策研究——以江苏省无锡市崇安区为例 [J]．江苏商论，2015（2）：73 – 75．

[183] 黄亮．国际研发城市的特征网络与形成机制研究 [D]．上海：华东师范大学，2014．

[184] 黄鲁成，张静．基于专利分析的产业共性技术识别方法研究 [J]．科学学与科学技术管理，2014，35（4）：80 – 86．

[185] 黄敏学，王琦缘，肖邦明，等．消费咨询网络中意见领袖的演化机制研究——预期线索与网络结构 [J]．管理世界，2015（7）：109 – 121．

[186] 黄群慧，李晓华．中国工业发展"十二五"评估及"十三五"战略 [J]．中国工业经济，2015（9）：5 – 20．

[187] 江苏省哲学社会科学界联合会课题组．建设苏南自主创新示范区的对策建议 [N]．新华日报，B7 版，2012 – 01 – 31．

[188] 姜红，陆晓芳．基于产业技术创新视角的产业分类与选择模型研究 [J]．中国工业经济，2010（9）：47 – 56．

[189] 金碚，吕铁，邓洲．中国工业结构转型升级：进展、问题与趋势 [J]．中国工业经济，2011（2）：5 – 15．

[190] 柯映红．美国创新的摇篮不只有硅谷 [EB/OL]．新浪财经，2015 – 05 – 15. http：//finance. sina. com. cn/360desktop/zl/international/20150515/120922189660. shtml.

[191] 李冰洁．创新型经济：科技与产业联合缔造的新战场 [J]．广东科

技，2013（17）：36-37.

[192] 李飞，张晓立，覃巍. 城市创新系统理论研究综述 [J]. 城市问题，2007（10）：29-33.

[193] 李纪珍，邓衢文，高旭东，等. 系统失灵视角下的技术创新服务平台功能设计 [J]. 科学学与科学技术管理，2010，31（9）：77-83.

[194] 李纪珍. 产业共性技术供给体系研究 [D]. 北京：清华大学，2003.

[195] 李纪珍. 产业集群形成的技术经济分析 [J]. 中国科技论坛，2004（5）：86-89.

[196] 李建波. 论创新型经济的含义、特征与发展趋势 [J]. 前沿，2011（7）：110-112.

[197] 李建强，黄海洋. "三区联动"的主要模式及其多维视角解析 [J]. 工业工程与管理，2009，14（3）：127-131.

[198] 李健，屠启宇. 生态文明视野下特大城市空间结构的转型优化——以上海为例 [J]. 上海城市管理，2014（6）：9-14.

[199] 李锦生，王浩. 欠发达地区创新型经济发展路径探析 [J]. 学术交流，2010（12）：71-73.

[200] 李靖华，李宗乘，朱岩梅. 世界创新型城市建设模式比较：三个案例及其对上海的启示 [J]. 中国科技论坛，2013（2）：139-146.

[201] 李科，谢富纪. 伦敦创新体系及其启示 [J]. 科学学与科学技术管理，2008，29（9）：98-102.

[202] 李梅. 我国创新驱动型产业升级政策研究 [D]. 武汉：华中科技大学，2012.

[203] 李鹏，刘彦. 德国科研体系的发展及对我国创新基地建设的启示 [J]. 科学管理研究，2011，29（2）：52-57.

[204] 李平，曾国屏. 伦敦"隐性创新"：知识密集型服务活动在城市创新体系中的作用 [J]. 科技进步与对策，2012，29（12）：12-15.

[205] 李锐. 孵化器之张江模式：全程服务"草根"创业者 [N]. 上海证券报，2-12-3-06.

[206] 李文硕. 绅士化运动：中心城市复兴的可行路径——以纽约市苏荷区为中心的个案研究 [J]. 南京大学学报（哲学·人文科学·社会科学），2013，50（6）：30-39.

[207] 李小芬，王胜光，冯海红. 第三代科技园区及意外发现管理研究——基于硅谷和玮壹科技园的比较分析 [J]. 中国科技论坛，2010 (9)：154-160.

[208] 李晓东. 创新型经济对高新区发展的影响及其应对策略 [J]. 改革与战略，2012，28 (1)：114-117.

[209] 李秀峰. 共性技术理论在农业领域应用的研究 [D]. 北京：中国农业科学院，2006.

[210] 李扬，张晓晶. "新常态"：经济发展的逻辑与前景 [J]. 经济研究，2015 (5)：4-19.

[211] 厉无畏，王慧敏. 创意产业促进经济增长方式转变——机理·模式·路径 [J]. 中国工业经济，2006 (11)：5-13.

[212] 梁洪力，王海燕. 关于德国创新系统的若干思考 [J]. 科学学与科学技术管理，2013，34 (6)：52-57.

[213] 廖德贤，张平. 区域创新系统中的城市创新系统 [J]. 科技情报开发与经济，2005，15 (5)：181-182.

[214] 林豆豆，田大山. MPG科研管理模式对创新我国基础研究机构的启示 [J]. 自然辩证法通讯，2006，28 (4)：53-60.

[215] 林兰等. 张江高科技园区高新技术产业发展研究报告 [R]. 张江园区高新技术产业发展研究课题组，2016.

[216] 林利剑，滕堂伟. 世界一流科学园产城融合的分异、趋同及其启示——以硅谷与新竹科学工业园为例 [J]. 科技管理研究，2014 (8)：33-37.

[217] 林肇武，钟华，刘峰. 深圳建设全球技术创新中心战略构想和对策建议 [J]. 科技管理研究，2011，31 (23)：26-31.

[218] 刘冰，王发明，毛荐其. 基于全球技术链的中国产业升级路径分析 [J]. 经济与管理研究，2012 (4)：58-63.

[219] 刘波，常珏宁，龙彦召. 基于技术预见视角的共性技术筛选实证研究 [J]. 科学学与科学技术管理，2014 (10)：26-34.

[220] 刘洪民. 技术创新链视角下我国产业共性技术研发管理创新研究 [J]. 情报杂志，2013 (2)：196-200.

[221] 刘洪民. 协同创新背景下中国产业共性技术研发组织模式创新 [J]. 科技进步与对策，2013，30 (13)：59-66.

［222］刘慧，陈光．产业集群与技术集群的关联性分析［J］．科学学与科学技术管理，2005，26（5）：64-67.

［223］刘锦英．地方政府在区域创新系统中的作用探析［J］．科技管理研究，2009（8）：40-42.

［224］刘芹．产业集群共性技术创新过程及机制研究述评［J］．工业技术经济，2012（7）：133-138.

［225］刘盛和，陈田，蔡建明．中国半城市化现象及其研究重点［J］．地理学报，2004，59（s1）：101-108.

［226］刘曙华．生产性服务业集聚对区域空间重构的作用途径和机理研究［D］．上海：华东师范大学，2012.

［227］刘硕，李治堂．创新型城市建设国际比较及启示［J］．科研管理，2013（s1）：58-64.

［228］刘筱，王铮．论研发枢纽城市［J］．中国软科学，2013（1）：93-102.

［229］刘昱含．基于创新视角的我国科技园区发展状况评价［D］．长沙：湖南大学，2010.

［230］刘元凤．创新型城市的综合评价研究［D］．上海：复旦大学，2010.

［231］刘志彪．从后发到先发：关于实施创新驱动战略的理论思考［J］．产业经济研究，2011（4）：1-7.

［232］柳卸林，何郁冰．基础研究是中国产业核心技术创新的源泉［J］．中国软科学，2011（4）：104-117.

［233］卢明华，李国平，孙铁山．东京大都市圈内各核心城市的职能分工及启示研究［J］．地理科学，2003，23（2）：150-156.

［234］栾春娟，王贤文，侯海燕．国内外共性技术及其测度研究综述［J］．科学学与科学技术管理，2011，32（4）：37-43.

［235］栾吟之．静安有个"白领学堂"［N］．解放日报，2009-10-27.

［236］罗守贵，陶金，王冰，等．亚太知识经济发展新形势及其对上海的启示［J］．科学发展，2014（6）：66-73.

［237］骆正清，戴瑞．共性技术的选择方法研究［J］．科学学研究，2013，31（1）：22-29.

［238］吕拉昌，黄茹，廖倩．创新地理学研究的几个理论问题［J］．地理科学，2016（5）：653-661.

［239］吕拉昌，李永洁，刘毅华．城市创新职能与创新城市空间体系

[J]. 经济地理，2009，29（5）：710－713.

[240] 吕拉昌，李勇. 基于城市创新职能的中国创新城市空间体系 [J]. 地理学报，2010，65（2）：177－190.

[241] 吕薇. 从国家战略出发将上海建成具有全球影响力的科技创新中心 [N]. 中国经济时报，2015－08－07.

[242] 吕钲陶，王昀. 迈向全球科技创新中心 | 上海家底⑤高新技术产业如何 [EB/OL]. 2015－05－29 [2016－7－19]，http：//www. thepaper. cn/newsDetail_forward_1336461_1.

[243] 马海涛，方创琳，王少剑. 全球创新型城市的基本特征及其对中国的启示 [J]. 城市规划学刊，2013（1）：69－77.

[244] 马海涛，方创琳. 全球创新型城市的基本特征及其对中国的启示 [C]. 中国地理学会 2012 年学术年会. 2012a.

[245] 马海涛. 全球创新型城市建设的模式提炼 [J]. 科学上海，2013，65（4）b：44－47.

[246] 马双，曾刚. 我国装备制造业的创新、知识溢出和产学研合作——基于一个扩展的知识生产函数方法 [J]. 人文地理，2016（1）：116－123.

[247] 马玉根. 科技中介服务在区域创新系统中的功能研究 [J]. 科技创业月刊，2007，20（2）：16－18.

[248] 毛荐其. 全球技术链的一个初步分析 [J]. 科研管理，2007，28（06）：85－92.

[249] 莫大康. 理性看待中国 12 英寸芯片厂 [N]. 中国高新技术产业导报，2005－04－06.

[250] 倪鹏飞，白晶，杨旭. 城市创新系统的关键因素及其影响机制——基于全球 436 个城市数据的结构化方程模型 [J]. 中国工业经济，2011（2）：16－25.

[251] 欧光军，孙骞，刘思云，等. 基于 DEA 分析的国家高新区发展对策研究 [J]. 科学管理研究，2013，31（1）：75－78.

[252] 庞瑞芝，薛宁，丁明磊. 中国创新型试点企业创新效率及其影响因素研究——基于 2006～2010 年创新型试点企业非平衡面板数据的实证考察 [J]. 产业经济研究，2012（5）：1－10.

[253] 裴长洪，李程骅. 论我国城市经济转型与服务业结构升级的方向 [J]. 南京社会科学，2010（1）：15－21.

［254］彭纪生，刘伯军. 技术创新理论探源及本质界定［J］. 科技进步与对策，2002，19（12）：101－103.

［255］彭罗斯. 企业成长理论［M］. 上海：上海三联书店，2007.

［256］彭双，顾新，吴绍波. 技术创新链的结构、形成与运行［J］. 科技进步与对策，2012，29（9）：4－7.

［257］彭薇，徐蒙，舒抒. 2030年跻身全球重要创新城市［N］. 解放日报，2015－11－02.

［258］彭煦舟，曾国屏. 运动的巴斯德象限——以LED为例对科学—技术螺旋互动律的考察［J］. 科学学研究，2011（8）：1135－1140.

［259］普华永道. 机遇之城2014［R］. 普华永道，2014.

［260］戚汝庆. 中国光伏产业创新系统研究［D］. 武汉：华中科技大学，2012.

［261］乔传福，崔占峰，王来武. 现代科研院所制度的内涵与外延［J］. 烟台大学学报（哲学社会科学版），2009，22（3）：124－126.

［262］任保平，郭晗. 经济发展方式转变的创新驱动机制［J］. 学术研究，2013（2）：69－75.

［263］任海英，王文娟. 我国共性技术研发的组织方式分析［J］. 区域经济评论，2011（1）：41－43.

［264］任迎伟，林海芬. 社会网络对组织管理创新引进水平的影响研究［J］. 经济学家，2011（9）：54－61.

［265］日本森基金会. 全球主要城市综合实力排行榜［EB/OL］. 日本森基金会，2014，http：//www. mori-m-foundation. or. jp/gpci/index_e. html.

［266］上海市科学技术委员会. 2014年度上海市专业技术服务平台评定名单［EB/OL］. 上海市科学技术委员会，2014－12－16. http：//www. stcsm. gov. cn/gk/ywgz/tzgs/gqgg/zggqgg/339250. htm.

［267］上海市浦东新区人民政府. 张江高科技园区发展规划［EB/OL］. 上海市浦东新区人民政府，2010. http：//planning. pudong. gov. cn/WebSite/detail. aspx？id＝11713.

［268］上海市人民政府发展研究中心课题组，肖林，周国平，等. 上海建设具有全球影响力科技创新中心战略研究［J］. 科学发展，2015（4）：63－81.

［269］上海市统计局综合处课题组. 上海经济发展阶段特征及"十三五"经济增长动力研究［J］. 调研世界，2015（4）：8－14.

[270] 邵家菅. 开发区的空间拓展与治理研究 [D]. 华东师范大学, 2013.

[271] 邵洁笙, 吴江. 科技创新与产业转型的内涵及其相关关系探讨 [J]. 科技管理研究, 2006 (2): 79-81.

[272] 石忆邵. 创意城市、创新型城市与创新型区域 [J]. 同济大学学报: 社会科学版, 2008, 19 (2): 20-25.

[273] 石忆邵. 关于产业集群发展中若干问题的思考 [J]. 同济大学学报 (社会科学版), 2009, 20 (5): 112-118.

[274] 世界银行. 东亚创新型城市的研究报告 [R]. 华盛顿: 世界银行组织, 2005.

[275] 宋刚. 钱学森开放复杂巨系统理论视角下的科技创新体系——以城市管理科技创新体系构建为例 [J]. 科学管理研究, 2009 (6): 1-6.

[276] 宋来胜, 苏楠, 付宏. 创新创业能力的空间分布及其经济增长效应——基于 GMM 方法的实证分析 [J]. 经济经纬, 2013 (1): 6-10.

[277] 苏素, 肖阿妮. 基于混合溢出效应的产业共性技术研发组织模式研究 [J]. 科技进步与对策, 2012, 29 (5): 23-28.

[278] 孙斌, 彭纪生. 中国知识产权保护政策与创新政策的协同演变研究 [J]. 科技管理研究, 2010, 30 (1): 33-35.

[279] 孙斌, 魏守华, 王有志. 创新驱动经济发展: 从企业创新到创新型经济 [M]. 北京: 经济科学出版社, 2013.

[280] 孙斌栋, 魏旭红. 上海都市区就业——人口空间结构演化特征 [J]. 地理学报, 2014, 69 (6): 747-758.

[281] 孙福全, 李纪珍, 顾淑林, 等. 如何促进我国产业共性技术的研发 [J]. 中国科技论坛, 2006 (5): 3-4.

[282] 孙康慧. 中国汽车电子产业创新体系构建研究 [D]. 长春: 吉林大学, 2011.

[283] 孙永波. 商业模式创新与竞争优势 [J]. 管理世界, 2011 (7): 182-183.

[284] 台湾工研院. 台湾工研院岛内联合研发网络 [EB/OL]. 台湾工研院, https://www.itri.org.tw/chi/.

[285] 谈燕. 黄浦区发布建设外滩金融创新试验区细则——金融创新奖励和补贴力度大 [N]. 解放日报, 2013-9-8.

[286] 唐建荣. 城市科技创新体系建设的政策研究 [J]. 科技管理研究,

2008 (6): 163 - 164.

[287] 唐未兵,傅元海,王展祥. 技术创新、技术引进与经济增长方式转变 [J]. 经济研究,2014 (7): 31 - 43.

[288] 唐子来,王兰. 城市转型规划与机制：国际经验思考 [J]. 国际城市规划,2013,28 (6): 1 - 5.

[289] 滕堂伟,曾刚,等. 集群创新与高新区转型 [M]. 北京：科学出版社,2009.

[290] 童惟平,范思鸣,刘强. 上海市大学校区、科技园区、公共社区"三区融合、联动发展"研究 [EB/OL]. 2011 - 12 - 13 [2016 - 6 - 10], http: //www. fzzx. sh. gov. cn/LT/KDUCO4476. html.

[291] 童雨. 共性技术和核心高技术的创新与集成研究 [J]. 科学管理研究,2015 (1): 17 - 19.

[292] 屠海鸣. 世界三大科技创新城市带给上海的启示 [N]. 新闻晨报,2015 - 3 - 27.

[293] 屠启宇,邓智团. 创新驱动视角下的城市功能再设计与空间再组织 [J]. 科学学研究,2011,29 (9): 1425 - 1434.

[294] 屠启宇,林兰. 创新型城区——"社区驱动型"区域创新体系建设模式探析 [J]. 南京社会科学,2010 (5): 1 - 7.

[295] 屠启宇,苏宁. 创新城市建设中的校区、园区和社区联动发展模式与机制——基于上海案例的研究（下）[J]. 中国名城,2009 (8): 10 - 18.

[296] 汪怿. 全球第三代科技园区的出现及启示 [J]. 科技进步与对策,2012,29 (6): 5 - 9.

[297] 汪怿. 全球第三代科技园区的出现及启示 [N]. 经济日报,2012 - 5 - 16.

[298] 汪怿. 上海建设全球科技创新中心的人才问题——基于上海科技人员的抽样调查 [J]. 上海经济研究,2015 (4): 113 - 122.

[299] 王承云,杜德斌,李岩. 日本建设创新型国家的政策与路径 [J]. 科学学研究,2006,24 (s1): 125 - 131.

[300] 王德禄. 全球链接与自主创新 [J]. 中关村,2011 (1): 68 - 69.

[301] 王方瑞. 我国企业自主创新路径研究 [D]. 杭州：浙江大学,2008.

[302] 王海刚. 技术创新模式探析及选择 [J]. 技术与创新管理,2004,25 (1): 15 - 18.

[303] 王宏伟. 中国城市增长的动力学研究 [M]. 成都：四川人民出版社，2007.

[304] 王辑慈. 创新的空间：企业集群与区域发展 [M]. 北京：北京大学出版社，2005.

[305] 王剑华，马军伟. 推动高新区成为金融与新兴产业结合载体的思考 [J]. 科技管理研究，2013，33 (11)：40 - 43.

[306] 王兰，刘刚，邱松，等. 纽约的全球城市发展战略与规划 [J]. 国际城市规划，2015，30 (4)：18 - 23.

[307] 王凌，徐敏. 产业创新理论研究综述 [A]. Hong Kong Education Society. Proceedings of 2013 International Conference on Management Innovation and Business Innovation（ICMIBI 2013 V16）[C]. Hong Kong Education Society，2013：6.

[308] 王敏，方荣贵，银路. 基于产业生命周期的共性技术供给模式比较研究——以半导体产业为例 [J]. 中国软科学，2013 (9)：124 - 132.

[309] 王胜光，胡贝贝，程郁. 创新发展政策学研究的基本命题 [J]. 科学学研究，2015，33 (3)：321 - 329.

[310] 王恬. 人力资本流动与技术溢出效应——来自我国制造业企业数据的实证研究 [J]. 经济科学，2008 (4)：99 - 109.

[311] 王永杰，柴剑峰，陈光. 基于创新域构建的技术集群和产业集群研究 [J]. 中国科技论坛，2003 (4)：28 - 31.

[312] 王兴平，朱凯. 都市圈创新空间：类型、格局与演化研究——以南京都市圈为例 [J]. 城市发展研究，2015 (7)：8 - 15.

[313] 王志章，王晓蒙，贺翠翠. 全球知识城市理论、城市转型模式及其在中国的实践研究（上）[J]. 中国名城，2012 (8)：4 - 10.

[314] 卫洁，牛冲槐. 科技型人才聚集下知识转移系统建模与仿真 [J]. 科技进步与对策，2013，30 (5)：116 - 121.

[315] 魏永莲，唐五湘. 共性技术筛选指标体系及模型研究 [J]. 科技管理研究，2009，29 (4)：46 - 48.

[316] 吴建国. 德国国立科研机构经费配置管理模式研究 [J]. 科研管理，2009，30 (5)：117 - 123.

[317] 吴建国. 国立科研机构经费使用效益比较研究 [J]. 科研管理，2011，32 (5)：163 - 168.

[318] 吴晓波，姜源林，高忠仕．浙江省创新型经济运行评价及发展对策研究——基于六省市的对比分析 [J]．技术经济，2008，27（10）：11-16.

[319] 谢呈阳，周海波，胡汉辉．产业转移中要素资源的空间错配与经济效率损失：基于江苏传统企业调查数据的研究 [J]．中国工业经济，2014（12）：130-142.

[320] 谢守美．国内知识生态系统研究综述 [J]．情报科学，2010（5）：797-800.

[321] 熊彼特．经济发展理论 [M]．北京：商务印书馆，1990.

[322] 熊勇清，白云，陈晓红．战略性新兴产业共性技术开发的合作企业评价——双维两阶段筛选模型的构建与应用 [J]．科研管理，2014，35（8）：68-74.

[323] 徐宝艳．美国麻省创新型经济评价指标解析 [J]．科学与管理，2007，27（3）：23-25.

[324] 徐进钰．新竹科学工业园劳动力市场与高科技发展 [J]．深圳大学学报（人文社会科学版），2000（3）：67.

[325] 徐静，边婷婷．城市信息化国际比较研究——以纽约、东京、中国香港为例 [J]．国际城市规划，2014，29（5）：127-130.

[326] 徐敏．科技创新，上海如何走好"先手棋" [N]．解放日报，2015-05-28.

[327] 徐雪松．成都市武侯区现代服务业发展研究 [D]．成都：西南交通大学，2013.

[328] 徐迎，张薇．技术创新理论的演化研究 [J]．图书情报工作，2014，58（7）：100-106.

[329] 许端阳，徐峰．产业共性技术的界定及选择方法研究——基于科技计划管理的视角 [J]．中国软科学，2010（4）：73-79.

[330] 薛二勇，苏竣，何晋秋．创新型国家科技园发展的战略模式——欧洲国家科技园发展的典型模式研究 [J]．科学学研究，2010，28（1）：67-76.

[331] 严成樑，龚六堂．熊彼特增长理论：一个文献综述 [J]．经济学（季刊），2009（3）：1163-1196.

[332] 颜廷标，郭瑞东．世界著名城市群区域创新中心城市建设的经验及启示 [J]．产业与科技论坛，2013，12（15）：5-8.

[333] 杨冬梅，赵黎明，闫凌州．创新型城市：概念模型与发展模式

[J]. 科学学与科学技术管理，2006，27（8）：97－101.

[334] 杨贵庆，韩倩倩. 创新型城市特征要素与综合指数研究——以上海"杨浦国家创新型试点城区"为例［J］. 上海城市规划，2011（3）：72－78.

[335] 杨倩. 创新型经济背景下地方国有企业发展战略研究［D］. 苏州：苏州大学，2010.

[336] 姚玉洁，吕冬，许晓青. 上海自贸区：四大制度创新取得阶段性成果［N］. 新华每日电讯，2014－09－27.

[337] 叶萌. 欧洲、美国和日本典型产业共性技术供给模式分析［D］. 武汉：华中科技大学，2007.

[338] 殷群，贾玲艳. 中美日产业技术创新联盟三重驱动分析［J］. 中国软科学，2012（9）：80－89.

[339] 尤建新，卢超，郑海鳌，等. 创新型城市建设模式分析——以上海和深圳为例［J］. 中国软科学，2011（7）：82－92.

[340] 于斌斌，陆立军. 产业集群共性技术供给机理研究——以绍兴纺织产业集群为例［J］. 科研管理，2012，33（5）：132－138.

[341] 于丽英. 我国共性技术研发推广机制的构建［J］. 科技管理研究，2009，29（7）：57－59.

[342] 约瑟夫·熊彼特. 经济发展理论：对于利润、资本、信贷、利息和经济周期的考察［M］. 北京：商务印书馆，2000.

[343] 曾刚，丰志勇，林兰. 科技中介与技术扩散研究［M］. 上海：华东师范大学出版社，2008.

[344] 曾刚，林兰. 技术扩散与高技术企业区位研究［M］. 北京：科学出版社，2008.

[345] 曾刚，倪外. 新中国成立以来上海城市经济发展研究［J］. 经济地理，2009，29（11）：1777－1782.

[346] 曾刚，袁莉莉. 长江三角洲技术扩散规律及其对策初探［J］. 人文地理，1999，14（1）：1－5.

[347] 曾国屏，林菲. 创业型科研机构初探［J］. 科学学研究，2014，32（2）：242－249.

[348] 曾鹏. 当代城市创新空间理论与发展模式研究［D］. 天津：天津大学，2007.

［349］张凤海，侯铁珊. 技术创新理论述评［J］. 东北大学学报（社会科学版），2008，10（2）：101－105.

［350］张江集团. 2006 年度张江高科技园区产业发展报告［EB/OL］. 张江高科技园区管委会网站，2007. http：//www. zhangjiang. net.

［351］张来春. 国际价值链分工模式下上海汽车产业升级路径研究［J］. 上海经济研究，2009（08）：85－94.

［352］张来武. 科技创新驱动经济发展方式转变［J］. 中国软科学，2011（12）：1－5.

［353］张磊，王淼. 西方技术创新理论的产生与发展综述［J］. 科技与经济，2008，21（1）：56－58.

［354］张黎娜，夏海勇. "刘易斯拐点"对城市经济集聚的影响机制研究［J］. 经济学家，2013（7）：30－40.

［355］张陆洋. 克服五方面"失灵"推动创新型经济发展［N］. 中国证券报，2015－06－10.

［356］张仁开，刘效红. 上海建设国际创新中心战略研究［J］. 科学发展，2012（11）：79－89.

［357］张庭伟. 2000 年以来美国城市的经济转型及重新工业化［J］. 城市规划学刊，2014（2）：15－23.

［358］张拓宇. 天津市中心城区科技服务业发展的思路研究［J］. 天津经济，2015（9）：5－9.

［359］张炜. 技术创新过程模式的发展演变及战略集成［J］. 科学学研究，2004，22（1）：94－98.

［360］张小娟. 智慧城市系统的要素、结构及模型研究［D］. 广州：华南理工大学，2015.

［361］张延珍. 社会资本视角下的新生代农民工社会融入分析［J］. 农村经济与科技，2014（2）：109－111.

［362］张岩鸿. 大城市中心城区可持续发展路径选择［J］. 城市问题，2008（11）：47－51.

［363］张永成，郝冬冬. 不同开放式创新流程下的知识能力特性及其培育机制［J］. 经济经纬，2011（2）：96－100.

［364］张永庆，张冰，刘晓慧. 大中型城市中心城区都市型产业发展研究［J］. 城市问题，2005（2）：16－21.

[365] 张云伟. 跨界产业集群之间合作网络研究 [D]. 上海：华东师范大学，2013.

[366] 章玉全. 面向知识经济时代的城市规划探讨 [J]. 科技信息，2011 (10)：15-19.

[367] 赵昌文，许召元. 国际金融危机以来中国企业转型升级的调查研究 [J]. 管理世界，2013 (4)：8-15.

[368] 赵骅，李江，魏宏竹. 产业集群共性技术创新模式：企业贡献的视角 [J]. 科研管理，2015，36 (6)：53-59.

[369] 赵建吉. 全球技术网络及其对地方企业网络演化的影响 [D]. 上海：华东师范大学，2011.

[370] 甄峰，秦萧，席广亮. 信息时代的地理学与人文地理学创新 [J]. 地理科学，2015，35 (1)：11-18.

[371] 郑春荣，夏晓文. 德国的再城市化 [J]. 城市问题，2013 (9)：82-88.

[372] 郑颀. 中国城市化与经济增长协调性研究 [D]. 北京：首都经济贸易大学，2012.

[373] 郑琼洁，倪鹏飞，杨旭. 提升东北亚城市科技创新能力的因素探讨——基于结构化方程模型的路径分析 [J]. 科技进步与对策，2011，28 (21)：39-45.

[374] 郑作龙，朱凤青，孟庆伟，等. 行动视域下隐性知识探析——基于波兰尼视角和"行动的体现"理论的考究 [J]. 科学学研究，2013，31 (10)：1453-1458.

[375] "中国制造"编写组. 中国制造2025 [M]. 北京：人民出版社，2015.

[376] 钟无涯. 基于运营主体的区域公共服务平台运营模式比较 [J]. 科技进步与对策，2014 (19)：36-39.

[377] 周春山，叶昌东. 中国特大城市空间增长特征及其原因分析 [J]. 地理学报，2013，68 (6)：728-738.

[378] 周国林，周素芬. 产业共性技术组织模式与金融创新的路径选择 [J]. 云南社会科学，2012 (1)：109-113.

[379] 周国平，徐净，王丹，等. 上海加快建设共性技术研发服务体系研究 [J]. 科学发展，2012 (12)：3-13.

［380］周其俊.楼宇经济催生首家"白领驿家"［N］.文汇报,2009 - 12 - 12.

［381］周天勇.2009 年中国城市创新报告［M］.北京:红旗出版社,2010.

［382］周晔.国际大都市发展的新趋势［J］.城市问题,2011（3）: 10 - 15.

［383］朱晓霞.区域创新系统中中小企业角色定位与成长对策研究［D］. 哈尔滨:哈尔滨工程大学,2008.

［384］朱叶慧.张江高科技园区孵化器建设与上海高新技术产业的发展 ［J］.上海党史与党建,2009（6）: 37 - 39.

［385］庄巧祎.纽约:正在崛起的高科技枢纽［N］.东方早报,2014 - 12 - 09.